改訂新版

日本思想史

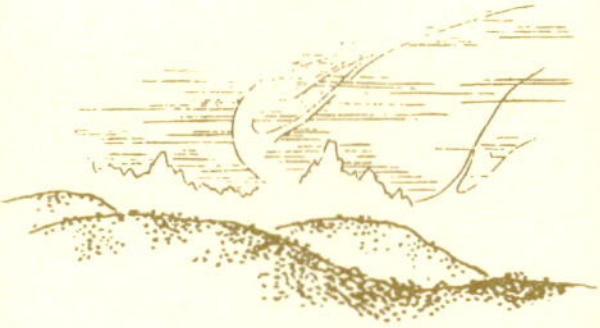

守本順一郎 著
岩間一雄 編

未來社

再刊に際して

「わたしたちが生まれ、働いているこの日本は、いま大きな歴史の転換点に立っているように思えます。働く人たちのための、新しい未来が構想されなくてはなりません。しかしこの未来は、過去と現在とを抜きにして構想することはできないでしょう。過去の日本の人びとが、彼らにとっての未来をどのように構想し、その実現のためにどのようにたたかってきたか、その軌跡をたどることが、いま求められているように思えます。」

これは、新日本新書『日本思想史』のカバーに記された著者守本順一郎先生の言葉である。これが書かれたのは、三〇年あまり以前の一九七四年のことである。当時の日本もまたひとつの転換点であった。だが、そこでは、一方に農業切り捨てがすすみ、他方に海外市場依存が強められた。日本社会は、やがてあのバブルの八〇年代へと流れ込んでいき、バブルとライジング円の虚像に踊った私たちは歴史の真の課題を見失ったようにも思う。

いま、巨大な金融危機が世界を襲っている。日本も例外ではない。飢えと寒さに震える失業者が、街に溢れようとしている。日本の失業者の数は、この三月までに一〇〇万人を突破するともいわれている。こうした危機に直面した世界は、そして私たち自身は、あらためて現実が突きつけてくる課題の意味を問い直さなければならない。そして、その課題に応えるための新しいシステムを模索し、構築しなければならない。

三〇年前、守本先生が書かれた課題は正当に解決されることなく、いま新たに、より深刻なかたちで私たちの前に現われている。そうであればあるだけ、過去の日本の人びとが、彼らにとっての未来をどのように構想し、どのように闘ってきたかを、私たちは、いまきびしく問わねばならない。その問いかけに対して本書は、私たちに無限の示唆を与えてくれるように思う。

再刊にあたって、もと新日本新書として上、中、下の三巻からなる『日本思想史』を合本にして一冊とした。なお、下巻（一九八二年刊）の「編者あとがき」（本書に再録）に記したように、中・下二巻は、守本先生没後の刊行であり、先生の著作、講義テープ、受講生のノートなどを編集したものである。文章化にあたったのは岩間一雄である。テープやメモ書きのノートを文章化するに際しては、先生独特の語り口がおのずから行間に現われているように思われる。が、著書をアレンジした場合には、もとの文章の圧力に押されて、その他の部分との整合性が欠けた場合が見受けられる。今回の合本再刊に際して、いくぶん手を入れた場合があることを、ここにお断りする。

本書の再刊に関しても、『日本思想史の課題と方法』同様、新日本出版社のご厚意と未來社のご尽力に対して、心からなる謝意を表したい。

二〇〇九年二月十六日

岩間　一雄

日本思想史〔改訂新版〕　目次

日本思想史〔改訂新版〕

装幀——岸顯樹郎

はじめに　自らを問うこと
——「思想史」とは何か

いついかなる時代にあっても、人間は自然に働きかけて、自らの生活を保証し、再生産させるための労働の果実＝生産物を獲得しようとしている。

こうした人間の、自然に働きかけるという主体的な行為、実践を抜きにしては、人間は生きることはできないし、ましてや、人間にとっての「自然」とは何か、また「自然」に働きかける人間とは何か、というような問いを発することもできない。

人間にとってのこの「問い」こそが、人間における「思想」の形成される発端であるにちがいない。人間が生きるために、自然との間にとりむすぶ「労働」という主体的な行為＝実践を媒介にして、はじめて、労働の客体としての自然と、労働の主体としての人間と、この両者の、彼にとっての「意味」が、人間の頭脳の中に生まれはじめる。

もとより、人間以外の生物、動物もその高等なものになれば、自然から、自らの生命を維持させるための生存の資、すなわち食物を獲得する行為をもっており、ときにはそのための同類によるある組織的な行為をさえもっているということができる。こうした高等な動物たちにとって、彼らに生存の保証を与える自然＝環境は、彼らにおける対象＝自然への、また主体＝自己への何らかの意識を与える素地となっているにはちがいない。

しかし、こうした高等動物と、人間とにおける労働を媒介とする、対象＝自然と主体＝自己への意味賦与、その問いは、自然＝対象と自己とをむすぶ「労働」の内容のちがいによって、動物と人間とを決定的に分かつこととなり、人間は自然と人間＝自己とを客観化し、対象化できるようになる。この動物と人間とを分かつ、労働の内容とは、いうまでもなく、人間が動物と異なって、自然への働きかけのための手段としての「道具」をもったという事実にほかならない。

動物とても、自然＝対象に働きかけて、自然界に存している生存の資としての食物を獲る。しかし、自然に働きかける「道具」をもたぬということは、自然への働きかけが、たとい自然への働きかけという行為＝労働があったとしても、その行為を意識的な主体的行為たらしめることを大きく阻んでいるのだ、といえないであろうか。これに反して、人間が、この働きかけにおいて、「道具」をもつということは、生存の資を獲得するという生物にとっての自然的な（本能にもとづく）労働だけに頼っているのではなくて、意識された主体的な自然への働きかけの出発をもったということを意味しているであろうし、こうしてここに人間は、意識化された労働過程をもつにいたったということであり、さらには、自然への働きかけの人間どうしの意識的な組織をもつことになる。人間と人間との、自然へ働きかけるための結合＝組織が、人間に意識されはじめる。

自然のなかにあって、たんに生存の資をもとめている生物一般としての人間ではなく、自然に働きかけるための、人間と人間との関係＝社会が、労働過程における「道具」の登場によって、人間によってはじめて意識されるとき、人間は、人間によって、人間としての意味を問われる端緒を得た、ということができるのではなかろうか。

人間を、人間と人間との結合、すなわち社会関係をいっさい抜きにして考えたならば、その人間は一個の生物学的存在にすぎない。人間を社会関係のなかにおいて捉えるとき、人間はたんなる生物学的存在から脱して、人間としての意味を与えられるにちがいないのである。そして、この人間を他の人間との相互関係に、しかも意識化された相互関係＝社会関係に導くものこそは、さきにのべたように、「道具」を媒介とした自然への意識化された労働にほかならない。

もとより、ここでいう「道具」とは、たとえば、サルが樹上の果実をたたきおとすためにつかった棒切れとか、あるいは小鳥が卵を割るためについばんできた小石とかというような、自然的環境のなかに自然物として存在しているものとしての「道具」というにとどまらない。働きかけのための「道具」が獲物をとるのに有効であること、いいかえれば生産力の増大のために有効であることが、まずもって意識化されるとき、この意識が「道具」をもつくるという意識的行為を導くことになるのであろうが、そうした「意識化」された「道具」、これこそが、人間を他の動物たちと異なった社会的人間として歩ませる出発点にあることをいっているのである。

それ自体労働の生産物としての「道具」を人間がもつということとは、労働の客体としての自然と、労働主体としての人間との自然的な直接的な結合を分離し、人間の意識的な自然への働きかけの出発をなすのであり、人間にとっての自然とは何か、自然に働きかける人間とは何か、そのための人間と人間との間にとり結ばれる関係＝社会とは何か、が問われるようになるのである。そして、人間と人間との間に、自然への働きかけのための関係がとり結ばれるために、人間の意識化された結合が必要となるであろうし、そのための「言語」が人間の間に生まれることとなる。

この「言語」を媒介にして人間は意識的に自然への働きかけのための社会関係をとり結ぶことができるようになろうし、意識された自然への働きかけ、すなわち社会的生産が、意識化してつくられた道具＝労働手段をつかっておこなわれ、こうして自然を自己の労働の対象として意識して、労働の生産物を獲得することができる。ここでの自然は、人間にとって、たんに人間をもつつみこんでいる自然としてだけではなく、すでに人間にとっての生産のための本源的な手段＝生産手段としても意識されはじめているのである。

こうして、人間の人間としての発展の基礎にあるものは、自然への働きかけのための（労働過程における）道具の登場であり、この道具の登場こそはすでに意識された生産行為の端緒をも示しているのであるが、さらにこの意識された生産行為が、人間と人間との間の意識的行為に発展するために「言語」が登場するのであり、そして、この「言語」を媒介にして意識的行為がふたたび道具を媒介とする自然への働きかけに向けられるならば、自然と人間との間の物質的な代謝関係は、自然と人間との原自然的一致から大きく飛躍して、大きな生産力をもった自然と人間との関係としてあらわれてくる。これこそが人間の人間としての発展の過程にほかならないのである。

こうして、人間の人間としての発展の過程を、道具を媒介とする自然への働きかけ、自然と人間との物質代謝の発展的過程として描くことができるとともに、また、言語を媒介とする人間と人間との意識化の、自然と人間との人間の意識化の発展の過程としても描くことができるのである。人間が、人間として登場した原始の時代から、どのように発展してきたか、それを後者に則してたどってみたいと思う。それをとくにわれわれの働いている日本についてたどってみたいと思う。

それはまた、くりかえしのべてきたように、われわれ日本人の自然と人間、社会にたいする意識的行為の歴史であり、したがってまた自らにたいする変革の歴史なのである。自然との間に生産力の発展をもった物質的な代謝関係をとり結ぶためには、人間は自らの自然像と、また人間と人間との間にとり結ばれる社会像とをもたねばならない。それは自然と人間とについての人間自らの意識的行為であり、自然と人間との対象化である。そして、ひとたびはつくられた自然と自己とへの意識（思想）的行為を不断につくりかえるのでなければ、人間は自然との代謝関係の安定したバランスをとりながら、自らの生活の豊かさを、いいかえれば生産力を高める、人間としての発展を果たすことができないのである。この不断の自己の対象化、それはつまり人間の自覚的な自己変革の行為そのものであろう。

人間の発展＝歴史を、主体的な自己の意識的・思想的な変革のあゆみとして捉えること、ここに「思想史」の意味があり、それはまた、未来におけるわれわれ自身の主体的な行為を選択する基準をも示してくれるものとなるのではなかろうか。わたくしがここに、日本思想史と題して、原始から近代日本の創出期までの、われわれ日本人の自己変革のあゆみを、わたくしの力のおよぶかぎり、平易に且つ論理的に辿ってみようとするのも、そのために他ならない。多くの働く人々によって本書がひもとかれ、また厳しい批判の寄せられることを願ってやまない。

第一章　原始時代

――人間の「思想」的出発

文字によって残された史料をもとにして、われわれが歴史をたどることのできるのはわずかなものにしかすぎない。古い、歴史のはじまりの時代、人間の文化のあとがみられるもっとも古い時代のことは、直接には、考古学的な遺物調査や研究によってだけ、知られるにすぎない。

人類の発端・歴史が描かれるとき、つねに考古学的な遺物の発見と、それをもとにした研究とからはじめられるのがつねである。考古学的遺物の発見から考えられた、旧石器時代、新石器時代というような、原始を示すことばは、どの歴史の書物にも登場している。だが、このことは、考古学的発掘から、「石器」といわれるなにがしかのものが出てきたというような、漠然としたことを意味しているのではない。

すでにのべたように、「道具」とは、人間の人間としての出発を意味している主体的行為、思想的営為を象徴する「もの」＝労働手段なのであり、それが労働手段として、現代われわれがもっているそれとどれほど大きな差をみせているにしても、人間の発展、歴史をたどる意味をわれわれに示している、と考えなくてはならないのである。

最近の研究では、かつては日本には旧石器時代の人間はいなかったとされていたのにたいして、一九四九年の群馬の岩宿の洪積層の中からの発掘（考古学、地質学のしろうとで、行商を行なっていた一青年、相沢忠洋氏が発見した）をもとにして、旧石器時代が描かれはじめている。ここで発見された、人間の手にもちやすいように握りを刻みこまれた「握りつち」という石器こそは、それがいかに未熟で素朴な石器であろうとも、人間によって意識的につくられた、自然と人間とを対象化する「道具」であることによって、石器ということばは、また人間の意識的行為の、思想的な営みの出発を意味しているのであり、したがって、歴史の端緒におかれるこの「旧石器」時代という言葉は、われわれのたどろうとする日本の思想史の発端におくことのできる原始の発端の時期を示す言葉でもあるのである。旧石器時代につづく、新石器時代の意味するところの「思想史」的意味も同じであるといってよい。

　新石器時代は、およそ四、五千年前の時期と考えられている。この時期にあらわれてくる石器は旧時代とはかなりの進歩をみせており、狩りの道具として、石斧《せきふ》・石槍《いしやり》・石鏃《せきぞく》・石刀《せきとう》など、漁の道具として、石製のモリ・ハリ、あるいは骨や角や牙で作ったモリ・ハリ・カギなどが発見されている。この時代の人間は、こうした道具で、おそらく、シカ・イノシシ・サル・クマ・オオカミなどの獣類、貝類、クジラ・シャチ・イルカ・マグロ・カツオ・タラなどの魚類を追ったのであろう。

　旧石器時代にくらべての道具の進歩は、いっそうの獲物を求めさせ、その作業は大規模になり、道具の使用のなかに意味されていた自然への働きかけのための人間どうしの共同の関係、生産のための共同作業を中心とする人間どうしの結合＝社会の質も、いっそう高まってきたにちがいない。新石器のさまざまの種類はそれ自体としては、たんなる考古学的遺物としての「もの」ではあっても、この「もの」自体の多様さが、またこの時代の人間の自然と社会像とをより豊かにしていることを示してもいるのである。

　道具をつかっての人間の自然への働きかけが、同時に人間と人間との結びつきを強めるならば、そのための「言語」が、はじめ地域差や人種差によってまちまちであったとしても、次第に統一化されてくるであろうし、そのことがまた、「石器」それ自体が思想史的意味をもっていたように、日本人の思想的な営みを示していることになる。この新石器（縄文）時代には、ほぼ共通の言語が、すなわち日本語として、沖縄をふくめて日本列島を蔽うにいたったのであろう、ともみられているのである。

言語をもつということは、道具をもつということと同じく、人類を人類として発展させた基礎であるばかりでなく、言語の獲得こそは、意識化された人間どうしの関係＝社会を人間につくらせることとなり、人間を真の人間＝社会的存在たらしめる。このことは、人類における言語の発生状況をみることによっても知ることができるのである。

人間にとっての意識された社会関係は、すでにのべたように言語によって媒介されている、ということができる。ところで、われわれが言語を現在学校で学ぶときに、言語をひとつひとつ分解した言葉、単語を起点として学ぶことが多い。たとえば、イヌと発音される単語が、人間どうしの間でどのように意味領解されているのか、ということの確定から言語の習得がはじめられることが多い。このことが、人間にとっての言語の発生が、まず意味を確定しやすい単語からおこるのだという錯覚をわれわれに与えやすい。

しかし、たとえば、原始社会の言語発生の過程を研究したクローレーの『神秘のバラ』で明らかにされているように、言語はそもそもはひとつの単語としてではなく、人間どうしの共通のある行為をまとめてあらわすひとつの複合した言葉としてあらわれた、と思われるのである。人間と人間とを結びつけるある行為が必要であるとき、別の行為と区別するために、ある複合的な音声が発せられる。これがくりかえされ、ある複合的な音声が次第に固定化し、そのなかに次第にはっきりした単語が生まれてくる。

簡単にいえば、人間の行為のある全体を示す文章とでもいったものが発端であり、むしろ単語はそのなかから次第にはっきりした姿をあらわしてくるのであって、単語がつくられ、それが組みあわさって言語がつくられる、というのではない、といわれるのである。このことは、言語発生の社会的関係をはっきりと示すものといってよいであろう。単語は、全体の文章のなかの文脈によってはじめて単語としての意味をはっきりさせることは、現代のわれわれにとっても真実であるとともに、原始の人々にとってもそうなのである。

言語がつくられる、そのことのなかに人間の社会的人間としての形成があることは、原始の人間における言語の発生の状況がまたよく示しているといえるのである。こうして人間は、道具と言語とを、とりわけ後者をもつことによって、自然と社会との自らの像をもつことができる。旧石器時代から新石器時代にいたって、未熟ながら多様な「道具」としての石器と、またほぼ日本列島をおおう日本語の原形を示す「言語」とが生まれていたならば、日本における「思想史」の起点をここに求めても、それは決して間違いではない、といってよい。

第一節　原始の自然と社会——その思想像

原始＝石器時代において、人間はすでに道具をもって自然に働きかけ、またその働きかけのための社会関係をもっていたにちがいない。このことは、いかに未熟・幼稚なものであったにしろ、この時代の人間が、自然と社会との自らの思想像をもっていたであろうということを、われわれに示唆するといってよいのである。もとより、この時代に人間はすでに言語をもっていたとしても、まだそれを文字としては残してはいない。したがって、この時代の自然と社会との像をはっきりと描くことはできないけれども、われわれは、すでに発見されたいくつかの考古学的遺物と、また人類学的研究とを参照して、ある程度それを描くことは可能であると思われる。

さて、人間はすでに社会的存在となっている。彼らは自然への働きかけのために、また自然からのいろいろな脅威への防衛のために、集団をなしていたにちがいない。この集団は、はじめは無制限な生殖によって生じた濃い血縁の者どうしの集団であろう。だが、もし人間が生殖のタブーを知らない血縁集団としての性格をかえることがなかったならば、おそらく人類は地上で早く絶滅したかもしれない。なぜなら、現在の生物学が明らかにしているように、無制約な生殖行為がひとつの集団の中でくり返されるならば、人類の体質は劣化するだけであるからである。人類が地上にあらわれてから数十万年、現在にいたるまで発展をとげているという事実が、逆に、人類が原始の単純な血縁集団にとどまらずに、意識化された集団としての社会、それはまた生殖のタブーをもった社会へ自らを転換させたことを、われわれに教えてくれるのである。

人間ははじめ生殖のタブーを知らぬ血縁集団から出発したとしても、生殖のタブーを知った血縁集団に自らを変革するのである。だから、この生殖のタブーを知った血縁集団は、すでに意識された集団、つまり社会であり、そのことは人間が自らの社会像を意識化していることを示している。

日本の石器時代が、旧石器時代から新石器時代への発展を示していることは、すでに考古学的な事実であるけれども、このことは人間が、原始の血縁集団から、意識された社会関係としての血縁集団にまで発展していることを暗示している。

では、この社会は、どのような社会関係としてあらわれていたのであろうか。おそらくそれは、血縁――血のつながり――を母と子との間ではっきりと認識し、同じ母系内での生殖＝婚姻をタブーとする血縁的社会、別にいえば、血縁ということを右のような内容で認識してつくりあげられた人間と人間との結合の形式をもった共同社会（共同体という）である、ということである。このような血縁社会は、また母系制社会ともよばれるのであるが、人間が原始の血縁集団から、こうした母系制社会へ推転するのは、なによりも母親の胎内から子供が生まれるという事実の存在によっている。

原始の血縁集団内での無制約の生殖は、子の父親がだれかを認識させないであろうが、母親だけはたしかに認識できるのであり、しかも、人類学的報告によってみても、母親は子供が成長してある集団の中にいても、いつでもそれを他人の子供と見分けることができるのだ、とされているのである。そして、こうした母系制社会では、原始血縁集団からの発展であるから、わずかのものではあれ、動産がたくわえられ、それが母方の者に相続されたであろう、と考えられているのである。

母系社会が生まれたとき、人間はすべて母系という血のつながりによって組織され、男女の生殖は同一母系のなかではタブーとされて、ある母系と他の母系との間での生殖が許されるのであるが、このことは、母系社会というものが、内に分化した血縁集団をふくんだひとつの大きな血縁集団となっていることを示しているのであり、この全体を種族共同体、部分を氏族共同体とよぶのが普通である。

母系社会のありようはきわめて多様であって、これを簡単に描くことは難しいのであるが、かりに描くとすれば、つぎのようになるであろう。子は母から生まれる。どのような場合にも子供を養育するのは普通は母である。母は子を生んだときに育てるための生理的機能（哺乳）をもっている。こうして母子の集団ができる。母と子の血のつながりが知られる。同じ母の子どうしの生殖、また母と子との生殖は禁じられる。複数の母子集団が生まれる。母子集団の間での生殖＝婚姻がくり返されれば、ひとつの母子集団内ほどではないにしても、生物学的体質は相対的には弱くなる。いくつかの母子集団を抱えた血縁集団＝共同体は、また別のいくつかの母子集団を抱えた血縁共同体との間に生殖＝婚姻をおこなうようになり、自分の集団内の母子集団の間での婚姻を禁止する。こうして、典型的に描くならば、母子集団の複合＝連合としてのAという母系制集団と、同じくBという母系制集団とが存在することとなる。

出発点となった母子集団をかりに家族と考えれば（この点については、問題の多いところである）、母子集団＝家族の連合としての氏族共同体、氏族共同体の連合としての種族共同体というものが考えられてくるのであり、この種族共同体こそが全体としての、母系制的に編成された基本的共同体＝血縁集団なのである。そしてこの種族共同体が自然へ働きかけているのであり、したがって、ここでは大地＝自然は生産手段として種族共同体の所有となっているといえるのであり、氏族や家族の関与している土地は種族全体によって保証されているのであって、氏族や家族に土地の所有権があるということではないのである。

全体としての種族共同体のなかに、いわば部分としての氏族共同体や、家族共同体（母系制的なそれ。母子集団はその原初的形態であろう）があらわれるにいたっているのではあるが、全体としての社会はその母系制的種族共同体そのものであって、たとい、自然にたいする働きかけを、氏族や家族の単位でおこなっているという現象があったとしても、原理的にいえば、自然への働きかけは、その種族共同体全体によっておこなわれているといってよいのである。

母と子との血のつながりをもとにして母系制的な血縁社会が生まれたとき、母子集団＝家族における未熟な農耕と、また母子集団に属しながらそこから出た男だけであつまった男子集団による狩猟などの採集経済とがみられるのが普通である。母子集団のほかに、戦闘や狩猟に従事する男子集団があるという事実から、母系社会の成立、存在を否定する考えが出てくる可能性もあるけれども、男子集団のなかの男たちは共同体＝社会の一員としては自分の母の系列のなかにくみこまれているのであるから、労働の集団としての男子集団のあることは、決して母系制社会の存在を否定するものではないように思われるのである。

母系制的に編成された種族共同体が本源的には全体（共同体）として自然に働きかけているのであり、現象的には、男女の性別分業が生まれて、男子集団によって狩猟や戦闘が、母子集団によって子の養育（これは経済学的にいえば労働力を育てることにほかならない）や未熟な農耕や、採集（木の実や、貝などの）がおこなわれているのである。

石器時代に、母系制的種族共同体が姿をあらわしたであろうとはいっても、氏族や家族などの共同体はもとよりかなり閉鎖的で、お互いの交流も弱いものでしかなかったであろう。種族共同体を全体の社会として強く思い浮かべることはなかなかに困難であるにちがいない。全体のなかの部分は、全体のなかにくみこまれてはいても、かなりまだバラバラであるにちがいない。人間にとっての自然と社会との像は当然にその反射をうける。しかも、ここでの自然への働きかけが、道具の使用によって、自覚化される基礎をもっており、したがって自然への像が思い浮かべられるとはいっても、まだ自然への働きかけの弱さと、自然の不可測さとははかりしれぬほど大きい。

自然がバラバラの自然として統一した像になりがたく、自然の現象がバラバラであるだけに、自然のなかのもろもろの現象が、人間にとって予測できない恐ろしさを与える。ただそれにもかかわらず、人間はすでに自然を対象化する端緒を得ているために、ひとつひとつの自然的現象の背後にあるもの、いいかえれば自然の本質を、全体をつかもうとするきっかけをもっている。こうして、現象の背後にある本質を考え、呪霊的な存在を思い浮かべるようになるのである。現象の背後にあるかくされた本質、その存在、実体、こうしたものがいわゆる「カミ」であろう。日本語のカミは、まさにかくされた身（本質）という意味をもっているのである。

自然的な諸現象におそれを感じ、その背後にある呪霊をなにがしかの儀礼的行為によって鎮め、自然との調和をとりもどそうとするいわゆる原始の呪術、あるいは呪霊信仰は、われわれの合理的思考からすれば非合理そのものにみえるけれども、ここには、現象の背後に本質を考えようという哲学的な思考の出発があり、そこで考えようとされている本質は、まだそこでは個別的な呪霊にしかすぎないけれども、いずれは多様な現象を統一する全体としての本質への思考の通路をもった、人間にとっての合理的な思考の出発なのでもある。

この石器時代には、すでに、死体の四肢を折り曲げて地中に埋める屈葬が知られている。生とわける死という人間の自然的現象への何らかの問いかけがなければ、埋葬という人間の意識的行為は生まれようがないのである。自然への呪霊信仰の発生は、人間の主体的な思想的行為といってもよいのである。

道具をもった人間の自然への働きかけが、自然への呪霊信仰を生み、呪霊に善き呪霊と悪しき呪霊とが生まれてくるのもまた、自然であろう。現象の背後に本質を探ろうという人間の思想的営みは、自然の本質を全体として法則的にここではまだつかまえてはいないのであるが、それでも本質を知って自然と人間とのコントロールをこころみようとする。この原始の時代では、それが呪術として、呪術師をともなってあらわれることとなる。ただ自然の本質を求めながら、自然がバラバラにつかまえられているために、多くの本質＝呪霊がバラバラにあらわれ、バラバラの呪霊をコントロールするための呪術があらわれ、呪術をよくする呪術師が逆に人間をコントロールするようになる。合理的思考への出発が、逆に非合理的な呪術師の支配をよぶこととなる。

こうなれば、自然の呪霊信仰は人間を非合理的な支配に服させるイデオロギーになったといえるであろう。人間にとっての本質をもとめる合理的思考は、またいつでも非合理的思考への逆転の可能性をもっている。原始の呪霊信仰にも、われわれはその二面性をみてとることができるのである。

母系によって組織された社会が生まれたとき、それは人間が人類として発展していくために経過しなければならなかった、人類にとってのいわば「自然淘汰」の過程でもあるのであるが、それでもこの自然の過程のなかに、人間としての主体的な、思想的な営みがはらまれているのである。母を知ることによって組織された社会、ここでは母が社会全体としても考えられてくる。しかも、この原始の時代に社会が全体として自然に働きかけて、自然からの、人間の生活を保証するみのりが得られるならば、母が自然に働きかける人間を生むという事実の認識と、人間に生存の資を与えるという自然の像とがかさなりあって、「母なる自然」あるいは「母なる大地」といった自然の像もまた思い浮かべられるにちがいない。

たとえば、W・ペアリイの報告にもあるように（The origin of magic and religion「魔術と宗教の起源」）、古いエジプトの考古学的遺物として、豊かな乳房をもった母の像、いわゆる「大母」（Great Mother）が発見されたのであるが、この「大母」の像こそは、原始の人間にとって、自然と社会との思想的な像であったのである。日本においても、石器時代の遺物として土偶の人形があらわれ、それらはすべて乳房をもった女性である。このことは、ただに女性の地位が原始において高い社会的地位をもっていたことを示すというにとどまるものではない。その女性像の存在こそが、この時代の人間の自然像と社会像とを、われわれに示してくれているのである。

第二節　原始の思想像の変化

石器時代は数千年もの間つづいた。しかし、この間にも人間の営みは、微弱ながらもつづけられていったにちがいない。毎日毎日の自然への働きかけは、わずかずつではあるが道具をもふくめて物をつくる技術に改良をもたらし、それにつれて生産力も高まっていく。こうして新石器時代、いいかえれば縄文式文化の時代も、次第に終わりに近づきつつあった。新しい時代が、すなわち、石器をもって生産の用具とした時代から、金属と石器との併用の時代へ、さらにそれよりも一段と飛躍した生産力の高さを示す鉄器をも道具として使用する時代に入っていくのである。そして、こうした高い生産力を背景にして、前代の縄文式文化とは異なった新しい文化、すなわち弥生式とよばれる文化が生まれてくる。

ここでは、生産は、前代と異なって、鉄器をさえ生産用具（道具）とする農業生産があらわれてくる。毎日毎日、異なった場所に獲物を追い求める狩猟・漁労の採集経済にくらべれば、それは一定の動かない土地という、穀物を生み出す大地＝自然を直接に対象にした、豊かな安定した経済である。こうしためざましい生産のしかたの進歩が、石器時代の数千年の後に訪れる。バラバラに獲物を追っていた時代のバラバラの自然像もまた、大地を直接に対象とするとき、安定した統一的なものとして人間の頭脳の中に描かれはじめるであろう。そして、この自然＝大地への働きかけの人間どうしの組織もまた、石器時代の採集経済のもとでのそれと大きく異なってくるであろうし、したがってまた、その社会像も変化をみせてくるにちがいない。

縄文式の末期のころ、すでに農業がおこなわれていたらしい。だがそれはまだ低度の原始的な焼畑農業で、サトイモやヤマイモの類やアワやわずかの野菜の栽培であったように思われる。ところが紀元前一世紀ごろ、日本には大きな経済的変革が見舞った。それは、先進文化地帯である大陸の文化との接触によってもたらされたものであろうといわれている。すなわち、このころ北九州方面に、大陸の進んだ農業技術である水稲の栽培が伝来し、その知識と技術とが大きな影響を与えたといわれるのである。

この農業の伝来は、生産の方法における大革命を意味した。いままでの相手次第の不安な採集経済と異なって、いまでは食糧は定期的に多量に確保されるし、その結果社会の富は増し、生活は安定していく。人間は農業に従事することによって、土地に定着することができた。食糧の増大は、いっそう多くの人口を養えるから、人口も飛躍的に増加する。部落も、それまでの海浜や丘陵を棄てて、水田に有利な低湿地にうつる。住居も竪穴式から、低湿地に適するよう床の高い建築様式がとられる。定住地も従来の規模をこえて大きな一〇〇軒、二〇〇軒という聚落になる。さらにこうした生産の進歩の結果、分業も、かつてのような男女の性別にもとづくそれだけでなく、社会的なものにさえなっていく。

縄文式文化では、土器もまったくの個人の手仕事であったであろうが、ここでは専門の製作者もあらわれて、ロクロで数多く作られるようになり、石製の紡錘車による機織などもおこなわれるようになった。このように、農業がこの時代の基本的な生産となったけれども、狩猟や漁労がなくなったわけではない。狩りや漁は従とはなってきたが、その生産の方法は前時代にくらべると進歩を示している。この時代の銅鐸面には、犬を使って弓矢をもった人が猪を狩るところがかかれているものもある。道具の一般的な進歩とともに、その技術も進歩したのであるが、ただその重要性が、農業にくらべて相対的に低くなったといえるのである。また、前代には、犬・馬・牛の骨の遺物がみられるが、それとて家畜として飼育したという証拠はないが、この時代になると、狩りに犬を使うことにみられるように、家畜の存在がはっきりしてくる。牛や馬も、弥生式の文化からは、家畜としてのそれの骨が出てきているといわれている。

人間が動物を追っている時代には、なかなかにつかまらぬ動物や、人間に危害を与える動物やは、往々にして人間には理解しがたいものとして呪霊的崇拝の対象になったり、またある動物は獲ってはならぬタブー的存在としても考えられることもあったであろう。オーストラリヤの原始的生活にみられる宗教的現象を研究した、たとえばエミール・デュルケムの書物（『宗教生活の原初的形態』）などにそれらの実例を数多く知ることができる。しかし、動物を人間が家畜とするということは、人間が不可知であった動物の本質を、だんだん自分のものとして合理的に理解してくる過程であるといってもよいであろう。

人間が家畜をかうということは、人間が原始の動物崇拝といったような呪霊信仰から、ほんのわずかではあるが、抜けでてきつつあることを示しているであろう。しかし、このような呪霊信仰は、現代の日本社会の一隅に、たとえば、キツネ憑《つ》きとか、犬神信仰とか、というようなかたちで残ってさえいるのである。

弥生式文化の時代は、さきにものべたように、生産用具として鉄器があらわれ、石器もまたいよいよ美しく磨かれたものとなってくる。それは、狩猟から農業へと大きく移りかわる技術的な進歩を示すものである。もちろん、当時のスキやクワは、まだ多く木製や石製ではあったが、鉄がそれらの農具をつくる工作用の機械としてあらわれはじめる。そしてまた、これらの農具にかわる鉄製の農具さえあらわれてくる。こうなると、それは、土地をより広く、より深く耕すことができるのであるから、生産力がかくだんに高まる。

こうした生産用具の改良によって促された農業生産力の発達は、全体としての社会の富を、狩・漁時代と異なって飛躍的に増大させ、その結果、生産力の低い採集経済の段階にふさわしかった、富の偏りのない、つまり無階級の母系制的に編成された血縁的な共同社会に、ある変化をあたえることとなる。新しい農業の生産力の高さに相応した、自然に働きかける人間の社会を生むこととなる。人間にとっての、自然と社会との像に変化が生まれてくる。

すでにのべたように、採集経済という低い生産力の段階では、それに応じて血縁的な無階級な共同体社会があらわれていた。そこでは、この血縁的な共同体は、母系制的に編成された複数の氏族共同体としてあらわれており、直接生産にたずさわるものとしては、狩猟や漁労に従事する男子集団と、また簡単な採集経済と育児とに従事する母子集団とがあったであろうと考えられている。ここでは、男子集団によって獲られた獣や魚、また母子集団によって集められた果実などは、氏族共同体の全員に平等に分けられていたであろう。生産力が低いために、労働の生産物が全員に分けられるのであって、ここでは、まだ平和な共産社会がみられるにすぎない。

ところが、こうした低い生産力の採集経済から、生産力の高い農業経済に移っていくと、狩猟や戦闘に従事するために組織されていた男子の集団の必要は次第に弱くなり、男子がそれぞれ結婚の相手の母子集団のなかに入ってくるようになる。こうしてここに、夫と妻との恒常的な生殖行為がもたれると、いずれは労働に従事する子供が多くつくられ、夫・妻・子という集団（これが本来での家族である）が、安定した、また持続的な農業生産に従事することができるようになる。

もちろん、狩猟に従事した男子集団がこわれて、農業生産に従事する単位としての家族ができたとはいっても、土地の開墾や共同の水利の開発などには、おのおのの家から男子が出て、また集まって仕事をしなければなるまい。しかし、夫・妻・子という集団は、性的関係においても、感情・情緒的関係においても、安定した関係を保ちやすいし、この安定さが、農業生産という狩猟などとは異なった安定・持続的な生産にふさわしい、ということができるために、家族が次第に農業経営の単位になっていくのである。農業生産の開始が、経営の単位として、いままでの母子集団、男子集団にかわって、夫・妻・子をつつんだ家族を要求するのである。

農業生産が中心になっていくと、母系制的血縁社会（種族共同体）のなかに氏族共同体のほかに、夫・妻・子によって構成される家族共同体が姿をあらわし、これが農業経営の単位となってくる。もとより、夫・妻・子という家族ができても、はじめのうちは、夫は形式的には自分の母方に属しているであろうし、したがって、夫と妻・子とが同一血縁の者とはみなされがたいであろう。

しかし、ここに変化がおこる。男子が母子集団のなかに入って農業に従事するようになると、母＝妻は出産・育児などに手がかかるために、男＝夫の生産に関与する比重が次第に高くなり、男＝夫が一家の中心として事実上支配者の地位を占めてくる。それと同時に、ここでは、男＝夫と、母＝妻との安定した性的関係ができるために、かつては生殖に関係のないものとされていた男子の役割がはっきりしはじめ、家族が血縁関係の単位として認識されてくる。

そうなれば、男＝夫は子供を母方の血統にではなく、自分の血統にあるものだとして、母系制の原則に大きな変更を求めてくる。家族における男子の生産力が高まれば高まるほどそうした傾向はつよくなり、男＝夫は、まさに家の父としてあらわれてくる。そして、そのはてには、婚姻した女＝妻をも、母方の血統から外して、自分の血統に編入するようになるかもしれない。父系制が家族共同体をとらえると、必然的に家族の連結としての氏族共同体も父系制に、したがって氏族共同体の連結としての種族共同体も父系制に、編成替えされることとなる。

母系制社会では、大したものでなかったにしろ財産は母方の血統を基準にして相続されていたのであるが、いまや財産は父系制原則によって相続されるようになる。しかも、農業生産は大きな富を与える。妻の財産も夫の財産に移るであろう。社会の富が男子に、より具体的にいえば、家族共同体の長としての父に集中しはじめる。妻や子供とともに働いた農業生産の剰余が、事実上父の手に支配される。

このように、血縁集団の最小の単位としての家族関係のなかに、父の事実上の支配が生まれるとき、われわれはこれを「家父長制」「家父長制的支配」という言葉でよぼう。家族関係において成立したこの家父長制的支配は、また当然に氏族関係に、さらに種族全体にまで及ぶことになる。ここにまでいたれば、家父長制支配が社会全体にゆきわたったことになるのである。父系制的に編成された種族共同体全体が、家父長制的支配の側面をもったとき、これをまたアジア的支配とよぶことにしよう。

自然に働きかける人間の組織が、採集経済から農業経済へと移る過程のなかで、母系制的血縁社会から父系制的な家父長制的血縁社会にかわっていく。男子＝父の手によって社会が一元化してくるとともに、働きかけの対象としての自然の一元的な像も構成されてくる。人間にとっての自然と社会との統一像があらわれてくるのは、右にのべたアジア的社会の成立と無関係ではないように思われる。この点については、またのちにやや詳しくのべたいと思うのであるが、ここで、日本のアジア的社会の特質を理解する予備的な考察をしておこう。

さて、安定した農業生産の成立が、全社会的な家父長制（家父長制的家族共同体・同氏族共同体・同種族共同体）を生みだすのであるが、家父長制成立の途はまたさまざまな姿をもつのである。母系制社会においては、生産に従事するグループとして母子集団と男子集団とがあった。男子集団は狩猟・漁労を中心とした採集経済に従事しているのであるが、獲物を獲る土地を確保しなければならぬために、しばしば他の男子集団（他部族と考えてよかろう）との戦闘に当ることとなる。そして戦闘は、狩猟と同じように他部族から富をもたらす。男子集団の労働の場所のこの戦闘的な性格からして、その土地を「槍地」とよんでいる。

男子集団は、農業労働に従事しないときには、富を増すためには、獲物を多くとり、そのためにも槍地を広げなければならぬ。獲物を狩猟によってではなく家畜飼育ができるようになれば、富は飛躍的に増大するが、もちろんここでも槍地は必要である。男子集団の仕事が、従来の労働の延長のうえに、家畜飼育や槍地の拡大にむけられてそれが成功すれば、男子の手元に貯えられる富が男子の社会における地位を高めさせ、男子はその富によって、女子を妻として買うことができる。買い入れた妻は夫以外の男性との性交は禁止されることとなろうから、ここでも、男＝夫と、女＝妻との安定した性的関係が生まれ、男子の生殖への関与が認識され、子は父の子とみとめられ、男子が母子集団に入りこんだときと同じように、家父長制家族が生まれてくる。

狩猟から家畜経済へ、という生産力増大の方向は、ふつう戦闘による槍地の拡大と結びつき、家父長制を生む。この場合、さまざまな家父長制の形態があらわれることになる。ある場合には武装した男子集団が、それぞれに妻と子を抱えて、羊を飼育するために全体として広い地域を巡回する、こともあろう。また他の場合には、戦闘での移動が主となるために、家族とは別に住むこともあろう。男子の富が増大すれば、各所に妻をおき、男子がそこに通うというようなこともでてくるかもしれない。いずれにしても、母系制社会のもとでの母子集団と男子集団とによっておこなわれていた未熟な採集経済から、農業生産への転換が、定着農耕と家畜飼育とのいずれの方向でおころうとも、男子の生産力が女性のそれに優位した結果、家父長制家族共同体が、したがってまた全種族的な規模で家父長制社会が生まれることとなるのであるが、そのさい、家族のありようなどはさまざまな形態をとることとなるのである。

日本においての、縄文時代から弥生時代へかけて生まれ、その後の大和国家時代へかけて発展した家父長制的血縁社会も、右にのべたような、基本的な、母系制から家父長制への発展の主要因と、また採集経済から農業経済への日本的な諸要因とがからまりあって、日本における特殊な（とはいっても、一般的な発展を決して否定しない）家父長制が生まれてきたのであろう。この日本の家父長制成立の特殊な情況は、現在必ずしも明らかにされているとはいいがたいのであるが、ある程度の推論は、その後の日本の発展状況からして、可能なようにも思われるのである。いま、この輪郭を描いてみたいと思う。

すでにのべたように、紀元前一世紀ごろ大陸から水稲作の技術が伝来され、稲作という定着農業が中心となって、家畜経済もおこなわれていった。ところで、この稲作であるが、それには何よりも、豊富な水と適当な日照とが必要である。モンスーン地帯に属していて季節的な豊富な水に恵まれ、また大体において暖かい温帯に属している日本列島の南半部は、この水稲栽培の適地である。まず第一に、日本の自然的環境が、水稲作による農業生産を中心たらしめる条件である。しかし、日本列島は、周辺のもろもろの島をふくめてであるが、中央に険しい山脈がとおり、急流が多く、地形は複雑であり、しかも平野部が少ない。水は豊富でもコントロールしがたく、一括した大規模な耕作は、未熟な灌漑・土木の技術ともあいまって困難である。わずかな平野は暴風雨のときなどは海水の冠水によって、稲を枯死させるであろう。こうして日本の水稲作は、その自然的環境と、それに働きかける技術の困難さとによって、比較的穏やかな小河川流域の河口からはじめて、しだいに山裾の平坦部などに、分散的なまた零細な地片を耕地としていったにちがいない。

日本の水稲作は小規模の家族集団による経営を必要としたであろう。ここでは、女子や子供の労働力も十分に重要である。スキ（鋤）やクワは女・子供でも使うことができる。通常、ヨーロッパの大規模な旱地農業では、スキ（犁）が導入されて男子労働の重要さが決定的となって家父長制の基礎が生まれたとさえいわれるのであるが、日本の水稲作農業は、これと様子をかなり異にしているにちがいない。男子の労働は、共同の水の管理、土木工事等々にむけられなければならない。それだけではない。大規模な牧草地をもたぬ日本の自然は、中央アジアやヨーロッパのような大規模な家畜飼育を発達させはしないが、それだけに、狩猟や戦闘の必要はかつての男子集団を存続させることとなる。

男子生産力の優位が家父長制を成立させても、男子は、さきにのべた典型的な例のように、男子集団をこわして母子集団に入りこむことができない。母子集団＝家族も農業の維持と発展のために労働力を放出するわけにいかない。土地の狭小と稲作に必要な集中的な労働量の必要とが、夫が妻と子とをひきとって母子集団をこわして家族をつくることを困難にするかもしれない。ここでは、ある男性の妻は、自分の母と兄弟姉妹と、また子は自分の母方の伯叔父母といっしょに生活することとなる。このような状態が生まれたとき、生産と消費を共にしているこの母子集団、これが家族であろうが、父系制的な転換がおこれば、原則としては他処にすむ男性と母方家族の中の妻と子とが家父長制家族たるべきものである。しかし家族は、同じ血縁系譜にあるものがいっしょに住んで生産と消費生活とを共同にするときもっとも強く安定した共同体となることができるのであるから、こうした夫婦別居とか、夫が妻の許にかようといった結婚の形式は、家父長制支配の集中化を阻んでいるものであり、また母系＝母権制の痕跡をつよく残しているといってもよいのである。日本の古代社会にひろくおこなわれていたといわれる夫婦別居のいわゆる「妻問い婚」はこうした母系制の遺風であるのかもしれないのである。

いずれにしても、母系制から家父長制（父権制）への社会組織の転換が、日本でもおそらく永い時期にわたっておこなわれたことは間違いのないところであろう。日本のこの家父長制の成立は、日本の農業、水稲作農業の生産力的な特殊性との関係で、日本独自のすがたをとったように思われるのである。日本農業の分散性・零細性が家父長制家族の分散性とからみ、家父長制支配が生まれても、それがなかなかに一元化しがたく、小規模な農業経営における共同性がつよくのこり、したがって、一元的な法則的な自然像がつくられがたく、個別・分散的な自然像が呪霊信仰とかさなって、感覚的・情緒的な自然観がつくられ、また社会像も閉鎖的な共同体意識をつよくまつわりつかせていくように思われるのである。

八世紀の初頭に編纂されたわが国最古の文献である『古事記』は、五、六世紀ごろにあらわれたほぼ日本全体をおおう家父長制支配、つまり原始天皇制の支配を正当化する思想・イデオロギーが叙述されているとみられるのであるが、同時にここには、日本における天皇制の成立という家父長制支配の一元化にいたるまでの、それ以前の永い家父長制成立の過程も、かなりの程度反映されているとみることができるのであり、原始日本の自然と社会との像を、われわれに示してくれるのである。

第二章　日本的自然像と社会像

——アジア的思惟の成立

第一節　日本的自然＝神々の発生

人間が自然に働きかけるということは、人間が、人間にとっての自然とは何かということを問うことでもあった。原始の時代、自然の諸現象は人間にとっての統一的な像を与えないにしても、それでも個別的な自然現象の背後にある本質を、呪霊として頭に思い浮かばせた。はじめ、この呪霊は人間の理解をこえたものとしてバラバラに存在しているのであるが、自然に働きかける人間の組織が次第にととのい、とくに定着農耕がおこなわれるようになれば、それなりに規則化した生産行為と、その結果としての規則的な収穫とが、自然にたいしての統一した像を次第にむすばせていくであろう。個別的な不規則な自然現象の背後にある不可知の呪霊も、人間との対話を深めていくはずである。呪霊信仰が生まれたとき、呪霊を鎮める役割をもって登場した呪術師といわれるものは、呪霊をそれなりに理解しているものとして、この時代のいわば知識人でもあったといってよいのであるが、おそらくこの呪術師たちが、また新しい自然像と社会像とをつくりだす役割を担ったであろう。

さて、呪霊信仰においては、呪霊はまだ不可知であり、人間との対話を容易にはしない。しかし人間の自然への働きかけが進んでくれば、呪霊もある程度人間の理解を可能にするものとして、人間を支配するものではあるにしても、なにほどか人間的なもの、人格的なものとしてあらわれてくる。自然を通じて人間とのかかわりかたに、ある定まった役割をもった、自然の背後にある本質的な存在、といったものが、人間にとって考えられてくる。これが、おそらくは、人間にとっての「神」とよばれるもののはじまりであろう。

この「神」は、おそらく、アニマとよばれる現象の背後にある活動的な本体から進化したものであろう。「神」は人間とのある対話をもちうるものとしてなにほどか人格的であり、特定の名辞を与えられ、したがってまた呪霊から進化したものとしてなにほどか普遍的な性格をもつにいたっている。

人間にとって、呪霊がバラバラに存在しているとき、人間は呪霊が人間に幸いや禍いを下すということを知っていたにしても、呪霊の世界がどのようになっているかは知ることができぬ。しかし、人間がなにほどか人格的な、人間にとって理解のできる「神」の観念をもつにいたったならば、人間は、人間とは異なる「神々の世界」を思い浮かべることができるはずである。そして神が、呪霊信仰から発した、人間にとっての自然理解のために生まれてきたものであるならば、原始の人々が描いた「神々の世界」すなわち神話は、原始の人々にとっての自然像であり、また神と神との結びつきにあらわれた、彼にとっての社会像をあらわしてもいるであろう。

逆にいえば、神々の世界、神話の世界は、自然と社会とを、人間にとっての自然と社会として十分に描くことのできぬ原始の人にとっての、自然と社会との像にほかならないのである。では、日本の神々の世界、神話に示される、自然と社会との像は、どのようなものとして形成されてきたのであろうか。

日本の神々の世界、神話が描かれている書物として、われわれは『古事記』をもっている。『古事記』の上巻は神々の世界をわれわれの前にひろげてくれる。さきにものべたように、『古事記』上巻の分析が、日本における家父長制社会成立にいたる間の、日本の自然・社会像をある程度示してくれるであろう。さて、『古事記』の冒頭には、神々の生成が語られている。その叙述はつぎのとおりである。

> 天地《あめつち》初めて発《ひら》けし時、高天《たかま》の原に成れる神の名は、天之御中主神《あめのみなかぬしの》。次に高御産巣日神《たかみむすひの》。次に神産巣日神《かみむすひの》。此の三柱《みはしら》の神は、並独神《みなひとりがみ》と成り坐《ま》して、身《み》を隠《かく》したまひき。
>
> 次に国稚《くにわか》く浮きし脂《あぶら》の如《ごと》くして、久羅下那州多陀用弊流時《くらげなすただよへるとき》、葦牙《あしかび》の如く萌《も》え騰《あが》る物に因りて成れる神の名は、宇摩志阿斯訶備比古遅神《うましあしかびひこぢの》。次に天之常立神《あめのとこたちの》。此二柱《ふたはしら》の神も亦《また》、独神と成り坐して、身を隠したまひき。
>
> 上《かみ》の件《くだり》の五柱《いつはしら》の神は、別天《ことあま》つ神。
>
> 次に成れる神の名は、国之常立神《くにのとこたちの》。次に豊雲野神《とよくものの》。此二柱の神も亦、独神と成り坐して、身を隠したまひき。
>
> 次に成れる神の名は、宇比地邇神《うひぢにの》、次に妹須比智邇神《いもすひぢにの》。次に角杙神《つのぐひの》。次に妹活杙神《いもいくぐひの》。次に意富斗能地神《おほとのぢの》、次に妹大斗乃弁神《いもおほとのべの》。次に於母陀流神《おもだるの》。次に妹阿夜訶志古泥神《いもあやかしこねの》。次に伊邪那岐神《いざなきの》、次に妹伊邪那美神《いもいざなみの》。
>
> 上《かみ》の件《くだり》の国之常立神以下《よりしも》、伊邪那美神以前《よりさき》を、幷《あは》せて神世七代《かみよななよ》と称《い》ふ。（日本古典文学大系第一巻、以下同）

この『古事記』冒頭の文章の思想的な意味内容については、研究史上大きく議論の分かれる問題の多いところであるが、いまはそれを措いて、ここに示されている日本的自然を考えてみよう。

まず第一に、天地が初めてひらいたとき、高天の原に神々が成りいでた、というのであるが、ここでは、なぜ自然の総体としての天地ができたのか、あるいはだれが天地をつくったのか、という問いは発せられていない、ということである。自然そのものへの問いかけがなく、自然の総体がはじめから前提されているならば、自然にたいする法則的認識はなかなか生まれてこないであろう。自然を対象として理解する態度は、こうした自然の前提からは生まれにくいにちがいない。自然への埋没とか、自然との合一とか、といった生活態度がつくられやすいであろう。よくいわれる、日本人の自然観の特色といったものが、あるいは、ここにもうかがわれるのかもしれないのである。

もとより『古事記』は、古い世界のことを描いているのであるから、そうした自然への態度はある意味では当然のことなのかもしれないのではあるが、それにしてもここに日本人の自然観のある特色をもった原像があるのかもしれない。たとえば、古代中国では、自然がどのようにして出来上がったかといった発生史的な問いは少ないのであるが、自然がどのような要素によって構成されているのか、また自然はどのような運動をするのか、ということについての法則的な理解を、それがいまからみれば非科学的なものであるにせよ、かなりの程度に進めているのである。また、ヨーロッパに広くゆきわたったキリスト教の原流をなしたユダヤの宗教では、唯一の人格的な創造神であるヤーヴェが自然をつくったとされ、そうした神の観念が、人間が神の意志を知るために自然にたいする理性的な、いいかえれば法則的な自然科学的な理解を生み出させるもとになったのだ、ともいわれている。

いずれにしても、自然に働きかける人間の自然への対しかたが、歴史のあけぼのの神観の中にうかがえるのであり、そのさい日本人は自然を対象化する態度の弱さを、もともともっていたともいえるようにも思われるのである。もし、自然を対象化する態度、思考が弱ければ、自然にたいする感情的・情緒的態度は生まれやすいであろう。自然のきびしさが比較的少なく、自然への働きかけが分散的な、閉鎖的な共同性によっておこなわれるならば、こうした傾向はつよまるにちがいないであろう。さきに、日本の稲作農業の出発にあたっての特色をのべたのであるが、これが『古事記』の自然像にもかかわりあっているといえるであろう。

それだけではない。現在の日本において、いろいろなかたちで自然の破壊がすすんでいるとき、日本人にとっての自然とは何かということが問われるのであるが、そのさい心情的・情緒的な自然論が人々の心をかなりつよく捉えているという情況も、原始の自然観とのかかわりを示しているのかもしれない。現代における高度化した工業生産にたいして、日本の農業はいぜんとして分散的・零細的であり、日々に解体のいろを濃くしているのである。

自然＝天地はおのずから出来上がり、高天の原に神々が成りいでた。神々の世界が人間にとって理解されるようになったとしても、神は人間にとって完全には理解されない本質をもつ神秘的・超越的な存在でもある。人間の住む場所とは異なった神々の生まれる場所が想定されなければならぬ。自然は対象化されえぬといっても、天と地とは十分に感覚的には理解されるであろうし、限りない天は、人間をこえた存在である神の生まれる場所にふさわしいかもしれぬ。

もと呪霊は、かなり地上的性格をもっていたであろうが、呪霊の神への進化は、神の権威を自然としての高さをもつ天と結びつけることとなる。天のもっとも中央にある神が生まれたということは、神観念の普遍化、唯一の神の出現への方向をもっていないとはいえない。日本の神の世界は、きわめて雑多な無数の神々の世界であったろうから、天之御中主神は、かなり後代になって知識人によって創作された、当時の大衆には無縁の神であろう、という説もある。それも、たしかにひとつの考えであろう。無数の呪霊から無数の神が生まれる。しかし、すでにのべたように、神観念の成立は、なにほどかその普遍化への契機をもっているのであり、自然も内容を欠くとはいえ、天地という全体が思い浮かべられているならば、他の神々を否定せずとも、おのずから神々のなかの序列がつくられるのは当然のことであろうし、かの原始の母系制社会とても、素朴ながら全体としての「大母」をもっていたのである。

神観念の成立は、こうして神々の世界の秩序を描くことを本来の方向としてもっているにちがいない。天之御中主神から天之常立神まで五柱の神が、「別天つ神《ことあまつかみ》」として、とりわけ重要な神として記されることは、『古事記』的神々の世界のある程度の秩序化、それはまた自然と社会との秩序化でもあるが、それを示しているのであり、それは神観念進化の一般的なプロセスを示すものであって、日本の神観念のなかにそもそも存在しえない、というようなものではないといってよいのである。

人間にとって自然が全体として思い浮かべられるならば、自然のなかに成りいでた多数の神々が整序されて、自然全体を示すような神もまたあらわれる。天之御中主神もそうであり、タカミムスビ、カミムスビもそうであろう。自然が豊かなみのりをもたらすものとして神化される。そして、自然が全体として思い浮かべられているとはいっても、小さな共同体の連結として社会全体があるかぎり、自然全体をあらわす神の名はさまざまでありうるし、また自然のもついろいろな側面を強調して神の名はいろいろでありうる。

自然の生成力は、「母なる大地」といわれたように人間の生殖力（それは自然へ働きかけ、それによって自然の生成力を生みだす労働力そのものの生産でもある）とかさねられて考えられるのは当然のことであるし、ムスビの神が生まれるのも自然のことであろう。たとい、これらの神々の名前が、呪術師的な知識人によって思い思いにつけられた名前であり、またそれの整理されたものであっても、自然への働きかけの人間の組織が、定着農耕を媒介にして統一化されてくるならば、それらの神々は大衆によってうけとられる基礎をもっているのであり、逆にいえば大衆の自然と社会との像の進化をもとにして、知識人がそうした神々をつくりだしたともいえるのである。

こうして、自然の生成力そのものを神化した、「葦牙の如く萌え騰る物に因って成」った、ウマシアシカビヒコヂというような神もまた生まれるのであろう。自然そのものの法則的理解というような対象化ではないが、自然の生成力が、また進化がとらえられてくる。そして、ここに、日本の自然像のひとつの特色があらわれている。くりかえしのべてきたように、人間の働きかける対象としての日本的自然は、水稲作農業の適地として、豊かな土地の生産力をもっており、人々は、母権制から父権制への転化の過程で、全体としての血縁的社会を一元化する方向にありながらも、それぞれの地域に環節的な小さな共同体をつくって自然に対していた。社会全体をたんに血縁的組織として一元化するだけでなく、生産の組織としても一元化する方向がつよくなければ、自然への法則的理解は生まれにくい。

たとい、自然が豊かなみのりを与えてくれるにしても、それを現実のものとするのは人間の主体的な労働そのものである。にもかかわらず、日本的自然は、主体的な人間と自然との緊張を表面化させず、人間の主体的な行為＝労働が自然の中に埋没しやすい。日本の農業生産がその後永い過程にわたって、労働の生産性を高めるよりは、土地の生産性を高める方向につよく傾斜していき、一定の労働量に対してどれだけの収穫をうることができるかといった労働の効率をぬきにしての、結果としての収穫量だけを重視するような、集約的な生産の方向にいったことは、あるいは、自然を生成力そのものとみなすといった原始の日本的自然像とのふかいかかわりをもっているのかもしれないのである。ウマシアシカビヒコヂは、日本的自然像のシンボルとしての神であろう。

このアシカビに象徴される古代日本の自然像は、たとえば、中国古代の秩序化され法則化された自然像とは大きなちがいをみせている。古代の中国では、華北の黄河流域に旱地農業が展開したのであるが、この大河のたびかさなる大規模な氾濫が、家父長制的社会の一元化を、河流の調整という労働の一元化とつよくむすびつけ、自然の規則的な運行はどのようなものであるのかといった、天文学的な理解をもかなりに深めさせたのである。もちろん、中国の古代においても、自然は人間にとっての不可測な災異《わざわい》を与える神秘的・超越的な本質をもつものとして、天地や山川は神格化されたけれども、自然に働きかける人間組織の一元化のつよい必要が、自然はどのような要素で構成されているのか、あるいはどのような運動法則をもっているのか、といった問いを生ませることになったのである。人間が自然の中に入りこむだけでなく、人間が人間として生きるために、自然の法則に合わせた生活をすべきである、という思想が生まれたのである。中国の古典である『易経』はそうした性格をもった書物であり、『書経』もまたそうである。

日本の神は数多く、自然神としての性格がつよい。しかし、神はなにほどか人格神への方向をもっているのであり、別天《ことあま》つ神といわれるように、神観念の一般化、また神々の秩序化も生まれてくる。いろいろな性格をもった神々がはじめにあったとしても、神が次第に整理されて重要な神が残っていき、それとともにその重要な神は他の神々の力をもかねそなえた唯一の神に昇華していく。それはまた、おそらくは神々の闘争の結果であろうし、したがってその神の人間とは隔絶した超越性・絶対性が高まっていく。しかしそのことは、その絶対的な唯一の神が全く不可知のものとして人間から離れていくということではない。神はそもそも呪霊から進化したものとして、人格化の方向をつよめており、人間との会話を可能にするものである。呪霊とても、呪術によって人間との会話は可能であった。神と人間との会話は、呪霊と相対するときよりも、もっと規則的な、秩序化された、社会的に承認されたある儀式によって可能であろう。これが神々への「祭儀」といわれるものであろう。

定着農耕の成立は、社会的組織をすすめ、神との間の規則的な会話を祭儀としてもつようになる。それは、その都度、なにかおこったときに呪霊を鎮めるためにとりおこなった呪術からの、社会的な進化を示すものである。農耕祭儀が社会的・生産的単位としての小共同体（氏族）で生まれ、さらに小共同体の連結としての全（種族）共同体のそれをも生むことになる。祭儀もまた秩序化され、重要な祭儀とそうでない祭儀とがふるいわけられていく。日本の農耕儀礼の頂点には、あの「大嘗会」といわれるものがあらわれてくる。

神観念と祭儀との進化は表裏一体のものとして、秩序化され、そして単一化の方向にむかう。だが、神との対話がまだ祭儀にだけとどまるならば、それは十分なものではない。神と人間との人格的な対話はまだ不十分であり、神は人格神化されながら、まだ自然神にとどまっている。しかし、神が唯一の神となり、祭儀を通じてにせよ、人間が神と相対するようになれば、人間は多数の神とそれぞれに異なった神へのちかいをする必要はなく、ひとつの神とのちかいだけを祭儀を通じてまもることができる。呪術や祭儀が、呪霊や神と人間との間にとりかわされる、呪霊や神の意志をとり鎮める約束＝ちかいの行為であるならば、それはちかい＝儀礼を通じての人間と神との人格的な対話でもあろう。したがって、神が唯一の神として人間に相対するとき、神は人格神として登場してくるのである。

日本の神観念は、ユダヤにおけるような超越的な、唯一の人格的な創造神を生みはしなかったのであるが、右にのべたような神観念の進化、合理化を全く示していない、というようなものではないのである。たとえば、よく知られていることであるが、スサノヲノミコトがアマテラスに別れをつげに高天の原に参いのぼり、アマテラスがスサノヲに、「汝《いまし》の心の清く明《あか》きは何《いか》にして知らむ」として「異心《ことごころ》」（二心、謀叛心）をたずねたとき、スサノヲが自らの清明心をあかすためのちかい「宇気比《うけひ》」（誓約）をたてたことが示すように、日本の神々の間でとりかわされる、なにほどか人格的な誓約＝契約の観念さえあらわれてきているのである。

自然像のある程度の一元化と、神の世界のある程度の秩序化と、また自然神のある程度の人格神化との発展が『古事記』からうかがえるのであるが、そこにはまた自然像＝神々の世界のまた日本的な特色があった。自然の秩序的・法則的認識がほとんどみられず、自然＝天地は自然発生的であり、重要な神がふるいわけられても、人格化への契機もよわい。神の絶対性、超越性もつよくはない。神はそもそも唯一のものとして無条件に存在しているのだ、といった考えは生まれておらず、神も自然発生的である。時間的経過を一切捨象して、自然の構造をみるとか、また神の存在を考えるといった思考は、ほとんどみることができない。その契機がないわけではないが、自然的な時間的経過のなかでそれが発想されることとなる。

神がつぎつぎに生まれ、神世七代のさいごに、イサナキとイサナミの男女の二神があらわれる。だが、日本の神々は、無限定な時間的経過のなかで自然的に生まれるというだけでもないのである。自然的経緯のなかで生まれたさいごのイサナキ・イサナミ男女の二神が夫婦となり、この男女＝夫婦神が、その後にクニ＝国土（自然）と神々を生んでいき、自然と神々の世界に秩序を与えるのである。ここには、無限定的な自然的時間のひとつの切断があり、したがって、天之御中主以下イサナキ・イサナミ二神までの神の自然的（発生）性格も、イサナキ・イサナミ二神を起点とする自然的時間の切断によって生まれるある秩序の世界を前提してつくられている、自然的ではあるがなにほどかそれを切断した自然性であり、すでにのべたようなある自然の対象化をもっているのである。

第二節　血縁的社会＝神々の生成

『古事記』の神代の物語が、イサナキ・イサナミ男女二神を起点にしてすすめられることは、よく知られているところである。二神は、別天神五柱の言葉にしたがって、この日本という国土を修理固成する。天つ神一同の、「是《こ》の多《た》陀用弊流《だよへる》国を修《をさ》め理《つく》り固《かた》め成《な》せ」という委任のことばが、イサナミ・イサナキ男女二神が、神々の共同体の委任をうけて、国土の修理固成をはじめることを意味しているならば、イサナミ・イサナキ二神は、神としての世代を後にしているとはいえ、神々の原（自然）共同体からなにほどか切断された、あらたな神々の共同体の代表者であろう。

この二神は淤能碁呂《おのごろ》島に天降《あまくだ》りして天《あめ》の御柱《みはしら》と八尋殿《やひろどの》（大きな家屋。ここでは新婚のための婚舎）をたて、男神は女神に、「吾《あれ》と汝《いまし》と是《こ》の天の御柱を行き廻《めぐ》り逢ひて、美斗能麻具波比《みとのまぐはひ》を為」ようと宣言して、ここに婚姻の約束が生まれた。男女の性交が無秩序に自然的本能のままにおこなわれるのではなくて、両性の契約によっておこなわれるということは、両性の生殖行為の意識的な秩序化、性交の秩序ある社会的承認がすでに存在していることを示しているであろう。それは人間の自然史的過程のなかで母系制社会が成立したことのなかにもよく示されていたはずである。両神の「期《ちぎ》り」は、人間の意識的な組織化のあることを、まずもって示しているといってよい。

さて、両神は婚姻の約束をして生殖行為をなし、子供を生むこととなる。この約束は、さきにたてた天の御柱を両神が廻って相会したときに果たされるのであるが、はじめ両神の相会したとき、女神イサナミがさきに「阿那邇夜志《あなにやし》愛袁登古袁《えをとこを》」と言い、後に男神イサナキが「阿那邇夜志愛袁登売袁《あなにやしえをとめを》」と言って性交をおこなうが、このときには不具の水蛭子《ひるこ》が生まれた。男女両神が結婚による性交をおこないながら、女神が先唱したときに不具の子が生まれるという話は、社会的に承認された結婚が、男性を上位とするひとつの秩序をもっている、ということにほかならない。すでにのべた、母系制社会から父系制社会、家父長制社会への転換が、ここではすでに成立しているのではなかろうか。

不具の子ヒルコの生まれたとき、イサナキ・イサナミの二神は、「今吾《あ》が生める子良《よ》からず。猶《なほ》天つ神の御所《みもと》に白《まを》すべし」といって、天つ神の、すなわち共同体の意見をもとめることとなる。不具の子であるにせよ、「吾が生める子」という認識は、両性の性交によって子供が生まれるという血の認識の存していることを示しているのであるが、もと母系制社会にあっては、血のつながりは、母と子との間でだけしか認識されていなかったことを考えるならば、ここでは父系という血のつながりが存しており、しかも男子＝夫の優位があるのであるから、父系制的に編成された家父長制社会が成立していたこととなる。そしてこの父権の優位を、自然的に発生した神々の原共同体が承認し、「女《をみな》先《さき》に言へるに因《よ》りて良からず。亦還り降りて改め言へ」と宣言するのである。

母系制から父系（権）制への転換は、また母系制的に編成された共同体からの父系制的に編成された共同体への、社会的転換なのである。すでにのべたように、自然に働きかける人間の組織は、原始の時代において、自然淘汰にたえる血縁系譜を知った母系制社会を生ませたのであるが、血縁の系譜をこうした母系としてだけでなく、父系においても認識することができるならば、自然淘汰をかちとる人間の血縁関係の認識は、まずもって完成されたといってよいであろう。母系だけでなく父系をもってする血縁関係の認識をもとにつくられた父系制社会は、しかし母系の認識と並列してつくられるのではない。男子の生産力が女子のそれに優位したとき、それのつくられる基礎が生まれるのであり、夫の、したがってまた父の事実上支配する家族共同体が生まれてくるのである。

父系制社会は、近親婚を排除する血縁的社会＝共同体という意味においては、人間の自然的＝生物学的資質を強くするためにつくられた自然的共同体であるけれども、それが男子の、父の事実上の支配によって用意されるということによって、平等な共同体としての人間の組織をこわす側面をもっているのである。こうして、母系制から父系制への転換にあたっては、母権と父権との闘いがあらわれることとなる。女神イサナミが先唱したとき生まれた子は不具の子であり、また「子の例《たぐひ》には入れざりき」（子のなかまにはいれなかった）というのは、父系原則の優位を、父権の優位を、家父長の支配を、自然的共同体が、自然性として宣言しているのである。したがって、神々の自然的共同体もまた真に自然性的ではない。

イサナキ・イサナミ両神の婚姻・生殖の物語は、両神についての『古事記』の発端の部分にしかすぎないのであるが、そこには、すでに家父長制的に編成された父系制的血縁社会の成立が示されている。日本の神々の世界のなかに、古代日本の社会像をみてとることができる。

ところで、さきにものべたところであるが、日本の家父長制的血縁社会は、それを成立させた日本の水稲作農業の特質に規定されて、母系制的な痕跡を永く残すこととなった。父系原則がつくられながら、父と母とは別居しており、子もまた母とともに生活している。しかし、父系原則の確立と家父長制権力の事実上の成立とは、生産と消費とをともにする家父長制的家族共同体を次第に確立させていくであろう。富を手にした父親の権力は、母と子とを自分の許にひきつけようとするであろう。母と子がいっしょにおれば、彼らの労働の結果である剰余を自分のものとするのに都合のよいことはいうまでもない。この家父長制家族共同体成立の方向は、父の側からすすめられていくだけではない。

父はすでに富を蓄積している。父が死んだとき、父系制的原則によれば、その財産を相続するのは当然に彼の子である。もし子が父と別居しておれば、この原則にもかかわらず、父の財産はどのように処分されるかもしれない。男子の生産力の優位が、彼のもとに、一般的な農業生産力の上昇を条件にして富を蓄積させるとき、父系制・家父長制への転換がおこるのであるから、もし子の父との別居があったとしても、父の財産の相続の確保のために、子もまた父との同居をもとめる。家父長制家族共同体をつくる方向は、子自身のなかにも存している、といえるであろう。

子のなかに、そうした志向性があるとすれば、妻＝母もまたそうした志向性をもっている、といってよい。母は子を養育し、子と生活をともにしている。感情的・情緒的な一体感が生まれ、それが血縁的なつながりとしていっそう強められる。それだけではない。母に養育された子は、成長したときには、母の保護者たることができる。女性＝妻は、子を媒介とするときは、また家父長制的家族共同体への志向性をもっている。

こうして、日本における母系制へのひきつけの強さにもかかわらず、家父長制家族共同体が、その連結としての家父長制的氏族共同体が、さらにその連結としての家父長制的種族共同体が、強い一元化をみせてくるであろう。だが、ここには母系制と父系制＝家父長制との闘争があり、日本における母系制痕跡のつよさは、また『古事記』に表現されることとなる。イサナキとイサナミとが、不具の子を生んだのち、共同体の意見にもとづいて、ふたたび天の御柱を廻って会ってから、多くの島々とまた多くの神々を生むという物語が展開されるのであるが、イサナミは最後に火の神を生んだことによって黄泉《よみ》の国（死者の住む国）にかくれる。イサナキは妻を黄泉の国に追っていく。しかし妻の体には、「八はしらの雷神《いかづちがみ》が成り居」でていた。これをみて逃げようとするイサナキをイサナミが追いかける。二神の格闘のはて、イサナミは夫＝イサナキに「愛《うつく》しき我《あ》が那勢《なせ》の命《みこと》、如此《かく》為《せ》ば、汝《いまし》の国の人草《ひとくさ》、一日《ひとひ》に千頭絞《ちがしらくび》り殺さむ」という。イサナキはこれにたいし、「愛しき我が那邇妹《なにも》の命、汝然為《いましかせ》ば、吾《あれ》一日《ひとひ》に千五百《ちいほ》の産屋《うぶや》立てむ」とこたえる。

この物語に、『古事記』は、つぎの結論を与える。「是《ここ》を以《も》ちて一日《ひとひ》に必ず千人《ちたり》死に、一日に必ず千五百人《ちいほたり》生まるるなり」と。イサナミに象徴される母系制社会は、イサナキに象徴される父系制社会の生産力に及ばないのである。生産力は、自然に働きかける人間の労働力そのものにほかならぬ。母系制との永い格闘、それにもかかわらず父系制＝父権制の生産力における勝利が、ここで語られているといってもよいのである。そして、イサナミがヨミに身を隠すのは、火神を生んで、女性としての生殖能力＝生産力を失ったからである。母なる大地、かつての「大母」は、いまや「一日に千頭絞り殺さむ」死の国を象徴することとなる。

いまここに、母系制と父系制との闘争、その結果としての父権制、家父長制の成立をみることができるとはいったけれども、共同体の平等な原始性が完全に失われたわけではない。父権は優位したけれども、夫は妻と「期《ちぎ》っ」（契約）たのであり、妻は夫の完全な隷属物ではない。家父長制が極限にまで進められるならば、妻は子とともに父＝夫の財産とみなされ、売買されるまでにいたるといわれるのであるが（たとえば、ローマの家族をみよ）、そこにまでいたれば、もはや父と妻子との共同体は存在しないといってよいのである。共同体というかぎり、それを構成する成員のなかに事実上の不平等が生まれていようとも、成員の平等原則といわれるものがなんらか存していなければなるまい。自然生的な血縁的共同体、そのなかに事実上生まれてきた家父長の支配の存する、父系制的な血縁的共同体、その成立がここで語られているのである。

　さて、イサナキとイサナミとは、不具の子を生んだのち、ふたたび天の御柱を廻り、男神の先唱のうえで、まず国土としてのクニを生むこととなる。二神の生んだクニ、島々は、淡路島、四国、隠岐、九州、壱岐、津島、佐渡、大和のいわゆるオオヤシマと、さらに吉備児《きびのこ》島、小豆《あづき》島、山口の大島、女島《ひめじま》、長崎の五島、両児《ふたごの》島（男女群島か？）との、あわせて十四のシマである。

　これら十四のシマは、もとより自然そのものとしての土地であるとともに、また、たとえば四国が、「身《み》一つにして面四《おもよ》つ有り。面毎《おもごと》に名有り。故《かれ》、伊予《いよの》国は愛比売《えひめ》と謂《い》ひ、讃岐《さぬき》国は飯依比古《いひよりひこ》と謂ひ、粟《あはの》国は大宜都比売《おほげつひめ》と謂ひ、土左国は建依別《たけよりわけ》と謂ふ」といわれるように擬人化されてもいる。『古事記』にみられる日本の神々が、さきにもみたように、自然の生成力を神格化したウマシアシカビヒコヂや、また自然的素材である泥や砂を神格化したウヒヂニ、スヒヂニやなどの自然神であったにくらべて、イサナキとイサナミとの生んだシマ＝クニのこの非神格化は、ひとつには、二神の生殖にはじまるその後の物語の、無限定的な原自然性との切断をも意味しているのかもしれない。

　しかし、またのちにみるように、イサナキとイサナミとは、多くの神々を生み、その神々はまた多く、石土毘古《いはつちびこ》や石《いは》巣比売《すひめ》の神の名辞からも明らかなように、自然的現象や自然的素材を神格化した神々である。大八島をふくむ十四の島だけが、物語の発端に位置しながら、なぜ擬人化にとどまって、神格化されないのであろうか。ここには、このシマ＝クニの、原始の自然性とは切断された意味がかくされているのかもしれない。

ところで、これらのシマ＝クニが、五、六世紀ごろ成立した、日本の家父長制支配である天皇の支配する国家の領域をほぼ蔽うものであることは、すでに広く承認されているところであろう。日本における家父長制支配が母系制との永い格闘のすえ次第に成立してくるのであるが、それが、五、六世紀ごろになって、天皇家を頂点とする大和国家を生んだということも、またよく知られているところである。とするならば、日本における家父長制支配の血縁的社会は、天皇家によって一元化されたのであるから、この社会が血縁社会＝共同体としての側面をいぜんとしてもちながらも、支配の社会でもあるという側面をつよめているはずである。

人間と人間との間のむすびつきが、血縁という人間の自然的な性質によってできている社会のなかに、人間が人間を支配するという自然的でない関係が生まれてそれが強まってくるならば、自然とまたそれに働きかける人間の組織・社会とが、自然的な神々の世界、とみなされていても、そのなかに支配する対象としての、ものとしての自然、それに働きかける人間、といった観念をも次第にめばえさせるにちがいない。イサナキ・イサナミの二神が、神ではなく擬人化された、特定の領域であるクニを生んだということは、特定の領域である土地＝クニに人間が働きかけて生んだ労働の生産物・剰余を、イサナキ・イサナミの二神が、とりわけ男神イサナキが、自分のものとしてとりあげることを、血縁原理によって主張しているともいえるのではなかろうか。

家父長制支配は、父が妻と子との労働の結果を、事実上己れの手に独占することである。しかし、父は妻子とともに生産と消費の共同体をつくっているのであるから、生活と血とをいっしょにしているという一体感が、またその支配を表面化させにくい。それにもかかわらず、支配の存在が、さまざまに屈曲してあらわれる。イサナキ・イサナミは夫婦となって子としてのクニを生む。このクニは（支配される土地である天皇家の領域としての）特定の土地であり、（それに働きかける人間の労働力を包含している）人間としてのシマでもある。イサナキ・イサナミの物語が、まずこのクニ生みからはじまるということは、さきにのべたように、原始的な自然性からのひとつの切断を、いいかえれば家父長制支配の成立を示しており、そして、そのことの思想的な反映が、その後に展開される物語よりも、よりきわだって、このクニ生み物語に示されるのである。

イサナキとイサナミとは、「国を生み竟《を》へて、更に神を生」むこととなる。大事忍男《おほことおしをの》神からはじめて火之迦具土《ほのかぐつちの》神にいたる神々が生まれる。また、カグツチを生んで病んだイサナミの体から、金山毘古《かなやまびこ》をはじめ豊宇気毘売《とようけひめ》までがなりいでる。神々の数は三十五はしらともいわれるけれども、ここでは数が問題ではない。神々がイサナキ・イサナミによって生みなされるということから、これらの神々は、両神と親子という血縁関係にはいることとなる。血縁的な、家父長制的な関係＝共同体が生まれる。

しかも、これらの神々は、すべて自然的な諸現象を神格化した神々であり、いまだきわめて呪霊的でさえある。石や土の神、石や砂の神、風の神、海の神、火の神、等々。また同じ性質の神でありながら、いくつかの名をもつ場合もある。火の神ホノヤギハヤヲの神は、「亦の名は火之炫毘古《ほのかがびこの》神と謂ひ、亦の名は火之迦具土《ほのかぐつちの》神と謂ふ。」ここでは、父としての神イサナキを頂点にして、呪霊的な自然的な神々が血縁的に編成され、この編成は夫婦の間の上下とまた男女の間の上下をもっている。

もとより、ここでの上下の血縁的関係は、夫婦の間と、兄弟姉妹の間との序列としての関係であって、母としての女と子としての男との間には及んではいないはずである。イサナミはイサナキよりも下になっていたとしても、イサナミは母として子を生んだのであり、子に対しての主導の力をもっていると考えてよい。夫イサナキとの性交によって生んだのではないにしても、おのれの体から神々を成りいでさせる神である。ただ、妻イサナミは、すでにのべたように夫イサナキの下位にあり、また自らの体から屎《くそ》や尿《ゆまり》の神を成りいでさせるように、より呪霊的である。神が呪霊からの進化として、より普遍的性格と、また社会的価値とを担ったものとしてあらわれるものであることを、このイサナキ・イサナミ二神の神々を生んだ話が示しているといってよい。

イサナキ・イサナミ二神と神々とは血縁的世界を構成することとなった。ところで、現実の血縁的世界は、二神のクニと神とを生む物語に示される家父長制的編成のもとでは、たといその世界の一元化がつよめられ、全体を代表するひとりの家父長、たとえば天皇が生まれるにいたったにせよ、この社会をつくっているものは、環節的な小共同体としての数多くの氏族共同体や家族共同体である。これらの小共同体は、とくに日本においては、閉鎖的な生産と消費との共同性をつよくもっているのであるから、それぞれの共同体は多くの呪霊や自然神をもち、そうした神の自然的な性格がおなじ場合でも、共同体ごとに神の名前が異なることとなる。

イサナキとイサナミとが生んだ神々が、いろいろな自然現象や自然物やをあらわす名前をもっており、しかもひとつの自然現象をあらわす神の名にいく通りもあるということは、共同体どうしの連結がよわいことを示している。それはまた、さきにのべた神観念の進化、合理化の過程のよわさでもある。イサナキとイサナミの二神が神々のオヤとして、神々の頂点にあらわれながら、また家父長制的一元化の神としてあらわれながら、『古事記』における発端の神々の生成は、神々の間の秩序をつよくは示しておらず、全体の共同体（神）が、多数の共同体（神）を、自然（神）として丸ごと抱えこんでいるのである。家父長制的に編成された全体としての種族共同体があらわれたとき、その当初にあっては、この世界はどこでもこのような性格をもっていたにちがいない。だが日本においては、全体の神の、無限抱擁的な性格が、その後も永く痕跡をとどめることとなるのである。

第三節　アジア的イデオロギーの成立＝神々の編成

イサナキとイサナミとによるクニ生みと神々の生成との物語の間には、ある亀裂があり、後者における物語の自然＝原始的性格がつよいのであるが、それでも血縁的な支配の存在をうかがうことができた。『古事記』に描かれる自然と社会との像は、こうして端緒的な歴史における支配（家父長制）を、血縁という自然性のなかにつつみこんでいるものとして、人間が人間を支配するという、その意味で非自然的な政治的関係を正当化するイデオロギーとしての虚偽意識なのでもある。クニ生みと神々の生成とをおえた、その後の『古事記』の物語が、こうしたイデオロギー性をいっそうつよく示すこととなる。さきに検討した、イサナキとイサナミとの争いの物語もまた、そうであった。

さて、イサナミは火の神を生んだのち黄泉の国に身を隠した。黄泉の国からかえったイサナキは、「吾《あ》は伊《い》那《な》志《し》許《こ》米《め》志《し》許《こ》米《め》岐《き》、穢《きたな》き国に到りて在《あ》り祁《け》理《り》、故《かれ》、吾《あ》は御《み》身《み》の禊《みそぎ》為《せ》む」といって、けがれをはらう呪術的・宗教的な行為をなし、このイサナキの行為によって、また多くの自然神が生まれることとなる。これらの多くの神々は、イサナキが、身につけた物をぬぐときに生じたり、あるいはその身を洗ったときに生じた神々である。イサナキとイサナミとの生殖的行為＝性交によって生まれた神々ではない。しかし、イサナキがイサナミとの争いの結果、すでに家父長としての地位を事実上その手におさめることができたのであれば、たといそれらの神々が、両神の性交によって生みなされた神々ではないとしても、イサナキの子であることはもとより、イサナミの子であるともみなされうるのであり、そのことは、実は、イサナキのもっていた支配者としての家父長の性格のいっそうつよまったことを示しているのである。

いいかえれば、家父長制支配のいっそうの進展と、その全社会的な一元化とを、示しているのである。というわけは、こうである。さきにのべたように、母系制から父系制への転換によって家父長制支配が生まれると、家族共同体における父の権力は、生産力の発展とともに、事実上手に入れることのできる富が大きくなり、家族共同体の富とそれをつくりだした家族成員とが、次第に父の財産とみなされてくる。家父長制が極限的に展開したとき、妻や子は父の財産とみなされ、それだけでなく、父が自分の子であるとみなせば、たといそれが自分の生んだ子でなく、かりに家畜であっても、子であるとみなされるのである。

イサナキが家父長の地位を得たとき、性交によらない彼のいろいろな行為の結果生じた、また彼の身に着けた物（財産！）から生じた神々は、こうしてたんに自然に発生した呪霊や自然神ではなくて、彼の生んだ子としての、また財産としての神々であり、イサナキが家父長制権力のシンボルとして、自然的世界を統括したのである。そして、それらの神々がイサナキの生んだ子として、自然発生的になりいでた神ではないにもかかわらず、自然神的性格をも示しているのは、この家父長制的世界が、右の極限的に発展した家父長制ではなく、全体として原始の自然性をとどめている、家父長制家族共同体を基底にして、家父長制的氏族共同体、さらに家父長制的種族共同体にまで編成された、血のつながりという人間にとっての自然性によって組織された自然的共同体としての性質をもっているからである。

ここでは、いかに父の権力が拡大したとはいっても、父と母と子とはまだ共同体の成員としての平等さをもっている。母と子も、父の完全な財産ではない。だから、性交によらずに父の生んだ子も、また母の子でもあるのである。禊ぎはらいののち、イサナキはひとりで、天照大御神《あまてらすおほみかみ》、月読命《つきよみの》、建速須佐之男命《たけはやすさのをの》の貴い三柱の神を生むのであるが、スサノヲが「妣《はは》の国根《ね》の堅州国《かたすくに》」に行きたいといったように、イサナキ（家父長）の単独で生んだ神も、またイサナキの妻イサナミの子であるとされているのである。

自然に働きかける人間の主体的な行為＝労働は、はじめその主体性の弱いとき、自然に存在する、あるいは自然に発生する呪霊や神の観念を生んだのであるが、そのときでさえそこには、人間の、自然と人間＝社会の本質への問いかけといった主体的な思想的営為があった。定着農耕によって家父長制社会が生まれるまでになれば、それはもっとつよまる。それが神々の世界にも反映する。もと自然的に発生したと考えられる神々さえ、イサナキ・イサナミ二神の契約による結婚によって主体的に生みなされたのであり、そしてまた、父イサナキの身の穢れをはらうという主体的な行為によって生みなされたのである。ただ、いまだここでは、人間の主体的な行為が、自然的な生むという行為としてしか、神の世界に反射していない。

人間の主体的な行為とは、本源的にいえば、自然に働きかけて、ものをつくるということにほかならぬ。ここではまだ、「つくる」という人間の真に主体的な行為は、十分に自覚されてはいない。それでも、くりかえしのべたように、歴史の発展の基礎にある人間の主体的行為と、それの自覚（思想の形成）とは、よみとることができるのである。

イサナキが身の穢れをはらうときの行為によって、多くの神々が生まれた。この神々はもとより自然現象をつかさどる神々でもあるが、同時に血縁的な神として、祖霊的な神としてもあらわれてくる。イサナキが水の底で身をすすいだとき、海をつかさどるワタツミの三はしらの神が生まれるのであるが、「此の三柱の綿津見《わたつみの》神は、阿曇連等《あづみのむらじら》の祖神《おやがみ》と以《も》ち伊都久《いつく》神なり」とされて、古代日本の天皇家に臣従した阿曇連の祖先神とされているのである。母系制のもとでの母子集団に男子がはいりこみ、男子の生産力が優位して父を中心とした家族共同体のできたとき、血という関係が重要なものとして意識されてき、それが祖先の霊を祀るいわゆる祖先崇拝をつよく社会全体にゆきわたらせることとなる。イサナキ（イサナミ）は全社会の祖霊＝祖神であり、それの生んだ子が、またのちに天皇家に臣従する諸家の祖霊＝祖神となるのである。

神々のなかに秩序と位階ヒエラルキーがつくられ、それらの神が、のちの天皇家を頂点とするヒエラルキーに照応した、それぞれの家の祖霊＝祖神となるのである。祖霊＝祖神崇拝をともなった、この神々の血縁的な編成こそは、家族共同体を基底にした全種族共同体の家父長制的一元化を示すものである。イサナキは、さいごに三はしらの尊い神々を生むのであるが、そのはじめに、「左の御目《みめ》を洗ひたまふ時」に生まれたアマテラスこそは、現在にいたるまで続いている天皇家の祖霊＝祖神と考えられており、同時にこのアマテラスは、その名前からも知られるように、天上にあって光りかがやく太陽を象徴する、最高の自然神でもある、とされているのである。

ここに、神々の世界の一元化と、それを生んだ自然と社会の原始における一元化とがあり、アジア的社会とそのイデオロギーとの日本的原型の成立をみてとることができる。アマテラスが生みなす神々の性格も、イサナキの生んだ神々のそれとひとしいばかりか、その神々はより現実的な、天皇家に臣従する諸家の祖先神である。たとえば、アマテラスの子天菩比《あめのほひ》命の子である建比良鳥命《たけひらとりのみこと》は、「此は出雲国造《いづもくにのみやつこ》、无邪志国造《むざしくにのみやつこ》、上菟上国造《かみつうなかみくにのみやつこ》、下菟上国《しもつうなかみくにの》造《みやつこ》、伊自牟国造《いじむくにのみやつこ》、津島県直《つしまのあがたあたへ》、遠江国造《とほつあふみくにのみやつこ》等の祖」であり、また天津日子根命《あまつひこねのみこと》は、「凡川内国造《おふしかふちくにのみやつこ》、額田部《ぬかたべの》湯坐連《ゆえのむらじ》、茨木国造《うばらきくにのみやつこ》、倭田中直《やまとのたなかあたへ》、山代国造《やましろくにのみやつこ》、馬来田国造《うまぐたくにのみやつこ》、道尻岐閇国造《みちのしりのきへくにのみやつこ》、周芳国造《すはくにのみやつこ》、倭淹知造《やまとのあむちのみやつこ》、高市県主《たけちあがたぬし》、蒲生稲寸《かまふいなき》、三枝部造《さきくさべのみやつこ》等の祖」（日本古典文学大系第一巻七九ページ）である。

『古事記』の描く神々の世界の物語は、日本における原始の自然像と社会像とをわれわれにうかがわせてくれるのであるが、同時にまたそこには、原始の母系制社会から父系制＝家父長制社会にいたる永い過程の思想的変化の痕跡がとどめられており、それが五、六世紀ごろに成立したと考えられる日本のアジア的社会、天皇家の支配する国家のイデオロギーのなかに流れこんで、神代のことだけでなく、神武から推古にいたる年代記をふくむ『古事記』全体がつくりあげられているように思われる。イサナキとイサナミとが生んだ神々のうちもっとも尊貴な日神アマテラスが天皇家の祖霊＝祖神であり、他の神々は天皇家に臣従する諸家の祖霊＝祖神である。この神々の世界におけるアマテラスを頂点とする諸神の血縁的・家父長制的編成こそは、天皇家を頂点としてつくられた日本の全種族的な規模での家父長制、いいかえればアジア的社会の成立を示しており、『古事記』はこのアジア的社会の支配を正当化する思想＝イデオロギーを展開しているとみることができるのである。

諸神の血縁的な頂点にたつ日神アマテラスの子孫が神々の世界から人間の世界へおり、人間の世界の頂点にたつ君主として臨むこととなる。天孫ホノニニギは、のち天皇家に臣従する諸家の祖神をひきいて天降りし、このニニギの孫ウガヤフキアヘズの子カムヤマトイワレビコが、人皇第一代ジンムとなることはいうまでもない。全血縁社会の頂点にたつのは、日神アマテラスの血のつながりをもった子孫たちである。逆にいえば、全社会の頂点にたつものは、血縁的な諸神の頂点にたつ日神アマテラスの血縁的後継者でなければならない。『古事記』の神々の物語は、日神アマテラスの誕生をさかいとして、日本におけるアジア的支配のイデオロギーとしての成立と完成とをはっきりとつげるのである。

全種族的な規模で成立した日本の家父長制社会、いいかえればアジア的社会のイデオロギー(アジア的思惟とよぼう)を『古事記』全体が示してくれる。血縁的な秩序と、支配者の血縁的な継続が、そこに描かれている。ところで血縁的に編成された全体の社会のモデルとして、種族共同体の基底には、家父長制家族共同体が成立したのであるから、この家父長制家族共同体を全社会のモデルとして、右のアジア的思惟がいかにしてつくられるか、またその論理的なしくみがどのようになっているかをみてとることができる。家父長制家族共同体は、父と母と子とからなる生産と消費との共同体であった。子は両親から生まれたということがはっきりしており、親と子との間には血縁的なつながりがあるという事実がある。

もとより、この親と子との間に血縁的なつながりがあるということは、ただちには、親と子との間には差別があり、子が親にたいして服従するという関係を生むわけではない。しかし、生産と消費とをともにしている家族共同体において、親は子を養育し、また子が大きくなって働けるようになれば、とりわけ父が子を指導することになる。父が事実上この共同体での力をもつ。そうしたとき、親とりわけ父が、子にたいして服従をもとめるようになり、子の働いた労働の果実を自由にするようになれば、そこには血のつながりとは関係のない、支配・服従の関係が生まれたということになる。

そして親と子との間にそうした支配・服従の関係が生まれたとき、この支配・服従の関係が正当なものであるという理由を、親が子を生んだとか、あるいは親の方が年長だとかいうような、つまり血縁としての事実に求めたとしたならば、ここに血縁を原理としたイデオロギーが生まれたということになる。子はたしかに親から生まれたのであるし、また養育されなければ一人前になることはできぬ。それは、人間にとっての自然の生存・成長の過程である。しかし、この自然のゆるがすことのできぬ血のつながりという事実をつきつけて、子が親に服従し、子の働いた果実は親が自由にするのは当然なのだ、といった考えが生まれてくれば、ここには血縁的支配を正当化するイデオロギーの原型がある、といってよいであろう。

家族共同体における父の事実上の権威が、家の連合としての氏族共同体、さらにその連合としての種族共同体にまでゆきわたれば、この父の支配を正当化する思想としてのアジア的思惟が成立しなければならぬ。そこでは血縁共同体に属する成員に父を最上位とする血縁的な序列をつけるという、いわば空間形式が、このイデオロギーに必須の条件となる。親は子よりも序列が上である。親のなかでは父が母より上である。子のなかにも秩序がつくられる。男の子は女の子よりも上である。そして兄弟の、また姉妹の序列もつくられる。血縁的・アジア的思惟はこうして、血縁（共同体）内の成員の序列をつくるのであるが、同時にまた、その秩序の時間的な安定性を求める。

血縁という事実は、はるかな祖先と、またはるかな子孫とをともにつなぐ時間性としての事実である。家父長制的・アジア的社会は、原始からひきつづいた血縁社会のなかに生まれた社会として、自らの時間的な永続性を主張するのである。もちろんこのアジア的社会は、原始からの血の社会にひとつの切断をおこなった、血のつながりとは関係のない支配・服従の関係をもった社会でもあるけれども、全体としての血縁性がそのイデオロギーとして時間的意識をつよくさせるのである。アメノミナカヌシからはじめて、つぎつぎに生まれてくる神々、その神々の後継としてつぎつぎに生まれてくるこの地上の支配者、といったイデオロギーの時間性が『古事記』につよくあらわれているのである。もとより、このアジア的思惟にみられる時間性の意識は、それぞれの民族において、さきにのべた空間的形式とともにさまざまなかたちをとることとなる。日本では、神の子孫であるかどうかの事実は別として、アジア的支配の頂点に天皇家が永続しているという事実から、過去から未来への永続的な血の神聖さが主張されたのである。

イデオロギーとしてのアジア的思惟は、人間にとっていかんともしがたい血のつながりという事実をもとに、血縁共同体のなかに生まれた事実上の支配・服従の政治的関係を、人間にとっての自然な非政治的な関係であるとする虚偽意識なのであるから、このイデオロギーの本質は、きわめて非合理的なものであるにもかかわらず、人間の自然性にふかく基礎をもっているために、その本質をみぬくことはきわめて難しい。そしてこのイデオロギーは、右にのべたように、空間的な形式と時間的な形式とをもってつよく人間を捉える。

たとえば、中国の古典儒教も、中国におけるアジア的思惟とみることができるのであるが、そこでは、五倫ということを、基本的な人間関係、その規範と考えている。五倫とは、いうまでもなく、君臣・父子・兄弟・夫婦・朋友の五つをいうのであり、そのそれぞれについて上下の差別を立てるのであるが、このうち、父子・兄弟・夫婦という血縁的な上下の関係をもっとも中心のものとし、君臣と朋友の関係も、血縁的差別と本質的には同じ絶対的なものと考えているのである。アジア的思惟としての儒教の空間的形式をその五倫にみることができるのであるが、それはこの形式としてのみごとなまでの整備をみせているのである。父と子、兄と弟との上下の差別、また夫婦の別にみられる男女の上下、さらに女子の間にも妻妾の区別など、血縁的序列が、血縁的関係の最小の単位としての家族の人々の間にまでみごとに区別される。また君臣関係についても、天子を頂点にして、諸侯の間にも公侯伯子男というような上下の差別が設けられ、その下に卿・士・大夫・庶民といった序列がととのえられる。そしてこの血縁内序列の時間的な永遠さが求められる。ただ中国においては、血縁的支配の頂点に立つ君主が、日本における天皇家の継続といった事実とは異なって、現実に交替をくりかえしていた。この家系を異にする君主の交替という事実が、アジア的思惟の時間的形式を日本とは異ならせ、血縁的な序列によってできている社会秩序を安定させる能力のない君主は革命によって倒してもよい、それは全体の父としての天の意志を実現することなのだ、という、いわゆる「易姓革命」思想を用意させたのである。ここでは、時間の意識が、日本と異なって、単線的な永続というかたちではなく、天（自然）の循環というかたちをとることになる。だが、ここにも、血縁的社会の永続を求める時間意識が存在している。

『古事記』における神々の物語から、日本におけるアジア的思惟の成立をみてとることができるのであるが、そこにはまた日本的な特色が示されている。悠久な過去における神々の生誕とそれに示される神々の編成、その血縁的な空間的構成と時間的継続とが一体となって人の世にひきつがれ、それはまた永遠の未来につながっていく。永遠の時間のなかで神が自然とかさね合わされ、またそれが人間＝社会とかさね合わされる。こうした発想の方法や考え方は、原始の人間にとっての自然的・本源的なそれであり、そこには原始の人間の真実だけがあるようにみえる。

しかし、くりかえしのべてきたように、そこには原始の自然性との切断、歴史における最初の切断があり、血縁的支配のイデオロギーとしての虚偽意識があった。日本のアジア的思惟は、つよく右の原始の自然性を示している。アジア的支配の成立したとき、その頂点に立った天皇家が永続したということが、血縁的な思考の持続性を保証することになる。そして、アジア的支配の頂点に天皇家が永続しえたのは、また分散的な閉鎖的な小共同体の存続があるからであろう。中国でのアジア的社会のように、基底にある小共同体が大河の河川調整によって緊密にむすびつけられていれば、河川調整に失敗した君主はただちに交替を求められる。しかし、日本のように基底にある小共同体の分散・閉鎖性がつよければ、ひとたび成立した支配者の地位は、社会を一元化するつよい権力をもたずとも、かえって永続することができる。

中国では、アジア的社会のつよい一元化が君主の強大な権力を生みながら、そのためにかえって権力の交替がおこる。日本ではその一元化がよわく、かえってアジア的権力の継続がある。日本のアジア的思惟がつよい血縁的・持続的な時間意識をもつことは、また稲作農業の日本的特質である分散性・零細性・集約性とふかくかかわりあっているのである。日本の水稲作農業の右の特質が、全社会の基底にある小共同体の閉鎖性を生みだしたことは、すでにのべたところである。

それだけではない。それはまた、「妻問い婚」にみられるような母系制的痕跡を、家父長制的・アジア的社会の成立にもかかわらず深くかつ永くのこすこととなり、日本のアジア的思惟は、その空間的形式においてもひとつの特色をもつこととなる。中国では、アジア的社会の血縁的な同時に経済的な社会的一元化にともなって、血縁の序列形式が鞏固にととのえられた。しかし日本では家父長制家族共同体が生まれ、天皇を頂点とする全社会の血縁的編成がおこなわれながら、経済的な分散性が父と母子とを別居させている。家父長制支配の成立によって、夫＝男と、妻＝女との、また親＝父母と子との、さらに兄弟と姉妹との序列原則はつくられたとしても、父と母子との別居は、この序列原則の実現を容易には許さない。家父長制がひろがり、家父長の権力がつよまれば、父は大家族の長として多くの場所に多くの母子をかかえることとなる。一人の父に従属する多くの母子集団が存在するにいたれば、それぞれの母子は血縁的紐帯感がつよくとも、他の母子とは無縁の者（fremd）である。もし父が死んで財産が残されたとき、同じ父の子でありながら母を異にする血縁的紐帯感の薄い子どうしの間では、たとい年長者＝兄が父の財産をつぐのが正当であるという原則があったとしても、相続をめぐっての争いがおこるにちがいない。ここでは、血縁的序列はよわく、そうした状況のもとでは整備された血縁的序列形式もつくりにくい。

天皇家の支配を正当化しようとする日本のアジア的思惟は、このような矛盾をつよくもっているのである。日本のアジア的社会において、天皇家とそれに臣従する諸家との間には神からの系譜による序列がつけられた。しかし、天皇家の内部では、兄弟による政権の争奪がくりかえされ、イデオロギーとしての血縁的序列性をととのえることを困難にしている。しかし、この形式をととのえなければ、天皇家権力は弱まり、天皇家と諸家＝氏との上下の関係も崩れかねない。そうなれば、日神アマテラスの後継たる天皇家の地位の、あの時間的永続性も保証できなくなるであろう。こうして日本のアジア的思惟、血縁的な天皇支配のイデオロギーは、血縁的序列性を、家族関係のなかにまでつよく求めることとなる。日本のアジア的思惟が、さきの中国のアジア的思惟としての儒教の整備した血縁的序列性をとりいれることとなるのである。

第三章　アジア的思惟の展開・解体と古代的思惟の成立

母系制的に編成された社会が父系制に転換し、家父長制共同体があらわれてくると、この社会は血縁的に編成された社会というだけではなくて、農業共同体という地縁的な性格を強くしていく。

日本では、もともと、定着農耕の導入が家父長制的家族共同体を成立させたのであるが、土地の零細性や労働の集約性が、この家族共同体を大家族にさせる。そうなると、この大家族共同体は家やそれに付属する庭畑地などの一定の土地の確保だけでなく、耕作地をもかこいこむようになっていくであろう。家族共同体の成員の労働の果実を事実上手におさめた家父長は、労働の投下される土地にたいしての所有をも求めるようになるであろう。土地はもと全種族、全氏族のものであり、種族・氏族を構成する家に平等に分けられており、また平等をたもつために時に割替えがおこなわれていたとしても、全共同体の基底にある家父長制家族共同体のなかに剰余が生まれ、ひとりの父がそれを独占するようになれば、この父の家は自分の家の土地を確保しようとするであろう。とくに日本の水稲作農業では、水利・灌漑・開墾などのための共同労働の必要も大きいけれども、耕地が分散して零細であり、それだけに緊密な集約した労働が必要であるから、ひとりの父に統制された家族共同体が経営の単位として早くから重要となり、それだけに「家」が一定の土地の確保を求め、また家の意識も強い。もとより、家父長制家族共同体が生まれても、労働の対象としての土地は、氏族・種族の所有なのであるが、こうして事実上の土地の私有が生まれてくる。

そうなれば、家と家との間には格差が生まれ、血縁原則によって平等に結ばれていた関係がこわれていく。家と家との連合である氏族の長は、生産のための指導や祭儀をとりおこなう共同体の代表者から転じて、ひとりの支配者になる。没落した家の者は、そのまま丸抱えされて有力な家に隷属し、さらにはバラバラにされて家内奴隷にさえ転落していくであろう。階級社会がここに生まれる。家族共同体におけるひとりの父の事実上の支配が、全種族共同体に転移してひとりの父としての支配者を生むこととなる。血縁的共同体であり農業共同体でもあるアジア的社会は、こうしてまた事実上の奴隷的支配の世界でもある。ここには、国家（階級支配の機関としての）の事実上の成立がある。

定着農耕の導入によって、農業を生産の中心とする時代に入ると、生産力が急激に増大し、ここから無階級の原始の血縁社会がくずれて、氏族の長に権力が集中しはじめ、家父長の権威が高められていった。そしてこの時代には、土地の生産力の高低や、生産用具のよしあしにも、いちじるしい差があったから、生産力にもはなはだしい不均等な発展がおこりがちであった。こうして、経済生活の単位としての家族は、次第に家父長の権力を頂点とする家父長制大家族となり、この家父長制大家族を単位とした氏族集団では、そのひろがりが次第に増した。そしてその族長は拡大した耕地と聚落とを集めた部落の支配者となり、強大な部落が弱い部落を併合し支配して、いわゆる部落国家といわれるものの独立した首長に成長してきた。

この単純な氏族集団から部落国家への成長の過程で、生産力の発展を手に入れることのできなかった弱い家族や、氏族集団は、没落して次第に「奴隷」として、強大なものに隷属していく。この部落国家は、全体としてみれば家父長的な大家族（共同体）を単位とする血縁的社会ではあるけれども、そこにはすでに、広く「奴隷」がふくまれた階級社会として、氏族の首長が事実上の支配者として存在していた。

日本では、この部落国家ともいうべき集団が二世紀ごろにはあらわれてくる。そして、土地の生産力が高く、かつ当時としてもっとも進歩した生産用具である鉄器をいち早くいれた、北九州から西日本、とくに近畿地方において、この族長の支配する国家が成長していく。

このことは、また当然に部落間でのはげしい闘いをまきおこす。この闘争の過程を通じて、首長の地位はますます高まり、かつては氏族の共同の所有であった土地、また奴隷とをいっそうはっきり自己の支配下にいれてくる。こうして部落国家間の闘争は、さらに地域的なひろがりをもつより大きな国家を発展させ、とくに近畿地方では有力な部落国家の首長＝豪族たちの連合によって大和国家といわれる連合政権が形成され、四、五世紀ごろには、ほぼ日本全土を支配するにいたるのである。この大和国家の成立と、その全国的な制覇によって、わが国においてはじめて日本古代国家が姿をあらわした、といってよい。この大和国家はすでにのべたように豪族の連合政権であったが、そのもっとも有力な豪族こそ、実に天皇氏であった。そして五、六世紀ごろには、天皇の支配権が確立し、近畿地方の豪族＝首長たちは貴族となり、地方には豪族たちが土地と人民とを支配して、天皇に服属した。

こうして天皇を頂点とする国家が出現したのであるが、それは完全な地域的統一をもってはおらず、あくまでも豪族の連合であり、そのもっとも強大なものが天皇であったというにすぎない。豪族もまたひとつの小さな国家をつくっていた。そしてその小さな国家は、これまた完全な地域的な統一をもったものではなく、農業生産をおこなう単位であり、かつ家父長制的な大家族（共同体）を単位とする集団である村（ウジ）の連合体であったにすぎない。原始社会の血縁性をつきやぶって、地縁的な・地域的な統一を、ひろがりを求めて部落国家が成立し、それが大和国家を出現させたのであるが、それはもちろん完全なものではなく、全体としては、家父長という、その意味では血縁的なつながりを支配の原理とする国家であった。ウジとよばれる家父長的な同族的な村（原始的な純粋な血縁をこえた、その意味ではある程度地縁的な）の連合の上にあらわれる事実上の支配者としての首長は、ここでは全部落の家父長として意識される。

こうした、すでに支配者と支配される者とがあらわれている階級社会としての家父長制のもとでは、くりかえすまでもなく、没落した家や、闘争に敗れた氏族からつくりだされる奴隷もあらわれてくるのであるが、ここではこの奴隷さえも、あのヨーロッパの古典古代にあらわれる典型的な労働奴隷のように、家族の成員とははっきり区別され鎖につながれた奴隷としてではなく、なにがしか血縁のつながりをもったものとして意識されてくる。前章で明らかにした、『古事記』の神々の世界が、この家父長制の天皇制的一元化を示していることは、いうまでもないところである。『古事記』に描かれる神々の系譜が家父長制的編成と支配とをあらわし、その自然像がアジア的社会の農業共同体としての一面を示しているのである。

大和国家は、家父長制的な構造をもった農業共同体としての村々の連合によってつくられた部落国家の、また連合体であった。したがって、天皇氏＝家を頂点とする大和国家にしても、真の意味での地域的な統一はなかったといえるのである。ところが、農業生産力がさらに発展してくるならば、生産単位としてあった村にも変化がおこりはじめる。村はその範囲をこえて、他の村と地域的に同じ経済圏にはいりはじめるであろう。この結果、豪族間の争いはふたたび高い質をもってくりひろげられはじめる。

豪族間の争いをゆるめ、より大きな富と労働力（奴隷）とを求めて、対外侵略をおこなったとしても、豪族間の争いはけっして終ることはない。富が得られれば、より大きな富を求めてふたたび国内での闘いがおこるであろうし、対外侵略が失敗すれば既成の秩序はゆらぐことになる。こうした経済圏の国内的なまた対外的な拡大によって、強いものはますます強く、弱いものはますます弱くといった階級的な分化とともに、豪族間の連合秩序の解体がすすみ、血縁的＝家父長制的な支配の原理によって支えられていた大和国家は、その血縁原理をいよいようすくすると同時に、地域的な統一を強め、支配者と被支配者（奴隷）との対立の関係が、いっそうあらわになってくる。

農業生産を営む場合、もっとも大切な生産手段である土地は、家父長制のもとでは事実上は家父長の、したがって部落の長の私有にはなっていても、かたちのうえではまだ共同体としてのウジの共同所有とみなされていた。だが、村と村との間に地域的統一が生まれるほど生産力が高まる段階になれば、生産手段としての土地は、いっそうはっきり、かたちのうえでも力の強い家々の長の私有にうつっていく。そして支配者は、生産手段としての土地と、それに働きかけて剰余をうみだす労働力である奴隷とを、おのれの所有するものとして要求してくる。

こうして、生産力のいっそうの増大は、全社会を編成した血縁原理の変更を求め、土地と労働力との私的な所有をはっきりと認めた、あらたな社会編成の原理を支配者に求めさせる。事実上土地を私有し、また家族成員だけでなく奴隷の労働力を搾取していた家父長＝支配者たちは、血縁原理をすてて、一個の私的所有者、奴隷所有者としての家の長に転進することになる。妻や子をも財産とみなす家父長制は、血のつながりを原理とした家父長制ではなく、奴隷制的家父長制とでもいうべきであろう。いずれにせよ、うちに事実上の支配をもった血縁的なアジア的社会は解体し、それにかわるあらたな社会をつくるための、またあらたな社会像が、すなわち人間と人間とを結ぶあらたな原理がつくられねばならない。前章で検討した『古事記』的世界の解体と、同時にあらたな思想的営為が探られなければならぬ。

第一節　武と徳と——神道と儒教

日本における血縁的な支配、天皇制支配を正当づける原思想として『古事記』のあることはすでにのべた。ここでは、血縁支配の基本的な論理形式とでもいうべき親子間と夫婦＝男女間の序列が、冒頭のイサナキ・イサナミ二神の「国生み」物語においてつくられ、この物語を発端に、血縁的支配の思想の展開がみられた。イサナキとイサナミとが生んだ子としてのクニは、イサナキの生んだ日神アマテラスの後継である天皇によって支配さるべき国土であり、またイサナキの、アマテラスの生んだ神々は、その国土に住んで天皇家に臣従する諸家の祖先神である。アマテラスを頂点とする神々のヒエラルキーが、天皇と諸家とのヒエラルキーに照応し、アマテラスの後継＝天皇の支配はアメツチとともにきわまりない。

だが、この血縁的支配の思想は、ひとつの特徴をもっていた。支配者が死んだとき、その後を継ぐものは当然にその血縁のものであるはずであるが、夫婦別居の現実が兄弟間の序列を明確にさせず、正統の座をめぐっての兄弟間の闘争がはげしくくりかえされる。支配者の後継をきめる兄弟間の序列がはっきりと定められていれば、この闘争はおこりにくいであろう。こうして、支配者の後継をだれにするかという兄弟間の序列が、このイデオロギーによって求められながら、現実がそれをなかなか実現させせない。正統の座をめぐる兄弟間の闘争は、『古事記』全体を通じてしばしばあらわれている。アマテラスとスサノヲの、ウミヒコとヤマヒコの物語も、その例である。

血縁的支配の思想において、支配者の後継をさだめる兄弟間の序列形式は、通常は年長の兄を最上とするのが、もっとも安定したかたちであろう。ひとつの家で兄弟が同居しておれば、兄の方が家のなかの生活でもっとも重要な仕事につき、家全体にとって役立つからである。だが、こうした年長順の後継者の順位が自然のものとして家族（したがって社会全体としても）のものに意識されてくるためには、家族全体が生産と消費とを共にする、とりわけ安定した農業生産に従事している場合であって、これがどこででも、またいかなるときでもつくられるというわけではない。

たとえば、蒙古でのように、家族集団が羊を追って移動し、土地を確保し、また拡げなければならぬようなところでは、男子は騎乗の戦士として処々に派遣されなければならない。早く成長した長兄たちは、「槍地」の獲得のために出かけていく。男の子たちを統括する父とこの子たちの間には、生活共同体のなかでの自然的な一体感が生まれにくく、むしろ武力をもった家父長どうしの緊張＝対立さえ生まれかねない。ここでは、生まれることのもっとも遅かった末子との間に、血縁的な父子感情が生まれやすい。こうした状況のもとでは、長子相続でなく末子相続が、社会の全体にとっての安定した、支配者の後継を定める形式となることもできる。社会全体のありかたが末子を相続者とし、それを自然なものとして意識させることもできるのである。

後継者をだれにするかという場合、右のように、長子の場合もあり、末子の場合もあるのであるが、家父長制そのものが父が年長であるという事実によってつくられたのであるから、家父長制支配（血縁的支配）の原理としては、年長順の兄弟序列が、そして多くの妻のある場合には嫡出子と庶子との序列がととのえられたときの方が、支配の安定した継続性を求めることのできるのはいうまでもない。ところで、日本の場合では、さきにものべたように、夫婦は別居しており、しかも妻の数が多い。家父長制大家族のこの分散的傾向は、支配者である天皇家や豪族の力がませばますほど強まる。兄弟間の政権をめぐる闘いがくり返され、長子相続の原則も、逆に末子相続の原則も確立しがたい。日本では、事実としては後者への傾斜が強く、そのためにかえって、原則としては前者を求める傾向が強く、ここに思想としては儒教を導入する基本的な理由があった。『古事記』の全体のなかに、こうした兄弟間の正統の座をめぐる闘いが数多く叙述されていることはいうまでもないのであって、そうした争いが、『古事記』の世界に、〈弟が正統の座についたのは、兄弟の間の序列を壊したり無視したからではなく、弟に兄をぬきんでる功績があったからだ〉という考えをもちこませることになったのである。

『古事記』は皇祖アマテラスの子孫である天皇家の永続を求めた。アメツチとともにきわまりない神の日嗣の繁栄は、矛盾を知らぬ原始人の無限な時間性への信仰告白ではなく、家父長制支配＝天皇制支配へのイデオロギー的な希求である。だからこそ、そこには原始とのきれ目があり、永続するかにみえる時間のなかに矛盾がある。天皇家に血のつながりさえあれば、だれでも後継者になれるとしたら、兄弟のなかの実力のあるものが位につくこととなろうし、そうなればかえって、武力的な実力こそが支配者となるべき資質だ、という考えさえおこってくることとなろう。こうした考えが強まれば、天皇家に臣従する豪族とても、もとはイサナキ・イサナミの、またアマテラスの子孫である、天皇家を倒して豪族が支配者として位についたとて、全体としての血縁社会をこわしたことにはなるまい、という考えも生まれてくるかもしれない。

アマテラスの後継＝天皇家の永続した支配を正当づけようという日本のアジア的思惟は、右のような矛盾をはらんでいるのである。だからこそ、たとい弟が支配者になるという事実があったとしても、本来〈兄が支配者たるべきである〉という兄弟間の序列を、また嫡庶の序列を、観念としては強く求める。兄弟間・嫡庶間序列を正当とする儒教思想を求める。にもかかわらず、現実の兄弟間の闘争が、支配者の資質としての武力、超人的・非日常的な力を求めさせる。第一代の天皇が、「神武」といわれていることは、支配者に要求される超人的・非日常的な武力を象徴しているのである。

もとより、アマテラスの直系である天皇家の地位の相続は、天皇家のなかから選ばれることが原則として求められるのであるから、支配者の資質としての「武」も、その原則をこわさぬ範囲内でこそ正当なものとされてくる。個人の資質としての「武」が、なにほどか、祖先の神々からひきつづいてきた、いわば世襲的・伝統的なものとしてあらわれてくることとなる。支配者たりうる正当さの根拠が、個人の他人の及ぶことのできぬ、非日常的な力におかれたとき、それを支配を正当づける個人的カリスマという言葉でよぶとすれば、日本のアジア的思惟は、正統な支配者をアマテラスの血縁的後継である天皇家のなかからえらび、その順位として兄弟間序列をととのえようとしたのであるが、同時に支配者の資質として武カリスマをも求めたのである。そして、この支配者の「武」カリスマは、神の子孫としてひきついできた超人的能力でもあるために、また神秘的・呪術的な性格をももつこととなる。

たとえば、スサノヲをついで出雲の主となったオオクニヌシの例についてみよう。オオクニヌシには、八十神《やそ》（大勢の神々）とよばれる多くの兄弟神があった。オオクニは、兄弟の序列をよりどころとしてスサノヲをついで出雲の主となったわけではない。兄弟神たちのたびかさなる迫害によく耐え、また妻須世理毘売《すせりひめ》の呪力をかりて父スサノヲの試煉に耐えたために、父スサノヲのもっていた武力の象徴である「生大刀《いくたち》・生弓矢《いくゆみや》」を与えられ、兄弟の八十神を追いはらって国をつくることができたのである。

血縁的支配のイデオロギー、アジア的思惟としての『古事記』的世界においては、まずもって、始祖アマテラスの後継＝天皇が支配者として継続するという血縁的支配の時間的形式が事実として前提され、そうした天皇家の時間的永続性を支える空間的形式は、その基本的な形式とでもいうべき夫婦間序列と、親子間序列とがととのえられた。前者によって、母にかわる父の支配、すなわち家父長制支配の、後者によって、天皇家と他の諸家（氏族）との間の支配の成立がつげられた。しかしここでは、天皇家による家父長制＝アジア的支配のための右の基本的形式がととのえられたにすぎず、したがって支配者の武・呪的カリスマが拡大されることとなった。兄弟間の、嫡庶間の、また妻妾間の序列が、求められながら、事実としてはそれは容易にととのいがたく、武的カリスマが登場した。

だが、武的カリスマが強まれば、実力による闘争がひろがり、支配の、したがって政治の安定さは実現できぬ。武（呪）的カリスマの登場は、また支配者の資質として「徳」のカリスマをも要求することとなる。支配者たるべき資質としての「徳」こそは、さきの血縁的世界内のもろもろの序列とともに、中国のアジア的思惟たる儒教によって強く説かれたものであることはいうまでもない。日本のアジア的思惟は、ふたたび儒教の「徳」の思想を求める。

中国のアジア的社会では、家父長制的支配の一元化が強く、専制君主があらわれた。そこでは、日本とはちがってひとりの家父長のもとに妻や子がひきつけられ、家父長制的家族共同体を基底とする全体の社会の支配者は、全社会を代表するひとりの父としての権威を、名目的にも実質的にももつほどの存在であった。日本のアジア的君主＝天皇が豪族の連合の頂点にたった、かなり相対的な権力のもち主であったのにくらべれば、中国のアジア的君主はより専制的であり、この中国の特質は、秦から漢にいたって極点にたっする。

もとより、アジア的社会では、いかに権力の一元化があろうとも、この社会は、家父長制的家族共同体、家父長制的氏族共同体をふくんだものとして、小共同体の連合としての本質をのこしてはいる。しかし、中国のアジア的社会は、そうしたアジア的特質をもちながらも、専制君主の一元化が強い。同時に、日本とは異なって、支配者の交替が現実にしばしばおこった。さきにのべたところであるが、アジア的・血縁的支配の社会は、その支配原理の本質からして、支配者の血縁的な継続のあったとき、支配の社会の安定さが得られる。にもかかわらず、中国では、頂点に立つ君主が同じ家系のものによって永く続くということがなかった。血縁的社会の一元化が、黄河の河川調整を必要とする社会的・経済的一元化と強く結びついたために、君主は全社会を統括し、管理する能力を要求され、その能力のないものは君主の位をゆずることが要求された。君主たるべき資格は、血縁的な序列を安定させるため、身をもってその序列をまもる「徳」をもったものでなければならぬ。また、全人民に家父長制的な「徳」をおしえ、すぐれた人間を登用してそれぞれの役職につけ、全社会の経済的な安定をはかり、これを管理するものでなければならぬ。もし失政があれば、位を追われてもやむをえない。失政の君が位をさることがなければ、天が災いを下し、社会は混乱におちいるであろう。政治の乱れは、天にたいする君主ひとりの責任であるといってよく、君主は、右の内容をもった「仁」という徳をもたなければならぬ。以上が、中国のアジア的思惟と考えられる儒教の「徳」の思想である。

日本のアジア的思惟に、この「徳」の思想がつぎ木され、天皇たるべき資質には、武的カリスマのみならず徳のカリスマがつけくわわることとなったのである。『古事記』には、こうした思想的状況がよく示されている。天皇家の祖先であるアマテラスが、弟のスサノヲに対置されて、その「徳」のカリスマを拡大させていること、出雲のオオクニの八十神にたいする忍従、またイナバの白兎への慈愛、弟であるヤマヒコのウミヒコにたいする謙譲等々、これらの「徳」が、また彼らの武＝呪的力能と結びつけられている叙述は、その顕著な例なのである。

右のように、『古事記』にみられる日本の血縁的支配のイデオロギーにたいして、中国のそれである儒教によるイデオロギー的な補強がおこなわれたのであるが、それは、夫婦間および親子間序列にたいするとりわけ兄弟間序列の補強であり、また武＝呪的カリスマにたいする「徳」の補強としてあらわれていた。もちろん、現実の政治的状況における天皇家という同一血縁間での政権争奪の事実があるために、前者のイデオロギー的補強も十分におこなわれがたく、また政権の争奪がありながら天皇家が継続しているという事実があるために、武とともに、徳のカリスマも十分には主張されがたい。『古事記』のうち、神々の世界を描いている上巻では、現実と異なる神々の物語であるから比較的に自由な構想ができ、そのために右のイデオロギー的な対応はかなり精彩のある叙述をみせる。しかし、歴史的事実、もしくはそれと考えられたであろう中・下巻の人代の物語では、現実に天皇家が存続している（同一血縁内の政権争奪にもかかわらず）という事実の比重の大きさのために、支配者の武的カリスマや、また徳のカリスマは、神代の叙述にくらべてきわめて力弱いものとなっているということができる。

　神々の物語では、支配者の個人的な、超人的・非日常的な武＝呪的カリスマがきわめて強かったのにたいして、人代になると天皇のその力は、個人がもっている力能というよりは、皇祖神からひきついだ世襲的な武＝呪的カリスマという性格を強くしているのである。いま、ひとつの例を示そう。『古事記』中巻、崇神紀においては、「麻都漏波奴《まつろはぬ》人等《ひとども》（服従しない人々）を和平《やは》さしめたま」う国内平定の軍がすすめられる。そして、この軍事的＝政治的状況のただ中に、崇神の庶兄《まませ》である建波邇安《たけはにやすの》王の叛乱がおこるのであるが、この叛乱を鎮定することができたのは、叛乱を事前に察知することのできた天皇の呪的な能力と、天皇の軍がもっているそれと、によってである。血縁的支配の頂点としての天皇が、呪的な神々をまつる主宰として勝利したのであって、天皇個人のカリスマ（力能）は、神代紀の神々のそれにくらべて、きわめて弱いものとなっているのである。

　また、この天皇（家）のもつ武＝呪的カリスマを補完する徳についても、同じようなイデオロギー状況が、崇神紀にみられる。この崇神「天皇の御世《みよ》に、役病《えやみ》多《さは》に起りて、人民《たみ》死にて尽《つ》きむと為」たが、これを愁い歎いた（仁徳ある）天皇が、神の託宣を請う神聖な牀《とこ》に伏して、大物主《おほものぬしの》大神の神託を得て大神をまつり、「国家《あめのした》安らかに平」いだ、とされているのである。たとい、超越者である天にたいしてにせよ、個人の責任において「仁政」をおこなう徳をもたねばならぬ儒教的君主とは、支配者の資質の個人的性格において大きく隔っており、「徳」のカリスマもきわめて力弱いのである。

『古事記』にみられる日本的思考＝イデオロギーにたいする家族内倫理――兄弟・嫡庶・妻妾等の――と、支配者の「徳」とをもってする儒教思想によるイデオロギー的補強は、全体としてみるならば、かなり弱いものでしかない。しかし、この儒教思想による補強は、武＝呪的な血縁的支配の原始天皇制イデオロギーのもった構造的な矛盾から生みだされたものであるから、それは、原始天皇制の枠の中のものではあっても、思想史的な発展の過程と考えることができるのである。

『古事記』は、いうまでもなく、上巻（神代）、中巻、および下巻という編別構成をとっている。この編別構成は、『古事記』成立当時にあったものではなかろうといわれているのであるが、それでも、そのような編別を可能にする、『古事記』にあらわれている思想の発展過程を、そこからよみとることもできるのである。『古事記』中巻は、人皇第一代「神武」にはじまって、第十五代「応神」に終っている。その間の天皇のおくり名を列記すれば、綏靖・安寧・懿徳・孝昭・孝安・孝霊・孝元・開化・崇神・垂仁・景行・成務・仲哀である。右のうち、多くの叙述が割かれているのは、「神武」、「崇神」、「垂仁」、「景行」、「仲哀」、「応神」である。「神武」が東征によって国をはじめ、「崇神」は諸将を諸道に派遣し、庶兄たる建波邇安王の叛乱を鎮めて、ほぼ国内の平定を実現した「初国《はつくに》知《し》らしし天皇《すめらみこと》」であり、「応神」は仲哀の皇后である「神功」が外国征服に成功したとき、皇后が皇祖アマテラスの神＝呪的力能に感応して生まれた、外国にたいしての国家独立の実現をシンボライズする天皇である。神武・崇神・神功＝応神紀には、『古事記』においては、そのおくり名にふさわしい、原天皇の武＝呪的なイデオロギー内容が叙述されている。そして、神武と崇神との間の儒教的なおくり名をもった綏靖・安寧・懿徳・孝昭・孝安・孝霊・孝元・開化については、ほとんどが、天皇の出自を示す血縁系譜の叙述をみせているにすぎない。――垂仁・景行紀においては、前者では同族＝天皇家内でおこった叛乱としての沙本毘古王《さほひこのみこ》の誅伐が、後者では、ヤマトタケルの西・東征による国内平定の戦いが、その主たる叙述内容である――。

この『古事記』の中巻の構成および叙述内容は、したがって、天皇家をアジア的支配の頂点として、種族共同体の首長たらしめたプロセス、にもかかわらず、同時に天皇家内にあらわれる同族内闘争、以上を政治的な主表象としながら、それにたいして、天皇制支配の側から、天皇家の伝統的・世襲的な武＝呪的カリスマと、さらにそれを補う家族内倫理と徳のカリスマとをもって、イデオロギー的対応をなしているもの、とみなすことができるのである。そして、その伝統的・世襲的な武＝呪的カリスマのイデオロギーと、儒教的な徳、との間に、思想的発展をよみとることができるのである。この、『古事記』中巻の構成と内容とが示す、「武」「徳」との間の思想的発展は、また『古事記』中巻と下巻との構成の中にもよみとることができる。中巻は、「神武」をもってはじまり、「崇神」を中にして、「応神」をもって終っている。これにたいして、下巻の冒頭をしめるものは、まさに儒教的なおくり名をもった「仁徳」である。『古事記』の「仁徳」紀の記述においては、『日本書紀』においてみられるような仁徳個人の徳はそれほど描かれてはいないのであるが、それでも、そこでは「聖帝」（ヒジリノミカド）とたたえられ、仁徳は仁慈の君なのである。「武」から「徳」への原始天皇制期の思想的発展は、しかし、次第に衰退の過程をたどることとなる。その消息を、『古事記』の下巻の内容が示している。『古事記』下巻は、「仁徳」にはじまって「推古」に終るのであるが、巻の下るにつれて、いままでのべてきた日本の血縁的支配の思想の内部の緊張が失われ、叙述は精彩を欠き、「仁賢」以降、武烈・継体・安閑・宣化・欽明・敏達・用明・崇峻・推古にいたる十天皇については、天皇出自の血縁系譜だけが叙述されているにすぎないのである。「武」から「徳」へ、という『古事記』の示す思想的発展がありながら、「武」と「徳」とはともに精彩を失い、始祖アマテラスの後継たる天皇の出自を示す血縁系譜だけが語られるということは、右の思想的発展が衰退の過程をたどり、あたらしい時代と社会とへの思想的な対応ができなくなったことを示しているであろう。ただ、『古事記』が日本の血縁社会の連合原理、また支配原理を描くものであったかぎり、各天皇の血縁系譜だけはこれを叙述しつづける、というにすぎないのである。

『古事記』は、おそらく、四世紀から五、六世紀にかけて、ほぼその体制をととのえるにいたったであろう日本におけるアジア的支配＝原天皇制のイデオロギー原型と、その衰退の過程とを示している。この『古事記』の血縁原理は、原天皇制のイデオロギーでありながら、同時に、原天皇制を支えた、原天皇制のもとでの事実上の支配者＝私的所有者である豪族たちの天皇家をもふくめた連合原理であり、しかもまた、事実上の被支配者＝氏族・家族成員をもふくめた、全種族＝血縁共同体の連合＝共同体原理でもあった。

自然に働きかける人間の結びつき方を示す、この『古事記』の血縁原理の衰退の過程は、またあらたな社会の到来とその思想像とを、知らせてくれるはずである。血縁原理＝アジア的思惟の衰退と解体との用意するものは、アジア的社会のなかに事実上用意されていた個人原理であり、それを前提とする社会＝連合原理があらたにつくられることとなるであろう。われわれは、それを古代的思惟とよぼう。日本におけるアジア的思惟の衰退の過程のたどられたいま、古代的思惟の成立をおわねばならない。

第二節　古代社会の法原理——人間・社会＝国家像

アジア的社会は、血縁原理をもって編成された社会であった。しかし、この血縁社会は原始のそれとの間にひとつのきれ目をもっており、家父長が事実上の私的所有者としてあらわれ、彼らが血縁原理によって連合していた。したがってこの家父長たちは私的所有者、すなわち個人としてたちあらわれていたのであるから、彼らどうしの連合がいかに血縁原理にもとづいていたにせよ、またそこには個人どうしの契約にもとづく連合という性格がなにほどか存在していた。イサナキとイサナミとの結婚における「期り」や、アマテラスとスサノヲとの「宇気比」は、アジア的社会において事実上存在している個人どうしの契約をあらわしている。ここにあるものは、事実上あらわれた個人原理であり、また個人と個人とを契約によって結ぶところの「法」原理である、といってよい。

このようにアジア的社会においては、事実上の私的所有＝個人原理があらわれ、また私的所有者＝個と、私的所有者＝個とを結ぶ法が事実上あらわれる。したがって、このアジア的社会における私的所有者が、彼が事実上所有していた土地と労働力（奴隷）との私的所有を形式的にもお互に承認しあい、自分たちの法によって結ばれた社会をつくりあげれば、かつては彼らに事実上支配されていた人々は、形式的にもはっきりと主体性をうばいとられた奴隷という支配される者になることとなる。アジア的社会においては、事実上の支配者＝私的所有者たちもまだ血縁原理によって結ばれていたし、事実上の無所有の被支配者たちも血縁原理によって共同体に包みこまれていた。しかし、いまや私的所有者は自分たちだけの世界をつくり、無所有の被支配者は奴隷として、支配者＝私的所有者に頤使されることとなる。アジア的社会から古代社会への転換は、歴史的な必然である。

古代社会の成立は、人類の歴史におけるひとつの大きな画期である。人類はここで原始の自然性としての血縁性をたつことができ、自然・血縁性にまつわりつく呪術的非合理性をたちきる第一歩をふみだすことができた。自然に働きかける人間と人間との結びつきが個人と個人との自由な意志にもとづく契約によっておこなわれるならば、その結びつきとしての社会は合理的であり、人間の自然への働きかけもまた合理的になり、自然と社会との意識的な対象化がはじまる。ここには、人間の真の歴史の第一歩がある。だが、この歴史の第一歩、古代社会の成立は、けっしてすべてがバラ色のよき世界ではなく、私的所有者たちの法的世界の形成の反面に、無所有の奴隷をつくりだすという、階級社会のはっきりとした成立でもある。

古代社会の成立するとき、支配者と被支配者＝奴隷とははっきり区別され、支配者は自分たちの法的な連合をつくることとなる。このことは、人類にとっての進歩を示す合理的な法的世界を、支配者だけがつくりあげ、現実に働いて富を生みだしている生産者である奴隷がその進歩に寄与しなかった、ということを意味しているのではない。支配者＝私的所有者は、直接に生産にたずさわっている奴隷の剰余をとりたてるために、奴隷との対立関係を本来的にもっており、この奴隷との対抗上から自分たちの法的世界をつくったのである。法の合理性を生みだしたのは、実は奴隷の力にほかならぬ。ただ、それにもかかわらず、奴隷はまだその合理的世界を自分のものとして現実に手に入れていないのである。こうして、支配者は奴隷との対抗上、武装して都市に集まり住み、自分たちの法的な世界をもった。

ヨーロッパに成立したギリシャ、ローマの古典古代こそは、その典型的な例である。自由な個人原理にもとづく法的世界が生まれ、合理的な精神がめばえ、自然科学の第一歩がふみ出されることとなった。しかし、古代におけるこの自由な精神、合理的な精神は、真に十全に自由な精神、合理的な精神ではない。私的所有者たちは、奴隷との対抗のために余儀なく連合したのであり、したがってそこにはまた非自由な、非合理的な精神もまた当然にあらわれる。それこそが奴隷を所有する私的所有者たちの限界なのである。ここでの私的所有、いいかえれば個人原理は、支配者の集まり住んでいる都市＝国家によって承認されたかぎりでの個人原理である。奴隷との対抗上、無条件につくらねばならなかった防衛共同体としての都市＝国家によってだけゆるされる個人原理であるならば、全体＝国家の必要のためならば、自由な個人原理は国家によって否定される可能性をつねにもっていることになる。

真に自由な個人と個人との契約によってつくられた国家であるならば、国家いいかえれば公（おおやけ）は無条件に個人原理を否定するはずがない。古代社会にいたって生まれた私的所有＝個人原理は、他方に無条件に人間としての個人原理を否定された奴隷を生みだしたのであるし、また私的所有者としての支配者が集まって公の法の世界をつくったとき、この公は私（わたくし）を無条件に否定する契機をもっていたのである。古代社会は全体のための公の法と、個人間の私の法との二重の法原理をもった国家としてあらわれたけれども、ここでは全体＝公は個＝私に優位している。全体＝国家が法によって運用されるという合理性をもっていたとしても、この全体＝公はいまだ本質においては、無条件に存在しているものであり、マルクスのいうように「神の授けた絶対的なもの」である。

自然に働きかける人間と人間との連合原理は、こうして、アジア的社会の血縁原理から古代社会の法原理に転換することとなった。そこでは、法原理の二重性があらわれ、全体＝公が私に優位している。では、日本の古代社会のそれはどのようなかたちをもってあらわれたであろうか。人間と人間とを結ぶ法の世界は、どのようにつくられ、どのような特質をもっていたであろうか。

日本のアジア的社会では、事実上の支配者（私的所有者）である天皇家と諸豪族とは、血縁原理によって連合していた。しかし、この豪族間の連合がゆらぎ、血縁原理にかわる法原理によって支配者たちの国家が成立してくる。いうまでもなく、それは、紀元六四五年の大化改新を起点としてほぼ天武期に完成をみる、律令《りつりょう》とよばれる法によって治められる律令制国家である。この律令制国家においては、かつて天皇を頂点として血縁原理によって連合していた諸豪族は、彼らが事実上支配していた土地と労働力とを新しい国家（公）の土地・人民として、自分たちはその国家の官僚となり、その官位に応じて種々な特権をうけた。すなわち位や官職に応じて位田・職田を下給され、また国家に功労のあるものは功田をうけ、さらに食封を給せられた。これは一定数の民戸が政府に納めるべき租税の大部分を封禄としてうけとるものである。彼らはこれらの田地の一部を家内奴隷に耕作させ、他の部分を公民に賃租させ、その収入は莫大なものがあった。この中央の官僚＝貴族と同じく、地方の豪族も地方の官吏として同様の収入を得た。これらの貴族や豪族は、こうして国家という共同体に保証されることによって土地と人民（労働力）とを私的に所有することとなった。

ところで律令制国家のこれらの官僚は、従来もっていた土地と人民とを国家にかえし、これにかわって官僚としての俸禄をうけとったのであるから、彼らの私的所有＝個人原理は否定されており、しかも国家の頂点には日神アマテラスの子孫である天皇がいぜんとして位についているのであるから、律令制国家の官僚は天皇家に奉仕する官僚（これを家産官僚とよぼう）であって古代の支配者としての私的所有者ではあるまいという考えもある。しかし、すでにのべたように、古代の私的所有者（個人原理）は、まずもって無条件的な、「神」の与えた全体＝国家によって条件づけられているのであるから、彼らは、神の後裔である天皇個人のではなく、天皇が代表する全体＝国家の官僚となることができるのであり、しかもこの国家は、ともかく律令という法によって管理・運営される国家であって、血縁原理によって結ばれている国家ではない。おそらく、ここで、私有することを否定された土地と人民とは、アジア的社会で家父長＝豪族が事実上もっていた、法にしばられぬ土地と人民とである。律令制国家によって法の名によってその私的所有が否定され、あらたに法によって官僚に俸禄が与えられたのであれば、その俸禄は、実は律令制国家において連合した支配者＝官僚の、法によってみとめられた土地と人民との私的所有をあらわしているであろう。そして、たしかに、官僚の俸禄は内容としては、サラリーというようなものではなく、土地と人民との私的な所有である。

このように考えるならば、律令制国家は、古代社会の日本的形態である、ということができる。古代の私的所有は、国家の所有によって条件づけられ、媒介されているのである。日本の古代社会では、支配者の私的所有は、国家から与えられる俸禄というかたちをとった。そのことは、公（国家的所有）が私（的所有）を条件づけている、媒介していることを示しているとしても、私的所有のもつ個人原理が十分にあらわれていないことをも示している。

ギリシャ・ローマの古代社会でも、もちろん、国家的所有が私的所有を条件づけるものとして優位にたっていた。しかし、私的所有は形式的にははっきりとみとめられ、支配者は自分の土地と労働力（奴隷）とをそれぞれにもった。国家的所有にたいする私的所有がはっきりあらわれ、両者の間にはまた対立という契機があった。全体原理に対立する自由な個人原理もまた生まれていた。日本の古代社会の法原理のなかには、この対立的な契機が十分にあらわれていない。

全体としての国家、また社会にたいして、自由な個人原理が十分に対置されないならば、人間どうしの結びつきとしての社会・国家が、人間にとってどういう意味をもつものであるか、という自覚もまた十分なものとはなるまい。人間の結びつきとしての社会は、人間が自然に働きかけて労働の果実をうけとり、それによって人間としての進歩をかちとるための組織である。個人原理の自覚がなければ、自然に働きかける組織としての社会の意味も自覚されぬであろうし、社会の働きかける自然の世界のなりたちも意識して追求されることがないであろう。自然と社会と人間との対象化はおこらぬであろう。

古代社会は、原始の自然性・血縁性を自覚的にたちきった歴史の第一歩であり、自然と社会、社会と人間との対立する契機をも自覚した人間の第一歩であるが、日本の古代社会では、そのあゆみの基礎となる個人原理のあらわれが、ギリシャ・ローマの古典古代にくらべて、きわめて弱いということができる。自然にたいする法則的理解という自然への対しかたではなく、自然への情緒的・感覚的一体感という日本人の自然観が、ここでも続いていくこととなる。

古代の支配者＝私的所有者は連合して律令制国家とよばれる法的世界をつくり、自分たちはその律令制国家の官僚となった。同時に、アジア的社会において支配されていた家々は、豪族による事実上の支配から律令制国家＝公の支配にうつされることとなる。彼らは、公民とよばれることとなった。

公民とは、公＝国家をつくる権利をもった個人ではなくて、律令制国家によって租・庸・調を課せられる被支配者である。よく知られているように、公民には班田収授の制がおこなわれ、法の世界にくみこまれることとなった。六歳に達した男女には、班年にあたって、原則としては水田である口分田が終身与えられた。男子は二段、女子はその三分の二を定額とし、公民より身分の低い雑戸・官戸・官奴婢は公民と同額、同じく家人・私奴婢には公民男子の三分の一を定額とした。班田は毎六年一回で、班年までに六歳に達したもの、および死亡したものなどに、さずけたり没収したりした。口分田の売買は禁じられたが、一年間の賃租は許されていた。また、公民は園地として桑・漆・蔬菜をつくる畑を支給され、これは絶戸しない限り所持することが許され、売買も許されていた。

公民は租・庸・調を課せられた。租は口分田にたいするもので、はじめ一段にたいして稲二束二把で、これは収穫のほぼ百分の三にあたる。調は絹・綿など土地の産物によって納めるもので、正丁（二十一歳以上六十歳以下の健康な男子）は全額（絹絁布幅二尺二寸、長八尺五寸、またはこれに相当する生産物）、老丁（次丁、六十一—六十五）は半額、中男（少丁、十七—二十）はさらにその半額であった。庸は義務労働で、その代りに物品を納めさせた。正丁は、毎年十日京師で使役する計算にもとづいて布を納めた。この正役のほか、留役三十日以内があり、留役三十日に達したものは、租・調を免ぜられ、京畿の民は庸役を免除された。次丁二人をもって正丁一人にかえ、家人・奴隷や雇傭による代人をみとめられた。地方の国司はまた農民に雑役を課した。一年六十日を限度とした。正丁にはまた兵役の義務があった。

以上のように、公民は一定の土地を与えられていたが、それももっとも重要な水田は売買も許されておらず、その負担は重く、すくなくない労役や、農作物・手工業製品である現物の貢租を課せられていた。さらに公民は他所に移転することを許されず、国家への賦課の負担にたえきれずに逃亡したものはもとより、ただたんに浮浪したものさえ罰せられた。

国家＝公の民であるといわれたとしても、公民は、国家＝公に主体的に参加しているものではなく、あきらかに支配されるものにすぎない。公民と表現される以上、公＝国家という共同体の正規の成員であり、しかも公より土地を与えられ、それは法の名によって保証されている、したがってここにはひとつの人倫的な法的国家が存在しているのだ、とさえかつてはいわれたことがある。また、たとい公民が支配されるものだとしても、ヨーロッパの古典古代の奴隷のように、支配者だけの国家の外にほうりだされ、支配者にそれぞれ奴隷として鞭によって頤使されたのではないのであるから、公民は歴史のひとつの段階である古代社会の奴隷ではあるまい、という考えもある。しかし、公民は、実際には土地を自分でもっているのでもなく、ふり当てられた土地を強制的に耕やさせられているのであり、税の負担は直接その人格にひとりいくらというように課せられており、また彼らのもっている生産用具もきわめて貧弱で、当時のもっとも生産力を発揮すべき鉄製の農具はすべて国家や貴族や豪族のもつところであった。彼らがこのように、国家の運営に参加する資格をもつどころか、支配されるだけの存在であるならば、いかに公民とよばれようとも、公＝国家という共同体の成員であるはずがない。

またこの公民は、かつては諸豪族によって事実上支配されてはいても、そこではまだ血縁共同体の成員であり、農業共同体としての村々の成員であった。しかし、いまや彼らは、実質的にはあらたにつくられた共同体＝国家の成員でもなく、また自分たちの自主的な農業共同体をもっているわけでもない。農民が自主的な共同体をつくることのできるためには、自分の家に付属する庭地（園地！）と水田とがあるだけでは不可能である。稲作農業に必要な水利の管理や採草のためにも、共同の山林や原野をもっていなければならぬ。だが、公民に山林や原野は与えられていない。公民が、自分たちの組織としての共同体ももたず、また支配者のつくった共同体からも実質的に排除されている存在であるならば、公民は本質からいって奴隷である。ひとつの共同体をつくっているのは主体的な人間であり、支配されるだけの人間が、その共同体のメンバーであるはずがないのである。

ただ、日本の古代国家における奴隷的な労働力としての公民が、なぜヨーロッパの古代社会におけるように、それ自身なんの土地も道具ももたず、一括した大規模な農場に鎖でつながれて労働させられるいっさいの権利と自由とをもたぬ、個人原理から排除された奴隷としてあらわれなかったのであろうか。おそらくそれは、ひとつには日本の稲作＝水田耕作の特殊性、すなわち、土地の高低・肥沃や水利の便の状態などによって当時では一括した経営ができがたく、またその集約性のため個々別々の家族による経営が有利であったという事情によるものであろう。そしてさらに、こうした事情が、日本の古代の支配者たちがヨーロッパと異なって、外国の征服によって大量の奴隷を獲得することができなかったという事情とかさなりあったためであろう。アジア的社会における事実上の支配者＝私的所有者たちが、もし外国の征服に成功しておれば、征服された人々は他種族の人間として血を異にしているのであるから、血縁による一体感によって連合している支配者たちは、その血の異なる征服した人々を、冷酷に非人間的に奴隷として頤使することができるであろう。血の原理は、血を異にするものへの仮借ない反感を、そのひとつの特質としている。中国においても、その周辺にある他種族は、東夷西戎南蛮北狄といわれて、人間とは異なる禽獣と同視されたのである。

このことは、逆につぎのことを示している。日本のアジア的社会の発展が事実上の私的所有者と無所有のものとを生みだしていったとき、無所有のものを完全な奴隷にしようとしても、もと血を同じくする種族のものとしての紐帯感がそれを阻むのである。律令制国家において、支配者が官僚として表現され、支配される奴隷が公民と表現されることは、いずれも古代における個人原理をあいまいにさせているのであり、そこに日本古代社会の特質がある。

ヨーロッパの古典古代においては、さきにのべたように、公（国家的所有）にたいする私＝個人原理（私的所有）がはっきりとあらわれていた。公は私＝個に優先するもの、それを媒介するものではあっても、私的所有＝個人原理もまたはっきりとあらわれていた。たとえば、あの有名なプラトンの『国家』についてみてみよう。プラトンの『国家』において、トラシュマコスとソクラテスとの対話がかわされる。ここで、トラシュマコスは、どんな形の国家（全体）ででも、「その統治者が命じたことを行うのが正義であり」、しかも統治者は自己の利益のためにそうした命令を下すのであるから、「強者の利益が正義である」と主張する。ここでは、全体＝国家の利益＝絶対性だけが主張されているといえるであろう。

これにたいしてソクラテスは、つぎのように反論する。まずソクラテスは、トラシュマコスに、「いずれの国家においても、それを統治する者は間違わないものだろうか、それとも何か間違いを犯すことのあるものだろうか」という問いを発する。そして、ソクラテスは、トラシュマコスの、「統治者は必ず何かの点で間違いを犯すことはあるだろうよ」という答えをひきだし、そこから、「僕らの考えが一致したところによると、統治者は被治者に何ものかを行うように命ずるのであるが、時には自己の最大の利益について間違いを犯すことがある。けれども統治者が命ずることを行うのが、被治者には正義であるというのではないか、そういう風に僕らの考えは一致したのではないか」と駄目を押して、つぎのように結論するのである。「統治者が自己に不利なことを、それとは知らないで、被治者に命ずる場合には、君は、統治者が命令するようなことを行うのが被治者には正義である、と言っているのだから、統治者であり、強者であるものにとって、不利益なことが正義であるということを、君は認めなければならないだろう。――その場合には、君は実に賢明な人だが、トラシュマコス君、どうしても君が言っていることとは反対なことを行うのが正義であると、そういう結論に達せざるを得ないではないか。強者にとって不利益なことを行うように、弱者に命ぜられることだって、おそらく、あるのだから。」（プラトン『国家』）

ここには、全体にたいしての、はっきりとした個人原理の主張がある。もちろん、古代社会の個人原理の裏側には、一切の人間性を否定された奴隷の存在がある。古典古代においての個人原理の明確な主張は、奴隷にたいする個人原理の徹底的な否定をも主張させるのである。アリストテレスによれば、「自然によって或る人々は自由人であり、或る人々は奴隷であるということ、そして後者にとっては奴隷であることが有益なことでもあり、正しいことでもあるということは明かである。」（『政治学』）といわれ、さらに、古代の法的国家は支配者だけの世界だとはっきりと主張されるのである。「或る人々の言っているように、主人の支配――ギリシャでは奴隷の支配が家長によって個別的におこなわれた。アジア的社会の血縁的家父長制と異なる奴隷制的家父長制といってよかろう。（筆者）――と政治家の支配とが同一であることも、凡ての支配が互に同じであることも決してないということも明かである。何故なら後者は自然に自由である者たちの支配であるのに、前者は自然によって奴隷である者たちの支配であり、また家政術《オイコノミケー》は独裁政治であるのに（何故なら凡ての家は一人のものによって支配されるからである）、国政術《ポリーチケー》は自由で互に等しい者たちの支配であるからである。」（同上）

日本の古代社会では、古典古代のように、私的所有者と奴隷との世界が画然と区別されることがなかった。個人原理は、肯定的にも否定的にも、明確に区別されてあらわれることがなく、全体原理に個人原理がつつみこまれ、全体＝国家が支配のための機関であるという認識が生まれにくい。日本の古代国家の構造そのものが、支配者も支配されるものもつつみこんだかたちをとり、階級支配の機関としての国家の本質をかくすこととなる。ここでは、国家は、奴隷支配のために武装した支配者たちの集まり住む城壁をもった都市ではなく、武器をもたぬ文書的官僚＝貴族の手で、法によって運営される平和的な国家である、といった国家像の生まれる可能性さえある。そしてこの平和的官僚には、公民とともに公＝国家につくさねばならぬ、公のために人民を守らねばならぬ、といった倫理感もまた生まれてくるかもしれない。だが、この平和的な倫理的国家をつくっているものは、個人原理の弱い奴隷所有者としての本質をもつ官僚たちである。全体への責任感・倫理感も、個人原理による主体的な自覚によって生まれるのであろうから、平和な状態がつづけば、かえってその倫理感もうすらぐこととなろう。文化的知識人としての貴族＝官僚の、天皇＝宮廷をめぐる陰湿な権謀政治が生まれやすく、自然との緊張感のうすい情緒的文化は、いっそう情緒的・頽廃的になっていくかもしれない。日本の古代国家が律令制国家として実現したとき、天皇を頂点とする官僚、その下の公民というヒエラルキーをもった法原理にもとづく一元的国家は、それを運営する官僚たちに、それなりに公のためにつくすという倫理感をかきたたせ、またその対象化が弱いとはいえ健康な自然観（たとえば万葉的世界をみよ）をもたせたとしても、律令制国家の奴隷制的本質と、また古代国家としての日本的特質とが、それを次第に喪失させていくかもしれない。古代の法的国家における個人原理の弱さが、そこにあるといってよいであろう。

第三節　古代社会の宗教原理――仏教の導入

古代国家は、アジア的社会また国家と異なって、血縁原理によって組織された国家ではなくて、法原理によって組織された国家である。しかし、古代国家はまた、超越的な神そのものとしての宗教原理によって組織される国家でもある。さきにものべたように、古代国家は私的所有者たちが集まってつくった共同体ではあるけれども、この共同体はまた私的所有者たちが無所有の奴隷との対抗の必要から余儀なくつくらねばならなかった共同体であり、したがってこの共同体はそれを構成する成員にたいして無条件的な超越的な存在でもあった。

人間にたいしての無条件・絶対的な存在とは、また神としての存在であり、したがって古代国家は、法原理とともに神＝宗教原理をもつこととなる。古典古代において、アクロポリスに、ローマに、神々をまつる神殿が、ギリシャ、ローマの国家＝共同体を象徴するものとしてたてられたことはいうまでもない。この神殿にまつられ、またそこに住む神々は、ゼウスのように全体＝共同体そのものを象徴する全知全能の主宰の神と、またヘルメス、ポセイドン等々の主神をとりまくそれぞれの役割をもった機能神とである。ここでの神々は、すでに血縁原理によってだけ編成された神々ではなく、個人原理によって編成された神々でもある。アジア的社会の、血縁原理によって編成されていた神々は、個人原理によって編成替えされ、古代社会の神々となることができるであろう。アジア的社会における古代連合への模索は、現実の古代国家をつくるための法原理と、また古代連合を象徴する宗教原理を求めることとなる。

日本のアジア的社会においては、アマテラスを頂点とする神々の世界と、天皇を頂点とする豪族＝私的所有者たちの政治的世界とが、ともに血縁原理によって編成され、両者はまたかさねあわされていた。『古事記』の神々の世界は、そのまま時間的にも人代＝天皇の時代に連続している。ウガヤフキアヘズの子カムヤマトイハレヒコが、人皇第一代の神武となることはいうまでもない。アジア的社会の原始の自然性が、事実上生まれてきた現実の支配＝政治の世界と、神の世界とを区別しないのである。宗教と政治との間に区別が事実上生まれかかりながら、それはまだかさねあわされている。しかし、古代社会の成立は、なによりも原始の自然性としての血縁性をたちきったのであるから、神の世界＝宗教的世界と現実の政治的世界とはひとまずたちきられ、古代的世界は、法原理と宗教原理とを区別してもつこととなる。

もとより、古代社会においては全体＝共同体が「神の授けた絶対的なもの」（マルクス）であるために、宗教的世界、神の世界がふたたび現実の世界にかさねあわされ、宗教的世界が優位することもあるであろう。しかし、そのさいとても、現実の世界の法的な原理が宗教の世界にも投影されて、神々の世界にも法的原理があらわれ、またそこになんらかの個人原理があらわれることとなるであろう。古典古代における支配者の世界の宗教に個人原理があらわれていたし、また支配者の世界からしめだされた「しいたげられた者たち」＝奴隷の求めたキリスト教においても、唯一神ヤーヴェとの契約、神の前の平等という、個人原理にもとづく法原理が反映していたのである。

さて、日本のアジア的社会で、天皇を頂点として血縁原理によって連合していた豪族間の政治的世界は、日本のアジア的社会のしくみの特質をもって、次第に動揺していくこととなる。天皇家の内部での政権の争奪がしばしばくり返され、それをめぐって諸豪族はそれぞれに去就を異にして争いはじめる。その結果は、たんに天皇家内部だけの争いにとどまらず、天皇家と有力な豪族との間の争いをもひきおこすこととなる。アジア的社会での私的所有者の間の争いが、このように天皇家を頂点とする政治的な編成をゆるがすようになれば、いままでの血縁原理はゆらぎ、政治的な安定を求めるあらたな諸豪族の間の連合原理が必要となる。対外戦争は一時的な政治的安定を実現させたとしても、まえにものべたように、その成功と失敗とにかかわらず、ふたたび豪族間の争いをはげしくする。

　だが、私的所有者＝支配者たちは、権力をめぐってそれぞれに対立しても、うちにはそれぞれ無所有の事実上の奴隷をかかえている。目にみえぬとしても、支配されるものとの対立が、さいごには支配者たちに政治的安定を求めさせ、彼らにあらたな連合をつくらせる。古代社会の成立の必然性が、彼らに法による連合を求めさせるとともに、このあらたな連合を象徴する神を求めさせる。アマテラスを全体の神であるとするかぎり、天皇家を頂点とする血縁的社会の編成をみとめねばならない。豪族がおなじ私的所有者として、天皇家にたいして権利を主張するためには、アマテラスにかわる、血縁とは関係のない神をもってこなければならぬ。天皇家とても、他の諸家の力が強く、従来の血縁原理でおさえきれぬものならば、アマテラスのほかに、血縁とは関係のない神をもってこねばならぬ。宗教としてのあたらしい連合原理が、こうして諸家のみならず、天皇家によってもまた模索されることとなろう。しかし、天皇家は血縁連合の頂点にたっており、自分の祖先神であるアマテラスにかわる全体の神を求めるのはむつかしい。おそらく、アマテラスにかわる全体の神をもちこむものは、豪族のうちもっとも天皇家にたいして力をもつものであろう。天皇をひとりの私的所有者として相対化し、古代連合への先鞭をつける豪族が、あらたな神を導入するものとなるであろう。

　こうして、血縁原理にもとづくアジア的社会のなかに、古代社会への進行の胎動があらわれてくるならば、アジア的社会の事実上の支配者たちはあたらしい神を求めはじめる。しかし、このような社会の変動の時期には、いつでも、あたらしい方向を求めるものと、また古い原理にしがみつこうとするものとがあらわれ、両者の間にまた対立が生まれる。日本でのこのあたらしい宗教原理が、半島から導入された仏教であり、仏教の採否をめぐっての諸家の対立の生まれたことは、よく知られているところであろう。『日本書紀』、欽明紀、十三年の条は、古代への方向をもつあらたな宗教原理＝仏教の導入の状況と、またその採否をめぐっての諸家の対立の状況をつぎのようにしるしている。

冬十月《ふゆかむなづき》に、百済《くだら》の聖明王《せいめいわう》、更《また》の名は聖王《せいわう》。西部姫氏達率怒唎斯致契等《せいほうきしだちそちぬりしちけいら》を遣《まだ》して、釈迦仏《しゃかほとけ》の金銅像一軀《かねのみかたひとはしら》・幡蓋《はたきぬがさ》若干《そこら》・経論若干巻《きょうろんそこらのまき》を献《たてまつ》る。別《こと》に表《ふみ》して、流通《ひとにあまねは》し礼拝《みづからをが》む功徳《のりのわざ》を讃《ほ》めて云《まう》さく、『是《こ》の法《みのり》は諸《もろもろ》の法《のり》の中に、最《もと》も殊勝《すぐ》れています。解《さと》り難《がた》く入《い》り難し。周公《しうこう》・孔子《こうし》も、尚《なほ》し知《し》りたまふこと能《あた》はず。此《こ》の法《みのり》は能《よ》く量《はかり》も無く辺《かぎり》も無き、福徳果報《いきほひむくい》を生《な》し、乃至《すなは》ち無上《すぐ》れたる菩提《ぼだい》を成弁《な》す。譬《たと》へば人《ひと》の、随意宝《こころのままなるたから》を懐《いだ》きて、用《す》べき所に逐《したが》ひて、尽《ことごとく》に情《こころ》の依《まま》なるが如く、此の妙法《たへなるのり》の宝も然《しか》なり。祈《いの》り願《ねが》ふこと情《こころ》の依《まま》にして、乏《とも》しき所無し。且夫《かつそ》れ遠く天竺《てんぢく》より、爰《ここ》に三韓《みつのからくに》に洎《いた》るまでに、教《みのり》に依《したが》ひ奉《う》け持《たも》ちて、尊《たふと》び敬《うやま》はずといふこと無し。是《これ》に由《よ》りて、百済の王臣明《こきしやつかれめい》、謹《つつし》みて陪臣《はべるまへつきみ》怒唎斯致契《ぬりしちけい》を遣《まだ》して、帝国《みかど》に伝《つた》へ奉《たてまつ》りて、畿内《うちつくに》に流通《あまねは》さむ。仏の、我が法は東《ひむがし》に流《つたは》らむ、と記《のたま》へるを果《はた》すなり』とまうす。是の日《ひ》に、天皇、聞《きこしめ》し已《をは》りて、歓喜《よろこ》び踊躍《ほどはし》りたまひて、使者《つかひ》に詔《のたま》して云はく、『朕《われ》、昔《むかし》より来《このかた》、未《いま》だ曾《かつ》て是《かく》の如《ごと》く微妙《くは》しき法《のり》を聞《き》くことを得《え》ず。然れども朕《われ》、自《みづか》ら決《さだ》むまじ』とのたまふ。乃《すなわ》ち群臣《まへつきみたち》に歴問《となめと》ひて曰《のたま》はく、『西蕃《にしのとなりのくに》の献《たてまつ》れる仏の相貌《かほ》端厳《きらぎら》し。全《もは》ら未《いま》だ曾《かつ》て有《あ》らず。礼《ゐやま》ふべきや不《いな》や』とのたまふ。蘇我大臣稲目宿禰《そがのおほおみいなめのすくね》奏《まう》して曰《まう》さく、『西蕃《にしのとなりのくに》の諸国《くにぐに》、一《もはら》に皆《みな》礼《ゐやま》ふ。豊秋日本《とよあきづやまと》、豈独《あにひと》り背《そむ》かむや』とまうす。物部大連尾輿《もののべのおほむらじをこし》・中臣連鎌子《なかとみのむらじかまこ》、同じく奏《まう》して曰《まう》さく、『我《わ》が国家《みかど》の、天下《あめのした》に王《きみ》とましますは、恒《つね》に天地社稷《あまつやしろくにつやしろ》の百八十神《ももあまりやそかみ》を以《も》て、春夏秋冬《はるなつあきふゆ》、祭拝《まつ》りたまふことを事《わざ》とす。方《まさ》に今改《いまあらた》めて蕃神《あたしくにのかみ》を拝《をが》みたまはば、恐《おそ》るらくは国神《くにつかみ》の怒《いかり》を致《いた》したまはむ』とまうす。天皇曰《すめらみことのたま》はく、『情願《ねが》ふ人稲目宿禰《ひといなめのすくね》に付《さづ》けて、試《こころみ》に礼《ゐやま》ひ拝《をが》ましむべし』とのたまふ。大臣《おほおみ》、跪《ひざまづ》きて受《う》けたまはりて忻悦《よろこ》ぶ。小墾田《をはりだ》の家《いへ》に安置《ま》せまつる。懃《ねむごろ》に、世《よ》を出づる業《わざ》を修《をさ》めて因《よすが》とす。向原《むくはら》の家を浄《きよ》め捨《はら》ひて寺《てら》とす。後《のち》に、国《くに》に疫氣《えやみ》行《おこ》りて、民夭残《おほみたからあからしまにしぬること》を致す。久《ひさ》にして愈《いよいよおほ》多し。物部大連尾輿・中臣連鎌子、同じく奏して曰さく、『昔日臣《いむさきやつかれ》が計《はかりこと》を須《もち》ゐたまはずして、斯《こ》の病死《やみしに》を致す。今遠《とほ》からずして復《かへ》らば、必ず当《まさ》に慶《よろこび》有《あ》るべし。早《はや》く投《な》げ棄《す》てて、懃《ねむごろ》に後の福《さいはひ》を求《もと》めたまへ』とまうす。天皇曰はく、『奏《まう》す依《まま》に』とのたまふ。有司《つかさ》、のち仏像《ほとけのみかた》を以て、難波《なには》の堀江《ほりえ》に流《なが》し棄《す》つ。復火《またひ》を伽藍《てら》に縦《つ》く。焼《や》き燼《つ》きて更余無《またあまりな》し。是《ここ》に天《あめ》に風雲《かぜくも》無くして、忽《たちまち》に大殿《おほとの》に災《ひのわざはひ》あり。（日本古典文学大系第六七〜八巻、以下同）

ここには、アジア的社会の血縁的に編成された神々と、半島から導入された、日本の神とは血のつながりのない神との対立が描かれており、しかもその他国の神が、日本をのぞく世界にすでに普遍化している神であるといわれている。仏教の導入が、血縁的社会の宗教原理にかわる、普遍的な法としての宗教原理の導入であり、したがってまた、アジア的血縁連合にかわる古代の法的連合の宗教的形態の導入であることをみてとることができるであろう。アジア的社会の支配者たちの争いが、結局は血縁原理にかわる法的原理による古代社会＝連合を必然にするとすれば、この他国の神＝仏教は結局は天皇家と諸家とに受けいれられることとなるであろう。

ところで、支配者たちのアジア的な血縁連合が、古代的な法的連合にくみかえられて古代国家が成立するとすれば、日本の血縁的な神々が、なぜそのままに古代の個別的な神々にくみかえられなかったのであろうか。日本の古代国家は、アジア的社会におけると同じく、かたちのうえでは天皇を頂点とする律令制国家としてあらわれた。それならば、アマテラスを全体を代表する神とし、他の神々を個別的な機能をもった神とし、これらの機能神の連合としての神の世界を描くことができれば、古代連合の宗教として他国の仏教をもってくる必要はないではないか。こういった疑問もまた当然に生まれてこよう。

もとよりアマテラスは、日の神という全体そのものとしての普遍的な性格をもってはいる。しかし、アマテラスはなによりも天皇家の祖神としての血縁的な神である。アマテラスと天皇家との血縁的な関係をたちきることも、また諸家の祖神とのそれをたちきることも、なかなかに困難であるにちがいない。アジア的社会から古代的社会への転換にあたって、もし天皇家が敗れて姿を消しておれば、アマテラスは非血縁的な、全体としての神に性格をかえ、他の神々もまた非血縁的な機能神にくみかえられたかもしれない。しかし、日本の古代国家は、天皇制律令国家として成立した。天皇家は続いており、かたちのうえではいぜんとして国家の頂点にたっている。血縁的な神々をそのままにして、非血縁的な全体の神と個別的な機能神とにくみかえることはできぬ。おそらくは、こうした日本古代国家成立の特質が、他国の神＝仏を、古代連合を象徴する神として導入させた根本的な理由であろう。

だがまた、日本の古代社会をつくったものが、アジア的社会の支配者たちであったという事情が、アマテラスを頂点とする血縁的な神々をそのまま存続させることとなるのである。血縁的な日本の神々と、非血縁的な神としての仏とは、ときには結びあい、ときに対立しあいながら、その後の永い日本の宗教史の二大潮流を形成することとなるのである。

仏教が、日本古代国家の宗教原理を代表するものとして導入されることとなった。仏教の採否をめぐる諸家の永い争いののちに、仏教が日本における古代連合形成への宗教原理としてはっきりとみとめられてくる。仏教が古代の全体を象徴する宗教として、古代の国家祭祀のあたらしい形式としてあらわれてくる。アジア的社会では、天皇家の神をまつることが、そのまま全体＝国家の祭祀形式であったであろうが、いまや仏教が国家の祭祀形式である。『日本書紀』推古紀の二年春二月丙寅《はるきさらぎひのえとら》の朔《ついたちのひ》の条に、このことが明らかにされている。「皇太子《ひつぎのみこ》及《およ》び大臣《おほおみ》に詔《みことのり》して、三宝《さむぼう》を興《おこ》し隆《さか》えしむ。是の時に、諸臣連《もろもろのおみむらじたち》等、各君親《おのおのきみおや》の恩《みめぐみ》の為《ため》に、競《きほ》ひて仏舎《ほとけのおほとの》を造《つく》る。即《すなわ》ち是《これ》を寺《てら》と謂《い》ふ。」ここにみられるように、支配者たちの連合の頂点にたつ天皇によって、仏教（三宝＝仏・法・僧）の興隆がすでに詔されている。それだけではない。支配者＝連合の成員である諸家＝臣・連等は、おのおの君親の恩のために競って仏舎をつくった、とある。血縁的連合の原始天皇制のもとでは、天皇家に血のつながりのある神（親神《オヤ》）をまつることが、天皇家に臣従する諸家が君の恩に報いるゆえんであったであろうし、そしてまた、諸家が、天皇家＝君の祖神と血縁的系譜をもつ自家の祖神をまつることが、親の恩に報いるゆえんであったであろう。だが、ここでは、君親の恩に報いるために、諸家は血縁的な神々をではなく、仏をまつるための寺を造った。

この仏の祭祀は、血縁連合にかわる古代連合成立の第一歩をものがたるものにちがいあるまい。仏教の導入は、天皇家と諸家との共同、すなわち連合によっておこなわれるのであり、非血縁的な神としての仏は、血縁連合にかわる、天皇家と諸家との古代連合の宗教的シンボルである。十三年夏四月《なつうづき》辛酉朔《かのとのとりついたちのひ》に、推古天皇は、皇太子・大臣及び諸臣に詔し、共に同じく誓願を発して、銅・繡の丈六の仏像それぞれ一軀をつくる。古代連合は、すでにのべたように、私的所有者たちの個人原理にもとづく法的連合である。ここでの支配者は私的所有者として個としての主体性をともかくももっており、したがって彼らの連合は、個と個との契約＝ちかいによる連合である。天皇家と諸家とが、血縁原理によってではなく、共同のちかい＝誓願をたてて「仏」の像をつくるのであれば、この「仏」は、まさに古代連合の宗教的シンボルなのである。

日本の古代連合＝国家が、アジア的社会におけると同じく、ふたたび天皇を頂点として成立したことはいうまでもない。古代連合の頂点である天皇が、この共同＝連合の誓約の主唱者である。そして、またそのことが、古代連合を象徴する「仏」のほかに、かつての血縁的な神々をもまつらせることとなる。たとい、共同のちかいによって仏をまつったとしても、血縁的な日本の神々のまつりを怠ってはならない。推古紀十五年戊子《つちのえねのひ》に、天皇によって、詔が下される。「戊子に、詔して曰《のたま》はく、『朕《われ》聞《き》く、曩者《むかし》、我《わ》が皇祖《みおや》の天皇等《すめらみことたち》、世《よ》を宰《おさ》めたまふこと、天《あめ》に跼《せかがま》り地《つち》に蹐《ぬきあしにふ》みて、敦《あつ》く神祇《あまつかみくにつかみ》を礼《ゐや》びたまふ。周《あまね》く山川《やまかわ》を祠《まつ》り、幽《はるか》に乾坤《あめつち》に通《かよは》す。是《ここ》を以て、陰陽《ふゆなつ》開《ひら》け和《あまな》ひて、造化《なしいづること》共《とも》に調《ととのほ》る。今朕《わ》が世に当《あた》りて、神祇を祭《いは》ひ祀《まつ》ること、豈怠《あにおこた》ること有《あ》らむや。故《かれ》、群臣《まへつきみたち》、共《とも》に為に心を竭《つく》して、神祇を拝《ゐやびまつ》るべし』とのたまふ。甲午《きのえうまのひ》に、皇太子《ひつぎのみこ》と大臣《おほおみ》と、百寮《つかさつかさ》を率《ゐ》て、神祇を祭《いは》ひ拝《ゐや》ぶ。」

神から仏への国家祭祀の転換が、アジア的社会から古代社会への転換を示す宗教的表象であるならば、のち、聖武帝の天平十三年三月二十四日の詔における国分寺の建立にはじまる、天平勝宝四年四月の、孝謙帝・聖武太上帝が百官を率いてもよおした「大仏開眼」こそは、おそらく、天皇を頂点とする古代連合の完成をつげるものであろう。日本の古代国家、律令制国家は、さきの法原理とともに、ここに宗教原理をもつことができたのである。

　さて、こうして仏教が日本の古代社会の宗教原理となった。仏教が、古代社会の宗教原理であるならば、そこには古代の内容たる個人原理にもとづく法原理が、なんらかのかたちであらわれていなくてはならない。仏教的世界は、アジア的な血縁原理を断ったものでなくてはならない。仏教の古代的な性格とでもいうべきものを概観しておこう。

　いうまでもなく仏教は、インドにおいて成立したひとつの宗教であり、それは釈迦というひとりの人格によってつくられた宗教である。この仏教は、インドにおける永い展開をもっており、また数多い経典をもっている。これらの仏教教典のうち、釈迦歿後に比較的近い時期に編纂された教典をふつう原始教典とよび、それは釈迦の思想をかなり忠実に伝えているであろう、といわれている。この原始教典のうちに、長部（漢訳では、長阿含《ちょうあごん》）とよばれる一群の教典があり、さらにそのうちにアッガンニャ・スッタンタ（漢訳では起世因本経、つまりこの人間の世界がいかにして生まれてきたか、ということを説いている教典）という教典がある。この教典には、くりかえしのべた、古代を特色づける、個人原理にもとづく法の支配する世界、という考え方が、仏教教典のうちもっともよく表現されているとみることができる。いまその一節を、意訳してみよう。

　釈迦がヴァーセッタに言った。この世界は、はるか無限の時代から続いてきた。だが、永い時代ののちに、光と音からなるこの自然の世界に、大部分の生物が生まれることとなった。その生物たちはその自然の世界に、おもいのままに住み、なんの苦しみもなくよろこびだけがあった。彼らは口から清い光をはなち、それが音となり、自在にとびまわった。……だが、この光りかがやいた時代ののちに、ひえたくらい水だけの時代となった。太陽も月もない、一切の区別のない状態となり、すべてのものは、ただ存在しているというだけであった。……この永い時代ののちに、水中に甘美な地味が生じた。貪欲なものが、なんであろうかと、指でその地味をなめ、他のものがこれにならった。それ以来、生物は体からはなつ光を失い、太陽や月や星があらわれ、季節と年とがあらわれた。……また永い時がたった。耕すことなくして熟した米があらわれた。人々はこれをたべ、自分たちの食糧としたが、人々の体に変化がおきて女子と男子との区別があらわれた。……ある怠惰な性質の者が、つぎのように考えた。朝夕に米をとってくるよりは、米を蓄積しよう、と。労苦をきらって八日分の米を運び、他の者もまたこれにならった。すると米に変化があらわれ、殻が米をつつむようになり、米を収穫したあとにはもうひとりでには生えなくなった。人々は、米をつくるための田をもたなければならなくなった。人間は米の田をわけ、それぞれに境界をつくった。

ある貪欲の者がいた。自分の土地をまもるだけでなく、他人の土地を奪うようになった。人々は彼をとらえ、刑罰を与えた。しかし、その後、人間の世界にこうした悪事がはびこるようになった。人々は集まり、互いに相談してつぎのようにいった。悪い法が生じた。窃盗が盛んになり、それへの非難も、刑罰も盛んになった。人と人との争いがおさまらぬようになった。だれかあるひとりの人をえらぼう。その人にすべての正しい裁きをゆだねよう、と。こうして人々は、多くの人々のなかで、一層美しく、一層容貌すぐれ、一層愛想よく、一層人気ある人の許に行き、その人にいった。〈いざ、御身よ、当に怒るべきに怒れ、当に非難すべきに非難せよ、当に流罪にすべきに流罪とせよ。我等は又御身に米の分割を贈与せん〉と。その人は、よし、とこたえ、人々との約束のもとに王（ラージャ）となった。

人々によって選ばれ、人々と約束して正しい法をしいた王は、マハー・サンマ・タとよばれ、ラージャとよばれた。マハー・サンマ・タとは、〈全人類によりて選ばれたる者〉という意味であり、ラージャとは、〈法によりて他人を喜悦せしめる者〉という意味である。人々が互いにちかい、約束してつくった法こそは、この世であろうと、また宗教の世界においてであろうと、人類にとっての最上のものなのである。

もとより仏教は、現世を苦しみの世界とみなし、彼岸に絶対者としての仏を求めようとするひとつの宗教である。仏教の思想内容および、その日本における思想史的展開についてはのちにくわしくのべるであろうが、ともかくも仏教は、個人原理にもとづく法原理を自覚的につくりあげた宗教であった。日本における古代連合の宗教原理として仏教が定着することとなったことは、いうまでもないところである。

第四節　聖徳太子十七条憲法の思想——古代的思惟の出発

アジア的社会から古代社会への転換は、個人原理にもとづく法（的連合）原理を、社会思想と宗教思想とに求めることとなった。日本の古代国家が、アジア的社会におけると同じく、天皇家と豪族との連合というかたちをとってあらわれたとはいえ、アジア的天皇制においては、天皇家と諸家との連合は血縁原理によっておこなわれていたのであり、したがってアジア的天皇制のもとでの天皇家の地位は、観念的・思想的には、人間にとっていかんともしがたい自然（血縁）性としての絶対性をもつものであった、といってよい。天皇は最高神アマテラスの後裔であり、天皇たるべきものの資質は、なにほどか非日常的、超人的な武＝呪的カリスマと徳カリスマとであった。

だが、アジア的社会にかわる古代社会の天皇制では、天皇家と諸家との連合は、その原理において異なっており、天皇家も他の諸家と同じ私的所有者として個人原理によって相対化されており、この私的所有者＝個相互によってとり結ばれる法的連合国家＝律令制国家の一員である。ただ、古代国家は個人原理にもとづく法による国家であるとしても、この国家また共同体は、その構成員にたいしての超越性をもっている。古代国家の頂点にある天皇は、また絶対的な君主としてもあらわれやすい。だが、ここでの天皇の絶対性は、アジア的国家における天皇の絶対性とは異なっている。天皇家とは血縁的つながりのない仏が、日本の古代国家の全体性そのもの、絶対性そのものとしてあらわれていたからである。アジア的天皇制では、神と天皇とは一致していた。古代天皇制では、天皇と全体の宗教的象徴としての仏とは分離し、また対立している。天皇の古代社会の一員としての相対性が、思想的にここに表現されている、ということができる。だが、天皇は現実の世界におりれば、古代連合の頂点として、全体を代表する絶対者として象徴化されることができる。古代全体を象徴する仏にたいしての相対性と、現実の世界においての天皇の絶対性という、天皇にたいする観念・思想の二重性がここにあらわれることとなり、前者と後者との思想的対立もまた生まれてくることとなるであろう。

日本の古代社会の支配者連合は、アジア的社会におけると同じく天皇を頂点とした。このことが、天皇を全体の代表者として象徴化するときに、ひとつの特色を与えることとなる。天皇家と貴族＝官僚とは、ともに同じアジア的社会の構成員であった。天皇家がふたたび血縁的頂点にたつ神（の後裔）として考えられやすいのであるが、もしそうなれば天皇家の神と、すでに古代の全体を象徴する神となった仏との間に対立が生まれることとなる。しかし仏だけを全体を代表する超越者、絶対者とすれば、天皇は相対化して、天皇家と貴族との地位が平等化し、天皇家の絶対性がうすくなる。日本の古代国家が、天皇制というかたちで政治的、社会的安定をたもつためには、天皇を絶対化する他の途がまた必要となるであろう。

さきにものべたように、日本の古代国家は、古典古代と異なって、武装した私的所有者の集住する城壁をもった都市＝国家としてではなく、被支配者たる奴隷をも「公民」としてつつみこむ、全体としての一元的な法的国家、律令制国家としてあらわれた。支配者は個々に武装した戦士ではなく、個々には武力をもたぬ平和な文化的官僚貴族である。

天皇がその全体を代表するものとなるのであれば、天皇は、この法的国家を代表する、また象徴する、法を守る能力をもったカリスマとしてあらわれ、また平和的・文化的カリスマをもったものとしてあらわれてもくるであろう。日本の古代国家が法原理による律令制国家としてあらわれる過程において、支配者の資質として、右の法的・知的カリスマが登場してくる。また、彼は、全体の宗教的象徴たる仏への信奉者、その代表としてあらわれてくる。

かの「聖徳太子」こそは、この日本における古代への出発点におかるべき象徴的人物であり、法による国家を構想して十七条憲法を定めるとともに、仏教を日本に導入した、最大の功労者であるとされているのである。いわゆる聖徳太子十七条憲法は、個人原理にもとづく法原理を、社会＝国家思想とともに宗教思想＝仏教においてかねそなえた内容をもっており、したがって、日本における古代的思惟の展開の起点をなすものと考えることができるのである。ここでは、個人原理の、古典古代におけるそれにくらべての弱さをもっているとはいえ、個人原理とそれにもとづく連合＝全体原理とが、社会＝国家像と宗教像とのそれぞれにあらわれており、前者と後者とは、さきにのべた対立をあきらかにすることなく統一されているのである。のちにのべるであろうが、日本古代社会の展開は、日本の古代的思惟にさまざまな屈曲と内部的な矛盾＝対立とをもたらすこととなるのであるが、いまはその起点をなす、古代的思惟の二面性の統一をそれなりに示している、聖徳太子の十七条憲法の思想内容をみておきたいと思う。

さきにみたように、原天皇制の血縁イデオロギーの展開と衰退の過程とを示していた『古事記』の叙述は、推古帝の簡単な血縁系譜を示すだけで終っていた。これにたいして、『古事記』とともに日本のもっとも古い二大文献のひとつといわれる『日本書紀』の推古紀の記事には、日本の古代への出発をかざるにふさわしい「聖徳太子」の記事がおおく載せられている。推古帝即位の元年四月に、聖徳太子が皇太子となって摂政に任ぜられた。実際の政治形態はどうであれ、『古事記』では、支配者たるべき天皇の資質として、武（呪）と徳とのカリスマが考えられていた。ところでカリスマとは個人のもつ超人的・非日常的な能力と考えることができるのであるが、推古帝が太子を摂政に任じたということは、天皇を権威づける原理の転回を意味しているかもしれないし、その原理の転回を、『日本書紀』が視野にいれていているのかもしれないのである。それはともかく、摂政となった太子には、原天皇制のイデオロギーにはみられなかったカリスマが与えられている。『日本書紀』によれば、太子は、「生《あ》れましながら能《よ》く言《ものい》ふ。聖《ひじり》の智《さとり》有り。壮《をとこさかり》に及びて、一《ひとたび》に十人《とたり》の訴《うたへ》を聞《き》きたまひて、失《あやま》ちたまはずして能《よ》く弁《わきま》へたまふ。兼《か》ねて未然《ゆくさきのこと》を知ろしめす。且《また》、内教《ほとけのみのり》を高麗《こま》の僧慧慈《ほふしえじ》に習《なら》ひ、外典《とつふみ》を博士覚哿《はかせかくか》に学びたまふ。並《ならび》に悉《ことごとく》に達《さと》りたまひぬ」といわれて、太子には、原天皇制イデオロギーにはあらわれることのなかった、一度に十人のうったえをも裁くことのできる、法原理をさとった、尋常の人間の及びつかぬ知的カリスマが与えられており、それだけでなく、仏教とまた儒教とをことごとくさとった人物としても描かれているのである。

太子は、古代社会のシンボルとしての法そのものであり、その宗教原理としての仏教の真髄を会得しており、また被支配者をも公民としてつつみこむ道義的国家の頂点にたつべきものとしての儒教的精神の体現者でもあるのである。聖とは世俗をこえた宗教的・絶対的な原理＝真理をふつう意味しており、徳のカリスマは世俗の現実世界における最高の真理＝道徳を意味していると考えることができるならば、聖徳太子は、現世と宗教世界との両面における真理そのものであり、しかもその真理の内容が、個人原理にもとづく法原理なのだという、古代社会全体のシンボルであるといってもよいのである。

さて、『日本書紀』の推古紀、十二年甲子に、「皇太子親《ひつぎのみこみづか》ら肇《はじ》めて憲法十七条作《いつくしきのりとをあまりななをつく》りたまふ」といわれている。くりかえしのべたように、法とは、なんらか個人原理にもとづく契約、すなわち連合を意味しているものでなくてはならぬ。十七条憲法が、法として主張されているものであるならば、そこには、この個人原理があらわれていなければならぬし、それはまたアジア的社会における人間と人間とを結ぶ血縁原理とは切れているものでなくてはならぬ。

十七条の憲法は、このような切断をどのように実現しているのであろうか。憲法第一条はいう。「和《やはらか》なるを以て貴《たふと》しとし、忤《さか》ふることなきを宗《むね》とせよ。人皆党《ひとみなたむら》あり。亦達《またさと》る者少《ひとすくな》し。是《ここ》を以て、或いは君父《きみかぞ》に順《したが》はず。また隣里《さととなり》に違《たが》ふ。然れども、上和《かみやはら》ぎ下睦《しもむつ》びて、事《こと》を論《あげつら》ふに諧《かな》ふときは、事理自《ことおの》づからに通《かよ》ふ。何事か成らざらむ。」と。この意味内容は、つぎのように考えることができよう。人はおたがいに平和に結びあわねばならない。人と人とが連合することこそが、人間にとってのもっとも大切なことである。だが、人は、それぞれに小さな（血縁的）党派をつくって、閉鎖的になりやすく、人と人との全体的な結びつきの大事であることを知らぬ者が多い。そうなれば、社会全体（を代表する君父。日本の古代が天皇を頂点として実現するとすれば、ここでも全体の代表としての君は、また父としても考えられてくるであろう。日本の古代社会が、天皇制として実現したことが、アジア的神々を完全に拭いさることなく、血縁原理をも二次的にせよふたたびあらわすことは、くりかえしのべてきたところである）のためにつくすこともできないであろうし、また党派どうしが反目して、隣人との平和をたもつこともできぬであろう（キリスト教において、神＝全体の前においての個人どうしの平和な結びつき、すなわち隣人愛の説かれたことはいうまでもない。キリスト教も、被支配者たる奴隷をとらえた古代的思惟としての宗教なのである）。しかし、たとい人に、君主と貴族と公民というような上下の区別があったとしても（日本の古代が、古典古代と異なって、平等な私的所有者の連合というかたちではなく、天皇制律令国家という、天皇―貴族―公民という上下の階層をもって実現したこともすでに説いた。このことが、日本の古代社会の個人原理の弱さをもたらしたことも、またくりかえしのべてきたところである）、人は上下の区別なく平和に結びつかなくてはならぬ。もし人が、何事であれ、おのれの意見を十分にだしてお互いの意《おも》うところを通じあうならば、それこそが人と人とを結ぶ原理であって、たとい上下の差があろうとも、上下の真の差別はなく、平等な結びつきが生まれて、すべてが成就することとなるであろう。

　太子憲法第一条が提示するところのものは、たとい上下という関係があるにせよ、個人と個人とを結ぶ法的な社会、国家の思想的な像であり、それがのちに、日本の古代国家として成立した律令制国家の思想的な原型をなしていることをよみとることは、すでにたやすいところであろう。他の諸条もまた多くは、その敷衍であるといってよい。三条をみよう。「詔《みことのり》を承《うけたまは》りては必ず謹《つつし》め。君《きみ》をば天《あめ》とす。臣《やつこらま》をば地《つち》とす。天は覆《おほ》い地は載《の》す。四時順《よつのときしたが》ひ行《おこな》ひて、万気通《よろづのしるしかよ》ふことを得《う》。地《つち》、天《あめ》を覆《おほ》はむとするときは、壊《やぶ》ることを致《いた》さむ。是《ここ》を以《も》て、君言《きみの》たまふことをば臣承《やつこらまうけたまは》る。上行《かみおこな》ふときは下靡《しもなび》く、故《かれ》、詔《みことのり》を承りては必ず慎《つつし》め。謹《つつし》まずは自《おの》づからに敗《やぶ》れなむ。」

かつてのアジア的社会での君臣の間を結ぶ原理は、血縁という自然性そのものであった。だが、ここでの君臣の関係は、自然性としての天地の関係に擬せられてはいても、血縁そのものとしてではない。天と地とは、自然そのものとしての分業、おのおのの役割をもっており、だからこそ、臣下がおのれの自然的な役割を忘れて、君主の命をきかぬことがあれば、臣下はひとりでに亡びることとなるのである。君と臣との間が、たんに上下という力の関係としてだけでつかまえられていたのであれば、臣の君への反抗は、君の権力によってつぶされることとなろう。だが、ここでは、臣下は、君の命をうけて慎み、「謹まずば自づからに敗れなむ」といわれているのである。

ここにみられる、君臣の関係を、天地という自然的秩序とかさねあわせてとらえる考え方は、中国の漢代の儒教においてみられるところのものである。自然の法則的な秩序が社会の秩序にかさねあわされ、社会をも自然な法的秩序の世界とみなすこの儒教の自然法的な思想は、その内容を仔細に検討するならば、原始の自然性・血縁性との原理的な切断をなしえていないのであるが、太子憲法の第三条は、第一条と関連させてよむときには、アジア的血縁原理から古代的法原理へ一歩ふみこんでいるとよみとることもできるであろう。

太子憲法の諸条のほとんどは、右にのべた天皇制的な官僚制国家像を示しており、その内容は古代連合の法原理の原型とでもいうべきものである、といってよい。十五条には、のちに成立する律令制国家の原像がもっともよくあらわれているように思われるのである。すなわち、「十五《とをあまりいつつ》に曰《い》はく、私《わたくし》を背《そむ》きて公《おほやけ》に向《ゆ》くは、是臣《やつこらま》が道《みち》なり。凡《すべ》て人私有るときは、必ず恨《うらみ》有り。憾《うらみ》有るときは必ず同《ととのほ》らず。同《おなじか》らざるときは私を以て公を妨《さまた》ぐ。憾《うらみ》起るときは制《ことわり》に違《たが》ひ法《のり》を害《やぶ》る。故《かれ》、初《はじめ》の章《くだり》に云へらく、上下和《かみしもあまな》ひ諧《ととのほ》れ、といへるは、其《そ》れ亦《また》是《こ》の情《こころ》なるかな」と。ここにいわれている「私を背きて公に向くは、是臣が道なり」とは、すでにのべたように、アジア的社会において生まれてきた事実上の土地と人民（労働力）との私有を否定して、諸家があらたな古代連合をつくるべきことの宣言であるといってよいであろう。公と私という二重の法原理が、古代においてあらわれ、公が私に優先する、公が私を条件づける、公が私を媒介する、ということもまたくりかえしのべておいた。そして日本の古代国家の法原理においては、公に対立する側面をもつ私＝個人原理の弱いこともものべておいた。十七条憲法において、この十五条が、第一条と同じ精神をもっているのだと主張されていることは、十七条憲法全体が、古代的思惟の出発点にあることを示しているといってよいのである。日本の古代＝律令制国家成立の現実の出発点は、ふつう大化改新におかれているのであるが、この「改新之詔《あらたしきにあらたむるみことのり》」の第一条は、この十五条の思想の具体化であるといってもよい内容を示しているのである。「其《そ》の一《はじめ》に曰《のたま》はく、昔在《むかし》の天皇等《すめらみことたち》の立《た》てたまへる子代《こしろ》の民《おほみたから》・処々《ところどころ》の屯倉《みやけ》、及び、別には臣《おみ》・連《むらじ》・伴造《とものみやつこ》・国造《くにのみやつこ》・村首《むらのおびと》の所有《たもて》る部曲《かき》の民《おほみたから》・処々の田荘《たどころ》を罷《や》めよ。仍《よ》りて食封《へひと》を大夫《まへつきみ》より以上《かみつかた》に賜《たま》ふこと、各差有《おのおのしなあ》らむ。降《くだ》りて布帛《きぬ》を以て、官人《つかさ》・百姓《おほみたから》に賜ふこと、差《しな》有らむ。」

太子憲法一条および十五条を中心とする諸条が、のち律令制国家に結実する、被支配者をも公民としてつつみこんだ律令制的官僚＝私的所有者によって構成される一元的な、法的な古代国家また社会の像の原型を示していることは、右にのべたとおりであるが、またこの憲法には、古代の法原理をもった宗教思想＝仏教の採用が宣言されてもいる。第一条は、現実の社会＝国家の法原理を明らかにしているのであるが、憲法第二条には、まさに宗教原理としての仏教が登場してくる。いわく、「篤《あつ》く三宝《さむぼう》を敬《ゐやま》へ。三宝とは仏《ほとけ》・法《のり》・僧《ほふし》なり。則《すなは》ち四生《よつのうまれ》の終帰《をはりのよりどころ》、万《よろづ》の国《くに》の極宗《きはめのむね》なり。何《いづれ》の世、何《いづれ》の人か、是《こ》の法《みのり》を貴《たふと》びずあらむ。人、尤《はなはだ》悪しきもの鮮《すくな》し。能《よ》く教《をし》ふるをもて従《したが》ふ。其《そ》れ三宝に帰《よ》りまつらずは、何《なに》を以《も》てか枉《まが》れるを直《ただ》さむ。」と。

古代国家は、それをつくっている構成員を条件づけている、その意味で絶対者としての神である。しかしこの神は、支配者と特定の血のつながりをもった閉鎖的な神ではなく、すべての人間にとっての普遍的な神でなくてはならない。その古代の全体を象徴する神こそ、仏である。仏は絶対的神ではあるが、普遍的であり、したがって仏の説くところは真理としての法であり、この法は人によって求められ、またひろめられねばならぬ。それをなすものこそ僧である。仏教が仏・法・僧の三宝をその内容としているということは、仏教への帰依が呪術的な偶像崇拝ではないことを示しているであろう。仏教はすべての生類（四生、すなわち卵生・胎生・湿生・化生）がさいごにたどりつかねばならぬよりどころであり、すべての国にとっての普遍的な最勝の宗教である。いずれの世、いずれの人も、この普遍的な法としての仏教を尊ばねばならぬ。第二条の意味するところは、ほぼ以上のとおりであろう。

このように、仏教が生類すべてにとっての、またすべての国にとっての、普遍的な古代の宗教原理であるならば、そこでは、個人原理は、現実の法的国家を描く場合よりも、より鮮やかにあらわれることができる、というべきであろう。現実の日本の古代国家は、天皇と官僚と公民という、ひとつの階層をもって構成された。それは憲法に、君・臣・民として叙述されたところとかさなりあうであろう。被支配者＝奴隷としての実質をもっている民を別としても、支配者のなかには天皇＝君と、官僚＝臣という差別が存しており、また改新の詔の第一にあらわれていたように、官僚＝臣のなかにもまた実質的な差が存している。古代連合が、実質的に差別があり、実力のちがいのある私的所有者たちによって結ばれたとしたら、私的所有者の間の自由で平等な個人原理は、また弱いものとならざるをえない。憲法の諸条には、君と臣とを結ぶ原理が、すでに血縁的原理としてではなく、自然法的にも描かれていたのであるが、それでも個人原理は鮮明であるとはいいがたい。古代連合が法的連合であるかぎり、この連合をなす私的所有者の主体性が存しないはずはないのであるが、古代連合がひとつの階層をもってつくられるかぎり、頂点にたつ君主は全体そのものとしての絶対者になりやすく、臣下は全体＝国家にたいする個人の主体性（個人原理）を、うばわれかねない。憲法の社会・国家像のなかに法的な個人原理をよみとることができても、それはどうしても鮮明ではない。

だが、古代の宗教像では、宗教的世界がひとまずは現実とは別の世界であるために、全体の神＝仏の前の人間の平等が鮮明に描かれやすい。日本の古代社会が、現実を描く社会・国家像において個人原理を鮮明に描くことが困難であればあるだけ、古代社会は宗教的世界において個人原理を鮮明に描こうとするであろう。臣下に法による支配を説いている太子憲法の諸条のなかに、現実の政治とはかかわりのないようにみえる宗教的世界＝仏教の法の説かれている一、二の条の存していることは、けっして不思議なことではないのである。こうして、なかんずく宗教＝仏教的色調をもった十条において、個人原理が鮮明にあらわれることとなるのである。第十条にいう。「忿《こころのいかり》を絶《た》ち瞋《おもへりのいかり》を棄《す》てて、人の違《たが》ふことを怒《いか》らざれ。人皆心有《ひとみなこころあ》り。心各《おのおの》執《と》れること有り。彼是《かれよみ》すれば我は非《あしみ》す。我是《われよみ》すれば、彼は非《あしみ》す。我必ず聖《ひじり》に非《あら》ず。彼必ず愚《おろか》に非ず。共に是凡夫《これただひと》ならくのみ。是《よ》く非《あし》き理《ことわり》、詎《たれ》か能《よ》く定《さだ》むべけむ。相共《あいとも》に賢《かしこ》く愚なること、鐶《みみかね》の端《はし》なきが如し。是《ここ》を以て彼人瞋《かれひといか》ると雖《いふと》も、還《かへ》りて我が失《あやまち》を恐《おそ》れよ。我独《ひと》り得《え》たりと雖も、衆《もろもろ》に従《したが》ひて同《おな》じく挙《おこな》へ。」

ここには、さきの諸条において君・臣・民という政治的差別をもってとらえられていた（そこでも個人原理は描かれてはいたが）人間が、「人皆心有り」といわれて、人間の等しさが、かたちだけでなく、内面的な本質としてとらえようとされている。現実の世界に君・臣・民というような差別があれば、君と臣と民とはそれぞれの個人としての主体性を失わぬ法によってつながれているのであるから、たとい役割はことなっても、人間としては平等である、と説かれたとしても、現実の差別が、個人の本質的・原理的な等しさを鮮明に描かせがたいであろう。

現実の世界で個人原理が貫徹できぬとき、個人原理の実現が人間の内面＝心の問題にきりかえられやすい。現実の世界で実現することのできない人間の平等を、個人の救いを、現実とは別の人間の内面の問題として実現しようとするとき、個人原理にもとづく普遍的な宗教への出発があるということができれば、十条が、〈人はすべて心をもっている。だが人は自分の心だけを絶対的なものと考えやすく、そこからいかりが生まれ、人と人との連合がやぶれることとなる。人と人との結びつきはいかりをさった、差別にこだわらぬ心と心との結びつきでなくてはならぬ〉という内面的世界での人と人との結びつきを求めたとき、普遍的宗教としての仏教思想への架橋がなされたということができるであろう。

古代社会は、支配者と被支配者＝奴隷とをもった階級社会ではあるけれども、また個人原理にもとづく法原理をもった普遍的世界としての側面をもっており、そこに生まれた宗教も、たんに超越者への無条件的な礼拝というのではない、個人の内面・たましいにおける等しさ、を考える普遍的な世界宗教としてあらわれたのである。太子憲法は、以下に要約する普遍的宗教としての仏教につながっているのである。〈現実の差別は、差別の目をもってながめるから差別であり、そうした差別に執着する心、この心を人はだれでももっている。だからこそ、この差別に執着する心をはらいのけるならば、差別とおもいあやまった現実の世界も、真に平等な世界にかわることとなるであろう。人はそうした差別あるおのれに執着する心を等しくもっており、同時にまた、そのおのれに執着する心＝妄念をはらいのけたときに生まれる、差別を平等にかえる真の心を等しくもっている。この真実の心こそ、人間すべてがもっている仏性であり、仏である。〉

第四章　古代思想の展開

日本における法原理にもとづく古代社会、すなわち律令制の社会の経済的な基礎は、すでにのべたように、班田制といわれる土地制度にあった。班田制というような画一的な土地制度を全国一斉におこなうには、多くの技術的な困難があったであろう。しかし、ともかくも律令体制下で班田制が実施されたことは、それが当時の農業の生産力に適合した土地制度であったからであろう。すなわち、大和国家時代からの農業の発達が、土地の分割や細分化をすすめ、農業生産における戸（郷戸といわれる大家族共同体）による集約的な方法が強められていったからである。

しかし、班田制は、すぐにもくずれなければならぬ要素をそのうちにはらんでいた。班田制では、個人を単位として頭割りに口分田を班給し、それに等しく義務を課していた。ところが、前述のように、当時の農業生産の単位は戸としての家族であり、しかもこの戸は、アジア的社会で豪族に事実上支配されていた家族共同体が、かたちをそのままにして律令制国家の公民に編成替えされたものであったから、そこには多くの家族成員がおり、また奴婢のふくまれるものもあった。したがって、戸＝郷戸を構成している人間の数の多い少ないが、そのまま班給される口分田の広さや狭さとなり、ここから農業経営における不均等な発展もまた生まれてくることとなった。

家族の多い戸では班給される田も広く、当時の農業経営に有利な労働の集約度が大家族に適合していたのであるから、奴婢をもかかえるほどの戸は、公民としての国家への税負担にもたえることができる。だが、こうした富戸の数はきわめて少ないはずである。公民が古代律令制国家の成員であるといわれたとしても、それはひとつの擬装であったし、彼らは本質的にいって古代社会の国家的な奴隷である。公民が国家におさめる租・庸・調および雑役などの負担は、公民＝農民が辛うじて生活を維持できるにすぎないほどまでに大きいはずである。口分田を放棄して逃亡したり、浮浪するものが多くなってくる。

逃亡したり、浮浪した農民の口分田が荒廃するようになれば、当然のことながら律令制国家の財政的な基礎がおびやかされることとなる。この口分田の年々の荒廃・減少は、国家の公権力による強制によってだけではふせぐことができない。律令制国家は、こうして土地の開墾を奨励するようになるのであるが、そのためについには開墾地（墾田）の永年私有を認めざるをえなくなるのである。養老七年（七二三年）に三世一身の法が定められ、灌漑の設備をあらたにつくって開墾すればその田地を三世まで世襲として相続し、旧い施設を利用して開墾すれば、そのもの一代の間は収公することのない私有を認める、ということとなった。

さらに天平十五年（七四三年）には、墾田永代私財法がだされ、開墾地はいっさい永久の私有地とする法律が定められた。あらたな開墾地に私有を認めたことによって、律令体制の基礎となった土地の公有＝国有がここにくずれはじめるにいたった。

開墾によった土地の私有が認められることになったのであるが、もとより公民の多くが開墾による土地の私的所有者となったわけではない。公民は家族共同体＝戸として農業経営の単位として存在はしていても、本質からしてその農業生産のすべての剰余を国家にうばいとられる、日本の古代奴隷制国家の奴隷である。彼ら公民に開墾して土地を私有するだけの余裕はないであろう。土地をあらたに開墾するだけの、灌漑に要する費用をもち、また労働力をもっているものは、この律令制国家における支配者たる官僚たちであろう。さきにのべた、口分田を放棄して逃亡・浮浪した労働力が、その官僚たちにかかえられ、彼らの私的な労働力となるはずである。公民のうちの比較的力あるものが、開墾による私的所有者となったとしてもそれは数少なく、例外でしかないであろう。

こうして、土地の公有制というかたちで出発し、公＝国家的所有にたいする私的所有という個人原理の弱さをもっていた日本の古代社会（律令制国家）は、土地の私的所有を、いいかえれば個人原理を次第にはっきりとうちだしてくることとなる。土地と労働力との私有者である支配者によってつくられている古代共同体、また古代国家は、本来国家的所有＝共同体的所有に対立する私的所有にたいして、それを条件づけ媒介するものではあっても、その私的所有を形式的にはっきりと承認すべきものであったのであるが、古代社会の特殊な成立のしかたが、日本では土地と労働力（奴隷）との私的所有者を官僚として擬装させた。にもかかわらず、律令制国家の古代国家としての本質が、ここに支配者＝官僚たちの土地と労働力との私有をより鮮明にさせることとなる、といわなければならぬ。

こうして、この土地の、国家によって認められた（媒介された）土地の私有化とともに、実際に労働する人間の奴隷としての性質もまたはっきりとしはじめる。

もとより、口分田の百姓の逃亡したものが官僚に私的に労働力としてかかえられはしても、日本の農業の集約性という特質が、彼らを古典古代のように、はだかの奴隷労働力として農場に鎖につながれるというようにはしないであろう。かかえられた百姓は後にはまた家をもち、そこで子を生んであらたな労働力を生産するということになるであろう。また、日本の古代社会の本質的な支配者＝官僚にかかえられるようになる百姓（労働力）は右の逃亡した口分田百姓だけではない。口分田百姓のうち開墾はできぬまでも労働力にいくらかの余裕のあるものは、土地を私有する支配者＝官僚の田を賃租して、個別的に支配者にかかえられるようになる。支配者＝官僚の国家的所有に対立する私的所有の面が強められ、ここからも口分田への国家の税賦課が失われてくるようになるであろう。ここでも、支配者にかかえられる農民は、かたちとしては家族のかたちをたもつこととなる。

国家の官僚としてのかたちをとって出発した、日本古代社会の支配者は、こうして個別的な私的所有者として私領主化してくる。この私領主化は、古代社会の私的所有者としての本質が次第にはっきりしてきたといえるものであるから、彼らは、いうところの封建領主ではなく、そこにかかえられた家族をもつ百姓もまた、いうところの農奴ではない。生産手段としての土地は、支配者である官僚＝貴族たる私領主のものであり、農民に耕作権があるわけでもなく、農民は自分たちの共同地をもって自主的に村をつくっているわけでもなく、労働手段＝道具もまた進んだものは領主のものである。

ここでの領主の私の農民は、本質からいって奴隷である。ただ、それにもかかわらず、ここでも貴族＝領主にかかえられる奴隷としての本質をもつ農民は、定着して家族をつくり、かたちのうえでは自分の計算による経営をおこなっているのである。くりかえしのべてきた、日本の水稲作農業の集約性、耕地の零細性・分散性が、ここでもそれを規定しているといえるであろう。奴隷を古典古代のような労働奴隷としてではなく、個々に独立させ家族をかたちづくらせる方が経営にも有利であり、かつ労働力の供給源を絶やさないという利点があったのであろう。農業生産力の発達が経営のいっそうの集約化をもたらし、生産の単位が郷戸よりいっそう小さい房戸によっておこなわれるほどのものになれば、右の傾向はいっそうすすめられ、律令体制がくずれて私有地としての荘園が発達してくるのである。

公地公民制が次第にくずれ、古代国家の公民として擬装されていた被支配者である家族形態をもっていた郷戸は、荘園における私的な被支配者として、より小さな家族形態をもつ房戸に編成替えされてくる。律令体制のうちに本来存していた私的所有の契機が、よりはっきりとうちだされ、土地の私有とともに、労働力の私有がまたあらわれるにいたった。もとより、この私有が、国家によって保証されたかぎりであらわれるかぎり、こうした荘園の形成は、古代奴隷制社会の否定ではない。墾田は私有地ではあったが、それは律令に規定される土地に付随している租を免ぜられるだけであって、荘内の農民に課せられた庸・調や雑徭を免ぜられていたわけではないのである。

墾田がすすむとともに、私有地が増大した。この私有地が租を免ぜられる特権を不輸権といっている。しかし、不輸権はまだ庸・調・雑徭を免がれているわけではなかったから、私有地、すなわち荘園の所有者としては、その私的な所有をより完全にするためには、さらに庸・調・雑徭の免除を必要とし、このため税の催促のためにある国使や検田使が自己の私有地に入ることをしりぞける権利、すなわち不入権をも得ようとしてくる。律令体制内に発生した私有地としての荘園は、この不輸不入権を得たとき、完全な私有地としての性格をもつこととなるであろう。

もとより、この不輸不入権とても、それが国家から特権として認められたものであるかぎり、古代的な、すなわち古代の共同体＝国家的所有に媒介された私的所有（権）ではあっても、それ以上のものではない。だが、それは、古代社会のなかであらわれる、国家（共同体）所有に対立する私的所有の性格をもはっきりと示すこととなる。そして、こうした私的所有は、さらに一歩をすすめるならば、国家から特権として認められたという枠をこえて、それ自体が国家の権力を拒否するほどのものにまでなる可能性をもっているであろうし、そうなれば、それは古代的なものをふりきって、よりいっそう発展した歴史的性格をもつものとなるであろう。私有地＝荘園は、こうして紀元十一世紀ごろ、平安時代の中ごろまで、不輸不入の二つの権利を獲得して、日本の古代社会の、かっこづきではあるが、私的所有、いいかえれば、個人原理を拡大していくこととなるのである。

日本の古代奴隷制国家が、支配者＝奴隷所有者と、被支配者＝奴隷との世界をはっきりと区別し、支配者＝奴隷所有者だけの国家（城壁をもった都市国家）をつくることができなかったゆえんについては、すでにくりかえしのべてきたところである。日本の古代国家の成立の特質が、支配者＝奴隷所有者を、一元的な古代国家の官僚とし、被支配者＝奴隷を公民として、支配者と奴隷との間に、古典古代のような、画然たる区別を生むことがなかった。しかし、律令制国家として実現した日本の古代国家＝社会は、そうした日本的な特質にもかかわらず、アジア的社会をこえた、奴隷をもつ私的所有者と奴隷とによって社会が構成されるという、人類の普遍史的な段階のひとつとしての社会であったのである。

公民も、また荘民も、本質からいって、奴隷としての存在であった。支配者＝奴隷所有者と被支配者＝奴隷とをはっきりと区別した、支配者だけの古代国家があらわれず、一元的な律令制国家のなかに、支配者（官僚）と被支配者とがともにつつみこまれるというかたちで成立した日本の古代社会のその後の発展が、官僚＝貴族の私的所有を荘園としてはっきりさせたとき、その領主にかかえられる荘民は私的な奴隷としての性格をまたはっきりと示すようになったのであるが、だがここでも、奴隷としての荘民は、古典古代の労働力＝奴隷とは異なって家族形態をもつ存在であったのである。古代社会のこうしたありかたは、だが日本だけではない。それは、印度・中国をはじめとして、ひろく東洋をおおっている特質なのでもある。

東洋と西洋とを、たんにちがった地域としてでなく、人間のなにか質的なちがいをもったふたつの世界とする考えかたは、人間が自分をふりかえる歴史的な意識とでもいってよいのであるが、そうした東洋と西洋とをわかつ歴史的な意識は、いまから二千年ほどまえから現在にいたるまで、さまざまなかたちをとって続いてきている、といってよい。日常の生活の習慣や、言葉のちがいは、はじめて接したものにとって、まったく別の世界の人間と会うおどろきや、またおそれなどを与えるかもしれない。ふだん交通のない人間どうしが、はじめて接したときには、こうした異和感が生まれるのは当然のことといってよい。日本人どうしでさえ、そうであろう。極端にいえば、隣人でさえ、たがいに知ることのできぬ部分がある。さらに、ひとつの家の内の父と子とのちがいさえもあろう。だが、人間は、こうした閉鎖的な眼をとりはらうならば、父と子も等しく人間としての存在であり、子もまたいつかは父となる存在であり、隣人もまた、人間として同じ生活をおくっているということを知ることができる。東洋と西洋という、人間がわけた区別が、そもそも、人間のなかにあるはずはないであろう。地理上の極東に位置を占めている日本の歴史のみかたを、普遍的な人類の歴史の発達というみかたとつなげなければならぬゆえんがここにあるといっていい。

律令制国家のなかに生まれてきた荘園制の展開は、日本における古代社会の個人原理の展開を、歴史的事実として示すものにほかならぬ、ということができるであろう。古典古代とは異なって、公的原理に対立する個人原理の弱さを示した日本の古代思想が、こうした現実の私的所有の発展のうえに、個人原理をより鮮明にしてくるであろう。だが、古代社会の個人原理は、日本では、古典古代のように、現実の社会・国家像のなかにはなかなかあらわれにくい。荘園の不輸不入権とても、はじめから、古代社会＝国家によって一般的な権利として認められていたのではなく、公地公民制のもつ、奴隷制的な支配の擬装のなかから生まれてきた、「特権」にしかすぎない。不輸不入権の獲得によって、日本の古代社会の「私」的所有が開花したとはいっても、それは古典古代のそれとは異なっており、個人原理の形式化はまだかっこづきのものとして、日本的特質をとどめており、その根本的な理由として、労働力（の私有）が、はだかの奴隷としてではなく、家族をもつ房戸としてでてくることにあったのである。支配するものと支配されるものとの世界がはっきり区別されるならば、ある意味では、支配のイデオロギーのごまかしをよみとることもたやすいかもしれない。ごまかしをよみとることができぬまでも、それとは関係なく、支配される者は自分にとっての救いの思想を求めることもできるかもしれない。

だが、日本のような、支配者と支配される者との「原理的区別」のさだかでない「支配」の世界、また歴史は、支配者たちの思想のなかに被支配者のそれをもちこませ、また反対に被支配者の思想のなかに、支配者のそれを、よりいっそうもちこませることとなるであろう。支配されるものは、なぜ自分が支配されるのかという思想的な理由を、自分のなかにも探らなければならないのである。

第一節　日本仏教の成立——天台

個人原理にもとづく法的な連合原理が、日本の古代社会において、社会・国家思想とともに宗教思想のなかにあらわれ、その両者は、すでにみたように、聖徳太子の十七条憲法のなかに統一されてあらわれていた。だが、この個人原理にもとづく法原理は、日本の古代国家が支配者と被支配者とをともにつつみこんでいるという一元的国家として成立したために、社会・国家思想のなかに十分にあらわれがたく、それは宗教思想としての仏教のなかによりあらわれることとなる。

もとより、日本においては、宗教思想とても、古代社会が一元的であったということによって、支配者の宗教と被支配者の宗教とを、画然とわけることがなく、支配者も被支配者もともに自らの魂の救いを仏教に求めることとなる。仏教は、前章でのべたように、個人原理にもとづく法原理を、いいかえれば古代思想としての普遍性をもった宗教であったのであるが、それはまた、古代社会の支配者と被支配者とをともにとらえることのできる、思想的内容をもっていたのである。いま、その点について、概略の説明をしておこうと思う。

古代社会の成立を示すものは、まずなによりも私的所有者があらわれるということである。さきにみた、仏教の原始教典のひとつである『起世因本経』には、そのことがよく示されていた。自分が働いて、自分の生活を維持するための土地をもつ、私的所有者＝個人があらわれていた。だが、この個人は、それぞれ自分の田で働く、いわば孤立した個人なのであるが、彼らは自分たちの田をたがいに奪われぬように相談し、それぞれの土地の私有を認めあう法をつくり、その法を守るために王を選んだ。したがって、彼らによって選ばれた王は、全体としての法そのものなのである。ここでは全体としての法が、個々の私的所有を保護しており、したがって全体と個との間には、なにひとつ対立がないようにもみえた。だが、実はここに、個と個との、また全体と個との対立が、さけがたいものとして存在していたのである。

いまここに、ひとりの私的所有者＝個人が存在しているとしよう。彼は、自分のもっている土地で働くだけで生活を維持することができる。彼は、ひとりでものをつくり、自分の生活を維持できるのであるから、開放的な個人ではなく、閉鎖的であり孤立的である。彼が他の私的所有者と法によって連合するのは、自分の田を奪われまいとする、彼の閉鎖性そのものからきているといってよい。

こうした閉鎖的な個人が、ただ自分の財産としての土地をまもるためだけに、かりに連合して法的な社会をつくったとしても、この連合体は、それをつくった個人にたいして、また他の社会にたいして、開放された、平和な性格をもつことができるであろうか。自分の田を奪われまいとして閉鎖的な個人が連合して法的な社会をつくったとき、この法を施行し監督するひとりの王が選ばれるであろうが、この王がひとりの閉鎖的な人間であるかぎり、王の地位を利用して、個人の田を奪うという可能性はないであろうか。田を奪われまいとする個人、という考え方が出発にあるということは、個人が人の田を奪うという本質をもっている、という考えかたを前提していることではなかろうか。全体によって選ばれた王もまた、人の田を奪いかねないひとりの閉鎖的な個人であるのかもしれないのである。閉鎖的な、個別的な田（私的所有）を奪われぬためだけに選ばれた王、つまり全体は、こうして個にたいして、個の田を全体の名において奪うかもしれない。たとい、そうした全体と個との対立がおこらずとも、他人の田を奪う本質をもつ個人によって、やむをえずつくられた全体は、他の社会にたいしては、他人の田を奪うという本性をはっきりとさせて、他の社会への侵略をおこなうようになるのではなかろうか。個人原理にもとづく法原理が、もし閉鎖的な個人を前提にしてつくられているのであれば、自分の世界だけでの法がつくられたとしても、他にたいしては無法の侵略をおこない、その結果他の財産を奪いとれば、その財産の分配をめぐって、自分の世界のなかでの無法な争いもまたおこるかもしれないのである。

古代社会では、すでにのべたように、国家的所有（全体）と私的所有（個）との対立があり、前者が後者を条件づけ、媒介していた。個人原理はここでは、全体によって否定される契機をもっている。右にのべた、閉鎖的な個人原理がそこにあるといってよい。古代の個人原理は、このように閉鎖的であり、近代的な個人原理とは、本質的に異なっているのである。近代においても、もとより個人原理があらわれる。だがここでの個人は、自分の土地だけで働いている閉鎖的な孤立的な個人ではなく、商品を生産する分業にたずさわっている、本来他の個と必然的なつながりをもっている個人である。個人と個人とが、自分の生活を維持するための生産において、分業というかたちでつながっているということは、個人が開かれた個人でなければならぬということであろう。開かれた個人と個人との結びつきとしての法ならば、それはまた開かれた法であり、他の社会との開かれた結びつきをもつことができるであろう。古代の全体と個との関係は、こうして近代のそれと構造を異にしているということができる。古代の個人原理の限界とでもいうべきものをここにみてとることができるのであるが、古代の宗教思想としての仏教は、この古代の個人原理と全体原理との限界を、またつき破ろうとする普遍宗教でもあったのである。

『起世因本経』で、仏教は、私的所有者の連合としての王の成立を説いた。王は法そのものであり、仏教は、法こそがこの世でも、また彼岸の世界でも、もっとも尊いものであると説いた。だが仏教は、現世の王の政治的世界を絶対視したわけではない。仏教にとって、王の法による世界は、全体と個との、また個と個との対立をあらわにすべき世界ではなかったのであるが、それにもかかわらず、王の法の世界に、そうした対立があらわれるのを、仏教もまた認めざるをえないのである。

古代の法的世界にあらわれるこの対立は、古代のもつ個人原理の限界にほかならない。しかし、仏教は、そのことを知ることがない。だからこそ仏教は、古代のこの政治的対立をこえた個人原理を、非政治的な宗教の世界に求めようとするのである。仏教の求める個人原理は、主観的な善意をもって、それなりに開かれたものを探ろうとするのである。仏教は、政治的世界から宗教的世界への転回にあたって、つぎのようにのべる。〈全人類によって選ばれたはずの王は法そのものであり、この世界にあって個人と個人との平和な結びつきが生まれるはずであった。だが、現実には人と人との平和が生まれず、争いがおこった。それはなぜであろうか。それは、王も人々も、おのれの地位に執着するからである。〉さきに、古代の個人原理の閉鎖性をみたのであるが、仏教もまた現世の個人のこの閉鎖性をみてとっているのである。だが仏教は、個人原理のこの閉鎖性を、この現世＝現実においてとりのぞこうとはしない。宗教としての観念の世界において、それをとりのぞこうとするのである。〈人間はすべて、おのれに執着するという性質をもっている。もし、四姓とよばれるすべての人々が、自己に執着することをすてるならば、現世の政治的な争いは消えさるであろう。〉

仏教が、古代社会の個人原理の閉鎖性を事実としてよみとっておりながら、その閉鎖性を現実にではなく、観念の世界においてとりはらおうとしたことは、古代思想としての限界を示している、といってよいであろう。人間は、現世のおのれに執着するものである。だが、この執着をとりのぞかなければならない。仏教は、現世をすてて出家し、現世への欲望を極小にして、自己への執着心をたつことをすすめる。現世のおのれに執着することは、仏教にとって悪＝不善であり、現世の価値を認めない、という考え方がここに生まれる。現世の彼方に、仏教にとっての価値ある世界があるとされてくる。この世界が仏の世界そのものであり、そこでこそ、人は現世の差別から離れて、自由で平等な人間として復活することとなる。

だが、こうした仏の世界は、どのようにしたら獲得することができるであろうか。現世を無価値とする仏教徒は、現世をのがれて、静かな瞑想によって、自分の執着心をたつ修行をしなければならぬであろう。突如、ある悟りが生まれるはずである、と仏教はいうのである。そうしたとき、人間の心は清浄になり、いっさいおのれに執着する心＝煩悩がとりはらわれ、自由自在な精神的境地に立つことができ、ひらかれた平等な世界が生まれる、仏教はこうのべるのである。

現実の政治的な差別を拒否するということは、現実の差別を現実にとりのぞこうという、人間にとっての努力をも生むことができる。こうした考えのもとでは、現実の差別は真実のものでないとされたとしても、現実に差別が存在しているという事実を否定してはいない。だが仏教は、この現実の差別に直面したとき、現実の差別は人間が主観的に差別があると思いあやまっているのだ、というのである。現実に差別をもって存在している自己は、実は幻影としての自己であり、現実に差別が存していると考えることこそが、あやまった自己に執着するということなのだ、というのである。

こうして、仏教は観念の世界だけに平等を求め、瞑想によって、さきにのべたような精神的な境地を得ようとするのである。だがもし、仏教がこうした瞑想によって絶対的な世界、仏の世界に到達することができたと考えたとしても、現実の差別の世界はそのままに続いているのであり、仏の境地を悟ったと考えている人間が、この現実の世に差別がなくなったと思っている、というだけにしかすぎない。仏の境地に到達したものにとって、現実の差別はそのままに差別ならざる真実の相であると考えられてくるのである。

人と人とが平和に結びつくことのできる、開放された個人原理を求めた仏教的世界は、現実の差別の世界に働きかけて、現実の世界のなかに個人原理をうちたてようとするものではなかった。本来、平等であるべき差別のない世界は、現実の世界には生まれようのないものであり、それは観念的な宗教的世界でだけ求めえられるのだ、といった考えが仏教の基礎をなしている、といってよい。別にいえば、この現世は差別をもった仮の世界だというのである。では、仏教のいう、平等な個人原理は、どのようにして獲得できるのか、また平等な人と人との結びつきを実現した仏の世界はどのような世界なのか、といった、いわば仏教の神義論が追求されることとなる。さきにものべたように、人は自己に執着する。執着するからこそ、人とおのれとの間には結びつきが生まれない。

この差別を生む執着心は、刻々にうつりかわる人間の意識や感情にとらわれるということでもあるが、この人間の刻々に変化する意識・感情は、つねにうつりかわるものであるから、人間にとっての平等・不変な本性ではなく、それは仮のものである。意識・感情の奥底にある不変・平等・唯一の本性ともいうべき真の心が、人間に等しく存在しているはずだ、仏教はこのように考えるのである。仏教が、個人原理をその宗教的世界で追求したとき、すべての人間に本来存していている真心、仏を、仏教は構想したのである。現実の人間の意識・感情とは別の、不変・平等の真の意識（これを阿頼耶識とよぶ）が人間には等しく存在しているはずだという仮定の本体をたて、それを獲得しようとするのである。

人間のこの真意識・仏性は、刻々に変化するいつわりの人間の意識・感情とどのように関係しているのか、といった心理学的な理論がつくられることとなる。仏教の理論のうち、唯識論といわれるものがそれである。そして、仏教は、いっさいの意識・感情を否定し、執着心をとりはらい、仮定の本体たる真の意識を求める。だが、その真の意識は、仏教の仮想の本体である。人がそれをつかむことができたと思っても、それは他人のうかがい知ることのできぬものであろう。仏教は、個人が主観的な悟りさえ得ればそれでいい、といった個々バラバラの魂の救いを求めているわけではないのであるが、それにもかかわらず、現実の人間の意識・感情を虚妄なものとして、それをとりはらうときあらわれるとする非現実的な真の意識を仮想したために、個々バラバラの神秘的な救い、といった呪術的性格をついにぬぐいさることができなかったのである。

仏教の悟りは、右のように、他人のうかがい知ることのできぬ秘密＝呪術的性格をなにほどか残すものではあったけれども、仏教それ自身としては、悟りは平等な個人原理の獲得であったし、したがって、悟り、仏の世界は、人と人とを平等に結びつける全体原理でもあった。人が真心を獲得したとき、差別が存していると思いあやまった世界は、差別そのままに、彼にとっての平等な全体となってくる。そうした観念の世界における人と人との結びつきが、法としての仏の世界なのである。仏教にとって、差別として個が存在しているのはいつわりであり、個はそもそも他の個と因縁という因果関係によって結びつけられている。人は、あるものは生をたのしんでおり、他のあるものは死の苦しみに直面している。しかし、生をたのしんでいる者とても、老いて死ぬことをのがれることはできぬ。老死の苦にある者も、生をたのしむ者とちがいはない。差別と差別とが因縁という関係にあることとさえ悟れば、差別と思いあやまったものが、差別さながらに平等の世界にかわるであろう。本来人間は、閉鎖的な個別の存在ではなく、差別をもって全体を構成しているのであり、これを悟ることが仏の智慧を得ることになるのだ、仏教はこのようにのべる。

閉鎖的な個人原理をやぶって、他の個と結びつく必然性を人間のなかにさがし求める、仏教のこの理論を、ふつう「因縁論」とよんでいる。仏教の、古代の閉鎖的な個人原理への挑戦さえ、ここにあらわれているようにも思えるのである。だが、くりかえしのべたように、仏教の求めたこの人と人とを結ぶ全体原理は、観念の世界で人間の平等を生むだけでしかない。人間が、仮定された真心を得たとき、現実の差別の世界は、差別をそのままにして平等の世界と観ぜられる、というのであれば、仏教は、現実の差別を解消する現実的な方法をもっているわけでもなく、そればかりか、差別の現実をそのまま是認してしまうのである。

支配者と被支配者とをともにつつみこんでいる日本の律令制国家のような、内に差別をもっている一元的な古代社会が、仏教によってそのまま是認され、この国家が実は階級支配の機関としての古代国家なのだという認識は、仏教からは生まれようがないのである。ここにまでいたれば、閉鎖的な個人原理をやぶって、開放的な個人原理によって全体原理をもとうとした仏教は、一元的な古代国家のイデオロギーにさえなった、ということができるであろう。開放的な個人原理を求めた仏教が、個をなによりも差別と考え、差別をそのままにして、差別をもった個と個との因縁(因果関係)を知ることによって、平等な全体の世界が生まれるというとき、現実の差別は廃棄されることなく、むしろ現実の差別をつつむ全体＝国家が、そのまま承認されることとなったのである。こうして、仏教は、古代国家を守る神（仏）の法となり、さきにのべたその秘密教＝呪術的性格と結びついて、国家を鎮め護るための加持祈禱（呪術）をおこなう、いわゆる鎮護国家の仏教としてもあらわれることとなるのである。差別を前提したうえで、差別と差別との連合がなぜ可能なのか、また差別のなかにどのように本質としての仏が存在しており、差別の総体としての滅びることのない、差別をそのままにして平等たらしめる唯一の全体はどのようになっているのか、こうした神義論が、仏教によって構想されてくるのである。これを、仏教理論のうち、実相論とよんでいる。

仏教ははじめ、現世を離れての個人的な救済を求めた。初期の仏教徒は、インドの知識人を中心としており、彼らは、世俗にたいして価値を認めていなかったために、自ら働いて生活の資を得ようとはせず、ただ彼らの目的（解脱）のために生活の資を、世俗の帰依者から布施として受けとることを合理化した。こうした、はじめ個人的な解脱を目的とした仏教徒の集団が、次第に僧団として教団化してくる。原始仏教が、個人の救済を中心としたとはいえ、仏教はまた個人と個人とを結ぶ全体をも求めるからである。

こうして仏教教団が成立するにいたると、仏教では世俗的な職業を拒否するのであるから、インドの古代の支配者＝領主（クシャトリヤ）の保護をうけ、寺院や寺領の布施を求めるようになる。仏教教団は支配者＝国家へ接近しはじめ、俗世との緊張を稀薄化して、国家鎮護の色彩をもった仏教が成立するようになったように思われるのである。もとより、仏教のこの現世の権力＝国家への接近にもかかわらず、仏教は個人と個人とを結ぶ平等な全体の世界を求めたのであるから、現世の国家のなかに存在している差別相にある大衆をも救済しようとしてくる。もと仏教は、個人的な解脱を求める出家をすすめたのであるが、後にいたって、鎮護国家を旨として加持祈禱（呪術）をおこない、同時にまた大衆をひろく救済しようとするにいたるのである。原始仏教は、現世の価値を否定したのであるから、そこでは現世的な利益を得ようとする呪術もしりぞけられる傾向が強く（とはいっても、仏教が呪術を完全にしりぞけるものでなかったことは、すでにのべた）、また知識人の宗教として個人の自主的な解脱をすすめたのであって、大衆を救済しようという傾向はうすかったのである。

だが、仏教は、いまや鎮護国家と、大衆救済とを標榜することとなった。それは、一元的国家における被支配者の力が強くなり、支配者と被支配者との対立がはげしくなったからにほかならぬであろう。国家の動揺が、国家の安泰を祈らせることとなる。仏教にとって、現実の国家は、法ある王の国家であり、たといそこに争いがあったとしても、その争いは本来あってはならないものであったからである。また、現実の一元的国家において、被支配者の力の増大は現実に争いを生むこととなろうが、仏教にとってそれは、被支配者＝大衆が差別ある自己に執着することであったのであり、だからこそいまや等しく大衆を救済して仏たらしめなければならぬ。一元的古代において、ともに国家の成員として考えられていた支配者＝奴隷所有者と被支配者＝奴隷との間に、対立がはっきりしはじめるならば、仏教は、右の鎮護国家と大衆救済とを目的とするようになる。大乗仏教とは、この二目的をもった、一元的古代の展開の生んだ仏教であるといってよいのである。律令制国家として実現した日本の古代国家が、荘園制へ次第に変化し、支配者と被支配者との対立をはっきりさせはじめた平安期において、右の二つの目的をかねた大乗仏教が日本にもあらわれることとなる。それこそが、最澄によって樹立された天台であり、また空海によって唱導された真言である。日本の古代社会の展開が、古代思想としての日本大乗仏教を成立させることとなるのである。

仏教がはじめて日本に伝えられたとき、それは、鎮護国家を主旨とする大乗仏教であった。前章でのべたように、アジア的社会にあって古代連合への途を模索していた支配者たちにとって、それまでの血縁的な神々にかわって、仏教があたらしい連合原理としてうけいれられていった。日本の古代国家をつくる真の成員であるこの支配者たちによってうけいれられた仏教が、まずもって鎮護国家仏教としてあらわれたことは、けっして偶然ではない。こうして日本仏教は、まず現世＝国家へ強くひきつけられ、国家を護るためにとりおこなう呪術的な祭祀と、また仏教教理の研究とに従事する僧侶も、現実の国家の法＝律令にくみこまれることとなった。推古期にすでに僧尼をとりしまる僧正・僧都・法頭がおかれ、天武十二年には僧正・僧都・律師の三綱が規定され、律令において、出家の官許、寺院定住、俗法による刑罰規定、等の定められたことは、よく知られているところである。

仏教が個人の解脱を求めて出家集団が生まれたとき、悟りを得て仏にいたることのできるものは、だれよりも出家であった。仏教はすべての人間に仏性がそなわっており、だれでも成仏することができる、という個人原理とまた全体原理とをもっていたのであるが、その真理（仏＝全体）そのものが、仮想の、神秘的な性格をもっていたために、実際には、だれでもそうした精神的な境地をつかむことができる、という保証はなかなかに与えられることがない。仏教をはじめて創始した釈迦は、自己に執着するという煩悩を完全にとりさることができた人格として、その弟子たちの目にうつったかもしれない。だが、この煩悩を完全にとりはらった仏の境地に、すべてのものがすぐになれるはずはない。釈迦としても、父母の涕泣をふりはらって、永い修行のすえに、その境地にたどりついたのである。こうして、仏＝真理にいたる修行の過程が、どのようなものであるのか、どのくらいの修行の時間をかければよいのか、といった理論的な（とはいっても、それもまた、結局は現実に意味のない教義＝ドグマなのであるが）追求がおこなわれることとなる。原始仏教では、出家したものが仏への到達の位がちかく、出家することなく世俗の職業に従事したままで仏教に帰依しているものとは、仏への距離に本質的なちがいがある、とされていたのである。

こうした仏＝真理に到達するために、おおくの時間的な段階があり、また仏を求める人間の、それぞれのもっている地位や素質によってもまたその段階のちがいがある、といった考え方が、仏教が宗教教団としてのかたちをととのえ発展してくるにつれて、仏教理論のなかに、その実践論として生まれてくるようになった。原始仏教からの発展が、仏教のなかに多くの宗派を生み、部派仏教に二十八もの宗派がうまれるにいたったといわれ、その諸派の仏教がふつう小乗仏教といわれるのであるが、ここでは、仏＝真理へ到達するためのいろいろな段階が各宗派によってつくられ、それぞれが自派の優位をきそいあったのである。そして、とくにこの小乗仏教では、仏教がもと現世の拒否から出発し、現世にたいする人間の執着心（意識・感情）を断ちきろうということを主眼としたために、人間の現実の欲望をとりのぞくためのおきて（戒律といわれる）を、教団内で詳細に規定することとなった。この、小乗仏教によって用意された仏にいたる段階のきめ方、また僧団内での禁欲のための戒律、こうした仏教教義の一部が、またのちの、出家していない世俗の大衆（在家の大衆）の救済をめざした大乗仏教の教義のなかにも、かたちをかえてひきつがれることとなったのである。

自力によって仏を求めようとする出家第一主義の小乗が、世俗（在家）の大衆を救済しようとする大乗に発展したとき、大乗では、自ら仏を求めるとともに、また自ら大衆の中にはいって、大きな愛をもって大衆に仏への途を教える菩薩という存在が考えられ、その菩薩がまた仏にいたるもっとも近い距離にたつものだと考えられるにいたった。自ら仏を求めて永い修行をおこない（上求菩提《じょうぐ》）、また俗世（悪趣、現世は差別の悪しき世界である、仏教にとってのこの前提は、ここでも変ってはいない）に入って大衆を救済（下化衆生《げけ》）する菩薩像は、当然のことながら理想化されて、また神格化されてくる。仏教が、出家から在家へとその大衆的基盤を求めたとき、観世音・普賢・地蔵・弥勒等々のいわゆる菩薩信仰を大衆のなかに生むこととなるのである。それはともかく、仏教が大衆の救済を目的とする大乗としてあらわれたとき、大衆のなかには素質や修行への熱意にいろいろの差があるのは当然であるから、仏＝全体に到達するための実践論に、多くの段階をもうけることとなる。

この段階的な実践論は、大乗が国家＝権力に近づけば、支配者の目にうつる社会的な差別がその実践論に反映されて、段階が固定化しやすいであろう。国家仏教として出発した日本の大乗では、南都六宗といわれる諸派があって、煩雑な教理研究がおこなわれたのであるが、そこでの成仏への実践論には、右の固定的な考えがあらわれやすかったといえるのである。奈良期の国家によって庇護・統制された仏教のうち勢力をもった三論、法相、とりわけ後者の成仏論がその代表的なものであるといってよい。すなわち、法相の五性各別論といわれるもので、そこでは、菩薩・声聞・縁覚・不定性・無性の区別がたてられ、大乗の究極的な仏に到達できるのは、菩薩と、声聞・縁覚のなかの不定性という固定的な性質をもたぬものと、だけであると考えられたのである。

もとより仏教は、すべての人間のなかに本来仏性が存在していると説いた。しかし、現実の差別は、すべての人をたやすくは悟らせはしない。小乗でも、大乗でも、こうして固定的、また段階的な成仏への実践論が必然的に生まれるのであるが、大乗が大衆救済の方向を強めれば、等しく大衆を大乗の仏果にひきいれるために、またこの固定的・段階的な実践論を修正しようとしてくる。そしてさらに、つぎのような考えも生まれる。

釈迦がこの世にでたのは、大衆を等しく成仏させるためであった。釈迦は、大衆に真の仏果を得させるために、適切な時期に適切な法を説いてきた。大衆がはじめ素質や熱意にちがいがあったとしても、大衆は次第に成仏するにふさわしい状態になってきた。そのとき説かれた教えが、大乗の経典である。釈迦が滅して永い後、大衆＝衆生は等しく成仏することのできる状態となり、衆生は仏にもっとも近い菩薩の位にまでなった。もし、ここでこの菩薩位にある大衆に、大乗の教えを説く菩薩僧が手をさしのべるならば、もと釈迦の説いた開かれた個人原理にもとづく全体原理があらわれ、現実の国土（国家）もまた平等な仏国土となるであろう。仏教思想の発展が、このような考えかたを必然にするのである。

日本の古代思想として仏教がうけいれられ、はじめ鎮護国家的な特質を強くもっていた大乗は、古代社会の進展とともに、こうした思想内容をもってくるのである。その典型が、さきにものべた、最澄によって樹立された日本天台である。そして、この日本天台のなかから、またのちの日本的特質を強くもった諸仏教が、あらわれてくるのである。

最澄は天平神護二年（七六六年）、近江滋賀郡古市郷に生まれ、宝亀八年（七七七年）に、唐僧道璿の弟子で、近江の国師であった行表の門に入り、宝亀十一年（七八〇年）、十四歳の時国分寺僧最寂が歿して欠員が生じたために得度し、延暦四年（七八五年）東大寺戒壇院で受戒した。その後、比叡山に入って草庵をいとなみ、華厳とまた天台とを学んで次第に天台学によることとなり、後、延暦二十三年に入唐して天台山に天台を学び、翌二十四年天台および密教に関する書物を得て帰国した。そして、弘仁年間にはいって、南都教団のうちもっとも有力であった、さきにのべた法相宗の五性各別論を批判するとともに、南都の旧仏教の独占していた大乗の戒律を僧侶に授ける権利を、自らの手におさめる独立の運動をおこなったのである。

最澄のめざしたところのものは、右のように、法相の五性各別論とは異なる、菩薩・声聞・縁覚のいずれをも、区別することなく仏たらしめるもっともすぐれた経典、として法華経を宣揚しようとするものであり、また教団の独立をはかることによって国家の仏教統制から離れ、自らの手で大衆＝衆生に等しく大乗の仏果を与える「菩薩僧」を養成しようということであったのである。最澄が叡山に入って真の仏徒たろうとしたとき、彼は「発願文」をつくって、つぎのようにのべた。〈自分の心からの願いは、おのれだけ解脱し、真理＝仏に到達することではなく、すべての衆生とともに真理をつかむことである。もし自分の願いによって、おのれの六根（眼・耳・鼻・舌・身・意。これがすべての煩悩を生むという）が清浄になり、不可思議な五つの神通力が得られたとしても、自分は必ず衆生を仏に導く努力を先としよう。必ず、衆生のなかにわけいり、利他のための仏の願いに導かれて、衆生をひとしく仏たらしめよう。未来永劫、わたくしは衆生とともに、真理＝仏をもとめよう。〉

最澄において、開かれた個人原理と、またそれにもとづく平等な全体原理とが、仏教思想というかたちのなかで、極限まで追求されようとしたことは、右のとおりである。だが、くりかえしのべたように、仏教は古代思想としての限界をもっている。差別と差別とをつないで成立している一元的な古代国家は、仏教にとって、現実に廃棄さるべき差別をもった世界ではなく、差別があると衆生によって思いあやまられている世界であった。衆生がすべて仏道を成就すれば、この国家は差別をそのままにして、差別のない平等な国家になる、と仏教のいうとき、仏教にとって現世の国家は、そのまま承認されるのである。

この古代思想としての仏教の限界が、また最澄にあらわれる。最澄における仏＝真理の追求も、この限界を免れることができない。彼にとって、現実の日本古代国家は、仏法を実現して守護すべき国家であり、また護国のための呪術の必要があったのである。古代思想の展開が、最澄における天台の成立によって結実したとき、ここにも国家鎮護と呪術的な性格とがのこされることとなったのである。

〈大乗の菩薩僧のうち真言密教を中心とするものには、歳歳毎日、遮那・孔雀・不空・仏頂、など護国のための経典（真言）をとなえさせなくてはならない。〉（「山家学生式」）

第二節　天台学の教理内容――一念三千論と円融三諦論――

古代社会とは、私的所有者＝奴隷所有者の支配する社会である。すでにのべたように、古代に先だつアジア的社会においては、所有の主体は、アジア的な全体＝血縁共同体（種族共同体）であって、個々人の私的所有は認められていなかった。もちろん、アジア的社会の展開の中で、有力な家父長のもとに、事実上、富が集積されていく。のみならず、種族全体の所有である、基本的生産手段たる土地もまた、事実上、家父長のもとにかこいこまれていく。にもかかわらず、種族原理が生きているかぎり、このデ・ファクトの所有は個人の所有として、法的に――正当なものとして――承認されることはなかった。主体はあくまでも、血縁的な全体である。個人は、血縁的な全体の中につつみこまれている。個人的なるもののウェイトは、たしかに高まってはいく。しかし、それは、あくまでも、事実上のものにとどまっているのである。この血縁的な全体＝種族原理が打破され、事実上のものにとどまっていた個人の私的所有が、法的に＝正当なものとして、承認されるに至るとき、古代社会が成立する。ここに至ってはじめて、個人は、名実ともに、所有の主体として成立する。個人は、おのれの権利に到達するのである。

個人は、もはや、全体に埋没した、たんなる事実上の存在ではない。ここでは、全体に対して、個人が個人として、成立している。古代社会は、人類史上、はじめて個人原理を承認するのである。しかし、ここでの個人原理は、近代におけるそれのように、個人と個人とが互いに他を予想しあい前提しあって、相互に社会的分業という仕方で共同するという「開かれた」個人原理ではない。ある個人は、他の個人にとって、原則として扶けあう存在ではなくて、むしろ、潜在的な略奪者なのである。ここでの個人原理は、他を排除し、他を略奪するという、いわば、とざされた閉鎖的な個人原理である。ここでは、個人と個人とは、分業関係にあるのではなく孤立して存在している。いうまでもなく生産力は低位にある。個人＝経営が、経営を拡大しようとしても、日常の平和的な経済的営みによっては、これを果すことをえないのである（近代社会の起点たる個人＝小経営との決定的な差異）。にもかかわらず、ここでの個人＝経営が、自らを拡大しようとするならば、それは日常的平和的な経済的営みではなく、非日常的暴力的な、他人の略奪をおこなう以外にない。ここでの個人が、他に対する潜在的な略奪者である、といったのは、このことに他ならないのである。

現実に、古代の個人は、他を略奪した。ヨーロッパの古典古代は、自らの周縁に存在した異民族を略奪した。その略奪は徹底していた。征服した異民族の捕虜を、文字どおり、「ものを言う道具」として労働奴隷とした。またそのことによって、個人の私的所有を確固としたものとし、その私的所有＝個人原理を確立した。アジアの場合には、略奪の対象は、自らの内部にもとめられた。事実上の私的所有から排除された零落しゆく弱小の氏族等が略奪の対象である。ただしここでは、略奪の対象が、かつての同一血縁内のものであることもあって、その略奪の仕方は、ヨーロッパの場合のように苛酷な徹底したものではなかった。ここに、実質上奴隷たるものを、国家の「公民」となす、一見奴隷制とはみえない擬制的形態をまつわりつかせた特殊な古代奴隷制社会が樹立されたのであった。

こうした古代社会＝私的所有が成立するためには、古代社会の成員＝私的所有者と認められたもの相互の間では、他を略奪してはならない、略奪の対象たる外部＝奴隷に対しては、相互に連合して、自らを防衛しなければならない、この二点が相互に確認されていなければならない。この確認が、彼らの私的所有＝個人原理存立のための絶対的無条件的な前提である。もしも、この前提がみたされないならば、個人＝私的所有者は、暴力的略奪の危険に、日常的にさらされることになって、それ自体として自立的に存続しえなくなる。近代の小経営が、平和的経済的営みによって、日常的に自立可能であるのと、この点で、決定的に異なるのである。この絶対的無条件的前提を保証するものこそ、実に古代国家＝全体そのものなのである。古代の私的所有＝個人原理が全体によって媒介される、といわれるのは、実にこのことを指すのである。

さて、こうして、全体＝国家に媒介されて、古代の私的所有＝個人原理が樹立されたとしよう。古代国家の成員たる私的所有者＝奴隷所有者は、相互に連合し、連合体としての国家の掟に無条件的に服従し、自らの存立の基礎を得たとする。しかし、そのことによって、他を奪う以外に自己の経営を拡大する余地がないという、彼らの個人原理の古代的限界が、本来的に克服されたわけではけっしてない。他を奪うという彼らの古代的本性は、必要上抑制されているにすぎない。古代国家の内部において、その状況ごとに対立紛争が発生するのは、この古代的限界＝閉鎖的な個人原理に根ざしているのである。

仏教は、この古代的な個人原理の限界をのり越えるという課題に挑戦した。しかし、仏教が遂行したのは、もちろん、古代社会――個人原理の閉鎖性そのものを、現実においてのり越えることではなかった。そうではなくて、古代的な閉鎖性を、観念的にのり越えようとすることであった。古代の限界を「観念的」にのり越えようということは、つきつめていってしまうならば、つぎのようなことになるであろう。そのままに放置するならば、他人の所有を奪うというところまでいく、人間の貪欲、執着を、あれこれの心理的等の手続き・操作を用いて、弱めるなり、否定するなりして、人間が自己に執着することから発生する、もろもろのトラブルや対立を弱め、解消して、現実の古代国家の動揺を未然に防ぎ、その秩序化・安定化をはかろうとした、ということである。

古代の支配が比較的に安定している場合には、かりにひどく貪欲で我執の強い人間が出現したとしても、もちろんそこにはさまざまのトラブルが発生するであろうが、それは古代国家全体をおびやかすほどの問題にはならないであろう。誤解を恐れずにいえば、全体として人々は「健全」さを保ちうる。しかし、被支配者＝奴隷の力が強められて、個々の奴隷支配の矛盾が表面化するというような状況になると、ある個人の権力欲や物欲などが強く主張されるならば、それが大きな問題となって意外な波及効果が発生するにちがいない。危機感にかられた人々はもはや「健全」さを失って右往左往する。古代国家は混乱し、パニックに陥る。こうした危機的状況が発生しかかっているような時点においては、仏教の、右にみたような意味での古代の限界への挑戦は、従来に比して格段に重要なものとしてあらわれてくるにちがいない。

古代社会の一隅における、ひとにぎりの、いわば良心的な知識人の間でだけで、貪欲や我執から解脱することが追求されるのでなく、被支配層までも視野のうちに入れた、貪欲、我執克服がここに問題となってくる。いわゆる大乗仏教は、まさに、こうした課題を遂行せんとする動きの中から形成されたのであった。だが、この課題は達成されるであろうか。ひとにぎりの「高貴な知識人」にとっては、貪欲、我執を否定した聖なる悟り《グノーシス》は、ながい瞑想ののちに、突如として、彼らのもとにおとずれるかもしれない。現世的にみちたりている彼らにとっては、現世的な低次元の執着を捨てて、高次元の悟り＝救済を獲ることの方が、心理的にいってはるかに意味深いことだと思われたかもしれない。だがいまや、貪欲、我執をのり越えるべき主体は、圧倒的多数の大衆である。文字どおり日常的な利害関心の中にあけくれる大衆の貪欲、我執を、いかにして、聖なる悟りへと転轍するか。

それだけではない。われわれの想定は、被支配諸層がすでに一定の力を蓄え、支配層にとって支配の困難が意識にのぼりつつあるという危機的な状況であった。ここには、古代国家成立当初の、いわば素朴な世界は、もう失われつつある。より高められた生産力は、この古代社会の中に、商業活動等のおびただしい繁栄をもちこんでいるにちがいない。仏教が説く現世否定の雰囲気とは、およそウラハラな現世的世界の華美豊饒は、ますます拡大され、したがって個人個人の間の差別的様相や個人個人の経験する運命の有為転変は、ますますはなはだしさを加えているにちがいない。現世への執着、煩悩のほむらは、かつてないほど人々の中に燃えさかっている。大乗仏典の中心たる「法華経」をみてみよう。

さらにまた、多くの国土に、ガンジス河の砂のように多くの求法者たちのいるのが見られる。かれらの数が幾千万あったとしても、かれらはすべて、それぞれの力に応じて努力し、「さとり」を達成するのだ。ある者たちは、財貨・黄金・銀・金貨・さらには真珠と宝石を贈り、また、螺貝・水晶・珊瑚、また男女の奴隷、馬・羊を贈る。かれらは、また、歓喜の心で、宝石をちりばめた輿を賜物として、「われらは『さとり』に達する乗物を得たい」と、最高の「さとり」に心を向ける。「三界に於いて最高にして最良の乗物は、仏たちの讃える仏の乗物である。わたしは速やかにそれを得たい。そのために、このような贈物をするのだ」と。ある人々は、欄干があって花の幢幡で飾られた四頭立ての車を贈り、また、ある人々は、旗印を掲げた宝玉づくりの車を贈る。ある人々は、自分の息子や娘たちを、愛する妻、自身の肉をさえも贈る。この最も勝れた「さとり」を求めて、請われるままに、手と足さえも贈る。ある人々は、自分の頭を、ある人々は自分の眼を、また自身の身体さえも与える。（岩波文庫『法華経』(上)）

「さとり」に達する乗物たる「法華経」がいかにすぐれた経典であるか、これを得るために人々がどんな犠牲をも惜しまない、というのであるが、これと類似の記述は、法華経の中に何度となく繰り返し繰り返しあらわれる。法華経のおしえを得るために人々が贈る品々は、疑いもなく当時の人々が欲した現世的諸価値の一覧表であろう。いわく、財貨・黄金・銀・金貨・真珠・宝石・螺貝・水晶・珊瑚・男女の奴隷・馬・羊・宝石をちりばめた輿・飾りたてられた四頭立ての馬車等々。そしてその対極にかかげられるいたましい贈物、いわく、息子・娘・妻・自身の肉・手・足・頭・眼等々。ここには、華麗をきわめる関心対象と、尨大なる差別的状況とが、あまりにも生々しく語られている。

現世はここまできらびやかにあらわれ、また人々の現世への関心は断ちがたく強い。いやその熾烈さはいやまさりにまさる。仏教が古代の限界に挑戦したとき、仏教は現世への関心を断ち切ることを求めた。仏教は、人々の心を誘ってやまぬ現世的な諸々の関心を、すべて自らの虚妄な心の生みなせる妄念であると断じ去った。現世を夢・幻として、それに不生不滅無差別平等の真実の世界を対置したのであった。高貴な知識人におけるグノーシスへの渇くような欲求――もちろん、その根底にはバラモンの支配を倒してクシャトリヤ＝奴隷所有者の覇権を樹立せんとする歴史的具体的志向があるのだが――は、こうしたフィクショナルともみえる教理の中に、通常人のなまぐさい人間的な欲求やその対象より以上の実在感を感じたかもしれない。だがいまや状況は大きくうつり変わった。人々にとって実在そのものである現世を、たんに虚妄の夢・幻となし去ることによっては、もはや仏教は、人々とともに語るをえないのである。

こうして、もともと現世を否定した仏教自身の手によって、この他ならぬ現世の整理・把握の試みがなされるに至るのである。人々の心は深く強く現世そのものにとらわれている。こうした人々をこそ仏教教理の教線内にひき入れようとする大乗仏教は、現世―差別に執着する人々と思考の上でひとまず接点を設けなければならない。その上で、仏教は自らの使命と思考とにもとづいて、この現世―差別を、仏教的真実―平等の世界へと転轍しようとするであろう。こうした仏教の側からする現世―差別の把握を、仏教的な本質―平等論において、もっとも包括的、体系的に遂行したものこそ、中国大乗仏教の完成形態たる天台であり、その教理内容が一念三千論であり、円融三諦論であった。わが国における天台宗の樹立者最澄の依拠する仏教教理の軸心もまたそこにあった。以下、その内容をみてみよう。

仏教＝天台にとっても、人々の心とらわれる現世は差別的世界である。人間は意識・感情をもった存在である。この意識・感情は刻々に変化する。仏教にとって現実とは、こうした人間の意識・感情の反映なのであるから、現実とはまずもって、多様なる差別のすがたである。天台は、この多様なる差別のすがたを整理して三千の世界に統括する。天台が多様な差別的現象を三千の類型に整理する方法はつぎのようなものである。まず十個の仏教的ともいうべき基礎範疇（十如是、十如ともいう）をたてる。つぎに十個の世界（十界）を設定する。さらに三種類の世界（三種世間）を設定する。そして、これらの組みあわせを考えて三千世界を抽き出す。以下この内容に立入ってみよう。

十個の仏教的範疇とは、法華経方便品にみえる十如是である。すなわち、如是相、如是性、如是体、如是力、如是作、如是因、如是縁、如是果、如是報、如是本末究竟等。この十如是は、全ての存在一つ一つに具わっている。たとえば一個の人間をとってみよう。その人間の姿、形が相である。その人間の本質が性である。相と性とを具えている人間そのものが体である。この人間の潜在的能力が力であり、それが実際に現われたのが作である。そうした人間のあり方は、時間的な連続によって規定されているが、その人間の未来に関して自分自身にもとづくものが因、外からの影響が縁である。その人間の現世のあり方は、過去の因にもとづくものが「果」であり、過去の縁にもとづくものが「報」である。ある一個の人間を注目する場合、それはまずもって一つの現象＝「相」なのであるが、それは、以上のような空間的内容（「性」・「体」＝静態、「力」・「作」＝動態）と過去から未来にわたる時間的規定（「因」・「縁」・「果」・「報」）との総括である。ある一個の人間＝「相」（「本」）が、「性」以下「縁」（「末」）に至るまでの総括として全体的にとらえられたとき、これが「本末究竟等」だといわれるのである。通常の場合には、一人の人間が注目される場合、まず「相」のちがいに関心が払われるであろう。観察がやや進められたとしても、以上の個々の要素がバラバラにつかまえられるにとどまることが多く、その場合には、その人間の他の人間に対する差別が意識されるであろう。しかし、これらが全体的に総括されて捉えられるならば、差別的にみえたその人間が、実は人間一般として平等なものとして捉えられるのだ。「本末究竟等」の「等」の中には、そのような含意がこめられている。

以上のように十如是は「存在」――以上は人間を例にとって解説したが――についての、一定の経験的な洞察を含みつつも、最終的には、仏教的な平等観に支えられた、一つの抽象的分析的な考察・整理であったということができる。

これに対して十界は、「存在」の外形的な整理である。十界とは、華厳経にいうところの「地獄」・「餓鬼」・「畜生」・「阿修羅」・「人間」・「天上」・「声聞」・「縁覚」・「菩薩」・「仏」である。「地獄」から「天上」までの六つは「六道輪廻」といわれるバラモン教起源のものである。「声聞」から「仏」までの四つが成仏の四階梯であったことはいうまでもない。天台が差別的な存在を整理するとき、かつてのバラモン的世界像を自らの世界へ下位包摂するのである。この十界は、「十界互具」といわれて、各界の各々がそれぞれ十界を有する。何故に「十界互具」であるかといえば、この十界はたんに横に羅列されているだけでなく、人間が仏になる上昇の可能性を考えて構想されているのであり、人間が仏になる点を考えると、人間の中に仏たる性が内在すると考えなければならないし、また人間が地獄に堕ちるとすれば、人間の中に地獄の性がなければならぬ道理である。かくして地獄の中にも十界が、仏界の中にも十界が具わるというのである。

三種世間とは、衆生世間・国土世間・五陰世間である。これも人間を例にとって説明しよう。ある人間の内面をみるならば、その人間は、上は仏界から下は地獄までの十界のうちのいずれかにあるであろう。こうした内面的な差別のあり方を「衆生世間」という。

またある人間の外的環境についてみるならば、それは、古代国家の中で、貴族であり、奴隷であり、またその他である。こうした外的環境の差別的あり方が「国土世間」である。こうした内的・外的な差別的なあり方は、過去の業によって報われた結果であるとともに、差別的世界に埋没しているという意味から仮りの姿＝「仮法」だといわれる。この差別から脱却するチャンスは、人間の意識・感情を真実ならしめることにある。真実の意識に到達するための意識活動の世界が五陰＝五蘊世間である。五陰＝五蘊とは、色・受・想・行・識である。「色」とはいまだ意識活動のあらわれない状態であり、「受」はたんなる受動的意識、「想」は積極的構想、「行」は善悪の判断であり、「識」はその窮極の阿頼耶識において「真意識」に到達する。この五陰世間は前二者に対して実法である。

以上をまとめてみよう。十界は一つ一つすべて十界を具えているから百界、百界の一つ一つが十如是を具えているから千、十如是すべてが三種世間を具えているから三千となるのである。たとえば、ある人間、最下等の奴隷をとって考えてみよう。彼は差別の「相」にとらわれている。最劣悪の状態＝「地獄」にいる。そこには、救いの可能性はあらわれてはいない＝「地獄」。彼は過去の悪業の報いを受けて、最劣悪の状態にあり、これに埋没している＝「地獄」。天台は、およそ以上のような仕方で現実存在を三千に整理、統括するのである。

現実の重みがたかまってきているという状況の促迫によって、仏教＝天台は、仏教が本来、現実そのものを捉えようとする眼をもたなかったにもかかわらず、現実存在をひとまず、多様性＝差別として捉えようとして、これを三千に整理統括した。そこには、存在に対する一定の経験的洞察も含まれてはいるけれども、全体として、仏教的前提にもとづく恣意的な構想たるを免れていない。こうした恣意的な構想の仕方自体から、仏教的思惟の中に、現実存在をそのものに即して捉えようとする眼が本来的に欠如していることが、逆にまた確認されるであろう。

それはともかくとして、以上のように整理された三千世界は、さしあたり、相互に相異った差別的世界である。しかしながら、それは、たとえば、ある人間について固定的なものではない、天台はそう考える。ある人間の、ある瞬間の意識・感情に着目してみるならば、それは煩悩のほむらにさいなまれる地獄の境界でもあろう。だがつぎの瞬間、たとえば、なんらかの「縁」によって、煩悩のほむらは消えて、静謐にみちた心のやすらぎが、これに変わるかも知れない。逆に、やすらかだった心が、突如として果しない疑いにさ迷う無間地獄に堕ちるかもしれない。いずれにしても、ある人間の意識・感情は、この三千の世界の中をうつりゆく(事造三千)。

こうした状態を、悟りを開いたものの眼から捉えていえば、一人の人間は、その心の中に三千の世界を具備しているということだ、と天台はいう。たとえば、ある一瞬、心のスクリーンの上にプロジェクトされるのはある一つの世界である。しかし、それは刻々にうつりゆき、ついには、三千の世界が、心のスクリーンに映し出されうる。もちろん、実際には、おぞましい地獄図が映ぜられることが多く、容易に仏界が映ぜられないということがあるかもしれないけれども、彼の心の中には、本来、三千コマのフィルムが蔵されている(理具三千)、というのである。凡夫の一刹那の心は三千の諸法を具す、というのは、この意味である。

ある人間のある一瞬をとって考えるならば、それは他の人間とは異っている。しかし、そこに具備された全体についてみるならば、全ての人間は相互に平等である。刻々にうつりゆく人間の意識・感情の総体は、差別的な三千の世界をことごとく具備している。この三千の意識・感情の総体を、天台は「一念」と名づける。ある人間が自らの一念の中に三千の世界全てが具わっていることに思い到るならば、彼は差別でなく平等を確信する。彼が自らの現実における差別的境界に固着するならば、その被差別意識は彼の心を苛んでやまない。しかし、それは、彼が本来具有する全体のある瞬間的な一コマにすぎない。彼は別様の心のもち方が本来的に可能なのであり、その点は他の全ての人間と変わるところはない。こう考えて、自らの差別的境界にかかわる苦悩にこだわるのをやめるならば、彼の被差別意識は相対化され、むしろ他との平等意識＝真心が、唯一絶対のものとして彼の意識をおおうであろう。これが天台のいうところの一念三千である。

三千の世界はさしあたり差別的世界であった。しかし、それは刻々の人間＝個の、個々の世界への執着が生みだす差別であるにすぎない。執着をたつならば、全てを具備した一念が明らかとなり、そこに唯一平等の世界が登場する。かくして、差別としての三千世界は、仮の世界である。しかし、それが全体として捉えられ平等なるものとして把握されるならば、真なる世界である。一念三千とは、かくして、仮相と実相との同時把握をおこなうものであった。仮相と実相とがきり離されて対立しているのではない。個々の世界への執着は仮であり、これをたち切って全体に想到するとき実相が顕現するのであるが、この実相＝全体は、差別的な三千の世界の総括なのであって、その三千の多様性＝差別を離れた、なにか平等一般が実相だとされるのではないのである。多様な差別的なものが、そのものとして平等なものとされるのである。

天台の一念三千論は、以上にみたように、ともかくある限度までは理解可能な「差別即平等」の論理である。しかし、そこに一つの重大な論理の飛躍のあることが見落されてはならない。たしかに、人間は頭のきり変えによって煩悶から逃れることができる。たとえば、被差別感に苛まれるというような場合、なにかそれよりもっと重要な問題を考えるようにすると、それまでのこだわりが、ばかげたことと思われてくる、といったことは、われわれ自身、経験しないことではない。だが、そうした仕方で頭をきり変えることができるからといって、そこに差別が存在しないというわけではない。両者の間には天地のひらきがある。だが、一念三千論は、執着を断つ＝頭をきりかえる——→煩悩が消える、ということから推して、人間の本来的平等性、すなわち差別の本来的不存在というところまでいく。ここには明らかな論理の飛躍がある。たしかに天台は、一度は、三千の差別を描いてみせる。しかし、それは、その差別の現実的意味を問い、差別を現実的に克服して平等を実現するというのではけっしてない。三千の差別をひとまず描きだすことによって、差別的現実の重みを切実に感じている人々との接点を設けつつ、これを仏教的な観念的平等——現実の差別をそのまま肯定する——の世界へ誘わんとするにすぎないのである。

以上のように、天台の一念三千論は、三千の世界一つ一つ（＝個別＝事）を一念（＝全体＝理）に統括することによって、多様な差別的現実の平等性をひきだしたのであった。たしかに、三千の世界一つ一つは、それぞれが、他の世界を全て具有している。そのことに着目すれば、異るようにみえる三千の世界は、本来的には平等だ、といえるかもしれない。しかしその点にでなく、その個々の世界そのものに着目するならば、この議論は説得力に乏しい。各世界が他の世界全てを具有しているから本来平等なのだという論理は承認しよう。だがしかし、本来的にあい等しいにもせよ、ある瞬間、ある人間にとっての世界があるものであり、同じとき他の人間にとっての世界が他のものである、という差別そのものの意味はなんであるのか？　こうした疑問の発生を、右の一念＝全体による平等論は、免れえない。ここに一念三千論は、一念＝全体（＝理）を媒介することなく、直接に、個々の世界（＝事）相互の平等性を解明するという課題に逢着する。そして、この課題にこたえようとしたのが、天台の円融三諦論であった。

ある人間は「地獄」の世界にいる、他の人間は「仏」の世界にいる。とはいえ、それぞれのうちには、他の全ての世界が具わっているからこの二人は平等であるかもしれない。だがにもかかわらず、さしあたり、一人は「地獄」の境界に呻吟し、他の一人は「仏界」のやすらぎを享受している、このちがいの意味はなんであるのか。これに対して円融三諦論は有名な鏡の比喩でこたえる。鏡というものは、あるがままの現象全て（三千）をそのままに映し出す。しかし、鏡自体の中に、これらの現象があるのではない。鏡それ自体に即してみるならば、あるがままの多様な差別的現象は、鏡に映し出されはするものの、本来「自性の無い」仮のものにすぎない。「地獄」であれ「仏界」であれ、それは仮の映像なのだ。人間が、多様な差別のすがたを眼のあたりに眺めつつ、しかも、それはたんなる仮の相、仮の映像にすぎないということを悟るならば、そうした人間の悟りは、あたかも三千の差別的現象を映し出しつつ、しかも、それ自体の中には、なんらの痕跡すらもとどめない「明鏡」の透徹にも等しい（仮諦）というのである。

この答えは、結局、現象＝個相互の差別を「仮」のものだといっているにすぎない。こうした思考をつきつめるなら、それは、個々の差別的存在を否定するところにいきつく。「地獄界」であれ、「仏界」であれ、それは窮極するところ「空無」だとされるのである。「地獄界」に呻吟する人間にとって「仏界」にある人間との差別は重くたえがたい。にもかかわらずそれは「空無」にすぎぬと悟る境地が「空諦」とよばれるのであるが、そうした悟りは、常人の想いもつかぬところである。いや仏教者の眼からみても、それはそうなのであって、「空諦」とは、真如・実相の理を内容とする「絶対無」の相であるといわれ、人間の認識はもとより、想像をもこえた、言亡慮絶の澄静明徹な事大虚空のごときものだ、といわれるのである。だが、こうした絶対無だけが一方的に主張されるならば、現実の多様な個々の差別の意味はまったく喪われてしまう。しかし、仏教は、すでにのべたように、たんに超越的な全体を主張するだけでなく、それに媒介されたものとしてであれ、個別（＝差別）をも一般的に肯定するものであった。したがって、「空諦」の一方的自己超出を阻むための論理もまた用意されなければならない。それが「中諦」である。

「空諦」とは、いっさいの現実的差別が喪失する絶対無の悟りである。他方「仮諦」とは、現実的差別を「仮」のものとみる悟りである。差別を「仮」のものとみる点で「仮諦」は「空諦」に境を接している。しかし、「仮」とはいえ、差別に着目する点で「空諦」とは対立している。これに対して「中諦」とは、こうした空・仮二諦は、真実の両面であって、実相は、空ともいえず仮ともいえず、空有不二絶対の側面についての悟りだといわれる。つまり、空と仮とは、断絶的に対置されてはならない、二つの悟りが相即不離のものとして考えられるべきこと、すなわち、空無＝平等を悟り、しかも、この空無＝平等にもかかわらず、仮にではあれ、差別としてこれがすがたをあらわすことを悟る。この両面を悟ることによって、差別的な現実存在を平等と観てそのままに肯定するという「悟り」こそが、「中諦」の内容なのである。

ほぼ以上が、「円融三諦論」の内容である。「空」・「仮」の二諦を「中」諦によって総括するとき、個々の「差別」は「差別」のままに、「平等」だとされるのである。こうした仕方で、円融三諦論は、個々の差別＝事相互の平等性をひきだした。この平等性のひきだし方は、結局、個＝事の差別的あり方（仮諦）それ自体の中に平等（空諦）をみ、これを断絶させることなく相即としてみる（中諦）ということであるのであるから、ここには、全体＝一念＝理と個＝事との関係が、そのまま個＝事の中に認められているということになるのである。要するに、個＝事の中に全体＝理が具有するという思考が、一念三千論（全体論）にも、円融三諦論（個別論）にも、一貫してつらぬいているのである。ここにわれわれは、天台教理学の強靭なる体系性を見出す。

天台教理学には、強靭な体系性・統一性が貫いていた。最澄がこうした天台宗をえらびとったのは、おそらく、この体系性・統一性に魅かれたからであろう。最澄が天台宗の体系性・統一性に着目したのは何故であろうか。それはおそらく彼の鎮護国家の志向と密接に結合しているのであろう。最澄は、個々人が、現世的差別に執着することから生ずる古代社会＝平安朝国家の危機を目前にして鎮護国家の法を求めた。この国家に属する衆生一人一人を教化し、差別への執着から解脱させる。それが果されるならば、現世の国家は秩序ある仏国土として安定するであろう。そのために大乗仏教――一乗教法を宣布すべく、これを組織的に遂行するための人材＝菩薩僧の育成をおこなおう。これが最澄の企図したところであった。このことは、すでにのべたとおりである。最澄には、日本古代国家たる平安朝国家が前提である。この古代国家の統括のもとに仏国土を実現しようとする。この国家による古代社会の統括を仏教教理においてもっともよく表現するものこそ天台の一念による三千世界の統括という世界像だったのである。ただし、平安朝国家の中には、すでに、国家の統括からなにほどか離れていく荘園体制が生れている。最澄の中に、のちにふれるように右の天台思想とならんで華厳的色彩が存するのはそれにもとづくものと思われる。

第三節　古代的思惟の危機――仏教の呪術化＝真言――

日本天台宗の樹立者最澄は平安朝国家の安定を求めて、大乗仏教中もっとも体系的統一的な天台教理学を採用した。そのことが日本天台宗のたどる運命をも決定することとなった。鎮護国家を標傍して国家の安泰を祈願し、一念三千論において、秩序的安定的仏国土を構想したとき、その構想は、平安朝国家の現実的安泰によって逆に保証される。また反対に、平安朝国家が動揺するならば、あるいはすくなくとも、これをみる眼にとってそれが不安定なものに映ずるならば、一念三千という体系的統一的な世界像もまた動揺せざるをえない。この動揺が強く感ぜられるならば、統一的世界像確保の志向は、次第に喪われていくであろう。拡大されていく差別的現象は、もはや三千の世界に整序されるとはかぎらない。三千という、相当の数であるとはいえ有限特定の差別的諸世界のカタログの中にはおさまりきらない複雑多岐な現象がつぎつぎと噴出してくる。平安朝国家内における荘園体制――実質的には国家の統括を拒む不輸不入権をもって鎧《よろ》われた――の発生についてはすでに触れた。

こうした状況が意識にのぼるとき、天台理論はその改変を迫られることになる。一念三千論の窮極の狙いは、差別即平等を説くことであった。差別的現実を三千の世界に整理統括することは、この教理の核心をなすものではあったが、窮極の狙いはやはり平等論にあった。したがって、三千の世界への整理統括に理論的困難が意識されてくるならば、仏教的思考としては、ともかく窮極的平等論は保持しつづけねばならないが、三千世界の構想については、これをどこまでも保持しつづけねばならないことはかならずしもない。もちろん、平等を説くといっても、これを差別との相即において説くのであるから、現実の差別をなんらかとらえるための論理は必要である。しかし三千の世界という構想にこだわりつづける必要はない。むしろ、そうした有限特定の世界を固定して考えるより、個々の存在＝「事」は差別的にあるという仕方で、現実差別を「事」一般によって、一括した方がかえって複雑多岐をきわめていく現実をフォロウ――もちろん仏教的な仕方で――していくのに適切である、こうした考え方のほうが自然であるかもしれない。この無数の差別的存在＝事は、そのままに平等だということがなんらかの仕方で証明されるならば、仏教的思考は、ある意味ではより無理なく保持されるであろう、というのである。ただ、この場合には、全体を統括する「一念」という明確な形は喪われざるをえない。「一念」は、さしあたり「三千世界」の総和ではある。しかし、この場合には、いかなる個別的存在のあり方も、全て「三千世界」――仏教的思惟の貫徹した恣意的＝超越的構想――のいずれかに還元されねばならない、それ以外のあり方は想定されてはならないという含意がこめられている。だからこそ、「一念」は、個々の差別的存在のたんなる総和ではなくて、まさしく統括者なのである。差別的存在が事一般でとらえられる場合にも、諸々の事の総和としてのある全体が想定されないわけではない。しかし、事のさまざまなあり方は、すでに予想を越えている。刻々に、あらたなる事のあり方が発生してくるかもしれない。諸々の事の総和としての全体は、刻々に変化する。そこには、「一念」に見出される体系的安定性統一性は存在しえないのである。ここに、私的所有者の連合体＝古代国家が、個々の成員を統一的に統轄するという体系的安定的な国家像は、理論上、崩れていかざるをえないのである。

ともあれ、ここに個々の差別的存在＝事の中に、一念というごとき確固たる全体＝理の内在を語ることなく、直接的に平等だとなす、華厳の「事事無礙論」が、天台の「理事無礙論」にかわって、追求されることになる。こうした方向を、わが国において展開したのは、最澄とともに平安仏教を代表する真言宗の空海であった。空海は入唐して、澄観の華厳経注疏四十巻――華厳理論の最高峯といわれる――を請来し、『秘密曼荼羅十住心論』をあらわす。ここにいわゆる「十住心」とは、仏に至る十の段階（「十地」という）それぞれにおける心のあり方を指す。空海はこの十住心の解明を他宗批判と絡めておこなう。あれこれの他宗を、この十段階の低位に配当し、他方自らの真言宗を最高の第十地に位置づけ、華厳宗を自己の直前第九地におく。

華厳は、全体（理）――現実には古代国家――が個（事）の上に超出して、個（事）を媒介して平等にもたらすという天台の理事無礙論をもはや維持しがたいものと考える。とはいえ、それによって、個（事）が他との関係を離れて独立してしまうというわけではない。華厳の思考はこうである。個（事）は、全体（理＝国家）によって、媒介されているとはいいがたいかもしれない。しかしだからといって個（事）は、いっさいの他と無関係に独立して存在できるであろうか。個（事）は、どんな場合でも、なんらかの仕方で、他との関係の中でしかありえない、あたかも蘆の束が一束では倒れてしまう、他の蘆の束と相依ってはじめて立つことができるように、他とのある関係の中でしか存在できないのではないか。個（事）は、自立できるかのように思うかもしれない（似有）、しかし、他との関係に入ってはじめて存立する（依他起性）のであって、本来自立できないのである（無自性）。このことを、個々人の主観にそくしていえば、それぞれの虚妄な意識・感情にもとづいて自立できると思うかもしれない（情有）、しかし、それは自己にあれこれ執着する妄念のなせるわざであって（遍計所執性）、それは真実ではない（理無）。ある関係に入ることによってのみ存立できるのである。ある関係に入ることによってのみ存立できるということが人間存在一般をつらぬく原則なのだ、こうした意味において人間なるものは相互に平等なのだ。こう考えるのである。全体によって媒介される個、という古代の論理は、ここでは、全体性をたんに個人を越えたある関係というレヴェルにまで稀薄化しつつ、なお貫徹しているということができる。

こうして華厳は、人間一人一人は、ある「関係」に入ってのみ存立できるのであり、まさにその点において人間一人一人は相互に平等であるというのである。では、華厳は、たんに、人間は、孤立して存在することのできないもの、すなわち社会的存在である、ということを主張しているのであろうか。その点を確かめるためには、華厳の想定する「関係」の内容を検討してみなければならない。華厳は、この「関係」なるものを、どのように捉えているであろうか。これを静的・固定的なもの――古代国家の統括というごとき――として描くことは、その出発からして、すでに不可能である。華厳は、それを「不変」であり「随縁」（変化）であるという。真（の関係）は不変な関係であるが、不変な関係として固定的に捉えてはならない。現実の差別の実在感の中にある人間にとって、彼と他とのある「関係」へのかかわり方は、到底不変だなどということはできない。また一人の人間にとっても、その生涯は有為転変をきわめるのであるから、それが不変だなどということはできない。この「不変」は、不変として固定的にあるのでなく、重々無尽に縁起するダイナミックな「随縁」＝変化そのものとして姿をあらわす、というのである。だがまた、逆に、変化そのものと考えることによって、真なる「不変」を見失ってはならない。不変と変化、真と妄との相即不離の関連において、この「関係」をとらえなくてはならない、というのである。

だが、人間がそれにかかわることによってはじめて存立できるというこの「関係」が、たんに、不変と変化との相即（真と妄との相即）によって捉えられるべきであるとだけ語られ、不変＝真の内容が立ち入って示されないとするならば、「真」そのものは、いかような内容をもとりうるはずであり、われわれが疑ったように、たんに社会関係一般を指すとさえ解釈されうる。それでもよいか、という問を前にして、華厳は、これに論理的に答えることはできない。なぜなら、それは、人間はある「関係」に入ることなしには存立できない、その「関係」は、不変と変化、真と妄との相即としてある、という以上のことはなにものべていないからである。この問に対して、華厳は、自己の立論の前提をはなれて、それは「徳を具えた」関係でなければならないと答える。やはり、華厳は、たんに、人間は社会的存在である、その社会内容はさまざまであろう、などといっているのではなかった。華厳の想定する「関係」は、それがいかに普遍的なものであるかに描かれたとしても、どうしてもある特定の「徳を具えた」「関係」でなければならなかったのである。ここには、華厳のよって立つ古代的な前提が告白されているというべきであろう。

これが華厳の世界である。空海はこれを第九地にランクし、自らを第十地となした。空海は、華厳の「無自性」に対して、「極無自性」をあらたに唱える。「極無自性」とはなにか。空海は、華厳を自らに比して一段低いものとするのではあるが、彼自らの教理内容は、右にみた華厳事事無礙論に全面的に依拠している。ただこれに空海がつけ加えていることは、華厳事事無礙論と成仏論とを結合することだけであった。「極無自性」――「無自性」を「極めさとる」ことがすなわち「成仏」なのである、と。華厳の論理の出発は、全体古代国家――による統括を固定的に立論することを困難と考えることであった。そこでは、もとより古代の危機が強く意識にのぼっている。その意識が、全体＝国家を、「関係」一般にまで稀薄化させ、それだけ、全体を個に内在させたのだともいえる。しかし、そのことは、個の全体からの独立を肯定することではけっしてない。むしろ逆に、個を全体――ただし「関係」一般にまでうすめられた――へ誘引することを、古代社会に背をむけはじめている人間一人一人を仏教的世界へと惹きつけることをこその窮極の狙いとしているのである。華厳の世界が成仏論、なかんずく即身成仏論を志向するのは、むしろ必然の流れである。空海は「極無自性」を説くことによって、この必然の流れを急潮化させたのであった。

最澄は「当今人機皆転変して都て小乗の機なし」（守護国界章）、「我日本国、円機已に熟し、円教遂に興る」（依憑集）とのべて、日本国の大衆全てが成仏可能の段階に到達しているとなした。その場合問題となるのは、各人の成仏の仕方である。もし各人の成仏の方法が、それぞれまったくバラバラであってよいとするならば、それは一種の呪術的な神秘主義ということになる。しかし、もともと仏教における個別は、全体によって媒介された個別であった。したがって、ここでは、右のような呪術的神秘主義的成仏論は認められることはできない。個々の成仏は、なんらか全体によって統括されなければならない。全体を充全に体得したと目されるときに成仏が約束されるのである（なお、仏教における「救済」の型が、ヨーロッパ的ないわば「集団的救済」型に対して「個別的救済」の型に属することについては、後にのべる）。では、全体を充全に体得したか否かはなにによって知られるのか、また全体の充全なる体得はなにによって果されるのか。天台宗の場合、それは、結局するところ、成仏追求者たる大衆が法華経によって教化されるということに帰着する。

天台宗は、この点をつぎのように説く。菩薩なるものは、仏になる直前にあるものである。それが仏になるためには、慈悲の利他行を発して、衆生を法華経によって教化し、これを法華経的な大きなすくいの乗物（大乗）にのせなければならない。この行為によって、菩薩は、法華経を授けられた衆生とともに成仏する、というのである。こうして、天台宗においては、全体を体得するということが、法華経という一箇の大乗教典を体得するという一点に凝縮されているといってよい。これがいうところの法華一乗主義である。ここに、いわゆる「経典主義」がきわめて濃厚に存在することが知られるであろう。天台宗においては、成仏が、全体とかかわりなき秘密の呪術的神秘的なものに陥る危険を回避する方法として、法華一乗主義という強烈なまでの経典主義が採用されているのである。ここでは、全体の論理が、経典という形で、有無をいわせぬ仕方で固定化されている。したがって、ここには、救済＝成仏追求のための主体的行為（＝「自力」）がともかくも存在するのではあるが、それは、仏教にとって、窮極的なものではありえない。行為の内容そのものは、つねに経典によって与えられるからである。

さて、天台宗は、法華一乗主義によって衆生の救済を約束した。最澄の成仏論の基調はここにあった。ただ注意しておかなくてはならないのは、最澄自身の中にも華厳的色彩が併存している点である。彼の仏教修学の出発が華厳論であったというばかりでなく、彼が徳一と論争する際に、華厳的論理が時として姿をあらわす。また彼の中に密教への模索のあったことは、すでに触れたとおりである。それは成仏論においても同様である。天台的な一念＝全体による統括のもとで一定の階梯をへての成仏（始覚思想）をこえた、個別の個別的救済（本覚思想）への傾斜がすでに、最澄の中にも萌していた。もちろん、そうはいっても、最澄における本覚思想は、いまだ菩薩論のレヴェルにとどまっていた。菩薩はもちろん仏の直前にあるものではある。しかしそれはもともとなお三劫の修業を重ねて成仏するものであったし、三劫の修業が実際には軽減されて理解されるようになったとしても、現世において現身のままに成仏できるとされるわけではない。成仏が来世に約束されるという一つの制約の中に、天台的な全体による統括の貫徹をみることができる。だが、全体の統括が後退し、個別の重みが高まってくるならば――華厳の教理内容はその点の理論的反映であった――全体の統括をはなれた個別の個別的救済の方向が拡大され、現世における現身のままの成仏――即身成仏論が唱えられるに至るであろう。そしてそこには、全体をはなれた個別的な救済、すなわち、呪術的方向への転落の危機がはらまれることになる。

成仏＝救済が、全体をはなれて個別的に遂行されるということになれば、その成仏＝さとりの内容は、他によっては窺い知ることのできない秘密である。個々バラバラに、秘密裡にさとりをひらき成仏するというのであれば、そこには、宗教から呪術への逆転がある、といわなければならない。仏教の立場を放棄してしまうというのでないならば、こうした秘密的呪術的な方向は、なんらか阻止されなければならない。そのためには、いずれにせよ全体による統括を回復させるしかない。だが、空海の場合、右にみたように、その依って立つ理論は、全体性を「関係」一般にまで稀薄化した華厳の教理であった。それによるかぎり、全体性の回復が理論的には果されえないこともさきにみたとおりである。そこで空海が試みることは、またしても、あの「経典主義」による統括であった。空海がひき出す経典は、実にそれ自体呪術である「金剛頂経」であった。

仏典の中には、雑多な呪術（雑密）を蒐めたいくつかの経典がある。そうした雑密経典の一つのピークが「金剛頂経」なのである。個々の呪術をバラバラに施すことは否定された。それは「金剛頂経」の統括にしたがわねばならない。そのことによって、なんらか全体的なるものが回復されるかにみえるかもしれない。しかし、全体を担保すべき経典そのものが呪術であったとするならば、そこに結果されるのは、個々の呪術の正当化だけであろう。要するに、危機に立つ古代の呪術による補強というだけのことである。空海は、華厳を一歩おし進めたと称して、「極無自性」を説いた。その謂いは、すでにみたように、「無自性」をきわめ悟ること、換言すれば「関係」――というまでに超越性を稀薄化された「全体」――に参入することであった。だが、この「無自性」をきわめ悟る方法そのものは、個々バラバラな呪術的方法であった。とするならば、「無自性」をきわめ悟り「関係」＝全体に参入せんとすることが、かえって、個別が自己の権利を全体からはなれてそれぞれに主張しかねないという、きわめて危機的なパラドクスがここにあるといわねばならない。

空海は即身成仏を説いた。全体に背を向ける傾向を強めている個別を、いっさいの論理を超えて呪術的に、仏教的世界＝全体につなぎとめようとした。その方向は、人間界を超えてまで追求される。それが、空海における非情成仏論である。仏教はもともと現実を人間の虚妄な意識・感情の反映と考えた。したがって、そこでは、自然もまた虚妄なものとみなされる。そうした意味で、仏教には、本来的に自然像が欠落していた。しかし、以上にみた華厳的世界は、個別的存在の現実的な重みの、おさえがたい高まりを眼前にみるものであった。存在の経験的なあり方が、仏教理論の本来である徹底した主観的な唯心論的立場にもかかわらず、実際には、仏教者の関心内容となってきているのである。こうした思考の流れの線上に、自然もまた、事実上その観察の対象となり、その仏教的世界への包摂が企てられ、自然＝非情もまた成仏するといわれるのである。また同時に、本来欠落していた自然像が、仏教的思考の埒内に、局部的に侵入しはじめるのである。

人間の意識・感情の経験的あり方――仏教にとって虚妄なはずの――の構造についての観察が進むのと同じように、自然＝物的世界がなにによって構成されるかについての探求がはじまる。たとえば、真言の六大論がそれである。すなわち、物的世界は、地水火風空識の六つの要素によって構成され、この六大の一定の組み合わせによって、天地万物が、象られるというのである。仏教的危機の中で、仏教的イデオロギーは、華厳＝真言への極限的な発展をとげた。その過程において、論理をこえた呪術――それは古代的全体の超越性・実体性の凝縮（後述）というように他ならないが――の拡大が認められた。この呪術の拡大が、かえって経験的自然認識の復活を、ある限度においてよびおこしているのである。すでにのべたように、原始仏教はバラモン教の克服をつうじて形成された。原始仏教は、バラモン教の呪術に対して、きわめて徹底した批判を加えた。この批判の中で、バラモン的呪術の中に含まれていた一定の経験的合理的な自然認識——たとえば薬草の知識のごとき——をも、いっさいがっさい否定しつくしたのであった。だが、いまや自然像が部分的に、仏教的思惟の中に侵入しはじめる。それとともに、自然への経験的合理的認識がまた復活してくる。呪術の拡大の、まさにそのさ中において、呪術を絶ち切っていく自然認識の萌芽が、事実上出現してくるのである。もちろんここではまだ、自然像は、右の六大論のレヴェルにとどまり、この自然像があらたなる社会像をうみ出すテコとしてはたらくというのではない。また、合理的経験的認識といっても、それはなお呪術の支配下に混在しているというだけのものにすぎない。空海はいう、疾病を取除くには薬も必要ではある、しかし、「薬力は業鬼を却けること能わず。」しかるがゆえに「呪功を通じて一切の病を治す。」と。

いずれにせよ、空海における即身成仏論・非情成仏論は、仏教の、また古代国家の危機に対する切迫した意識の表出である。こうした危機感を懐く空海において、仏教イデオロギーの側から現世に架橋せんとする志向が強まり、そこに、現世の権力＝平安朝国家への接近が試みられる。もちろん、最澄も、山家学生式を奏上し、菩薩僧育成について国家の許可を求めようとしている。彼もまた平安朝国家を前提とするものであり、彼の側からする権力へのある種の接近があることはたしかである。だが、空海における権力への接近の仕方は、彼の僧侶としての経歴が当時の主流でなかったという事情もあってのことか、なおいっそう直接的であり強烈である。空海の遺書である『御遺告《ごゆいごう》』の中には、空海個人の権力志向とでもいうべきものが横溢しているように思われる。

空海は金剛峯寺を開山した。そこでは「金剛頂経」が講ぜられる。それは、なによりも国家鎮護のためのものだ、という。空海はまた東寺をも建てた。彼は、東寺を天皇より賜わったことをきわめて重大視する。その名を教王護国寺と称し、この寺名の揮毫が天皇の親筆にかかわることを誇らしげに語っている。空海の弟子筆頭のものが東寺を管理して、護国に尽すべきことも附言している。また、この東寺には、けっして他宗のものを入れてはならないという。

それはなにもせまい心からいうのではなく真言の純粋を守らんがためであると釈明している。このあらわなまでの秘密主義は、利他行を発すべき菩薩僧育成のために広く門戸を開放する天台宗の叡山ときわめて対照的である。空海ははじめ大学に入り儒教を学ぶ。しかしこれにあきたらず仏教に接近し、幾多の経典を読破した後、ようやくにして真言経典＝大毘盧遮那経にたずねあたる。この経過を、空海は、夢に人があらわれて、汝の求める経典はこれこれであると啓示した、というふうに描いている。こうした描き方の中にも、呪的な力への信仰、そしてまたそれが自分に具わっているのだという自負といったものがよくあらわれている。この点は、空海が祈禱によって雨を降らせたというエピソードに、よりストレートな形で表現されている。空海はあるとき降雨の祈禱をした。彼が祈禱しているとき、八寸ばかりの金色の蛇があらわれた。秘密の法を学んだものの眼には、この蛇の姿がはっきりとみえたが、それ以外にはみえなかった――秘密主義！――。この蛇は彼の祈禱に対する感応であり、ここに沛然たる降雨があった。彼がこの経過をつぶさに天皇に奏上したところ、それが機となって以後真言の声価は大いにあがった、というのである。

帝四朝を経て、国家に奉らんために、壇を建て修法すること五十一箇度、亦神泉薗の池の辺にして、御願に法を修して雨を祈るに、霊験其れ明なり。上殿上より下四元に至る。此池に龍王あり。善女と名く。元是れ無熱達池の龍王の類なり。慈みありて人のために害心を至さず。何を以て之を知る。御修法の比《ころ》人に託して之を示す。即ち真言の奥旨を敬うて、池中より形を現ずる時に悉地成就す。彼《かの》現ぜる形業は宛も金色の如く、長さ八寸許《ばかり》の蛇なり。此金色の蛇長さ九尺許《ばかり》の蛇の頂に居在《きょざい》せり。この現業を見る弟子等は実恵《じちえ》大徳並びに真済、真雅、真紹、堅恵、真暁、真然等なり。諸の弟子等敢て覧着《みつけ》難し。具《つぶさ》に事の心を注して、内裏に奏聞す。少時の間に勅使和気の真綱《まづな》、御幣種種の色の物を以て龍王に供奉《ぐぶ》す。真言道の崇められること、爾《しか》より弥《いよいよ》起れり。（『御遺告』）

以上の諸例は、空海における古代権力――天皇制権力――に対するきわめて強い顧慮と、また彼自身の呪的な力への意識をあますところなく物語っている。空海とその弟子たちの提供する呪術＝加持祈禱は、危機を深めつつある古代国家と貴族たちの需要にきわめてタイムリーに合致し、真言の名声は空海の誇示するように、きわめて高いものであったであろう。最澄没後、空海＝真言宗は、加持祈禱の真正統を誇ったのであった。

他方天台宗においては、ここでも鎮護国家の修法の一半を密教においていた。にもかかわらず、最澄自身においては、密教の修得は充分ではなかった。三代以降の円仁、円珍の入唐をまって天台宗は、ようやくにして密教の全貌を手中におさめる。以後、天台宗の密教は興隆期を迎える。この天台宗の密教を、真言密教＝東寺密教＝東密に対して台密と称する。ここでも口伝血脈によって、すなわち、秘密に教義内容が伝えられる。

東密は、台密の出遅れもあって、平安朝社会の加持祈禱の要求に応ずるいわば花形であったにちがいない。だが、その後の経過においては、東密は台密におされていくようにみえる。空海＝東密の場合には、台密に比して権力への接近がより直接より強烈で時の権力者とあまりに強く結びすぎたがために、現世の権力（者）の消長とその運命をともにした、という事情があったのかもしれない。いずれにせよ、東密の教線は、以後、中央から地方にうつされていき、次第に土着化の方向を強くする。もちろん古代権力そのものが動揺を激しくしていくのであるから、仏教による大衆教化は、より下層へ、より地方へと広げられていかねばならない。こうした意味から、台密の側にも地方への志向がなかったわけではない。台密もまた出でて山岳神道と結びつき、修験道の源流となっていく。台密にもこうした動きがあるにはあるけれども、それは、東密の在地への浸透の仕方の広さと深さとには比すべくもない。「大師」信仰は、その呪術的色彩を存続させてすくなからぬ民衆の中にいまなお生きている。天台・真言両宗を、以後の日本仏教の展開という点から対比するならば、修業僧に広く門戸を開放した天台宗は、以後新興鎌倉仏教全ての淵藪たるに対して、真言の徒以外に固く門を鎖した東密は、以後の大衆呪術化の役割を一手にひきうけていくのである。もとより、それが大衆の日常的精神的要求になんらか真に答えうるものであるべく、そこには、経験的合理的知識の普及という面も並存しているのではあるが。

第五章　古代思想の解体

すでにのべたように、日本の古代社会は、律令制という官僚制的形態において成立した。この律令制の基礎にある班田制は、その成立の当初より解体の因子を孕んでいた。班田農民の実質的な不平等と、租・庸・調の負担の重さが、これを分解させるのである。分解する逃戸を占めた富戸・大戸は、次第に私領主化し、いわゆる荘園体制を出現させる。ここに、律令制下において不分明であった古代的な個人原理が、こうした私的所有の成立によって明確化されてくる。そのことは、日本古代の成熟であったが、同時にまた、国家的な連合、全体による個＝私的所有者の統括にとっての一つの危機であった。こうした危機的状況が、日本における古代思想のもっとも体系的安定的形態である日本天台宗の中に、早くも、華厳的な論理を孕ませ、本覚思想＝即身成仏論への傾斜を帯びさせ、また密教化＝呪術化の道を歩ませたのであった。日本天台に踵を接して、華厳＝真言宗が雁行成立する所以でもあった。

危機の進展は、古代のイデオロギー的対応においても、たんに中央の上層をとらえるにとどまるを許さなかった。東密・台密それぞれの内部的事情もさることながら、その地方化・土着化傾向は、まさに古代的危機の深化の表現に他ならない。この時期、地方の民衆のなかで、宗教・思想の体系化・論理化は、当然達成されることはできない。地方民衆の精神生活は、古い、いわば氏族的な伝統の枠内におかれていた。それはつぎの事情による。日本における古代の形成は、日本のアジア的社会の自己内的分解として遂行された。アジア的＝氏族的社会の中に生い育った事実上の私的所有者が、名実ともに正当なるものとして自らの私的所有を法的に肯定して古代国家を樹立するのであるが、その際、対極に非私的なるもの＝奴隷が、このあらたな古代国家＝共同体の外に排出される。きのうまでは、同じ血縁の同一種族内の成員が、一方は、古代国家＝共同体の成員となり、他方は、この共同体の外に排除される。ただ、きのうまで同一血縁共同体の成員であったがため、奴隷として共同体の外に排除するといっても、ヨーロッパ古代の場合のように、文字どおり「ものを言う道具」として鎖につながれた労働奴隷としたわけではない。律令制国家の中に、官僚（＝私的所有者）の下におかれる成員＝公民として擬制的につつみこまれるのである。

公民として、律令制国家の中に擬制的につつみこまれた奴隷は、家族をもち、家をもつ外見上自立的とさえみえる姿をとった。それだけではない。彼らの従来よりの伝統的な氏族的関係も、従来のように種族＝全体の下位組織という結合は断ちきられながら、一つ一つのものとしては、破摧《はさい》されることなく存続した。一般に古代社会が成立する場合、社会全体の編成原理は私的所有者の連合という内容のものに転換するが、私的所有者個人個人の血縁関係としては従来の氏族結合がひきつがれる。これに対して、奴隷の方は、家族関係をも破壊されて、バラバラな労働力そのものに転じられる。しかし、自己内分解としてのアジア、日本の場合は、奴隷においても、家族を破壊されないばかりか、従来の氏族結合もまた存続するのである。そしてこうした結合が、時として古代的支配を補助するものとして利用されることさえある。全体の編成原理としてはアジア的＝氏族的原理は破摧された。しかし、個々のものとしては、被支配者の中にも、氏族的なるものが存続するのである。

こうした意味において、地方民衆の日常の精神生活の内容は、さしあたり、伝統的な氏族的なものであった。古代的危機が平安朝国家を、その深部より震憾させるとき、古代イデオロギーは、在地民衆を自らの影響化につつみこもうとする。そのためには、古代イデオロギーは、在地民衆の日常の要求になんらかこたえるものに自らをつくりかえねばならない。在地民衆の日常の要求は、さしあたり、生産活動を軸とする生活上のものであろう。生産活動を順調にする、災害をふせぐ、病気その他諸々の悩みを解決する等々。しかし、こうした諸々の「悩み」の根源は、律令体制＝古代支配そのものである。在地民衆の中に、なんらか、あらたなるものが胎動しはじめるなら、こうした「悩み」の根本的解決をめざして、古代支配そのものに触れるような動きも当然に起こってくる。古代のイデオロギー的対応は、諸々の悩みをなんらか解消して、要求が、体制そのものに触れかかるのを阻止しようとする、ということにある。古代イデオロギーは、呪術によって、こうした要求をみたし、諸々の「悩み」を解消しようとするのである。ここに、氏族的な呪術と仏教的な呪術とが次第に結合されていく。氏族的呪術は、ひろい意味でいえば神道的なものであるということができる（後述）。ここに、神道と仏教との習合、秘密神道的なるものが姿をあらわしてくる。さきに触れた山岳神道＝修験道のごときも、そうしたものの一例である。逆にいうならば、こうした在地における仏教的呪術と神道的呪術との結合という思想現象の発生そのものが、古代社会の中で、古代を揺り動かすような、なんらかのあたらしい層、あたらしい動きが、地方の民衆の内部から出はじめてきたことを物語っているのである。そして、もし、こうしたあたらしい状況がさらに進むならば、単純に呪術化というだけではすまなくなるはずである。仏教についていえば、天台と真言とにかわるあらたなるものが用意されてくるはずである。それがいわゆる鎌倉仏教なのである。

荘園体制の成立は、日本古代＝律令体制を動揺させた。だが、この荘園体制もまた、自らのうちに、自己を掘りくずす要因をかかえこんでいる。荘園体制下の直接生産者も、律令体制下におけるそれと同様に家族を有する外見上自立的な小農民（奴隷）である。郷戸から房戸へというふうに、その家族形態は、次第に規模を小さくしてはいくけれども、家族をもった外見的自立性という点は同じである。このことは、やがて彼らが、名実ともに耕地を保有して、自分の計算にもとづいて生産する封建的農民＝農奴に上昇する可能性を、早期に有したことを意味する。郷戸から房戸への移行自体が、より小規模の家族を労働の単位とするをより適当とする生産力の一定の高まりを表現しているともいえる。こうした農民の生長——はるかに封建制を展望する——の波頭に立つものこそ、荘園領主—在地領主のさらに下にあって、実際の経営を担当する名主であった。名主は、家内奴隷、家父長制的関係下に隷従する下作等を支配する経営主であり、在地の血縁的――氏族結合の系譜をひく――結合の頂点でもあった。さきの在地呪術化についても、以後の鎌倉仏教の展開についても、一つの焦点を形づくるのは、この名主層なのである。荘園体制は、その最深部に、早くも名主層の胎動を孕んでいたのである。「名主は、荘民が農奴へ上昇しようとするとき、その中でいち早く生産力を捉えて大きくなった小地主であり、その下には弱い農民を従えていた。彼らは二町とか、三町とかのあまり大きくない直営地＝名田をもって、これを未熟ながら農奴的な農民労働力と自己の家族労働力で経営した。名田は、古代的土地所有としての荘園の内部に、これと対立する原理をもった私的な土地としてあらわれ、荘園領主にこれを事実上承認させるほどのものとなったのである。彼等は二つの性格をもった。荘園領主に対しては、年貢（この頃はすでに領主の直営田経営はすたれ、一定額の加地子＝年貢と徭役とが課せられていた。というよりは、先にのべたように、こうした名田の成立＝生産力の発展が直接経営をすたれさせたといった方が本当である）を納め、徭役を課せられるという点では、荘園領主＝古代奴隷制的大土地所有者から収奪される奴隷的な地位にあった（とくに古代貴族の勢力の強い畿内荘園ではそうであった）が、他方彼等は、自己の下に農奴へ上昇しつつある農民を支配する小農奴主的な性格をもっていた。もっとも、彼等は多く家内奴隷を抱えていたし、したがって小奴隷主的な面も強く、ともすれば農民をも奴隷的に支配しようとはする。しかし、農民の生長は彼等にそうした奴隷主的な性格をいつまでももたせてはおかず、むしろはっきりと農奴主的なものとして、下の農民と一体となって、古代貴族に対抗するものとしての方向を辿らせるのである。歴史の流れとともに、こうして名主は、時代の担い手となってあらわれ、その強いものは武士化し、彼等の勢力が大きく伸びて全国的に結集したとき、彼等は古代権力に対抗して、自分たちの権力を打ち立てるのである。彼らの権力が、そのうちに古代的な色彩を拭い得ていないにしても、それは明らかに農奴制的な封建的な権力の形成であった。」（守本順一郎『日本経済史』、未來社、五三ページ）。「名主が実際に所有する名田は、荘園内部に一ヵ所にかたまっていたのではない。それは全体としての纒まりをもちながらも、相当程度分散的であった。分散的な荘民の土着経営する土地を集めたものである以上当然である。だが、名主は自己の力を荘園領主に対抗して集中しはじめていたから、そこにもおのずから全体としての一括的な纒まりもあった。名主は、この名田を、前述のように自己の家族員や家内奴隷や、さらに農奴的農民の労働力を使って直営したと思われる（こうした耕作の形態を、また佃〔つくだ〕耕作とよんでいる）。これらの労働力のうち、純粋な家内奴隷は微々たるものだし、家族員の数も限られたものであるから、そのもっとも重要なものは第三の隷従的な農民の労働力であった。この隷従農民は、すでに奴隷的な荘民からはるかに上昇してきた農民として小家族を形成して、おのおのの経営する土地と農具とをある程度実質的にもつほどのものになっていた。ただ、彼等はまだ十分に独立した農奴ではなく、土地も狭小で農具も悪く、労働力も十分でなかったから、有力な農民＝名主を中心として家父長的な集団をつくり、その名主に擬制的な血縁関係をもって隷従し、労働力を提供して、その直営田＝佃を耕作したのである。」（同、五三―五四ページ）。

鎌倉時代とは、日本古代＝荘園体制が自らの中から生み落した名主勢力、日本における封建制の成立を展望する名主勢力と最後の死闘をくりひろげる時代であった。この古代と封建との激闘が草深い在々でたたかわれんとするこの時代にあっては、いっさいの論理を放棄して呪術化し加持祈禱をこととする天台・真言では、それが在地神道と習合をとげたとしても、もはや現実に対応できないことは想像にかたくない。このあらたな状況を思想的に表現するものこそ鎌倉仏教であった。

第一節　仏教の下降浸透——親鸞と一向一揆

鎌倉仏教を象徴的に示すものは、なによりも親鸞教であろう。親鸞教を語るとき、だれしもが想起するのは、あの著名な「悪人正機説」である。「善人なをもて往生をとぐ、いわんや悪人をや」の宣言の中に、多くの人は、あらたなる価値観の成立、あらたなる時代の幕あけを感じてきた。天台宗から真言宗へという本覚思想の高潮の中で、それ以前の五性各別論をのりこえた菩薩成仏論から即身成仏論・非情成仏論への展開があったことは前章にみたとおりである。仏教は、無条件的な救済を万人に約束したかにみえる。だがこうした無条件的ともみえる万人への救済の宣言にもかかわらず、そこには、仏教的価値観が牢固として存在した。五性各別論に安定した形で示されている善人往生論の基調そのものは、即身成仏論に至ったとしても、変化はない。仏への距離、成仏に至る距離は極限的に圧縮されはしたものの、価値観の基調そのものは存続している。こうした文脈の中に、親鸞の悪人正機説をおくばあい、そこにいいしれぬ新鮮さが感じられたのは、むしろ当然すぎることであるかもしれない。

悪人正機説にならんで、多くの人に注目されるのは、親鸞の同朋論である。親鸞は、人間は全て仏の前に平等であって、救済の大業は仏のみがなし能うところであって、拙い人間が、いわんや愚かなる自分が、人を指導することなどは思いもよらない——「親鸞は弟子一人ももたず候」という。たとえば、天台宗においては、大衆菩薩論が展開されるのではあるが、その場合、指導者としての菩薩僧の育成が重視されるように、指導被指導の関係は強固に存在している。これに対して親鸞は、指導被指導を否定し、自分が仏を説くのは、師としてではなく同朋として語っているのだ、という。

それがしは、またく弟子一人ももたず。その故は弥陀の本願をたもたしむるほかは何事を教へてか弟子と号せん。

弥陀の本願は仏智他力の授け給ふところなり。然ればみなともの同行なり。(『改邪鈔』)

専修念仏の友がらの、我が弟子ひとの弟子といふ相論のさふらふらんこと、もてのほかの子細なり。親鸞は弟子一人ももたず候。そのゆへは我がはからひにて、人に念仏を申させ候はばこそ、弟子にても候はめ、ひとへに弥陀の御もよほしにあつかりて念仏申し候ふ人を、我が弟子と申すこと、きはめたる荒涼のことなり。(『歎異抄』)

こうした一種のヒエラルヒーの否定が、やはりきわめて衝撃的な事態として映じたのもまた無理からぬところであろう。

また、さらに、親鸞においては、以下にみるように阿弥陀如来の誓願のおかげでこそ往生できるという阿弥陀信仰が説かれ、その反射的な結果として、諸神諸菩薩等を特別にうやまうことをしないという姿勢がみとめられるのであるが、これを東密・台密、そしてその在地での神道的呪術との習合という状況に対比してみるならば、そこに、きわめて清新な宗教合理化過程を人がみたとしても、これまた無理からぬところかもしれない。

いずれにせよ、親鸞教が、平安時代の旧仏教に比して、なんらかあらたな内容をもつものであろうことは否定しえないところであろうが、この「あたらしさ」の内容・意味はなにであろうか。右のような親鸞教のあり方から、これをヨーロッパ近代を用意した宗教改革、すなわち、プロテスタンティズムに対比して捉えようとする試みがあった。また、これまたヨーロッパ近代を用意する歴史的事件たる農民戦争に対比して捉えようとする試みもあった。しかし、さきにみたように、鎌倉時代は、古代と封建とが争いあう封建化の時代であった。この時期に、すでに近代的なるものを用意する宗教思想の形成を云々することは、それ自体一つの背理であると思われる。もちろん、われわれは、それをたんにこうした形式的な理由から、外的に予定していうわけではない。以下にみる親鸞教の内容そのものから、このことは裏づけられるはずである。いずれにせよ宗教・思想の内容・意味を、現実の具体的歴史の中で探ろうとする立場に立つかぎり、親鸞教の「あたらしさ」の内容・意味は、鎌倉時代の歴史的対抗との関連において探られねばならないと思う。

しかりとすれば、この親鸞教の「あたらしさ」は、古代的思惟としての仏教の枠内での、なんらかあらたな動向であるのか、それとも古代を乗りこえんとする封建化の流れになにほどか棹さすものであるのか——これこそが、親鸞教分析のための最初の問いかけであるといわねばならない。

親鸞は、悪人こそ救われるという。では、この「悪人」の内容はなんであるのか、より一般的にいえば、親鸞において「善悪」という価値観の内容はなんであったか。仏教は、一般に十悪五逆をあげ、これに背くときは仏罰を受け地獄に堕ちるとする。十悪とは、殺生・偸盗・邪淫・妄語・両舌・悪口・綺語・貪欲・瞋恚・邪見。五逆とは、殺父・殺母・殺阿羅漢・破和合僧・出仏身血、をいう。この場合注意すべきことは、こうした悪を犯したことに対して、人間の内面的な罪の意識化をとおして、端的にいうならば、自らのうちなる「良心」によって断罪される、というのでなく、超越者としての仏に対する侵犯として、超越者によって無条件的に裁かれて地獄に堕ちる、とされている点である。仏教は、もちろん超越者＝仏を人間のうちに内在化・内面化させようと努力する。しかし、その内在化・内面化そのものが、仏の側から媒介されるのであって、その内在性・内面性は、人間一人一人の側にこれを確保した近代の、倫理の内在性・内面性とは、ついに異質であらざるをえない。

また、仏教の掲げる十悪五逆の内容についても、殺生・偸盗・邪淫等であり、きわめて一般的な内容のものにすぎない。既成の社会秩序を紊すおそれのあることがらを悪として禁じているにすぎない。仏教の場合、くり返しのべたように、現世の差別を主観内において否定し、差別的現実への批判の眼を奪って、この差別的現実を盲目的に肯定するものであった。したがって、そこでの倫理＝善悪が、現世的徳目を無条件的に包摂することはむしろ当然のことであろう。倫理＝善悪の問題は、仏教において、現世の秩序への盲目的従属、要するに、人間の内面にかかわりない外側からのおしつけ以外ではありえないのである。親鸞の悪人正機説は、こうした仏教的な倫理＝善悪観をどのように意味転換するものであったか、仏教倫理の超越性をどのように断ち切っているのか——この点の検討が須要となる。

親鸞もまた十悪五逆をいう。阿闍世王の親殺しにかかわる物語に対する親鸞の態度は完全に仏教の十悪五逆の立場である。それはやはり外在的な規制であり、そこには、人間の内面的な良心に照らして善悪を考えるという発想は見出されない。親鸞の悪人正機説は、その表現の過激さにもかかわらず、「悪」のとらえ方そのものは、仏教の枠をいささかも超えていない。悪概念の転換、価値転換は、ここには見出されないのである。だが、確かにそこには、悪概念そのものについての価値転換はないかもしれない。しかし、仏教的な悪概念を前提としつつ、「悪人」の救済を説くとするならば、そこにはなお、一定の価値転換が、あるいはその萌芽が存在するかもしれない。この点はどうであろうか。

右にのべたように、仏教は、古代体制における現世の掟を自らのうちに包摂して、体制秩序の安泰をはかろうとした。その十悪五逆の中には、しかしながら、たんに現世徳目のそのままの包摂というだけでなく、仏教自身の宗教思想に由来する意味もまたこめられている。たとえば、殺生戒の中には、仏教の慈悲の思想に由来する意味もこめられているであろう。だが、そこに一つの問題がある。仏の慈悲は人間と他の存在との区別をしない。そこに非情成仏論が唱えられる理由もある。非情の救済さえも志向する広大な仏の慈悲は、その広大なることによって、逆に非情を傷つける他ない生業にたずさわる多数の大衆を、「悪」の中に陥れてしまうというパラドクスを有する。仏教が古代権力と結合し、その上層部を布教対象と考えていたとき、このパラドクスは、かならずしも矛盾として痛感されなかったかもしれない。しかし、平安から鎌倉への激動の中で、仏教が、中央から地方へ、上層から下層へとその教線を下降拡大しようとするとき、このパラドクスは、きわめて重要な意味をおびてくるにちがいない。

地方の下層大衆、たとえば武士は切り取り強盗をならいとするもの、慈悲にそむく殺生をこそそのなりわいの中心とするものである。その他猟師であれ農民であれ、その生業は、仏の禁ずる殺生をぬきにしてはなりたたない。遊女のごときは、邪淫戒を犯すことを余儀なくされる。仏教が下降包摂せんとする在地大衆は、観念の世界における救済さえも拒絶され、地獄の業火に身をやく恐怖の来世におののく。要するに既存の仏教における慈悲、それから派生する諸々の悪の概念からするならば、下層大衆は、救済を拒絶される他ない。下層大衆は、通常、生産の場、人間と自然との物質代謝の過程を、直接・間接担当するのであり、その過程はほとんど例外なく仏の慈悲と対立する。かくて、下層大衆は悪であり、その救済は否定される他ないのである。親鸞による悪人の救済保証は、まさにこの仏教慈悲論——善悪論のパラドクスを乗りこえんとするものに他ならなかった。

親鸞は『教行信証』において末法論を説く。かつて正法の世にあっては、人間を欺く煩悩を虚妄として斥け、自力で救済に至った偉大な僧もあったかもしれない。しかし、末法の現代にあって、機根はおしなべて衰えてしまった。僧をはじめとして、全ての人間は、煩悩の大海に沈み溺れる悪人たる他ない。この末法の世にあっては、従来、既成仏教が説いたような戒律を守り修業をつむといった方法での救済——自力——は、もはやありえない、というのである。

また云く、「大集経に云はく、わが末法の時の中の億々の衆生、行を起こし、道を修せむに、いまだ一人も得る者あらじ、と。当今は末法にしてこれ五濁悪世なり。ただ浄土の一門のみありて通入すべき路なり」と。しかれば穢悪濁世の群生、末代の旨際を知らず、僧尼の威儀を毀《そし》る。今の時の道俗おのれが分を思量せよ。（『教行信証』）

旧仏教は、即身成仏を唱えて救済への距離を極限的に圧縮した。しかし、そこには、慈悲論にもとづく善悪観は維持され、悪をおこなうほかない圧倒的多数の大衆は、なおも救済を拒絶された。親鸞の末法論は、この壁を打ち破った。下層大衆の悪人的状況を視点として、社会全体をとらえかえたのである。末法の世にあっては、悪をおこなう他ない大衆の状況こそが、実はそこに生きる全ての人間の状況なのである。現実に戒律を犯して悪をおこなっているわけではない、とみなされる僧侶や貴族とても、もはや悪たるを免れない。日々、仏の慈悲＝殺生戒にそむいて悪をおこなう大衆と、行ないすます僧尼とは、なんらえらぶところはない。この末法の世にあっては、善行を積むことは、本来的に不可能であり、それはなんら救済に至る道ではない。ただひたすら、弥陀の慈悲心を信じて、これにすがること——他力——だけが、救済を約束する。その末法たるを悟らず自力行につとめる「善人」でさえ、弥陀の大慈悲は、これに救済を拒絶しないのであるから、いわんや悪人たることになずみ、ひたすら弥陀にすがらんとする「悪人」こそ、救済の本流＝正機なのだ——こういわれるのである。

親鸞の末法論、他力論は、かくして大衆の悪的状況そのものを、全ての人間のそれとなして、善行——通常、生産の場にある大衆には不可能事である——等々いっさいの手続きを排して、大衆に救済の道をひらくものに他ならなかった。それは、下層大衆救済のための原理論であり、また方法論であった。この意味において、親鸞教は、仏教の下降浸透＝布教対象下降の原理的実現であった、ということができる。彼の同朋論もまた、こうした末法論・他力論からの直接的な帰結である。しかしながら、このことは同時に、親鸞教が、古代的仏教的枠そのものをついに乗り越えるものでなかったことを示している。

下層大衆は、通常、直接・間接に生産活動の場に身を置く。生産活動＝物質代謝の過程において特定のもち場を担当する人間それぞれに、その職務を分担することそれ自体を積極的に意味づけ、またその職務に専心することを要求するような職業倫理が確立されるならば、民衆の日常的な実践（生産活動）は、現実的な肯定を与えられることになるであろう。また、こうした実践的な職業倫理と結合したものとして、宗教思想の窮極的な意味づけがおこなわれるならば、その宗教・思想が窮極的価値として措定するものが、神というような超越的な形態において説かれたとしても、この神は、実は、人間の日常的実践（生産）を能動的に意味づけるものとして、現実的に、人間一人一人の中に内在するものだ、ということができるであろう。

こうした職業倫理の確立、神の内在化を、現実に実現するものは、思想史上、封建的な職分論（その典型は、ヨーロッパにおいては、トマス・アクィナスに、中国においては、王陽明に、そして日本においては、山鹿素行の中に見出される）と近代的な職分論（その最典型的なものは、M・ウェーバーが明らかにしたプロテスタンティズムのそれである）とである。さて、親鸞は、生産活動に、直接・間接従事する下層大衆の視点をもって全体を描ききった。その際、親鸞は、彼らの生産活動＝実践をもって、もっとも本質窮極の意味――救済＝「往生」――において、積極的なものとしたであろうか。親鸞は、旧仏教の善行を、救済＝「往生」にとって無意味なものと否定し去った。と同時に、人間のあらゆる実践を、ただひたすら弥陀の大慈悲にすがることだけを別として、全て救済にとって無意味なものと断じ去っている。ここには、右にみた職業倫理への萌芽の片鱗も認められない。

もちろん、親鸞の中に、生産活動＝職業に従事する下層大衆の苦難の状況へのかぎりない同情の念を看とることはできる。下層大衆の日常生活は、苛酷きわまりない。きびしい自然的条件と苛斂誅求の社会的条件。のみならず、彼らの活動はおおかれすくなかれ、生物を殺生して仏の慈悲に背くのである。現世にも来世にも救いはない――。この民衆の行き場のない閉塞に、親鸞は哀切の涙を流している。親鸞は、彼ら民衆に、来世における観念の世界における救済を、なんのわずらわしい手続きを要求することなく約束する。だが、しかし、彼ら大衆の日常の営みはそれ自体悪であることをやめたわけではけっしてなかった。いわんや、それ自体の中に、救済につながるような積極的意味を認めたのでは毫《ごう》もなかった。

もちろん、親鸞は、信心為本を説いた。ただ口先だけの称名ではなくて、自己の罪業の深さを知り、その罪業感からひたすら弥陀に帰依せよという、一種の内面化がそこにないわけではない。

> 誠に知んぬ、悲しきかな愚禿鸞、愛欲の広海に沈没し、名利の太山に迷惑して、定聚の数に入ることを喜ばず、真証の証に近づくことを快しまざることを、恥づべし傷むべし。（『教行信証』）

といったはげしい罪業感と懐疑との中に、それが明らかにあらわれている。だが、それにもかかわらず、それだけでは、それは言葉の真の意味における神の内在化とはいえないのである。神の人間個人個人への現実的意味での内在化とは、人間個人個人の日常的な実践に、意味づけを与えるものでなくてはならない。そしてそれは、思想史上、封建的思惟に至ってはじめて――ある限界内においてではあるが――達成、確立されるのである。古代において、神は、それが人間の前にいかに慈愛にみちてあらわれるとしても、それは、ついに来世のもの、外在的・超越的なものであるしかない。もちろんここでも、現世内的禁欲＝神内在化の萌芽が時おりみられないわけではない。しかしそれは、ついに一つの基調として確立されることはなかった（後述）。

もちろん、親鸞の右の文章にみられるしぼり出されるような哀切感や懐疑の中に、仏が、ついに外在的な超越者たる他ないことそのことへのもっとも根底的な問いかけの萌芽をみることもあるいは可能であるかもしれない。しかし、親鸞その人の全体の活動に照らしてみるならば、それはなお未然のものでしかない。親鸞の世界は、あくまでも浄土教的な枠組の中にある。浄土教は大乗仏教成立の過程でインドにおいて成立し、ついで中国浄土教の展開をとげた。これを受けた源信・法然らによって、都市下層民を対象として日本浄土教が成立する。ここでも、現世的な関心の増大がその基底にある。大衆においても、現世的な富やきらびやかな世界への否みがたい欲求がたかまる。また他方、現世の苦難に対する強い嫌悪。これらが、極楽浄土への渇仰と地獄への恐怖として投影される。源信が『往生要集』

の中に描き出す地獄極楽図は、その凝集点である。地獄への恐怖と浄土への渇仰を前提としてはじめて、仏教における救済が、大衆にとっての切実な精神的な関心状況をつくり出すのである。

親鸞における罪業感も、この堕地獄の恐怖と無関係であるとはいいきれないと思う。親鸞自身念仏宗に対する誹謗に対しては、無間地獄への転落をもって威嚇するのである。

念仏誹謗の有情は阿鼻地獄に堕在して八万劫中大苦悩ひまなくうくとぞときたまふ。（『正像末和讃』）

もちろん、地獄への恐怖と浄土への渇仰こそが、内面的な起動力となるのであるが、その起動力が、大衆の日常的な営為の意味づけをとおして、現世の合理化へとふりむけられるのではないのであるならば、この地獄と浄土とは、超越的な仏の命令への無条件的な遵守の精神状態をよび起こす他ない。親鸞の中にある罪業感が、いかにわれわれの胸に迫ってくるように思われるとしても、それはむしろ、われわれ自身の中にある自己への否定意識——それは転じて自己の現実の改造に向うはずである——の投影に他ならない。

親鸞における信仰の一種の内面化は、近代はもとより、封建的な意味での神の内在化の方向をもつものではなかった。このことは、やがて悪人正機説をめぐって、いわゆる造悪無礙の異義が出てきたとき、親鸞がいかに対応するかをみるならば、さらに明白となるであろう。悪こそ救われる、悪人こそ救済の正機であるという言い方の中には、積極的に悪の実践に励む（造悪）のがよいという主張を生みだす可能性がひそんでいる。現実に、親鸞の布教地である東国の門徒の中から、造悪を主張するものがあらわれてくる。善乗（証）房とか信見房とかがそれである。こうした造悪の異義を批判する意図を托されて東国へ派遣されたといわれる親鸞の息男慈信房も成果をあげたようにはみえない。むしろ、彼の中には、のちにみるように呪術化傾向があらわれる。親鸞が京都に帰ったのちの東国の地には、右の造悪説とともに、その他さまざまの「異義」が噴出してくる。たとえば、親鸞の末法論に反して、大衆もまた善をなしうるという賢善精進——その「善」の内容が現世的営為の積極的意味づけと連なるか否かはもちろん分明でないが——の異義も発生したかにみえる。こうしたさまざまな異義の噴出が、『歎異抄』成立の機縁となるのであるが、そこでの親鸞側の対応は、造悪無礙にせよ、賢善精進にせよ、その他なんであれ、すべて異義に加担したものに対する破門であり義絶であった。弥陀の大慈悲は悪をも往生の障害とはしないが、だからといってわざと好んで悪をせよ、ということにはならない。また末法濁世の今日にあって、賢善精進のごときはまったくの欺瞞という他ない、というのである。

浄土の教も知らぬ信見房などが申すことによりて、ひがさまにいよいよなりあはせ給ひ候ふらんをきき候こそあさましく候へ……。初めて仏の誓ひを聞き始むる人々の、我が身のわろく心の悪きを思ひしりて、この身のやうにては何ぞ往生せんずるといふ人にこそ、煩悩具足したる身なれば、我が心の善悪をば沙汰せずむかへ給ふぞとは申し候へ。かくきてのち仏を信ぜんと思ふ心、深くなりぬるには、まことにこの身をもいとひ、流転せんことをも悲しみて、深く誓ひをも信じ、阿弥陀仏をも好み申しなんどする人は、もとも心のままにて、悪事をもふるまひなんどせじと思し召し合はせ給はばこそ、世をいとふしるしにても候はめ……かやうに悪を好まんには、つつしんで遠去かれ、近づくべからずとこそ説かれて候へ。（『末燈鈔』）

あるひは道場にはりぶみをして、なむなむのことしたらんものをば道場へいるべからずなんどといふこと、ひとへに賢善精進の相をほかにしめして、うちには虚仮をいだけるものか。願にほこりてつくらんつみも、宿業のもよほすゆへなり。されば、よきこともあしきことも、業報にさしまかせて、ひとへに本願をたのみまひらすればこそ、他力にてはさふらへ。(『歎異抄』)

悪人正機説の中には、悪の肯定に逆転しかねない要素がはらまれている。そして、現実に、悪に励むを否定しない造悪無礙説が生れた。また、現実の真宗教団＝道場の形成の中から、「なむなむのことをしたらんものをば、道場へいるべからず」という、現実的な行動の規律とも解釈されうるものも生みだされた。そこには、たんにおのれの罪業の深さから弥陀にひたすらすがるという「他力」を、なにがしかこえる要素が含まれている。悪に励むことであれ、一定の行動規律にしたがうことであれ、そこには、人間の現実的な実践をなにがしか肯定する契機が含まれている。これに対して、親鸞は真向から反対する。造悪の肯定は、更に一歩進むならば、造悪とは実は造善なのだ、として現世内的な営為＝善行、即ち、賢善精進の現実的現世内的可能性をも抽きだすことになるであろう。もちろん、「歎異抄」が問題としている賢善精進――「なむなむのことをすべからず」(「なむなむのことをなすべし」!)が、造悪から造善へという「悪」概念の転換を実際に意味していたか否かは、なお検討を要するところであろう。しかし、親鸞が賢善精進を「虚仮」として否定し去るとき、それは、たんに旧仏教のそれを否定しただけでなく、仏教の枠をこえた、人間の現実の実践を積極的に肯定する行動的禁欲主義と結びついた、神の内在化方向をも未然にふさいでしまっている、といわなければならない。

親鸞の悪人正機説に象徴される思想は、以上のようにして、仏教的善悪観の枠組をいささかも越えるものではなかった。ただ旧来悪とされてきた諸活動に従事する人々にまで布教対象を拡大下降し、それらとても、既存の仏教的価値体系の中でも十分に救済可能であることを説いたというにすぎない。だが布教対象を拡大させたとき、その拡大下降の教理が、現実に及ぼす効果は、親鸞自身が意図したところを越える可能性を孕んでいる。親鸞の主観的意図が右のようなものであったとしても、それを受けとる下層大衆、その頂点に立つ名主層は、かならずしも、親鸞の意図どおりに受けとるとはかぎらない。下層大衆、その頂点に立つ名主層の現実的な特殊な利害状況が、親鸞教の受容の仕方にあるバイアスを与えることは、きわめてありそうなことだからである。名主層は、荘園体制の中にあって、荘園体制とぶつかりあう可能性をもった農村のリーダーである。彼らは、すでに一定の武力をもたくわえるに至っている。武力の行使――殺生は、さしあたり荘園体制の中に包摂された、その維持のために必要なのであろうが、理念的には、悪たる他ない。しかしこの武力が、やがて荘園体制そのものを根底からゆるがす武力へと転換せんとしている。このとき、武力は、名主にとって、理念的にも善でなければならない。こうした状況こそが、当時の名主層を取りまいていた。親鸞の悪人正機説は、それ自体こうした名主の状況を正当化するものではまったくなかったが、そうした受けとり方を可能にしないでもない。また、名主の側からすれば、そうした受けとり方をするならば、彼らが荘園体制とたたかう場合に、それは彼らの倫理的内面的な拠りどころを提供するものとなる。悪人正機説は、異義を必然的に噴出させるような社会的根拠の中に投ぜられたのであった。この異義を前にして、親鸞はあわてざるをえない。彼自身は、現体制たる荘園体制をそのまま是認している。したがって、自らの所説が、われにもあらずひとり歩きしはじめ、体制批判の様相を呈しはじめるとき、彼は驚きあわて、造悪ほかの異義を邪見として必死に斥けたのであった。

この点は、さきにみた親鸞のいわゆる「反呪術性」についてもそのままあてはまる。親鸞は、「ものいみ」を禁じた。「ものいみ」は、加持祈禱と並んで、台密・東密にみられるところである。古代荘園体制の上層と結んだ密教は、生の不安から逃れようとする貴族たちに個別的な呪術を提供する。この呪術は、尨大な出費を要し、また、生産を阻害する。したがって、布教対象を農民におろした親鸞は、ものいみ――呪術を否定する。もちろん、こうした呪術の否定は、それなりに大きな意味を有するのであるが、親鸞において、それは呪術一般の原理的否定にいたるものではついになかった。その点は、後の存覚・蓮如などの言動からも明らかである。彼らは、自らの教団においては加持祈禱をおこなわないとするが、他がおこなうことについては批判しない、というのである。ここには、いっさいの呪術を排除して宗教の徹底的な合理化をはかるという能動性は見出されない。

然るに麗はしく一向専修になる人はきはめて稀なり。かたきがなかにかたしといへるは経の文なれば、まことにことはりなるべし。そのゆへを案ずるに、いずれの行にても、もとよりつとめきたれる行をすてがたく思ひ、日ごろ功をいれつる仏・菩薩をさしおきがたく思ふなり。これ即ち念仏を行ずれば、諸善はその中にあることを知らず、弥陀に帰すれば諸仏の御こころにかなふといふことを信ぜずして、如来の功徳をうたがひ、念仏の力をあやぶむがゆへなり。おほよそ持戒、坐禅の勤めも、転経、誦呪の善も、その門に入りて行ぜんに何れも利益空しかるまじけれども、それはみな聖人の修行なるがゆへに凡夫の身には成じがたし。（存覚『持名抄』）

ここには、たしかに弥陀信仰という形で、一種の一神教的方向が存在してはいる。諸仏は全て弥陀に帰一するのだという一神教的方向が一応はある。しかし、この阿弥陀信仰は、個々の呪術をいっさい否定する唯一神化ではなく、諸仏のさずける諸善・諸功徳を包みこんだものとしてある。「弥陀に帰すれば、諸仏の御こころにかなふ」といわれて、「諸仏の御こころ」はそのまま容認されるのである。仏教を前提とするかぎり、一神教ではありえない、人間はそれぞれ成仏することが、そこでは前提とされているのである。真宗もまた、こうした仏教的思考の枠内にあるのであって、そこに出かかった唯一神化の方向を原理とすることは不可能なのである。したがってまた倫理の内面化・呪術否定も徹底的にはおしすすめられないのである。

ここにまた、後に真宗の中で呪術的なるものが拡大再出する根拠がある。さきに触れたように、親鸞の息慈信房は、呪術化の道をたどった。彼は、門徒たちをひきつけるために、自分の説くところは、自分の独断などではない。実父親鸞が、ひそかに口伝てに自分に説いてくれた教えである、という。ここには、密教においてさかんにおこなわれた秘密口伝、血脈相承の再現がある。親鸞はもちろんこれを異義として斥け、慈信房を義絶する。この義絶は、門徒の中から続出する呪術的なものへの拒絶を象徴する事件であり、その後の真宗の正統もこれを踏襲する。それはたしかに呪術否定ではあるのであるが、その呪術否定は、以下に示すように、実は、右にみた唯一神化、宗教合理化とつながるそれでなく、呪術の教団中央への独占に他ならなかった。

慈信房の秘密口伝・血脈相承は、それ自体としてはたしかに呪術である。しかしながら、そうした呪術的形態をとる地方の名主層と結合した宗教的指導者たち＝善智識は、古代を越えるあらたなる方向を模索しつつあったのかもしれない。もちろん、これは一つの仮説にしかすぎないのではあるが、名主＝善智識が、農民大衆とともに、古代の枠をこえた、あらたな、人間と自然との関係、またそれを実現しうべき、あらたなる人間と人間との連合形成を模索しつつあったということは、けっしてありえないことではない。もちろん、この時点において、あらたな自然把握も社会把握もいまだ形を整えたものとしてあるはずもない。その試みは、名主＝善智識及び農民の実情からして、きわめて粗野な呪術的形態をまとう他ない。さきにみた「造悪」にしても「賢善精進」にしても、この呪術とともにそうした試みのまとわざるをえなかった外形なのではないであろうか。名主＝善智識は、自ら阿弥陀の再来と称し、仏像をまつり、秘密相伝をおこない、名帳を作製し、秘密結社化する。もちろん、それらが、あらたなる自然＝社会把握を実現したあらたなる理念を唱導する真に革新的な宗教社会的運動となるためには、こうした粗野な形態を脱却して、いっそうの宗教合理化＝純化をなしとげなければならない。しかし、これらは、そうしたものの端緒でありえたかもしれないのである。

しかし、真宗の正統本山は、これらをことごとく異義として断罪する。真宗教団の拡大強化の中で、こうした在地での模索は、その萌芽のうちにつみとられてしまった。拡大強化されゆく真宗教団は、在地呪術を拒絶するのではあるが、その否定は、呪術に対する原理的な否定では毫もなかった。秘密相伝であれ、仏像崇拝であれ、それが否定されねばならないのは、それが、真宗本山からはなれた、自分勝手な行動だからである。「三国伝来の祖師先徳の尊像を図絵し安置すること、これまたつねのことなり。」(『改邪鈔』)として、公認のものであれば、偶像崇拝も、口伝も正統であるというのである。真宗教団は、地方に胎動しつつあった可能性をつみとり、これにかえて、自らの公的な呪術・秘儀を対置した。真宗教団が正統のものとして対置する公的呪術は、以下にみるように、一種の権力集団化した真宗教団本山の、地方宗教統制のための支配の手段にすぎない。親鸞の悪人正機説、呪術否定における不徹底は、それが異った状況のもとにおかれるとき、権力的・呪術的なものに変貌する思想的根拠となるのである。

真宗の歴史は、多くの人の認めるように、蓮如による教団形成をきわめて大きな画期としている。初期には、布教対象を下降させたことによって、そこには、ともあれ新鮮な息吹きがあり、また一定の革新性があった。しかし、蓮如以降には、門徒の飛躍的増大とならんで、伝統主義がその前面にあらわれる。呪術批判もまた蓮如以降いちじるしく後退していく。その後退は、真宗教団の現世化・門徒領国化、要するに、その一種の権力集団化の過程に対応している。こうした真宗の変貌をもたらした条件はなんであったか。それは、一つには、真宗が依拠した名主層の社会的位置の変動であった。

時代が降るにつれて、荘園体制内部での名主の地位は徐々に向上する。名主の武士化はいっそう進む。それとともに、武士と荘園との対立に加えて、次第に武士と農民との対立も姿をあらわしはじめる。もちろん、この対立は真宗発足の当初からあったのであるが、それは、荘園体制下の被支配者という両者の共通面に比してみるならば、ほとんどとるに足らないものであった。親鸞はこの段階に登場したのであり、そこに彼の教えの革新性のゆえんもあった。しかし、いまやこの間の対立が無視しがたいものとなってくる。もちろん、この対立は、近世幕藩体制の成立をまって、決定的な動かしがたい対立として固定化されるのであって、この段階では、農民から武士への上昇・武士から農民への転落という社会的対流現象が通常の姿である。他方また武士と荘園体制との対立も激しさを加えていくのであるが、ここでも、まだ武士が荘園体制を打破してしまうに至らず、武士はいまだ荘園体制の大枠の下にあって、ときにあらそい、ときに妥協するという状況下にあった。個別的にみれば、武士自身が貴族化してしまうケースもまれではない。彼らは、大きく動揺しつつあるとはいえ、全体としては、なお古代荘園体制下につつみこまれた中間勢力であった。底辺農民における生産力の上昇が、名主＝武士層を、こうした中間勢力に成り上らせたのである。

こうした名主層の上昇、中間勢力化にともなって、ここを布教基盤とする真宗も、寺一つもたなかった親鸞とは大きく異って、巨大な教団組織をもつに至っている。教団運営のためには当然に多数の僧の存在が不可欠であり、真宗の教団化とともに、信徒のいわば財政的義務も大きく変わらざるをえない。もちろん、親鸞といえども、信徒の零細な喜捨の上に生活をなりたたせたわけであるが、そこでは「一紙半銭も仏法のかたにいれずとも、他力にこころをかけて、信心ふかくば、それこそ願の本意にてもさふらはめ。」(『歎異抄』)という姿勢が基本にあった。もちろん、この基本線がその後の真宗教団においても表むき否定されることはないのではあるけれども、真宗教団が、門徒＝農民から受けとる志納金は、次第に大きな額にのぼっていくのである。もちろん、志納金は、門徒＝農民の自発的な納入であるが、純経済学的にいえば、それは、農民が従来荘園体制によって、全面的に吸いあげられていた剰余部分の、いわば中間略取に他ならない。農民の生産力の上昇がこうした中間略取を可能にすることはいうまでもない。

真宗において、門徒の負担する志納金の総額が巨大化するのと照応して、真宗における「宗教と政治」のあり方も大きく変貌する。親鸞においては、布教対象が権力にかかわりない下層農民へとおろされたことにともなって、政治権力からの距離も大きくひらいていた。しかし、そのことは、親鸞において、宗教が本質的に反政治もしくは非政治に転じられたことをいささかも意味しない。彼は荘園体制を是認している。それは、彼が現実の政治的支配イデオロギーの徳目たる忠孝仁義を肯定したこと、また聖徳太子を皇法の「榥模」を画し、朝家安穏・国土豊饒を保証する教えとしての十七条憲法制定者として讃美している（皇太子聖徳奉讃）こと、等のなかにあきらかに認められる。彼は現世の支配に対する原理的な対立者などではけっしてない。もちろん、時として、現世の権力の横暴への批判が噴出することがないわけではないが、それは、彼の現世の支配の原理的肯定となんら対立するものではない。だが、支配者層からは、悪なる下層大衆の救済を約束する念仏の動向は、自らの敵対者ではないかとの疑惑の眼をもってみられることもないとはいえない。わけても、その内部から造悪無礙が噴出するに及んでは、この疑いはますます増大する。ここに念仏停止という形での迫害弾圧が加えられることになる。仏教は、そもそも現世の王法の限界意識から出発し、これを観念的にのりこえんとするものであった。大乗仏教の広布によって、衆生がすべて煩悩を断ち、あらそいあうことを自制するとき、仏国土がこの世に成立し、そこに現世の権力も安泰なるを約束されるだろうというのが、大乗仏教の政治に対する基本的態度である。それは、現世の政治権力と政治的レヴェルで現実に対立し、これを改造することを志向するものではなかった。親鸞においても、この仏教の政治的態度はそのまま継承されている。念仏弾圧に直面した親鸞の態度は、現世権力との衝突を極力回避せんとするものであり、この衝突が回避しえないときは、「縁」がきれたとして、その地を「去る」というのが、最終の結論であった。彼が布教対象とする名主層が、いまだ力弱く、門徒の数も少数であった時点においては、その地を去ることもまだ可能であったし、名主の現実の力からすれば、それ以外にありえなかった。

蓮如以降にあっても、現世権力との衝突回避という線が維持されている。あるいは、ここでは、むしろ念仏の教理をまげてでも、権力と妥協しようという姿勢すら拡大しているとさえいえる。旧仏教への批判の後退、天神地祇の無原則なとさえいってよい尊重、呪術批判の後退、一向一揆参加への表むき禁止――実際には鼓舞督励――の態度、とくに一揆妥結の仕方等々に、その妥協的態度が強くあらわれている。ここでは広大な真宗教団が形成され、門徒領国化が進んでいるので、立ち去るにも立ち去りようがないし、逆に門徒勢力を糾合すれば、相当の争いも現実に展開できるようになっているのである。親鸞における政治的立場や呪術批判の曖昧さからすれば、真宗教団の教団維持という観点からでてくる妥協的な――時としては戦闘的な――態度の出現を、内側から歯止めするものは存在しなかったといわねばならない。しかし、ここには、親鸞における哀切な罪業感とそれからの救済という純宗教的な関心から、志納金のあがりを軸とする教団権力への関心へという関心の重点の変化が注意されなくてはならない。時代がさらに進んで、こうした妥協がもはや不可能なところまで状況が苛烈化し、真宗教団の力量もさらに強まるという段階に到達するとき、真宗は、顕如の門徒への指令に明らかなように、全面的な武力闘争に突入する。それはたしかに宗団維持の宗教戦争であろう。しかし、それは客観的には、農民の剰余の中間略取を争いあう権力闘争そのものだったのである。以下、真宗教団の展開と一向一揆の経緯をやや歴史的にたどってみよう。

真宗教団は、右にみたように、農民の剰余の中間略取者であった。しかし、それが、広汎な農民の支持を受け、農民のともあれ自発的な信仰心に支えられたものとして成立したのは、それが従来の古代社会が許すよりは彼らにとってより凌ぎやすく良好な社会関係をつくりだそうとする農民の本能的ともいうべき動向と波長を合していたからであった。天台・真言などの旧仏教は、荘園領主に寄生し、また自らも広大な寺領をもって、それ自体荘園領主化していた。したがって、旧仏教の信者は、主として上層の貴族・領主である。下層農民は、彼らの視野に入らず、在地農村は宗教的な真空地帯であった。真宗は、当初自らの寺領をもたず、この在々の真空地帯に浸透していき、ここに彼らの道場をつくる。二間四方とか三間四方とかいったごく小さな掘立小屋ていどのものを建て、ここで真宗の教義を説く。在地信徒は、日常的にここに集合して共同体を形成する。講とか組とかいわれるものがそれである。

旧来の荘園体制は一円的な支配でなく、同一地域であっても、そこには複数の荘園領主が混在している。荘民はそれぞれ別個の荘園領主に服属しているため、近隣者同士でありながら、地域的な連合性＝共同性をもたなかった。他方、支配者の側は、逆に、被支配者を支配するために相互に連合している。支配者＝荘園領主の連合が、バラバラの直接生産者＝荘民を支配した。ここには、支配者の共同体＝古代国家が厳存している。だが、いまや真宗の布教活動の中で、在地農民の中に、講・組＝共同体が彼らのものとして形成されようとしている。それは、古代的共同体＝国家から封建的共同体＝村落共同体形成への第一歩を意味している。ここに踏み出された第一歩は、長い苦難にみちた模索ののち、ようやく太閤検地以降近世大名制の形成に至って完成する。ともあれ、この第一歩が、名主をリーダーとして、真宗の布教活動＝道場形成をテコとして、ここに踏み出されていったのである。

名主をリーダーとする存地の共同体形成の気運は、真宗の布教活動によって促進された。しかし、真宗によって促進されたことが、逆にまたその運動に、真宗の限界を刻印することになる。在地の封建化の動きは、当然に古代世界に対して決定的な対立となる他ないのであるが、真宗には、上来見たような、悪を善に積極的に価値転換できない古代的限界がまつわりついている。彼らの動きが古代的世界に決定的に対立せんとするとき、真宗の古代的限界が、これを阻止する内側からの制動装置としてはたらく。にもかかわらず、それが実質的に中間略取者たるかぎり、なにがしか旧世界との対立をまぬがれない。また、真宗が中間略取者たりうることは、農民の剰余が現実に増大しているということであって、これを奪い取ろうとするさまざまの勢力が、真宗以外にも続出してくるはずである。新興の真宗教団以外の中間略取者――鎌倉幕府における地頭、室町幕府における守護大名のごとき――との競合関係もまた当然に発生してくる。そのため、真宗教団は、その古代的限界と平和主義的な性格にもかかわらず、自らを教団として維持せんとするかぎり、これらの新旧諸勢力との武力抗争の中に身を投じていかざるをえない。しかし、その武力抗争そのものの中に、以上の真宗の性格が一貫し、それがまたその抗争の運命をも決していくのである。

初期の真宗の武力抗争＝一向一揆は、荘園体制そのものというのでなく、守護大名との抗争である。守護大名もまた、新興の中間略取者である。彼らは、名主上層を被官としてとらえ、他方、荘園体制とも妥協的な関係を結んでいた。真宗は、守護大名が足場としている名主層の、とくに下層のものをもぎとろうとするものであるから、守護大名との対立は避けられない。加賀で最初に起きた一揆は、一四七四年から一四八八年に至るものであり、守護の富樫政親を相手方としている（以下、一向一揆の諸地域・諸時期の展開については、巻末の「一向一揆略図」・「一向一揆年表」を参照されたい）。一揆側の指導者は真宗の洲崎慶覚坊兵庫であり、これに名主＝地侍の河合藤左衛門・笠間兵衛尉家次・山本円正入道・高橋新左衛門らが主謀格として加わる。守護側は上層有力名主層を被官として一円的な領国制をしき、下層名主層をもその支配下におさめようとする。これに対立する下層名主層＝地侍は、相互に連合し、その連合の中枢を本願寺に求めようとする。本願寺にとっても、名主層は自らの基盤であるので、結局は、この闘争を支持せざるをえない。かくして、木越の光徳寺・磯辺の勝願寺・鳥越の弘願寺・山田の光教寺・野々市の大乗寺などが、系列の組・講組織を動員して一揆を起こす。その兵力は国人・名主・百姓あわせて一〇万から二〇万という。その結果、守護の富樫政親が敗れて自殺し、ここに門徒領国が成立する。こうした一揆側のおびただしいエネルギーは、農民のより凌ぎやすい社会関係を作りだそうとする意欲に、その根源があるといえる。しかし、このあらたに成立した門徒領国の将としては、富樫一族の富樫泰高が据えられ、そこに一揆は終結する。この終結の仕方の中に、真宗＝本願寺の妥協的性格が如実にあらわれているということができる。

こうした一揆はつぎつぎと起こる。越前の守護朝倉と加賀の門徒、これに合流する越中の勝興寺・瑞泉寺とのたたかい、能登の守護畠山に対するたたかい。門徒側の連合に対して守護側も連合してこれに対処する。たとえば、越中の畠山と門徒とのたたかいには、越後の長尾能景が畠山の援軍としてかけつける。こうした状況の中で、本願寺の一揆に対する対応も変化していかざるをえない。初期には、一揆への参加に否定的な、旧勢力への妥協的態度が、すくなくとも表面的には、かなり強いのであるが、天文年間の本願寺第十世法主証如の頃になると、本願寺の領主化・権力化は決定的に進み、本願寺は、徹底した一揆の督励者に変貌している。たとえば『証如上人日記』はつぎのように記している。

寅剋より不遇一剋して御堂入詣し如例年調請(ママ)候。徒其於亭殿原共ニとほり令懃(勤)仕候。……空随二千成レ明即坊主衆対面せしめ候。肴羹也。其後加州番衆に会、其以後勢州番人に会候。何も勧酒候。其後御堂衆通候。其内へ令入光徳寺候。……近松殿原に会、盃のませ候。又番衆にあひ候。弓持斗(計)に酒勧候。……筑(下間頼清カ)後に盃のませ候。
云々。

最初の「調請」は誤記であるらしく意味不明であるが、ともかく早朝より元日の勤行をすませると地侍たちが正月の挨拶にやってくる。これと坊主らとの酒盛が早々に始まる。肴はあつもの――なまぐさものだというわけである。加賀や伊勢など各地から味方が続々つめかけてくる。これらにそれぞれ酒を飲ませる。もっとも「弓持」にだけで軽輩には飲ませないのであろう。

『証如上人日記』には、こうした記述が延々とつづけられている。本願寺法主の主たる業務は酒盛であるかと思わせんばかりである。そこには、各地域の地侍層の上に依拠した本願寺の領主化、一揆の煽動者化の相が如実に示されている。もちろん、本願寺そのものの中にも、こうした傾向に対する揺り返しもあるであろう。領主化の進行の中で当然発生する志納金増徴に対する批判も発生するであろう。おそらくそうした問題とも絡みあって、一揆側は時に内紛状態に陥る。加賀の門徒領国成立後、その内部に、若松の本泉寺、波佐谷《なきさや》の松岡寺、山田の光教寺（加賀三ヶ寺）、これに従う河合・洲崎ら加賀四郡の長衆《おとな》らの主流に対して、下間《しもつま》頼秀・頼盛兄弟が和田の本覚寺・藤島の超勝寺と結んで反乱し、これに加賀の坊主・門徒が参集する（大一揆＝下間兄弟派、小一揆＝三ヶ寺派）。この内紛に越前の朝倉、能登の畠山家俊、加賀富樫ら守護勢力が介入して、小一揆側に加担し、大一揆側は本願寺と三河の坊主・門徒の来援を受ける。この内紛は大一揆側の勝利に帰し、加賀三ヶ寺に代わって今度は超勝寺・本覚寺が門徒領国支配の座につく。しかしそれで決着がついたわけではなく、天文年間に内紛が再燃する。農民剰余の中間略取をめぐる抗争対立は、いまや、本願寺＝一向一揆の内部にまでもちこまれているのである。

加賀の一揆は、一揆側の勝利に終っているが、一揆はしばしば敗退する。能登の一揆も越前の一揆も敗北する。飛驒における在地領主内島一族に対する照蓮寺の一揆も六年間に及ぶ抗争ののち敗退する。さらに降って、秀吉の命を受けて飛驒に進駐する金森長近に対して、在地武士が照蓮寺門徒と結んで企てる一揆も、あえなく潰え去る。こうした敗北は、その全てがそうであるかは問題ではあるが、一揆側の体質・路線と密接に関連しているように思われる。一揆のエネルギーの根源は、農民にとってより凌ぎやすい社会関係を実現せんとするところにあったし、また、真宗の門徒領国にあっては、他の守護等の支配下におかれるより、志納金徴収はより軽微であったのでもあろう。だが、真宗の悪人正機説が、教団の基礎理論として厳存するならば、そこには、直接生産者農民（の現世内的営為＝禁欲）を積極的に善として肯定し、彼らをフューダルな意味での自立的生産主体として鍛えあげていくという理論的方向はない。その点の積極的方向づけは曖昧なまま、社会環境をより良好ならしめようという善意がはたらいているというにすぎない。

だが、ひるがえって、他の諸集団、とくに武士団のもとでは、時代が降るとともに、事実上、直接生直者の封建農民化が次第に推し進められる。もちろん、この時点で、時代を嚮導する思想体系がすでにあって、その理論のもとに、直接生産者を奴隷から農奴へと高めることがめざされたわけではない。武士たちの領国経営の中で、戦乱を克ちぬいていく現実の必要の中で、そうした方向が自ら探りあてられていった。その方向をもっとも体系化しかつ完成させたものこそ太閤検地・刀狩であった。個々の大名たちは、そこまではいかないまでもその方向を手探りしたし、それをなんらか実現したものだけが、戦国の争乱の中に生き残っていった。その過程は、これを経過していくものにとっては、おそらく、より凌ぎやすい社会環境をもとめた真宗門徒におけるより、数段も苛酷なきびしい過程であったにちがいない。しかし、この過程をくぐりぬけることによって、はじめて彼らは、千年王国到来の夢からはほど遠いにせよ、かつての古代世界が達成しえなかった現実的な主体性の肯定を、ともかく一定の枠内ではたす封建社会に到達するのである。

一向一揆は、概していうならば、旧い守護勢力とたたかって勝利を収める場合もある。しかし、時代が進んでいくならば、彼らの闘争相手は、すでに昔のものではなく、なんらか封建化への道を踏み出しはじめている。にもかかわらず、真宗教理に立脚する彼らは、旧い体質をひきずりつづけていく。彼ら一揆が敗退するのはむしろ必然的である。後期の一向一揆は、近世封建社会を展望しつつある武士勢力との闘争である。初期の、旧い守護勢力とたたかった一向一揆は、古代の枠内で、農民にとってより凌ぎやすい社会を追求した点で、一定の革新性をもちえた。しかし、後期のそれは、あらたな歴史を拓きつつある封建的な近世大名とのたたかいである。それは、もはや歴史の進行を阻止する役割を果す反動そのものである。真宗が、その妥協的姿勢をかなぐり捨てて、仏国土実現のためにであると確信して、なんのためらいもなく武力抗争に、全教団あげて突入したとき、それは、実に古代の最後の武装反撃だったのである。本願寺は、封建勢力にとって、どうしてもたたきつぶす他ない歴史的な障害だったのである。

近世大名とたたかう一向一揆の典型は、三河のそれであろう。それは永禄六年から七年（一五六三〜六四）にかけてたたかわれる。その背景には、松平（家康）の今川からの独立、織田との修交をめぐる家臣団の対立があるが、事の本質は、家康の三河三ヶ寺（野寺の本証寺、佐々木の上宮寺、針崎の勝鬘寺）、土呂の本宗寺など三河教団の不入特権の剝奪という点にあった。松平独立の基礎を固めんがためには、領国経営の基軸として封建化（一円化と直接生産者の自立化）をおかねばならない。この封建化の路線の前には、古代的なるものはすべて、寺社の不入特権であれ、真宗の本願であれ、克服さるべき障害以外のなにものでもない。

これに対して、当然に、三ヶ寺側は、門徒・地侍・小領主を動員して抵抗線をしく。今川・織田それぞれの介入も、当然これに絡む。だが、地侍・小領主のなかには、すでに松平の被官となって、家康の家臣団に加わっているものもすくなくない。地侍層は、左すべきか右すべきか運命の岐路に立たされ、一族相分かれて戦う場合もまれではない。そうしたものの中で、この一揆においてもっとも著名なのは石川一党である。石川の一党は、はじめ一揆側に加担し、のち寝がえって徳川につくのであるが、石川数正は、一党の中ではじめから家康側についていた。また逆に、石川党の中にも、最後まで一揆側にとどまるものもある。しかし、いずれにしても、一揆側は、最終的に敗北し、改宗して家康に帰参することになる。この三河の一向一揆は、近世大名制をめざす領国経営の前に、旧い真宗が敗退する象徴的事件である。古代的な旧い真宗＝本願寺の敗北と近世封建制の勝利を、全国的規模において決定づけるものが、あの信長による凄まじいまでの石山本願寺戦争であったことはいうまでもない。

第二節　仏教と天皇制権力――日蓮

日本の古代イデオロギーは、以上にのべたように、天台・真言さらに真宗という発展をとげ、その発展は、本願寺の敗北をもって終焉する。だが、仏教イデオロギーは、その他にも、さまざまな形で展開する。その主たるものは、日蓮宗であり、禅宗であった。仏教が在地の下層農民の中へ入っていった場合が真宗であり、近世大名制形成の中で、古代の側からする最後の武装反撃を試み、徹底的に粉砕されたのであった。これに対して、日蓮宗・禅宗は、自ら異った教理展開をとげたし、また、その依拠する社会的な基盤も等しくない。浄土宗・真宗とは別に、仏教には、どのような教義的な展開があったか、どのような宗教運動が展開されたか、そうした教義と運動の展開は、イデオロギーの展開としてどのような意味をもっていたのか、そしてまたその社会史的意味はなんであったか。

まず日蓮宗から検討してみよう。日蓮の生涯が、他宗に対する攻撃また攻撃、裏からいえば、法難につぐ法難、迫害につぐ迫害の生涯であったことは、人のよく知るところであろう。日蓮の他宗批判とそれによってひきおこされる激しい迫害の意味はなんであったであろうか。日蓮宗は鎌倉仏教としては、最後に興ったものである。日蓮が、思想界に登場するとき、旧来の上層貴族には天台・真言が、新興の上層武士には禅が、そして、下層農民には真宗が、それぞれ結びついていた。旧仏教・新興仏教両者が、当時の社会の上層から下層に至るまでを、ほぼ覆いつくしていたといってよい。こうした思想状況に際会しつつ、あらたな自己の主張を展開し、かつその信奉者・共鳴者を獲得しようというのであれば、そこにはすでに、自己の入りこむ宗教的空白地帯が残されていないのであるから、その運動は、おおかれすくなかれ、既存のものと衝突することを免かれない。日蓮の他宗批判と迫害の意味は、まずさしあたり、それが後発のものであったことによる、ということができる。

こうした、いわばたたかう日蓮という姿が目をひく。日蓮宗を特徴づけるいくつかが、このたたかう日蓮ということからひきだされてくる。日蓮は、自己の固有の宗教的共鳴盤を求めて、街頭に立って直接に大衆に訴えかけ（辻説法）、論争を挑みこれを屈服させる（折伏）。訴えかけの内容は、ついで詳細にみるように、他宗への激烈な攻撃である。この攻撃は、「念仏無間、禅天魔、真言亡国、律国賊」という四箇のスローガンにまとめられている。他方、攻撃を受ける側は、いずれも、それぞれ権力と結びついている。念仏＝浄土宗・真宗といえども、これに帰依するものの中に、鎌倉幕府の御家人もいるのである。日蓮宗は、他宗批判ということから、きわめて激越な反権力的色彩を帯びて、われわれの前に姿をあらわす。他方、攻撃を受けた側が、これに対して直接間接の迫害をもって報いたことは想像にかたくない。辻説法をする日蓮が、つぶての雨をあびせられたというのは、日蓮受難物語のきわめて著名なエピソードである。いずれにせよ、日蓮の攻撃的な他宗批判＝折伏は、後発の新興宗教が、いわば力ずくで自らの信者を獲得するというにも等しい方法であった。

日蓮の攻撃は、たんに他宗批判＝イデオロギー闘争のレヴェルにとどまらない。それは時として、直接に幕府権力そのものに対してさえも向けられている。周知のように、当時は、蒙古の日本襲来が迫る「国難」の時期である。幕府は、外敵を追い攘うために「怨敵退散」の祈禱を、真言僧に委ねる。これに対して、日蓮は、真言宗の祈禱では効果はない。日蓮をして祈禱せしめよ、として幕府の方策に批判を加える。そして、もしも自分の言を容れないならば、かならずやわが国は蒙古の襲うところとなるだろう、というきわめて威嚇的な予言をもって、幕府を恫喝しようとさえするのである。さらにまた、「南無妙法蓮華経」の題目を唱え、太鼓をうちならして行進するさまは、一種の大衆的な示威行進そのものともみえる。だが、幕府はこれに対してふたたび迫害をもって報いる。日蓮の言動は、直接間接権力そのものと衝突するのであり、ここに法難につぐ法難という日蓮の受難があるのである。

「たたかう日蓮」の姿を辻説法・折伏・予言といった外形の中にみた。では、その他宗批判の内容はどのようなものであったであろうか。日蓮の最初の、またもっとも激しい論難の対象は念仏である。代表作『立正安国論』は、そのほとんどが、念仏批判の語句によって占められている。日蓮はつぎのようにのべる。

従来、多数の経典があり、修行方法にも、多くの難行、易行があった。だが、念仏は、無量寿経を中心とするわずか四巻三部の経典だけを重視し、経典は浄土三部のほかになく、仏は弥陀三尊のほかになしとさえいう。しかし、経典は二千数百巻あまりもあるではないか。伝教、義真、慈覚、智証など偉大な先師たちが、つぎつぎと万里の波濤をこえて中国へ渡ってこれらあまたの経典を伝えてきた。こうした努力や経典を否定してしまってよいであろうか。釈尊一代には五つの時代があり、その各時代にそれぞれの経典を説いた、その中でも「一代五時の妙典」たる法華経をその最晩年に説いている。にもかかわらず、無量寿経のごときを重視して、阿弥陀仏なる西土の「仏駄」だけを尊崇するなど誠にもっての他である。「法華経に云く『もし人信ぜずして此の経を毀謗せば、即ち一切世間の仏種を断ぜん、乃至其の人命終して阿鼻獄に入らん。』夫れ経文顕然なり。」そして現に「是を以て住持の聖僧行いて帰らず守護の善神去って来ること無」い状況が現出し、法華経の経文が証明しているように国家は現在未曾有の混乱に陥っている。

「是れ偏に法然の選択に依るなり」——こう日蓮は主張する。

日蓮の念仏批判の要点は、念仏宗が、「一代五時の妙典」たる法華経を軽視して、無量寿経、阿弥陀仏を尊崇しているのは許しがたい、という一点につきる、といってよい。ここには、法華経的＝天台的視角からする批判という日蓮の立場が強烈に表現されている。この批判の前提に、日蓮の経典主義的な思考が存在することもまた明白であろう。この法華経を絶対視する経典主義が、法華経の本尊たる釈迦牟尼仏を絶対視する本尊主義と結合していることも容易に看取できるであろう。

経典主義にもとづく批判なるものは、その経典を重視しているものからすれば、あるいは当るかもしれないが、そうした前提に立っていないものにとっては、ほとんど意味のないところである。しかし日蓮は、自己の法華経的経典主義をもって他を裁断する。そして、その裁断の正当性をふたたび経典にもとめる。自分は、法華経にもとづいて裁断しているのだ、だから正当なのだ、と。

夫れ経文顕然なり私の詞何ぞ加えん、凡そ法華経の如くんば大乗経典を謗る者は無量の五逆に勝れたり、故に阿鼻大城に堕して永く出つる期無けん

こうした、きわめて教条主義的な経典主義＝本尊主義が、念仏において、あるいは禅において、それなりに果された仏教革新といったものを無視してしまうものであることはいうまでもない。たとえば悪人正機説にしても、「悪」についての真の範疇転換はおこなわれなかったにもせよ、そこでは、布教対象の大衆化・下降化がめざされ、あの歴史段階でのギリギリの地点にまで到着していたし、その中で、仏教における内面化過程が、もちろん古代の枠をこえないとしても、徹底して追求されたのであった。こうした点について、日蓮は、その実念仏から多くを学んでいると

思われるフシがある――たとえば、題目を唱える点なども、念仏的易行の換骨奪胎であろう――にもかかわらず、あえて評価しようとしない。評価しようとしないばかりか、かえってあたまごなしの教条主義的経典主義的批難を投げつけるのである。

禅批判にも、日蓮の経典主義は一貫している。禅批判は『聖愚問答抄』において展開されている。その内容はつぎのとおりである。

禅には三つある。如来禅、教禅、そして祖師禅。この中とくに祖師禅は「不立文字」を唱えるが、その祖師禅でさえ、禅を伝えた祖師についてみると、教理を離れてはならないとしている。にもかかわらず不立文字を唱えるとしたらそれは自己矛盾ではないか。経典をぬきにして仏教の神髄をきわめることは不可能であるのに、不立文字などと称して経典を無視するがためにこうした自己矛盾に陥るのだ。不立文字という四つの字さえ教えであり、文字ではないか。禅の開祖達磨大師の伝には「教に籍《よ》って宗を悟る」と書いてあるではないか。達磨大師の弟子、六祖の第二祖慧可の伝にも、達磨が慧可に楞伽経四巻を授け、この経はとくに唐土にふさわしい、これによって修行し仏になれと教えたではないか。開祖達磨をはじめとして、禅の祖師たちは、いずれも、まずもって経典について学び、それに依って禅宗をたて成仏したのである。禅といえども、楞伽経、首楞厳経、金剛般若経などの経典に依るのであって、けっして不立文字で一貫しているわけではない。禅宗といえども現実に経を誦み、経に学んでいる。しかりとすれば、経典中の最上最勝の経典たる法華経をこそ――楞伽経とか金剛般若経とかでなく――用いるべきだ、禅宗もすべからく法華経に依拠せよ――これが日蓮の禅批判の要点である。

ここには、法華経主義のきわみがある。この経典主義が、伝統主義的な色彩と密接に結びついていることもまた明らかであろう。禅にも経典によるところがあることを、なによりも禅の祖師たちの伝統の中からひきだしている点、またさきの念仏批判にあったように、伝教以来の経典将来の伝統から説きおこす点等々いたるところに示されている。

要するに、経典の軽視は、釈迦に端を発する諸々の仏祖たちのきずきあげてきた仏教的伝統を軽視することだ、というのである。

教理内容そのものの是否について、実質的に検討しようというのではない。既存の経典があり、既存の伝統があり、それがよるべき絶対の規準だ、というのである。この経典＝伝統を絶対視し、これに照らして各宗派の当不当を争うという文字どおり教条主義的な仕方で他宗批判をおこなうのが、日蓮の折伏であった。念仏は、これに対してきわめて対照的である。念仏、とくに親鸞教は、あらたな布教対象を発掘し、教理内容―成仏論を再構成する。他宗派の批判のごときは、これを極力回避しようとするのである。しかしながら、禅であれ念仏であれ、もちろん仏教的思考から離れてあるわけではない。そうであるかぎり、これらの宗派にとっても、釈迦に由来するとされる経典はやはり絶対のものたるを失わない。経典の根拠は、最上の権威であり、論争などにおいては、経典の根拠は、やはり勝負のきめ手となる。日蓮の経典に対する精通ぶりが並々のものでないとすると、他の宗派は、公開の対決には弱くなり口をつぐんでしまう。日蓮が文字どおり「石をもて」迫害されたのも、このことに関係しているのであろう。

日蓮の他宗批判の方法は、右にみたように教条主義的な経典主義であった。経典主義は、しかしながら、日蓮一個のものではなく、また当時の時代の要求でもあった。当時の思想状況は、あの秘密的な即身成仏論であった。そこには、個々バラバラに秘密裡に成仏したと称する個別が、仏教的全体枠から独立して、個別の権利を要求しかねないという仏教的危機が発生している。こうした、仏教自身の中から出てくる、仏教そのものをのりこえかねないさまざまな動きを、あくまでも仏教の枠につなぎとめようとする動向が、ここにまた生ずるであろう。そして、個々バラバラになろうとするものを仏教的枠内に繋ぎとめるための根拠として、経典―経典主義が拡大してくるのである。仏教にとっての危機状況そのものが経典主義を要求するのである。日蓮は、まさにその上にのって、経典主義をふりかざす。日蓮があれほど迫害されたのは、逆説的にいえば、実はそれほど痛いところを衝いていたのだともいえるであろう。

つぎに真言批判をみてみよう。これも『聖愚問答抄』にある。その内容が、経典主義的批判であることは、以上とまったく軌を一にするものということができる。ただここでは、真言の側も、大日経によって、同じく経典主義のレヴェルで反撃を加えている。これに対して日蓮がいかに反論するかをみてみよう。

論争の焦点は、大日経が、法華経は華厳経にも劣る――したがって、真言所依の大日経からすれば、法華経は「三重の劣」となる――戯論であって、釈尊は無明に迷う仏で大日如来の牛飼にも足らないという経文を含んでいる、という真言側の主張である。これに対して日蓮はつぎのように反駁する。それは本当にたしかな経文か。涅槃経にも「我が仏法は他国へ移らん時誤り多かるべし」とあるように、西天から東土へ経典が伝わる過程で、翻訳などにも誤りがあるはずだ、そうしたことを考慮せずに大日経をふりまわすのはおかしいのだ、これに対して法華経の翻訳には絶対間違いないというたしかな証拠がある。訳者羅什三蔵は、自分の翻訳にもし誤りがなければ、死後死体を焼いても、舌だけは焼けないだろうといったが、果して彼の舌は焼けなかった。だから法華経だけは絶対にまちがっていない。大日経には誤訳があるのではないか。これが日蓮の反論である。

そのほかに律批判があるが、日蓮の他宗批判の中で、律批判はほとんどウェイトをもっていない。律宗は戒律を重んぜよと説くが、現時の律宗僧は蓄財にあけくれている。教義と行動とがかく背反しているものをだれが信用するものか、といった程度で片づけている。こうした日蓮の律宗を軽視した批判の中にも、われわれは日蓮における強い権力主義を見出す。日蓮には、強烈な経典主義があった。経典主義には本尊主義、伝統主義が結びつく。これらの点は以上にみた。経典主義には、さらに、権威主義・権力主義が結びつく。各宗派の教義や活動の是非の判定は、経典主義の場合には、その内容の検討によってではなく、絶対視される経典の経文に照らして判定されることになる。ここに、経典は一つの権威であり、また、判定を有無をいわせずおしつける権力となる。日蓮の経典主義には、こうした権威主義・権力主義的色彩がまつわりついている。それだけではない。他宗批判をおこなう際、相手が強大な宗派的勢力を有する場合には強烈な批判を加え、相手の勢力が弱小な場合にはこれを軽視する、という他宗批判の仕方が、右の律宗批判の仕方の中に、きわめて露骨に示されていた。こうした批判の仕方の中に、われわれは、日蓮の強烈な権力関心を垣間見るのである。

以上、日蓮のおこなった四つの他宗批判をみた。それは要するに、鎌倉仏教を特徴づけるそれぞれの宗教内面化過程のゆえに、多少とも経典＝教条からの乖離をみせているまさにその点に襲いかかるという、経典の発掘、意味附与の思想史的意義をあえて無視してかかる教条主義＝経典主義にほかならなかった。真言のように大日経的経典主義に立つものに対しては、翻訳に誤まりがある、自分の方にはないとまで強弁して、法華一乗を貫こうとするものであった。この教条主義、経典主義が、伝統主義的・権力主義的性格を帯びることもあらためて繰り返す要はあるまい。

日蓮の他宗批判、幕府批判は、反権力的な様相を呈していた。しかし、日蓮の批判の仕方そのものの中には、かえって、経典主義という形で強烈な伝統主義と権力主義とがあった。では、日蓮におけるこの伝統主義と権力主義とのより具体的な内容はなんであろうか。別の問い方をするならば、日蓮があらゆる迫害にもかかわらずあえておこなう他宗批判の根底にある課題意識はなにであったのか、という問題である。日蓮は、安房の天台宗の寺清澄山に育ち、当時の台密全盛の風潮のもとで、密教、とくに真言を学び、二十一歳『戒躰即身成仏義』をあらわし、顕教（法華）よりも密教の方がすぐれているとしている。後年の真言批判からすれば意外なことであるが、彼は天台寺院において東密的出発をおこなっているのである。ついで叡山に登り、ここで天台学を学び判釈――各宗派の優劣判定――を学ぶ過程で、その思想的出発点たる真言密教の方向を捨てて天台宗に向い、三十一歳には法華一乗主義をほぼ確立して、この年（建長五年、一二五三）の五月、清澄山において、日蓮宗を開宗した、といわれている。彼の思想形成の過程に即していえば、彼の課題意識の成熟は、真言を捨てて天台をえらびとるという形態において表現されているのである。

天台と真言との教理的差異については、すでにのべた。一言にしていえば、理事無礙と事事無礙のちがいであり、全体の統括者たる理＝一念＝国家を教理の軸に据えるのが天台であり、全体の統括者が関係＝因縁というレヴェルにまで稀薄化されていたのが真言であった。天台宗は古代的なイデオロギー性、権力性が明確であり、体系的安定性もあった。他方真言は、即身成仏であり密教であるがために、成仏は個別のバラバラな過程に委ねられて、なんらか統一的なものはもはや問題とされず、全体はバラバラの個別的過程に解消されようとしている。しかりとすれば、日蓮における真言から天台への転向は、彼の中での古代的全体＝国家、古代的権力への関心の意識化・明確化を物語っているのではないであろうか。日蓮の他宗批判を貫く経典主義の基調は実に伝統主義・権力主義であった。その意味はここからすれば、古代的全体＝国家の伝統と権力とを明確化せんとする課題意識の表明であったとみてよい。

日本における古代国家の伝統と権力とを明確ならしめるとすれば、そこにどのような問題が生ずるであろうか。日本古代が天皇制国家として樹立されたことはいうまでもない。だが、日本の古代を全体として弁証するイデオロギーは、仏教であった。もちろん、ここでの天皇制は、アジア的な原天皇制から、古代天皇制へと転換している。天皇家自体は旧い過去からのひきつぎとしてあるため、古代体制を弁証する原理として仏教があり、仏がまつられているのと同時に、天皇家祖先神として、日本的な神々は、そのまま存続している。ここに、古代的な神たる仏と伝統的な神々との同時併存という問題がある。すなわち、鎮護国家の法を説く天台・真言は、古代国家と緊密に結びつくものでありながら、しかも、仏教と日本の伝統的な神々との間には、なお一髪の隔差が厳存している。この隔差は、古代の安定的状況の下では姿をあらわすことはない。しかし、古代的矛盾の進行は、この一髪の隔差を、一つの深い亀裂にまでおし拡げていくのである。全体性を喪失していく真言では、この深まりいく亀裂を救うことができない。しかもいまや禅・念仏が登場する。それらは、亀裂を救うどころか、これを拡大する方向にはたらく。念仏＝親鸞のごときは、神祇不拝をさえ標榜する。

日蓮が、日本古代の伝統と権力とを意識化・明確化せんとしたとき、彼が当面した問題は、まさしくこの問題であった。そして日蓮は、この古代天皇制権力のイデオロギー的亀裂を、まさに伝統的権力たる天皇制を主軸として救わんとするのである。天皇制を主軸とする古代権力の再結集を可能にするようなイデオロギーの樹立こそが日蓮の課題であった。こうした観点からするとき、日蓮が真言にあきたらないことはいうまでもない。他方政治的な統括を体系的安定的な形で説く天台とその所依の法華経にかぎりなく魅かれるのもまた当然のことである。ただ、天台宗に対しても、宗教的統一者たる一念を政治的レヴェルにおいて王として想定するにとどまり、特殊日本的な古代権力＝天皇制をそのものとして語るには至らず、仏と神々との間の一髪の差を残した点については、なお不満が残るであろう。あそこまで徹底した法華一乗の立場に立ちつつ、天台宗でなくあえて日蓮宗を自ら開いたのも、おそらくその点にかかわっているのであろう。日蓮における日本の古代権力の意識化・明確化の志向は、かつて直接に権力を語ることをしなかった仏教の従来の態度をかなぐり捨て、直接的に真正面から天皇制を語り始めさせるのである。

仏教が権力を直接に正面から語り始めるとき、今度は逆に、日本的古代権力——それにまつわる神々——を語らざることそのことが問題視されるに至る。その点は、念仏批判の中に強く表現されている。念仏は他宗の修業等をいっさい雑行として斥け、西方浄土の阿弥陀仏だけを礼拝して釈迦仏を軽視している。そして、従来の諸世天、諸菩薩をも軽視している。そればかりではない。日本古来の神々をも無視している。これでよいであろうか——こういった批判を日蓮は念仏に加える。そのほかの他宗批判においても、日本の伝統的な天皇制にあわないではないかという詰問が、しばしばでてくる。日蓮は、日本は神国なのだ、ということを繰り返し強調する。そうした表現によって、日本の神々とその系譜をひく日本の古代天皇制を直接に正面きって擁護するのである。

今世の念仏の行者・俗男・俗女、経文に違するのみならず又師の教にも背けり。五種の雑行とて念仏申さん人のすつべき日記・善導の釈之れ有り。其の雑行とは「選択《せんちゃく》」に云く「第一に読誦雑行……第三に礼拝雑行とは上の

> 弥陀を礼拝するを除いて已外《いげ》一切諸余の仏菩薩等及諸の世天に於て礼拝恭敬《くぎょう》するを悉く礼拝雑行と名く、……」。此の釈の意は「……第三の礼拝雑行とは念仏の行者は弥陀三尊より外は上に挙ぐる所の諸仏菩薩・諸天善神を礼するをば礼拝雑行と名け又之を禁ず」。然るを日本は神国として伊奘諾《いざなぎ》伊奘冊《いざなみ》の尊《みこと》此の国を作り天照大神垂迹《あとたれ》御《い》坐《ま》して御裳濯河《みもすそかわ》の流れ久しうして今にたえず、豈此の国に生を受けてこの邪義を用ゆべきや、又普《ふ》天の下に生れて三光の恩を蒙りながら誠に日月・星宿を破する事尤も恐れ有り。（『聖愚問答抄』）

日蓮の本質は経典主義、伝統主義であったが、しかし、伝統的旧仏教たる天台・真言に回帰したのではけっしてない。古代権力の再結集をめざして、天台の再編を試み、そこに、従来の仏教が語らなかった日本的古代権力たる天皇制を直接正面から語るに至るのである。空海にも強い権力志向があったが、彼の著述においては、たとえば『三教指帰』にみえるように、仏教の儒者・道教に対する優越を語りはするけれども、直接に神の問題、神国の問題、天皇制権力の問題には言及していない。しかし日蓮に至ると直接に日本の古代権力を語りはじめる。権力に直接せんとする思考の燃焼度が、格段に高められているのである。

こうした思考の燃焼の中で、日蓮において独特の歴史意識、神国的な歴史観が形成されていく。日蓮における神国的歴史観の根底にあるものは、古代権力＝天皇制の結合強化ということ、換言するならば、仏と日本的神々との間にある一髪の隔差を克服せんとする志向であったということができる。日蓮の激越なまでの他宗批判、そしてまた幕府批判の意味はいまや明らかである。それらのものは、それぞれに差異があるとはいえ、いずれも、危機を深めゆく日本古代＝天皇制を擁護する上で不充分であり、また、かえって古代権力がバラバラに解体していくのを助長しさえしている。蒙古の危機が迫っている。そのためには、天皇制を中心として、全ての勢力が結集しなければならない。にもかかわらず、本来、古代権力を擁護すべき仏教各派は、イデオロギー的にも現実的にも、この課題に応ええていない。むしろ、分裂を助長しさえしている。神国日本は、天皇制を軸として、法華経的精神によって古代社会の連合＝統括を実現しなければならない――これが日蓮の他宗批判・権力批判の真意であったのである。

日蓮は、こうした観点に立って、日本の歴史を回顧し、これに審判を加えようとする。法華経がその基準である。法華経の経文に照らして、これと合致した場合には、安泰な治世が実現され、逆にこれに反した場合には、社会には波乱が生ずる。たとえば、蘇我氏と藤原氏とのあらそいの場合、釈迦仏を造った鎌足が勝ち、これを軽んじた入鹿はほろびた、というふうに処理される。こうしたいわば、法華経歴史論とでもいう歴史論を展開して、ここから現実のとるべき道を明らかにしようとするのである。

だが、こうした史観に立って日本の過去の歴史を裁断しようとするとき、そこには、きわめて重大かつ困難な問題が発生せざるをえない。というのは、現実の歴史の中で、仏と神々との対立状況が一再ならず発生している。こうした仏と神々との対立の歴史を審判せんとするならば、そこには、仏教＝法華信仰とかつての神信仰との関係をどうとらえるかという問題が発生せざるをえないのである。仏と神々との間の一髪の隔差を克服しようという問題を立てる場合、実は、この問題が始源的に孕まれるはずであるが、その問題が日本の現実の歴史の審判をおこなうという作業の中でいやおうなしに解決を迫られることになるのである。従来の旧仏教があえて直接に権力と神々とを語らなかったのは、周到にもそれあることを予想してのことだったともいえるかもしれない。しかし、日蓮における危機感の昂進は、もはや直接権力を語らずにおくことを許さなくなる。ここに日蓮は、仏教者としてあえて日本の古代権力を語り、日本の神々を語った。日蓮は、日本の神国のすぐれた点を強調し、あらゆるものが神国維持のために奉仕すべきであると説き、さらには、神国＝天皇制こそが最善の幸福をもたらすのだとまで、仏教者として断言する。

一方で法華経の絶対性を強調し、他方で、天皇制権力と神々とをここまで重要視したとき、もしも両者の間の優劣をきそい、いずれかの窮極性を問うとしたならば、その判定は困難をきわめるであろうし、その間の緊張は極点にまで達するにちがいない。現実の権力に接近せんとするものにとって、こうした問題は、まさに触れてはならないタブーである。だから旧仏教は、この問題を誘発するおそれのある論点には注意ぶかく近よろうとしなかった。また、この問題に触れかかったとしても、たとえば垂跡説のような不細工な仕方ではあれ、仏と神々とを融合させて緊張を解消させる便法がないわけではない。

だが、日蓮はこの問題に触れてしまった。しかも、日蓮には、右のような便法をとりえない事情があった。日蓮は、直接に権力を語らない天台や真言にあきたりず、就中、真言批判をおこなって、自らこれにとって代わろうとした。しかし、現実に天皇制権力と癒着している真言が、やすやすとその座をおりるわけもない。真言はありとあらゆる手段を用いて日蓮を追い落しにかかる。天皇制をまもり、これに近からんとして、仏教者としてあえて天皇制権力と神々とを語ったにもかかわらず、日蓮は、現実にはそこから切り捨てられてしまうのである。首尾よく天皇制権力と結合することができれば、対立はなんらかの方法で融和させられたかもしれない。しかし、事態はまさに逆であった。近からんとすればするだけ突き離されるのであれば、対立緊張はいやが上にも昂進する。ここに仏教者日蓮は、ついに、「神は所従なり法華経は主君なり」(『三沢抄』)と言い放つ。

かつて権力を直接に語らなかった仏教が危機感の拡大の中で直接に権力を語ったとき、日本の古代イデオロギーは、自らの最深部にあった矛盾をついにあらわにする。みずからの最重要なる権力とその神々とを「神は所従なり」としてかえって貶価するという自己矛盾。触れることをタブーとされた矛盾が白日のもとにさらけ出されたのであった。ただし、このことによって、日蓮の法華経歴史論は、日本史学史上類例をみないほどの明快さを獲得することになる。その明快さは『愚管抄』――これも仏教者が、危機に促迫されて現実の歴史を語らざるをえずに語り出したものである――につきまとう不明快さときわめて対照的である。『愚管抄』は、仏教が神道に優越するといいきれないため、論理が一貫しないのである。日蓮は、天皇制的神々と仏との間の亀裂の拡大の中に、日本古代の危機の核心をみた。そして、この危機を救わんがため、仏教者として、天皇制と神々の重要性を強調した。にもかかわらず、否むしろまさにそのゆえに、天皇制権力そのものから切り離される。ここに日蓮は、自己の天皇制再結集の志向と対立して、「神は所従なり」との断定に至ってしまうのである。これは日蓮の矛盾であり「悲劇」であった。では、日蓮をしてかかる悲劇の道を歩ませたものはなにであったか。なにが日蓮をかりたてて、天皇制権力と神々とを語り出させたのか。

日蓮をかりたててやまないものは、彼の出生・生育の場たる清澄山をめぐる特殊な政治的思想的状況であった。彼の課題意識――危機感は、彼の出生そのものの中に、運命的ともいうべき仕方で規定されていたのであった。彼の出生と生育の場をめぐる諸状況を、やや立入って眺めてみよう。

日蓮の出生地安房の国は、鎌倉時代まだ開発の進まない荒蕪の地であった。幕府は、安房、上総、下総に人を招致して開発に努める。元来安房は太平洋に面した漁業地帯であった。日蓮自ら「海人《あま》の子」であるといっている。安房は宗教的ゆかりの深い土地柄であった。古来から「座《います》神社」があり、「神郡」、神の国といわれた。平安末期には伊勢の大神宮との関係も生じた。十二ヶ村一千町歩に及ぶ土地が、安房から大神宮に寄進されたのであった（『神宮例集』）。さらに頼朝がこの安房の国の長狭郡東条の一帯を神宮に御厨として寄進する（『吾妻鏡』）。これが東条の御厨であり、ここには、長狭郡の夷隅《いずみ》村から日蓮出生ゆかりの小湊も含まれている。なお、鎌倉初期、大神宮関係の御厨は、全国およそ四百五十、そのうち伊勢に約三百、それ以外に約百五十あったといわれている。

御厨のあがりを大神宮に送りとどける実務を担当するのが荘園体制における預所・領家であり、預所・領家は、名主をつうじて、農漁民からなる御厨の民を支配する。鎌倉時代になると名主層が次第に力を強め、その一部が新興の鎌倉幕府の基盤となっていく。幕府は、守護なり、地頭なりを派遣して、荘園のあがりを分けあうことになる。地頭は警察権を担当するということではあるが、実質的には、荘園を蚕食していくのである。こうした傾向はこの大神宮御厨たる安房一帯にも次第に及んでくる。大神宮御厨東条は、神宮領であるから守護は設置されないが、警察権を担当する地頭は設置されるのである。安房の国の地頭は、麻呂、安西、神奈、東条の四氏が著名である。この四氏が安房四郡を分割担当した。この四氏は、いずれも荘園体制下における名主であった。彼らは力を蓄え武力化して幕府につき、荘園体制とは相対的に独自な地頭の地位に就いたのである。

東条御厨のおかれている長狭郡においては、はじめ長狭常伴が有力であったが、鎌倉方についた東条がこれを倒し、長狭郡一帯は、東条一族の支配下に帰した。頼朝時代の惣領が東条秋則であり、清澄山のあたりを支配する地頭は、一族の中の東条景信であった。景信は東条御厨を自己の支配下に収めようと企てる。また景信は念仏信者であった。彼は念仏の布教を試みる。荘園体制と武士権力との対立は、仏教各派の対立として姿をあらわす。荘園側は、天台・真言あるいは律、武士側は、禅あるいは念仏という形で、各派対峙の状況が出現する。各派は自らの基盤を確保すべく、それぞれに農民大衆を自派にひきつけんときそいあう、密教化＝呪術化して民衆の日常の利害関心に即応せんとするもの、「悪」をおこなう他ない民衆の日常に即して魂のすくいを約束するもの。だが、この時点において、いまだあらたなる歴史の方向はかならずしも分明でない。そうした混沌の中で、古代末期の危機は進行していく。

いずれにせよ、地頭東条景信が御厨を奪い取ろうとして念仏布教を開始しはじめるに及んで、この安房の地にも、このイデオロギー闘争の状況がいっきょに波及することになった。このとき東条御厨側で大神宮の領家の役割を果していたのが、実に清澄山であった。神宮所領の領家たる清澄山が、これまで、実質的に、東条御厨を寺領として支配していた。この神宮所領＝清澄山に、東条景信は襲いかかる。念仏宗も徐々に浸透しはじめ、清澄山はその基礎を掘りくずされようとする。この神宮所領をめぐる争奪が、清澄山と東条景信とのあらそいであり、これこそが、日蓮出生時、その地域をめぐる社会経済史的な対立抗争の状況であり、イデオロギー的抗争の状況であった。

日蓮の出生地はかならずしもはっきりしない。いずれにしても、十二歳の時に清澄山に入る。清澄山が東条によって脅かされるというちょうどその時期に、日蓮は清澄山に少年期以降をすごすのである。彼は、清澄山について、自分の父母に代わって育ててくれた恩ある人たちがいるのだということを何回も繰り返し語っている。「日蓮が重恩の人なれば」とか「日蓮が父母等に恩を蒙《かお》らせたる人なれば」とかいうのである。日蓮にとって、そこはかけがえのない故郷だったのである。東条の清澄山への攻撃は、日蓮の回想録の中からも、いろいろの形でうかがうことができる。例えば「東条左衛門景信が悪人として清澄の飼鹿等を狩りとり」(『清澄寺大衆中』、建治二年正月)、清澄山が飼っている鹿を勝手にとったり、「房房の法師等を念仏者の所従にしなんとせしに」、清澄山の僧侶たちを武力で脅かして念仏宗に改宗させようとする。かくて日蓮は「日蓮敵をなして領家のかたうどとなり」、領家側にくみして東条と戦うのである。

この戦いは、どちらの側が民衆をひきつけうるかという戦いでもある。初期日蓮の真言密教的な即身成仏論もまた、下層大衆の把握という観点に由来するものであったのであろう。だが他方、念仏宗は、衆生救済のもっとも大衆的な方法を彫琢しあげていた。しかも地頭権力と結んで、強圧をもって日蓮の上に襲いかかってくるのである。日蓮のあの激しい念仏批判の根底にあるものがなんであったかはいまや明らかである。それは、地頭権力=念仏宗の強圧におしつぶされようとする神宮領家の側の必死の反撃だったのである。彼が古代天皇制権力の結集をよびかけるのも、清澄山が神宮の領家であったことに由来する。古代天皇制を頂点とする古代連合を再編しつつ、他方、不満武士、都市細民等の大衆を組織して、念仏宗その他、古代荘園体制を蚕食する諸勢力に対抗しようとしたのであった。天皇制権力と神々を語り、経典主義をふりかざしつつ、街頭に立って大衆によびかけ、太鼓をうち鳴らして行進するという日蓮の姿は、まさしく、地頭権力=念仏への必死の反撃の姿であったのである。度重なる迫害にも屈せず、執拗に他宗攻撃をくり返す日蓮の中には、新興武士勢力に侵蝕され、なすすべのない地方の古代荘園領主・領家の憤激がもえたぎっていたのであろう。

日蓮は、念仏攻撃、天皇制権力再編を貫徹するため、幕府内部の確執にくさびをうちこみ、幕府そのものを分裂させようと画策しさえする。日蓮は、東条の違法を鎌倉へ訴え出、問注所において東条の非を鳴らす。一時は東条側敗訴といった状況もうまれるけれども、東条のバックには幕府があるのであるから、問題は容易に決着がつかない。数次にわたる交渉の中で、日蓮は、東条の直接の保護者が極楽寺殿北条重時であるのを知る。日蓮は当時をつぎのように回顧している。自分は本来安房のものであるが、国へ帰ることができない。それは地頭の東条景信というものが、極楽寺重時、藤次左衛門入道などあらゆる念仏者等をかたらって、たびたびの問注で日蓮を鎌倉に喚び出す。結局は合戦になったうえ、極楽寺殿の側についていたものが理をまげたので、父母の墓をみないこと数年という状態におかれた、と。ここには、日蓮が相手の権力状況を見透しつつあることが示されている。

こうした見透しにもとづいて、念仏批判をおこなうとともに、東条のバックの中には、禅宗に帰依するものもあることをみてとるや禅批判をも開始するのである。そして、極楽寺重時と一定の対立関係にあった幕府の実力者北条時頼に接近しようとする。折しも天変地夭が鎌倉ほか各地に現われる。建長八年、鎌倉に霖雨、飢饉、暴風雨、京都には疫病、翌康元二年には、太政官庁火災、京都に大地震、五条大宮殿の炎上、月蝕日蝕、京都に洪水、鎌倉に大地震、旱魃、鎌倉にふたたび大地震、山は崩れ、神社仏閣は倒れ、火災は各地を焼いた。日蓮は、『立正安国論』に、これらの天変地夭、飢饉疫癘が発生するのは、法華経に背いて邪義＝謗法邪宗の念仏がおこなわれているためであり、これをそのままにおけば、さらに自界叛逆、他国侵逼の二難があらわれるであろう、とのべ、これを時頼のもとにつきつけるのである。ここにも、日蓮の権力主義的な行動様式がうかがわれる。時頼自身はこれを黙殺したといわれるが、事態を聞きつけた極楽寺らの圧力によって、伊豆に流されることになる。たしかに、鎌倉内部にも一定の対立状況はある。しかし、それは、深刻さにおいて、古代天皇制権力と幕府権力との対立の比ではない。

日蓮は、幕府にとって、あるいは北条にとって、鎌倉内部の対立と古代天皇制＝荘園体制との対立とが、その深刻さ重大さにおいて決定的に異るという点において、完全に目測を誤ったのであった。日蓮は生れながらに、ある対立抗争の渦中にまきこまれた。彼はついえ去る他ない旧体制の神宮領家清澄山に生い育ち、これの「かたうど」となる。

それは一つの宿命ともみえる。そして、彼は、この宿命ともいうべき仕方で規定された古代天皇制的な制約を受けたきわめて狭隘な思考の枠の中で、相手側の権力状況を観察している。目測の誤りは必然でさえある。出生の状況においても、迫害の過程においても、日蓮の中には、孤立感が拡大する。そしてそれがまた、末法的な危機意識と結びつく。リアルな状況認識とは正反対の、過熱した危機感と孤立感とにもとづく権力主義的志向と希望的観測とが彼の眼を曇らせずにはおかない。だが、それは、日蓮自身いかんともしがたい宿命であったのであろうか。もしも、出生とともに刻印づけられた選択の余地のないかにみえる神宮領家の政治的方向を、自らつき放し、対象化するという思想的営みが果されたならば、彼は、自らの運命的制約——存在拘束性《ザインスヘルブンデンハイト》——をのりこえることができたはずである。だがもちろん、現実の日蓮は、それからはあまりにも遠い。

彼においては、目測の誤りは、自己を対象化するための契機とはならない。むしろ逆に、『立正安国論』における他国侵逼の予言が蒙古の襲来によって適中するのをはじめとして、その他多くの予言が、幕府の黙殺・迫害とはウラハラに、ことごとく適中するように思われることから、日蓮は自己の予言者的能力にますます自信を強めていく。古代天皇制権力の再結集、幕府分断の画策等、自らの企図がことごとく挫折した後、日蓮は、その晩年をパトロンの一人波木井実永（甲斐国波木井の地頭）の援助により、身延の山中に送ることになるが、ここにおいて、自己の予言者的能力への自信を極度に強め、ついには、自らを上行菩薩の再来であるとまで思いこむのである。そうした宗教的憑依状態の中で、あの大曼荼羅をかく。讃文に曰く、

大覚世尊御入滅後、二千二百二十余年を経歴す。しかりと雖月漢日三ヵ国の間、いまだこの大本尊あらず。あるいは知りてこれを弘めず、あるいはこれを知らず。我が慈父仏智を以てこれを隠留し、末代のために之を残す。後五百歳の時、上行菩薩世に出現し、始めてこれを弘宣す。

と。

日蓮が自ら上行菩薩の再来と信じたというだけでなく、通常の日蓮理解においても、その予言者的カリスマがクローズ・アップされ、宗教者日蓮の偉大さと権力者北条の愚劣さという構図がしばしばみうけられる。そこには、天皇主義者日蓮に迫害を加えて国難を招き寄せた不忠なる幕府権力といった戦前の皇国史観的評価の影もなお絡みあっているかもしれない。しかし、あの歴史段階においてなお古代天皇制の再編という方向からみている日蓮には、鎌倉政権の本質を見透すことはもとより、幕府内部の対立の意味と幕府と古代天皇制との対立の意味とを正確に判定することもできないのである。蒙古襲来と日蓮の予言は一つの偶然にすぎない。その他の予言にしても、適中というのは、一種希望的な解釈の結果でもある。日蓮は、終に、伝統を革新する「予言者」ではなかった。

第三節　仏教と武士――栄西と五山

浄土真宗・日蓮宗と並んで、鎌倉仏教の中で、指を屈すべき重要な宗派は、いうまでもなく禅宗である。周知のように、日本の禅の主たるものには、臨済宗と曹洞宗とがある。臨済宗は鎌倉から京都にかけてひろがり、曹洞宗は永平寺のある北陸一帯を中心として関東・東北に普及する。このように、日本の禅は、臨済宗・曹洞宗としてあらわれるが、その具体的な展開をたどるに先だって、一般に古代イデオロギーとしての仏教における「禅」なるものについて、若干の予備的考察をおこなう。

禅とは定ともいわれ、その意味するところは、静慮である。静慮とは、人間の心をなにものかに集中して思考を練ることである。とくに仏教的な意味においては、静慮とは、なんらかの直観的洞察によって、超越者＝仏に合一することである。したがって、禅とは、超越者＝仏に、直観的に合一するための方法であるということができる。

仏教には「戒・定・慧」の三学がある。戒とは、禁欲的な戒律を重んずることで、仏教徒にとっては、成仏のための重要な条件であった。小乗仏教は二百五十戒を称し、大乗仏教は十重戒・四十八軽戒を称する。仏教者は、一定の順序にしたがってこれらの戒律を守るための禁欲的修業をおこなうことが要求された。定とは瞑想であり、瞑想によって直観的に仏と合一することである。瞑想による一種の自己覚醒であるといってもよいであろう。慧とは、仏教理論の研究である。これは、否定と肯定という仏教教理の二側面にそって、それぞれ唯識論と実相論という形で展開・深化されてきた。仏教は、この戒・定・慧を三学と称し、三学相まって初めて仏教的真実の世界に到達できる、といわれている。

仏教とは超越的世界であった。仏教は自己――個的なもの、私的なもの――否定によって、超越的な全体たる仏の世界に到達せんとする。仏教の戒律は、この自己否定のための一つの方法である。個的なるもの、私的なるものとしての自己は、まず差別的存在であろうが、この個的な差別を生みだすものは、人間の意識・感情のもととなる五官である。五官にもとづく意識・感情、もろもろの欲望、煩悩を否定すること――禁欲が、仏教的超越的世界に到達するための方法となる。これが戒律である。だが、いかに禁欲を重ねたからといって、それで果して真実の世界に到達したのかどうか分明ではない。また他方、理論＝慧といっても、人知を絶した超越的世界を対象とするのであるから、これを論理的に描き切ることは不可能である。だから、仏教は禁欲＝戒律と理論＝慧の二つにとどまることは不可能であって、直観的な瞑想による仏への合一、没入という方法が、どうしても不可欠となるのである。

こうした意味において、直観的合一のための瞑想＝（禅）定は、仏教において本来的なものである。もちろん、この瞑想という方法は、仏教がはじめて編みだしたというわけではない。それは仏教に先だつバラモン教の中にある。これを仏教的に鋳直したものが仏教における禅的な瞑想である。バラモン教とは、インドにおけるアジア的支配の論理であった。そしてその担い手は、知識人層たるバラモンであった。アジア的世界もまた一つの超越的世界である。バラモン教は、このアジア的世界の超越者を梵＝ブラーフマンとしてとらえ、これと人間との合一を課題とする。そのための方法としてヨーガとか禅とかが考えだされた。禅が、こうした神秘的瞑想、超越者へ個別的に参入する――瞑想＝合一は個人の営みである他ないから――瞑想合一であるとすれば、それは、超越者に直観的に合一することが課題となるとき、つねに発生するはずのものである。だが、それにもかかわらず、インドの宗教としてのバラモン教やとくに仏教においては、禅的なもの――神秘的瞑想的なものが、いちじるしく拡大しており、その点がヨーロッパの古代宗教としてのキリスト教に対するきわだった特徴となっていることは否定しえないところである。神秘主義的、瞑想的な要素が、バラモン教や仏教においては、キリスト教――そこにもちろんそうした要素がないわけではない――に比して、何故にかくも大きな要素としてあらわれるのか？　この疑問を念頭におきつつ、まず、バラモン教成立の状況をかんたんにみてみよう。

インドはカーストの国であった。バラモン・クシャトリア・ヴァイシャ・スードラの四大カースト（種姓）がその古典的なものである。バラモンは祭祀を司る僧侶の種姓、クシャトリアは戦闘に従事する騎士・王族の種姓、ヴァイシァは自由民であるが「他人に貢を納め、他人に呑噬せられ、意のままに圧迫」される主として農耕に従事する種姓、最後にスードラは「他人の下僕にして意のままに放逐せられ、意のままに殺害せらるる者」として賤業に従事する本来他種族の被征服民である。これらのカーストは、それぞれの出生・家系にもとづく血縁的（種族的）伝統に固く縛られ、その伝統的な職業を変えることも放棄することも許されない。インドにおけるアジア的社会は、全体＝血縁共同体の生産編成＝職業編成がカースト間分業、種族間分業としておこなわれるという形態をとったのである。

戦闘・祭祀・農耕は、どのような原始的社会にとっても本来的である。インドの場合には、それが、それぞれ固定したカーストによって分担されるのである。それは、インドのアジア的社会が、アーリアンによる土着のドラヴィダ族の征服のうえにきずかれたという歴史的事情に由来するものと思われる。アーリアンとドラヴィダとの抗争の場合にも、どちらがより高い生産力を握るかがポイントであった。アーリアンは種族間分業を採用した。その結果、彼らは、ドラヴィダを生産力的に凌駕することができたのだと思われる。アーリアンは、戦闘集団であったのであろう。しかし、農地を握る土着のドラヴィダと充分対抗できる勢力をきずくためには、食料等をたんに掠奪するだけでなく、アーリアン自身、ドラヴィダの地に侵入・定着して農耕を継続しておこなうのでなければならない。ここに、戦闘集団としてのアーリアンは、自らの一部を割いて農耕集団を特立させたのであろう。

プリミティヴな社会では、戦闘においても農耕においても、呪術や祭司が不可欠である。これは、特別のカリスマ、知識が要求され、この能力を具えたものが、この要求に応える。戦闘集団としてのアーリアンの中にも、こうした祭司が含まれていたのであろうが、今農耕集団を特立させたこと、そのことによって、この祭司には、あらたな重要な責務が発生することになる。アーリアン社会が、戦闘集団と農耕集団との二つの集団の分業として編成されるとき、祭司は、たんに、それぞれの活動の成功を祈るというだけでなく、この分業そのものが有機的に遂行されるように全体を統括するという責務を負わされることになる。こうした責務の拡大化にともなって、祭司者は、一つの集団にまで拡大されると同時に、全体の統括者としての地位につくことになるであろう。この責務を達成するためには、たんなる戦闘オルギアや農耕オルギアをこえたなんらか統一的な世界像を形成しなければならない。ここに祭司集団は、同時にこうした世界像を提供する知識人集団となるのである。これが、インドのカーストの頂点に立つバラモンであることはいうまでもない。

このようにして、インドでは、それなりに統一的な世界像が形成されるのであるが、それは、結局血縁的支配を絶対化する超越的な、したがって宗教的な世界像である。だからこの世界の統括者たる梵＝ブラフマンの体得のためには、神秘的瞑想的方法が、一つの要素として成立せざるをえない。バラモン教内部でこの要素を濃化させてうちだすのがヨーガ派である。インドの宗教における神秘的瞑想的な要素のウェイトの高さ、という点については、インド的自然の特質が大きく与っていることは無視しえない。あの酷熱の地にあっては、涼しい木蔭で思索に耽るということは、知識人にとって、とりわけ愛好されたところであったであろう。きわめて常識的なことであるけれども、やはりこの点を無視してはならない。しかし、ここで、つぎのことを注意しなければならない。バラモン教のなかで、注目すべき一派として、瞑想主義的なヨーガ派が成立したことはたしかである。そしてそれは、バラモン教の瞑想主義を象徴している。しかし、バラモン教全体の中でこのヨーガ派はかならずしもきわめて有力であるというわけではない。むしろ、ヨーガ的なるものを受け継いだ仏教のほうが、全体を彩どる瞑想的な雰囲気はバラモン教よりもいっそう濃くなっている。こうしてふたたび、キリスト教とくらべて仏教では何故瞑想的な要素が拡大するのか、その意味はなにかということが問題となる。

インドにおけるバラモン教から仏教への転回は、インドにおけるアジア的社会から古代社会への転回に照応するものであった。そして、インドの古代社会は、日本・中国と同様、ヨーロッパ的な二元的古代社会でなく、一元的古代社会であった。その理由としてはつぎの二つが考えられる。一つは、支配カースト＝バラモン・クシャトリアのうち、クシャトリアが古代社会の形成の道を追求するのであり、その際クシャトリアは、バラモンとの対抗上、被支配カーストたるヴァイシァとの連合を求めねばならなかったこと。二つは、そのヴァイシァがもともとアーリアン種族共同体の成員として共同体内の種族間分業の一環である農耕に従事するカーストであったこと。この二つの理由から、彼らを古代ヨーロッパにおけるような完全な労働奴隷に転化することを困難にしたのであろう。仏教が支配者クシャトリアの思想として成立するとき、それが人間＝個を差別として捉え、差別の中に平等をみるとか、差別なるがゆえに平等であるとかいった、いわば弁証法的な合理化を追求するものとして形成される根拠はまさにここにあるのである。それがまた、仏教が日本・中国に受け入れられた根本的な理由でもある。

ヨーロッパの古代は、これに対して、支配者＝私的所有者と被支配者＝奴隷の世界が二つに分かれた二元的古代であった。そこから支配者の思想と被支配者の思想が二元的に成立することになる。この二つの世界は、いずれにおいても、それぞれの内部での成員の実質的平等が前提されている。また両世界は隔絶されているので、当然、互いに他の世界のことは視野の外にある。ポリス的思惟（支配者の思想）にあっては、奴隷は「ものを言う道具」として人間扱いされないし、キリスト教（被支配者の思想）では「王《カイザル》のものは王《カイザル》に、神のものは神に」とされて、私的所有者の世界は関心の外に置かれる。だが、まさにそのことによって、キリスト教における隣人愛が成立する。被支配者の被支配者としての——そして被支配者だけの——実質的平等、換言するならば、彼らがみな同じように奴隷の境涯におかれているということは、彼ら相互が同胞として緊密に結びつくことを可能にする。相互に同胞として結びついた彼らは、この苦難の現世からの解放として彼岸《イエンザイツ》を志向する。そこに本来的な意味での宗教的共同体、キリスト教団が成立する。

したがってキリスト教では、苦しみ悩む被支配者が、個々バラバラにではなく、同胞として連合してともに神の国に入るとされ、宗教運動のあらわれ方としては、大衆性、集団性、連合性が強い。これに対して、仏教では人間一人一人は全て差別としてしか存在しないのであるから、差別即平等を悟ることによって救済が得られるとしても、この悟り＝救済は、どうしても個人個人の営みにゆだねられざるをえない。一人一人が仏と神秘的に瞑合するという以外の救済はありえないのである。キリスト教的救済の集団性、連合性に対して、仏教のそれは個別的たることをいちじるしい特質としているのである。ひとしく古代的な宗教的救済でありながら、仏教に色濃く神秘主義的・瞑想主義的性格がまつわりつくのはまさに以上のことの表現に他ならないのである。

古代イデオロギーとしての仏教における神秘主義的・瞑想主義的性格、すなわち、禅的性格の意味するところは、およそ以上にみたとおりである。以下、具体的に日本の禅宗の検討をおこなう。まず臨済宗からみてみよう。

禅宗がわが国に伝えられたのは、かなり早く、七世紀のなかば、孝徳天皇の白雉年間（六五〇〜六五四）に道昭が入唐して禅を修め帰朝後元興寺に禅院を建てたのがその始まりで、その後天平年間に道璿《せん》が北宗禅を伝え、さらに平安時代に入ってからは最澄が行表から道璿の北宗禅を受けとるとともに、自ら入唐して翛然《しゅくねん》から牛頭禅を伝える。したがって、比叡山仏教は、禅的な要素をも含んでいるのである。そもそも仏教のなかに戒・定・慧の三つが一体となっていることからすれば当然である。ただ禅は仏に到達するための非合理的な瞑想であって、仏教教理が極限的に展開しきったのちの危機的段階において拡大するのであり、日本天台はまさにそのような仏教的危機の状況で成立したものであるため、禅的要素が、真言的密教的要素とともに濃厚であることが、まず注目されねばならない。中国天台においても、智顗《ちぎ》の『摩訶止観』――止観というのは心を静めて真理に到達するということである――にみられるように、やはり禅的要素が拡大している。

このように禅はかなり早くから日本に入ってきている。しかし、それが禅宗という独立の一派を成すまでには至らなかった。その後嵯峨天皇の時代に、北宗禅のほかに南宗禅が義空によって伝えられるが、これも定着するに至らなかった。さらにまた一一七一年、高倉天皇の承安元年に叡山の学僧覚阿が入宋し、臨済禅のなかの一つである楊岐宗を伝える。一一八九年（文治五年）に、能忍が弟子二人を宋に遣《や》り、育王山で修行させて禅を伝えさせるということもあった。しかしそれらはいずれにしても、大きな勢力をもつまでには至らなかった。栄西に至ってようやく臨済宗の盛行をみる。臨済宗は栄西以前にわが国に伝わっているのであるが、普通栄西にはじまるといわれるのは、こうした事情による。

栄西の生涯は、大きくいって二つの時期に分かたれる。第一は、比叡山に学んで台密を修め、また入宋して天台の新章疏を得て帰国し、ふたたび叡山にこもって自ら葉上流と称する台密の一派をひらくまでの時期。第二は、再度入宋して台州天台山の麓の万年寺で虚庵懐敞《え》について禅を学び、菩薩大戒を受け、臨済宗の法脈第五十三代の系図を得て帰国、以後、臨済宗独立のために東奔西走する時期。栄西は、天台・台密から出発して禅に至った。そして、日本臨済禅の始祖となった。彼の中のいかなるものが、この天台から禅への一つの思想的な転換——もちろん仏教の枠内での——を生みださせたのであろうか。

すでにのべたように、日本天台は、日本古代の危機の思想として、天台教理のみならず、華厳＝密教的色彩と同時に禅的色彩を色濃く帯びるものであった。ともあれ、そこでは支配者・被支配者を包摂した一元的古代を弁証する体系的なまた統一的なイデオロギーが存在した。しかし、古代的危機のいっそうの進展は、こうした天台的な体系性を次第に崩していく。親鸞教においては、下層農民の「悪人」的状況に即応したあらたな仏教的世界像の再構築があった。ここには、天台的な全体による統括というのとは大きく異った被支配層の視角が全体を覆っていた。また、真言においても、全体は、関係一般というレヴェルにまで、その統括性を稀薄化していた。このとき、仏教的全体＝超越者をとらえる方法は、教理を超えた非合理性を拡大する以外にないであろうが、この非合理性を拡大した方法として、密教＝呪術と瞑想的悟入としての禅がある。密教は上層貴族との結合が深いのであるが、また在地に入って土着化していくこともさきにみたとおりである。

だが、これに対して、禅は、むろんここにも時として呪的要素が絡まりはするけれども、その本来の主たる性格は、神秘的な瞑想である。それはある程度の知的訓練を必要とする。また、なによりも静かな瞑想にあることが可能でなければならない。いずれにしても、禅＝神秘的瞑想は、一定の教養と生活の余裕とが必須である。密教の場合には、仏教の非合理性の拡大が呪術・呪法としてあるため、在地の日常の生活の中からの需要もあって、土着化の可能性を強くもっている。これに対して、禅は同じく非合理的方法といっても、こうした性格があるため、社会の底辺に降りていく可能性は比較的薄い。現実に、禅を受け容れていくのは、社会の上層部——教養と余裕のある——である。禅には、「日日是好日」とか「柳は緑、花は紅」とかいった現実の直接的肯定につながるともみえる雰囲気が強い。

「日日是好日」は、「碧巌録」の第六則に「雲門垂語して云く、十五日已前は汝に問わず、十五日已後、一句を道《い》ひ将《も》ち来れ。自ら代わって云く、日日是れ好日」とある。大意は、雲門（文偃、唐末五代の人、雲門宗の始祖）があるとき、「過去のことは問わないが、未来に関してなにか云え」という問を発したところ、だれも答えないので、自ら代わって、「くる日もくる日も結構なことでありがたい」といった、というのである（『鈴木大拙選集』、第一巻、第二巻、参照）。この問答について、いろいろの解釈がなされうるであろうが、現実をあるがままに見るという現実肯定的方向がはっきり示されていることについては、疑いを容れないであろう。

「柳は緑、花は紅」は北宋の詩人蘇東坡の詩「柳緑花紅真面目」からとられた句である。蘇東坡は中国の封建的思惟＝朱子学の先駆をなした宋学者の一人に数えられている。北宋の儒者たちは多く古代的な禅から封建的な新儒教への転回点に立っていたが、蘇東坡もその例外でない。禅的な現実肯定と現実のフューダルな原理による把握の萌芽というのがその姿である。五山の禅僧がこれを好んで引いたのは、きわめて暗示的である。また、栄西禅にみられる茶の湯、活け花といったその後の「日本文化」の一局面の源流となっていくような、「高尚な」生の余暇の要素を多分に含んでいることにも、その点は示されている。否定面を代表する親鸞教と肯定面を代表する禅とは、鎌倉仏教の両極面である、ということができる。

　禅宗が以上のように古代の否定と肯定のうち、とくに肯定面を代表し、それが大陸の新文化の精力的な摂取とともにひろがってくるというのであればあるだけ、それは古代社会の上層部をつかんでいる天台・真言の眼には、無視しがたいライヴァルとして映ぜざるをえないであろう。こうした禅宗の盛行は、朝廷権力と直結して全国に基盤を張りめぐらしている天台にとって、当然に一大脅威である。天台が禅宗の発展に極力反対し、朝廷に禅宗停止を訴え出、朝廷の方でもこれを受けて達磨宗停止を決定するといった事態が生ずるのも、このゆえに他ならない。

仏教思想の危機において禅宗が出現する一般的概況は以上のとおりである。わが国において、禅宗を独立・盛行させたのは栄西であった。栄西は天台の徒であり、台密の一派を編みだしたほどの力をもっていた。その栄西が禅へ転じ、禅宗独立にその全精力を傾注する。なにが栄西をかりたてたのであろうか。もちろん、われわれの手元に、栄西の内面的消息を直接に伝える資料が残されているわけではない。残されているのは、『興禅護国論』と題する栄西の、禅を妨害する天台側への反論の書である。そこでは、加持祈禱をもっぱらにして理論能力の衰えた天台側がこっぴどくやっつけられているようにみえる。この栄西の天台批判の仕方の中から、彼における天台から禅への転換の動機を、ある程度推定できるように思われる。この点の解明をとおして、栄西禅の思想的意味、知識人栄西の意味を考えてみよう。

『興禅護国論』を繙くとき、開巻劈頭まずわれわれの眼を射るのは、光彩陸離ともいうべき名文で、栄西の宗教的カリスマを称える東晙の序である。

此の論の作るや只宗門における弘通在るのみ。師は本邦仏心宗の初祖なり。因みに千光祖師と号す。備中州人賀陽氏、孝霊天皇の裔なり。母は田氏、吉備津宮の宗社楽神の祠に祈って明星を夢みて感じて孕む。亦明星の出づる時に誕す。……八歳にして父母を辞し、三井流の倶舎婆沙の義を学ぶ。仁平三年癸酉の秋、十三歳にして叡山に登り得度して諱《いみな》を栄西と曰ふ。……二十三歳にして叡山を下って備前の州日応山に往き、穀を絶って三摩耶行を修すること年有り。……専ら斎戒を持し、殊に律儀を精《くわし》くす。……久しく入宋の志を懐く。然るに本邦二百年来、踰海の沙門無し。偶説いて此言に及べば則人嘲を為す。而も意屈せざりしなり。……二十七歳、伯耆州の大山に在って勤修一夏、偶然に唐本の法華経を得る有り。則ち自ら以為らく渡海の祥なりと。遂に父母に告げて筑州に赴く。宋国の通事、季徳昭なるものに博多の津に会遇し、彼地の禅宗の盛なるを聞いて希有の思を発す。

時に二十八歳なり。仁安三年戊子四月十八日、商船に乗じて放洋し、二十五日にして宋国明州に到る。五月十九日、天台山に登り、二十四日萬年寺に到り、二十五日茶を羅漢に供ず。……遂に石橋を渡り、忽ちにして青龍二頭を見る。是に於て感悟する所有って自ら前身は梵僧にして万年に在りしことを知る。……九月帰朝す、在宋半歳なり。師以て歉《けん》と為す。爾来十八年を歴、称して顕密二門の盟主と為す。……文治三年丁未、復宋国に入る。……建久二年辛亥に帰朝し、筑紫の諸州に在ること数年、尋いで京に入る。……既にして教外別伝最上乗の宗を弘む。然るに南都北嶺の諸講師の頗る偏執の者有り。仍に謗り且つ訴ふ。是に於て論三巻を撰し、経論の文を証として之を排し、目して興禅護国論と曰ふ。以て奏して勅可せらる。是に由って吾宗は天下に流布することを得たるなり。

つづいて栄西自身の署名「大宋国天台山留学、日本国阿闍梨、伝燈大法師位、栄西跋」もまたわれわれの眼をひく。自らの経歴・僧位の強調の仕方の中に、日本天台の開祖最澄へのあらわな対抗意識があらわれている。外形的な権威への志向が、ここには、明らかに示されている。栄西の中の権威志向は、この書物の中に、ほかにも枚挙にいとまないほど多い。そのいくつかを指摘しておこう。世人決疑門第三の第二の問は、

或る人の云く、禅宗、不立文字ならば、すなわち依憑なし。もし誠証無くんば、帝王、信容し難からん。また汝、不肖の身をもつて、何ぞ輙《たやす》く天聴を驚かすや。

というものである。この問のたて方の中に、権力頂点たる天皇が禅をどう評価するかが、栄西の関心事であることが、示されている。これに対する答は、いやそんなことはない、自分の主張は正しく天聴を驚かすなどということはあろ

うはずがない、およそ天皇たるものは「窮《ぐ》民の愁も、忝なく叡聞に達す、況んや度縁を賜ふの僧をや、何《いか》に況んや栄西《われ》、法位に登るをや」というのである。

また栄西は鎮護国家門第二において、四十二章経を引いてつぎのようにのべる。

悪人百に飯《ぼん》せんよりは一の善人に飯するに如かず。千の善人に飯せんよりは、一の五戒を持するものに飯するに如かず。万の五戒を持するものに飯せんよりは、一の須陀洹《しゅだおん》に飯するに如かず。……一の辟《びゃく》支仏に飯するに如かず、十億の辟支仏に飯せんよりは、一の三世の諸仏に飯するに如かず、百億の三世の諸仏に飯せんよりは、一の無念無住、無修無証のものに飯するに如かず。

ここには、親鸞がたどった布教対象下降とはまったく反対に、悪人でなく善人に、社会の底辺にでなく上層に、彼の視線がむけられていることが示されている。もちろん、末尾に「百億の三世の諸仏に飯せんよりは、一の無念無住、無修無証のものに飯するに如かず」とされて、仏の世界の大衆へむけての拡大が志向されている点が見落されてはならない。親鸞にしても、日蓮にしても、仏教の大衆化＝普遍化を追求したが、その点において、栄西もまた時代の関心をともにしているといわねばならない。ただ、こうした普遍化志向と、他方での彼の権威志向＝上層志向とが、どのように結びついているかが問題である。この点は、以下の検討の中で自ずから明らかにされていくであろう。

栄西における権力志向＝上層志向の例をなお一、二みておこう。一つは禅宗独立の勅許を得ることへの執着である。もちろん一派の独立を追求する際勅許があれば好都合である。しかし、たとえば親鸞の場合、念仏停止というような処置に対しても、ひたすら在地におりて権力から遠ざからんと努めている。真宗に勅許が下されるのははるか後になってからである。これに対して栄西の場合には、当初より勅許をもとめて猛運動し、叡山の反対にあうと鎌倉に出て、北条政子・源頼家の力を藉り、幕府権力をたのんで京都に建仁寺をたて、ようやくに、禅宗独立の宿願を果すのである。栄西は、『興禅護国論』の中に、「何が故に強いて宣下を望むや。」「念仏三昧は勅無しといへども天下に流行す。禅何ぞかならずしも勅を望まん。」との問を採録している。答えは、「仏法はかならず応に国王の施行によって流通せしむべし。このゆえに、仏は慇懃《おんごん》に国王に付嘱したまふ。また王益も復た莫大なり。」というのである。ここには、仏教＝禅と国家権力との直結の志向が、あらわに示されている。

また「宗派血脈門第五」には、天台山万年寺の懐敞（宗派血脈第五十二祖）から得た印可状をひいている。

それ、むかし釈迦老人、将に円寂せんとするとき、涅槃妙心、正法眼蔵をもつて、摩訶迦葉に付属し、乃至嫡嫡相承して予に至る。今この法をもつて汝に付属す。汝、当に護持すべし。その祖印を佩びて国に帰り、化を末世に布き、衆生に開示して、もつて正法の命を継げ。

ここにも、大宋国の禅宗正統の権威を誇持する態度があらわである。

いずれにせよ、栄西は、禅一派の独立を志して、万里の波濤を遠しとせず、法を求めてインドに至ることさえ企てた。また国内においても、九州、京都、鎌倉とを足しげく往来した。その情熱は並々でない。その情熱の基礎に彼の権力志向＝上層志向があることは疑い得ない。だが、そこには、ともかく「無念無住、無修無証」への普遍化志向もないわけではない。この並々ならぬ栄西の興禅の情熱はたんなる権力志向だけなのだろうか。たんなる権力志向というをこえた、思想的宗教的要求が、栄西を興禅へとかりたてているのであろうか。

栄西にも強い末法観がある。この末法の世を救わんがため、彼は禅に志す。後五百歳の人間は鈍根小智である。このような状況にあって「誰かこの宗を修せん。」（世人決疑門第三）。彼は中論をひいて答える。「仏滅度の後、後五百歳の中、人根鈍にして深く諸法に著し、決定の相を求む。」人は決定的なるもの、絶対的なるものを求めながら、いまだたずねあてるをえず「仏意を知らずして、但だ文字に」執着している。真の仏意を知らしめる「決定の相」こそ、実に禅あるのみ、というのである。

いまだ相対の諸法に執着し真の仏意を知らない人々に対して、禅を興してこれを知らしめ、それによって無念無住無修無証の徒輩にも仏へ到る道をきりひらこう、というのが、さしあたり、栄西の課題意識であるといってよい。文字を立てず、経文に拘泥することなく、直下に仏の真意に参入するという禅の意味が、ここに、栄西において捉えられているのであるが、こうした禅的方法が、栄西においては、どこまで純化熟成されているであろうか。その純化熟成は、いわゆる教乗禅から黙照禅への展開として進められるはずである。栄西は、この純化熟成のどのような地点にあったのであろうか。われわれは、それを探ることによって、栄西における禅への志向と動機の質をより精密に知ることができるはずである。

禅は天台宗の一大要素であった。日本天台にあっては、そのウェイトはけっして低くなかった。いま、栄西は、その禅の独立を主張する。彼は、それをどのような意味において主張するのか。栄西はいう。天台宗は法華経によって作られ、それによって、諸々の仮相＝差別が実相＝平等に包摂されることができるようになった。しかしいまは末法の世であるので、これを扶助するものがなければ、正当なる法華経の教えもくつがえってしまう、これを扶助するものこそ禅である、と。

涅槃――栄西はこれを禅と同義に用いる――を用ふるは、法華によって咸《ことごと》く一実に帰すといへども、末代は根鈍なり。若し扶助無くんば、すなはち正行傾覆す。（世人決疑門第三）

天台はすでに禅を含んでいた。最澄その人にも、末法観は色濃い。しかし、最澄には、同時に大衆菩薩論があった。末法の世にあって人は鈍根であるというものの、実はこの根鈍なる日本国の大衆はすでに菩薩位にある。彼らは全て救済の直前に位置しているのだ、というのである。末法論とはいえ、そこには、一種のオプティミスティクな確信がみなぎっている。これに対して、鎌倉仏教には、こうしたオプティミズムはもはやない。ひたすら弥陀にすがらんとする親鸞の他力説は、いわば、ペシミズムの極である。栄西もまた、正しき法華経そのものが、扶助がなければくつがえってしまうという。ここには、明らかに時代の雰囲気が影を落している。そしてそれこそが、栄西を禅に向わせたものなのであろう。

おそらく、この点にこそ、最澄と栄西とを分かつものがあるはずである。禅一派を独立させねばならないというほどの禅の強調は、単にこれを他の要素と並ぶ一つの要素というだけでは不充分なのだという禅把握によってもたらされるのではあるまいか。

栄西の論難者は問う。天台宗はじめ、諸宗諸法いずれも禅を行じている。しかしだれも禅一派の独立を要求しはしなかった。しかるに、しきりに別宗建立を主張するのは何故であるか。だが、栄西の答は、意外にも、最澄における禅と彼の禅との決定的な差異対立についての解明なり信仰告白なりではない。むしろ、ごく形式的な理由づけと、彼の対立者たるはずと思われる仏祖等の博引旁証だけが、彼のおこなう回答なのである。

或る人の云く、禅は諸宗通用の法なり、何ぞ別宗を建立するや。……通用の法を以て別称を立す。また一法をもつて両分と為す。その例は一ならず。（同右）

要するに仏教各派に共通する法を分けて異った名称をつけるというような例はいくつもある。たとえば、密教にも台密と東密があるではないか。「何《いか》に況んや、禅宗は諸教の極理、仏法の総府なるをや。」栄西は、ひきつづいて安然の「教時諍論」をひく。安然は、八宗――華厳・天台・真言・法相・三論・律・倶舎・成実――に禅を加えた九宗が、三国（インド・中国・朝鮮）にならびおこなわれている、となす。栄西は、これを依り所として、禅別立の正当性を主張する。そして栄西は、「教時諍論」をさらにつづけて引用している。

教理の浅深に依らば、初めに真言宗は、大日如来、常住不変にして、一切時処に一円の理を説き給ふ。諸仏の秘密なり。最も第一と為す。次に禅宗は、一代釈尊、多く筌蹄《せんてい》を施す。最後に心を伝へて、経文に滞らず。諸仏の心処なり。故に第二と為す。乃至、倶舎を第九と為す。（同右）

しかりとすれば、安然は、九宗並流を説き禅を「別宗」に数えている点にかぎっていえば、栄西と合致する。しかし、「仏の秘密」たる真言を第一となし、「仏の心処」たる禅を第二とする安然の主張は、なによりも、禅をもって「諸教の極理、仏法の総府」となし、しかるがゆえにその「別宗建立」を主張する栄西の立場からするならば、とうてい容認しえないもののはずである。しかし、栄西は、安然を自らの対立者とは考えていない。むしろ、自らの正当性を約束する権威として考えている。栄西における天台、台密から禅への転換がもしも、思想内的な格闘の末の一つの思想的選択であったとしたら、こうした安然の序列づけほど栄西をいらだたせるものはないのではないだろうか。しかるに、栄西には、これに対する対立意識をみることができない。栄西における禅への「転換」は思想内的には果してなんであったろうか。この引用は、それが、思想内的な格闘の帰結としての思想的選択であったというよりはむしろ、主要には、思想外的顧慮であったことを物語っている。

こうした観点に立って、栄西における「転換」、栄西における「禅的なるもの」を検討するならば、それは、思想としてきわめて曖昧模糊たるものであることを否定しえない。たとえば、禅は不立文字というが、それでは仏の法が滅びてしまうことにならないか、という問に対して、栄西は「観仏三昧経」を引いて論駁する。

観仏三昧経に云く、如来を見たてまつらんと欲せば、未来世の中、諸の弟子ら、応に三法を修すべし。一には修多羅甚深の経典を誦せよ。二には禁戒を浄持して、威儀犯すること無かれ。三には繫念思惟して、心散乱せざれ。（同右）

要するに、すぐれた経を誦み、戒律を守り、禅定に励めとする「観仏三昧経」を引いて、それが自分の立場であり、したがって、仏の法がほろびるおそれはない、というのである。戎・定・慧三学を強調する旧仏教のそのままの踏襲！

また、禅宗は不立文字を説くが、それは「悪取空」――否定のための否定――に終るのではないか、という問に対して、栄西はつぎのように答える。

この禅宗は、その暗証の師を悪み、悪取空の人を嫌ふこと、宛も大海の底に死屍を厭ふがごとし。（同右）

と。そして、栄西にとっての禅とはつぎのようなものだという。

円位に依って円頓を修して、外は律儀もて非を防ぎ、内は慈悲もて他を利す。これを禅宗と謂ひ、これを仏法と謂ふなり。（同右）

円頓とは、最澄の伝えた大乗円頓教であり、ここに禅宗の内容として栄西によって語られているところは、天台宗そのものとなんら異るものでないのである。

栄西においては、禅宗別立の運動の激しさと思想内的な「禅」的たるものの未成熟とが、きわめて鋭い対象をなしている。文字を立てず、直下に仏の真意に参入する黙照禅への純化は、ここにはまったく認められない。否、教乗禅としての内実にも、禅別立を説くほどの地点には、思想内的には到りえていないとさえいわれねばならない。栄西にも、末法観と普遍化への要求がなかったとはいえないであろう。しかし、思想内的には、天台宗からの明確な離別は、ここではいまだ果されていないのである。

また、彼の禅は戒律を重視する。「参禅問道は戒律を先とす。」(禅苑清規)をはじめとして、戒律を重視する「僧祇律」、「大涅槃経」、「仏蔵経」等をつぎつぎと引用している。禅宗もまた、一般に戒律を重視しないというわけではない。次節にみる道元のように、仏の真意に直下に参入するための主体的燃焼を実現する方法、禁欲的方法として、戒律はきわめて重要な意味をもっている。また、禅宗における戒律のいま一つのあり方は、直下に仏に至るという、一種「自由」なる方法の拡大の中で、文字、経文が顧みられなくなっていくのと同様に、いちいち拘泥する必要のないものとして、放棄されていくというあり方である。栄西が戒律を重視している以上、彼が、規矩準縄にこだわらぬ「自由」な禅的世界に至るものでないことはいうまでもない。では、彼の戒律は、仏に直下に参入する主体的燃焼に向わしめるものとして方法化されているであろうか。そうではない。栄西の説く戒律は、大乗の十重戒・四十八軽戒をいささかも越えでるものではない。戒律を無視する他ない大衆を布教対象とする親鸞教において戒律が後景にしりぞいていくのとも明らかに異なっている。栄西の戒律重視は、出家主義と結合している。しかも、その戒律の内容は、現世の秩序づけを果すための世俗的徳目そのものをこえていないのである。ここにも、栄西のいわば守旧的な姿が刻印されているのである。

のみならず、栄西の中には、密教的・呪術的要素が強固に存在している。禅的方法が、純粋に追求されるならば、それは瞑想による仏への悟入であり、ある瞬間における悟入を可能にするような主体的な燃焼に向う方法こそが追求されるはずであり、禅樹立の過程では、瞑想とは異なって、主体的燃焼を欠く呪術は、教理や世俗的規矩準縄ともども、いったんは切り捨てられるはずのものである。だが、栄西、葉上流開祖たる栄西には、呪術が牢固として存在している。

仏のたまわく、阿難よ、この四種の律儀を持して、皎たること氷霜のごとく、一心に我が般怛羅《はんたら》呪を誦せよ。（鎮護国家門第二）

般怛羅呪＝大白傘蓋《だいびゃくさんがい》神呪を昼夜分かたず心に念じ、口に誦するならば、金剛王現われ、常に身体を守ってくれるであろう。この娑婆の世界には八万四千の災変を与える悪星があり、二十八の災害を与える大悪星があって、これらのものが世に災いを下し、天変地異を惹き起こす。人間が病気に罹るのも全てそのせいである。だが、この呪有る地は、悉くみな消滅し去る。全宇宙は価値的な世界となって、もろもろの悪や災は跡を断つ。このゆえに仏はこの呪術を宣示して、未来世において初学の修行者たちを守護したもうのである。だから、禅院はつねにこの白傘蓋の法を修しなければならない。そうすれば国家を鎮護することができるのは明らかである、というのである。

以上によって、栄西禅の意味は、ほぼ明らかであろう。天台・台密から禅への「転換」は、思想的格闘の結果としての「禅」の選択ということではかならずしもなかった。彼は禅宗別立を強く主張するけれども、天台、台密を思想内的に放棄して、禅の一点へ収斂していったというのではない。教理的にいえば、彼の思想は天台宗とほとんど同じなのである。台密もまた、禅別立を主張する彼の中に、そのまま存続しているのである。もちろん、最澄的なオプティミズムは、鎌倉的なペシミズムとところを変えているし、禅がなければ、正法たる法華経そのものがくつがえるという末法観も強い。無念無住無修無証への仏法拡大志向もたしかにそこにはある。にもかかわらず、禅を唯一的なものとして凝縮的にうちだす思想内的な燃焼は、きわめて弱いのである。その弱さとうらはらに、禅宗別立という外形的な教勢拡大の志向が、どぎついまでに強烈なのである。「古徳誠証門第四」において、栄西は、以前の名僧知識がしきりと禅を修め、それによって一端忽然悟りをひらいた諸例をあげ、これを「古徳この宗を行ずるの誠証なり」とする。しかし、栄西は、禅をおこなうことをただちに禅宗別立の意味に拡大解釈するのである。天台宗の栄西批判も一つにはそこに集中している。しかし、「禅を行う」ことと禅宗別立とは別のことがらである。こうした議論のくみ立て方の中にも、右の思想内的燃焼の弱さと旧来の権威への依存、外形的な教勢拡大——それは一種の権力意識と結びついている——志向の強烈さというアンバランスがあらわれているように思われる。

このアンバランスな宗派別立の情熱の秘密が、栄西における強い権力志向であることは、もはや疑いえない。自ら葉上流の開祖となったのち、さらに再度入宋し、ついで九州・鎌倉・京都へとその教線を伸ばしていく彼の歩みは、その強烈なる権力志向を物語っていないだろうか。葉上流を開宗しながら、おそらく彼は、京都上層に志を得なかったにちがいない。彼の上層志向は、当時、京都の貴族につぐ権勢を誇りはじめた新興の武士権力に眼を転じていくのである。鎌倉側も、京都＝古代荘園体制となにがしか対立する勢力として自らを樹立しつつあり、イデオロギー的にも、なんらか京都から独自なものを求めつつあった。そうした動きが、天台宗からの独立を要求する栄西禅と結合する。だが、それが、武士層の関心状況に適合するものたりうるためには、栄西禅がひきずっている呪術や出家主義・戒律重視といった要素を切り捨てねばならない。生死の境に身をおく武士に、なにものにもたじろぐことのない覚悟を与えるものとしての禅へむけて、栄西禅は純化熟成されねばならない。それはともあれ、栄西は、幕府権力を背景にして、禅宗別立の宿願を達した。禅宗がひとたび独立の宗派として樹立されるならば、その開祖の思想内的燃焼はともあれ、それはやはり禅興隆の突破口である。栄西的出発に以上のような問題があったため、その純化熟成にはなおしばらくの時間を要するではあろう。しかし、蘭渓道隆（大覚禅師）・子元祖元（仏光禅師）らの出現に至って、わが臨済禅はその禅的内実をととのえていくのである。

畿内の武士層が興起し、武士権力が鎌倉から京都にうつりだすのにともなって、禅宗は、教線を京都へひろげはじめる。畿内の武士勢力の台頭を前にして、これを背景とする京都権力は、従前のように天台宗一辺倒というのでなく、禅宗にも接近しはじめる。天台宗からの排撃も弱まってくる。亀山上皇の勅旨によって京都に禅宗寺院が建立されたのがその好例である。室町時代になれば、そうした傾向は、いっそう促進され、相国寺・天龍寺など、臨済宗の寺院がつぎつぎに建てられ、京都五山ができあがっていく。臨済宗は、鎌倉末から室町にかけて京都を中心に広がり、ごく上層の武士の中に入っていくのである。

室町時代、禅宗は足利幕府の庇護を受けて隆昌をきわめる。とくに京都五山に代表される臨済宗は京都で華やかな展開をみせる。五山の禅僧は、詩文や絵画の分野でも活躍し、いわゆる五山文化が発展する。

栄西禅は教乗禅であり、天台教理・密教教理と結合していた。蘭渓道隆らに至って、そうした教理的な面が切り捨てられ、より純粋な禅が形成され、不立文字、教外別伝といった性格がいちじるしく強められる。こうして禅宗は、仏教の一派でありながら、特定の仏教教理からの分離をおし進めていくのである。しかも、禅宗には、仏教における現実の盲目的無条件的肯定という面が強くあった。このことから、教理から離れた禅には、現実の歴史の変容にそのまま順応していくという性格が一面において、あらわれてくるのである。周知のように、五山では、宋学――中国封建的思惟――が研究され、五山の僧侶の中から、藤原惺窩・林羅山ほか日本の封建イデオローグが続出することになるのであるが、そのことも、実は、禅宗のこうした性格と無関係ではない。禅宗が教乗禅である場合には、特定の仏教教理が、あらたな思考の形成を、仏教本来の方向へひきもどす。しかし、禅宗が特定教理からはなれて、直観的な悟入そのものを唯一的なものとして尊重するに至れば、「柳は緑、花は紅」として現実をそのまま認めるのであるから、現実自体が変化するならば、それにもっともうまく即応できるような思考がそこに忍びよってくる、というのである。

とくに臨済宗の僧侶の中には、戦国時代に武将のブレーンとして活躍するものがすくなくない。大名間に盟約を結んだり、和解・調停の交渉に当ったりするという現実的な活躍がひじょうにめだってくる。禅僧が、こうした現実的な活躍をさかんにおこなうのは、ごく形式的にいえば、彼らが一定の知的訓練を受けているため、文章力や説得術を有していたからであるといえるであろう。思想的な内実からいえば、右にのべた禅の性格によるといえるであろう。禅における無条件的な現実肯定なるものは、もともと否定を媒介にした肯定という仏教的思考の極致であり、仏教理論展開の必然の帰結である。しかし同時にそこまでぎりぎりの地点に到達したときには、仏教の前提とは対立するような現実に即応するという仕方で、仏教とは異質な世界へ逆転していくという事態が生じるのである。さらに禅は心の修業をおこない、いかなる事に臨んでも、これに平然と対処できる心構え、覚悟を養う。こうした意味で禅僧は文字どおり臨機応変の実践力を有しているといえるであろう。こうして、禅僧は、激動する現実の需要に応えていくことになり、その過程で、仏教本来の前提とは対立的な方向につき進むこともすくなくないのである。こうした時代の需要に応えることのできるいわば実務家としての禅僧が、禅院内部での寺院経営の中から養成されてくる。

禅宗寺院は、天台その他と異った独自の規則にもとづく寺院組織をもち独自の寺院経営をおこなう。すでに栄西自身、禅宗別立を主張する際、禅宗独自の寺院組織・運営の必要をのべている。その内容は、彼の二度の入宋における見聞にもとづいている。寺院の構造、寺院内の生活などについてのきわめて具体的な指示である。たとえば、禅宗寺院は、規模の大小にかかわらず、すべて祇園精舎を模して造営する、四面に廊下をつける、脇門を設けずただ一門だけを設ける、等々。栄西の構想は、禅宗の興隆とともに実現されていき、そこに禅独自の宗風が作られていくのである。

その組織・運営はつぎのとおりである。住職が寺院を統轄する。その下に属する僧は西班と東班とに分割される。西班は、禅の宗旨の探求を受けもつ。西班は、首座、書記、蔵主、知客、知浴、知殿の六つ（六頭主）からなる。首座にはまた前堂と後堂との別があり、座禅の指揮をとる。書記は文書を司る。祈禱文の作製など。蔵主は経蔵を管理する。知客は客の接待、知浴は湯殿の管理、知殿は本堂の管理にそれぞれあたる。以上が西班で寺内的なことを司る。

東班は対外的活動を司り、経済的な活動に従事する。寺領の管理、他寺との折衝、末寺の監督など。東班は都寺《つうず》、監寺《かんず》、副寺《ふうず》、維納《いのう》、典座《てんぞ》、直歳《じっすい》の六つの職種（六知事）からなる。都寺および監寺は「庶務をすべ早暮香火を勤事す……官員施主に応接す……簿書を会計し、銭穀を出納す……歳計をして常に余りあらしむ。」（百文清規《しんき》）。副寺はこれを補佐するもの、「労を分つものなり、常住の金穀銭帛米麦の出入を掌る。」

以上のように禅院経営においては、職掌分担が明確であり、とくに東班は、対外折衝、財政活動に従事した。室町時代には、東班衆という言葉が使われている。衆とはむろん、多数を意味する言葉であり、こうした言葉がおこなわれることの中に、東班の活動領域の顕著な拡大が示されている。たとえば、室町幕府のおこなう日明貿易においても、知識僧たる禅僧——東班衆がこれを先導することになる。彼らの活動——密貿易——が、寺院財政の基礎を強化することになる。さらには、幕府の認可を得て自ら貿易に従事するに至るのである。こうした活動の中で、禅僧の東班衆が財政的な実務能力をいちじるしく高めていったであろうことは想像にかたくない。

禅宗の宗教的鍛練は座禅をつうじての個人的な鍛練であったが、その内部には、禅院そのものを支えるための経済活動を担う東班があり、そのウェイトが大きくなっていく。この東班衆は、もちろん純僧侶出身のものもあるが、ときには、中小名主をあてることもある。名主の武力を利用して、禅宗の勢力拡張をおこなうのである。したがって、禅宗の拡大は、実質からいえば東班衆の拡大でもあった。純粋な禅の修業からはなれている名主をも含めて、寺院経営――交易・外交――を拡大することによって、禅宗の現実の発展があったのである。

こうした活動の中から財政的な実務家＝タレントが生まれてくる。もちろん、このタレントは個人的な存在である。これに対して真宗の場合には、財政的な基礎としては、農村ごとに講を作り、そこからあがりを上納することでまかなう。その仲介者が講の中の名主であるが、彼らは全て阿弥陀信仰によって同朋である。ここには一定の集団性が認められるのであり、真宗の財政活動は、その教理にほぼ照応する形でおこなわれた。禅宗の場合にも、その参禅が個人的なものであるのに照応して、財政活動が個人的な実務上のタレントを生みだす。名主が農民とともに講を作り、講の集団的力量によって、宗門を支える真宗と、名主の中の有能な部分を引き抜いて個人的タレントを養成しその個人的力量によって寺院財政を支える禅宗とは、きわめて対照的である。

禅院は実務的な個人的タレントを生みだした。彼らは自らのタレントをもって、大名間をわたり歩く。それはあくまでも個人的な行動であって、一向宗のように、講として組織的に行動するのとは異なる。組織として行動する一向宗は直接権力と激突して、まるごとつぶされてしまう。他方禅宗は、個人としての対応であり、現実の歴史的変化に即応した臨機応変、融通無礙な対応が見出される。

東班衆は、日明貿易に従事する中で、宋学文献を舶載した。宗旨研究を担当する西班がこれをみることになったのであろう。宋学的なものが五山文学の中に姿をあらわすようになる。それと同時に、東班衆の現実的な活動が、西班の面々にも刺激を与えることになり、西班の中にも、あらたな現実との対話が促進されることになるのであろう。それが、彼らの宋学研究にいっそうの拍車をかけ、やがてそのなかからあたらしい封建イデオロギーを作ろうとする者も生みだされてくる。

禅宗は、鎌倉時代・室町時代に武士上層を布教対象とした。しかし禅が真の意味で武士層のイデオロギーであったかといえば、けっしてそうではない。

禅は古代的イデオロギーとしての仏教の一つの極限的な展開であり、仏教の非合理性の拡大でもあった。と同時に禅においては仏教の本来的な体系性が失われ、その思想の局部化が進行する。禅が武士層の中へ入ったのは、その独特の局部性が武士の直接的な関心状況にマッチしたからである。たとえば、戦闘の日常化に応じて不断に何事にも動ずることのない覚悟を養っておかねばならない武士の精神的な要求に、禅宗は座禅による心の鍛練という方法を提供することによって応えたのであった。しかし、こうした精神の要求は、たしかに武士にとって痛切なものではあるが、それは武士のありうべき生全体を覆いつくすものではない。武士とその支配下にある農民との関係設定、他の社会諸層との関係設定、武士団内部の関係設定、これらの問題をどう処理していくか、総じていえば、古代体制を打破して、あらたなる社会関係をいかに創出するか、ということこそが、武士にとっての本来的な課題である。右の覚悟の問題は、局部的な事柄にすぎない。禅が武士層の中に入ったのは、こうした局部的な合致の結果というにすぎない。禅は、武士のトータルなイデオロギーを提供するものではありえない。

武士本来の課題にトータルに応える封建イデオロギーの形成は、この時期いまだ果されていない。武士層の、あらたなイデオロギー模索の過程で、戦闘に従事する武士の「覚悟」といういわば心情的な局面において、禅は武士と触れあうところがあった。禅が武士層の中に一定の浸透をみせたのは、その故であった。しかし、武士にとってのトータルなイデオロギー的課題の中心は、むしろ別のところにある。そうしたイデオロギーを模索する萌芽もまた鎌倉時代以降、徐々に生みだされてくる。『吾妻鏡』などにそれがみえる。

鎌倉時代の戦闘形態は、たとえば一騎打ちに示されるように、個人的力量によって決せられるものであった。この時代は、なお個人的な活動、個人的な力量によって事態が決せられる世界であった。しかしながら、この時代に武士は、惣領制という形で、血縁的な紐帯による組織、集団を作りはじめている。しかし、禅の中には、そうした組織化の方向は現われてこない。禅院経営は一種組織的なものであったが、それが結果したのは、個人的タレントであった。しかし、『吾妻鏡』などには、そうした組織化の問題が模索されている。禅宗においては、覚悟といった直接的で個人的な武士の心的態度の問題は追求されるけれども、この組織化の問題はついにでてこないのである。だが、それがないかぎり、トータルな意味での武士のイデオロギー形成はありえない。禅は本来的な意味において武士のイデオロギーではない。武士が自らの封建的イデオロギーを充全に作りあげるときは、実は彼らが禅宗と袂別するときなのである。

第四節　仏教の「革新」——道元とその末流

臨済宗と並ぶいま一つの禅宗は、道元の曹洞宗である。道元といえば、だれしも、その出家主義・自力主義を想起するであろう。

いまだ出家せざるものの仏法の正業を嗣続せることあらず、仏法の大道を正伝せることあらず。……しかあるに二三百年来のあひだ、大宋国に禅宗僧と称ずるともがらおほくいはく、在家の学道と出家の学道とこれ一等なりといふ。これただ在家人の屎尿を飲食とせんがために狗子となれる類族なり。……在家心と出家心と一等なりといふこと、証拠といひ、道理といひ、五千餘軸の文にみえず。……一代の化儀すべて在家得道せるものなし。これ在家いまだ学仏道の道場ならざるゆへなり。（『正法眼蔵』三十七品菩提分法）

いまだ出家せざるは仏法にあらず。（同、出家）

女身成仏の説あれど、またこれ正伝にあらず。仏祖正伝するは出家成仏なり。（同、出家功徳）

等々の激しい語句が、いずれも出家主義を高唱するものであることは明らかであろう。
また、その伝記に示されるように、道元にとって、

顕密二教共に談ず本来本法性、天然自性身、若し此くの如くならば、則ち三世の諸仏、甚《なに》に依って更に発心して菩提を求むるや。（『建撕記』）

——即身成仏であるならば、修業の必要はありえないではないか、というのが年来の疑問であったといわれている。こうした疑問の帰結として、道元における自力による修業の強調が生れたということができるであろう。自力的な仕方での修業は、これを徹底させていくならば、本来、出家にゆきつくべきものである。道元は自力主義＝出家主義を強調した。それは、仏教界の現状に対する道元のプロテストであったように思われる。

天台宗・真言宗の流れは、いうまでもなく他力的な即身成仏論であった。その方向の極限として親鸞教がある。そこでは、下層大衆を布教対象とした必然の結果として、易行＝他力と在家主義とがもたらされた。親鸞その人が妻帯していることは著明な事実である。

こうした他力的な易行と在家主義の現実における拡大は、仏教的な普遍主義の極限的な発展ではあったが、戒律を犯し、仏の慈悲にそむく悪そのものの救済を約束する点において、仏教的な超越性を極限的に稀薄化するものであり、

この意味では、仏教にとってのギリギリの危機でもあった。仏教内部から、こうした危機に対する意識化とともに、こうした危機をもたらしたものへの批判が発生するのもまた自然の流れであろう。この危機意識・批判意識の体現者こそ、自力主義・出家主義を標榜する道元であった。自力と他力、難行と易行、そして出家主義と在家主義という対立の両極にそれぞれ、道元と親鸞とを配置し、後者こそが鎌倉時代の歴史的精神であり、他方、前者は、日本の現実にかかわることない南宋よりの舶来思想であったとする見解もある。

たしかに道元禅は南宋よりの外来思想である。しかしながら異国の禅を日本にもち来らせたものは、日本の歴史的現実＝仏教的危機そのものであった。道元禅はまさに日本内部の思想的課題を担うものであった。道元の思想を日本の現実とかかわりなきものと断じ去る思考の前提には、道元の出家主義を、親鸞の在家主義とまったく異質なものとみるという見方が存在している。しかしながら、仏教的な思考にあっては、もともと出家主義と在家主義との両面が考えられざるをえないのであって、両者をあれかこれか式に捉えることはできないのである。以下にみるように、これほど強く出家主義をとなえる道元にも、在家主義がないわけではけっしてないのである。

仏教における出家主義とはなんであったか。そしてまた、在家主義とはなんであったか。すでに繰り返しのべたように、仏教はインドにおけるアジア的イデオロギー＝バラモン教を打倒して形成された古代的イデオロギーであった。仏教の担い手、古代への主導者クシャトリアは、ヴァイシァ・スードラと連合して、バラモンの支配する現世――バラモン最上の呪術的＝宗教的世界――を克服するイデオロギー的な方法として、現世拒否的な宗教たる仏教を構築したのである。バラモン教を克服するため、まず、バラモン教によって文字どおり呪縛されている現世から脱出すること、そして、バラモン教が処理したとは異った方法で、人々の宗教的要求をみたすことを仏教は追求したのである。ここに、仏教の現世拒否＝出家主義が胚胎する。現世（バラモン的な）はつまるところ（血縁的）差別である。だがこの（血縁的）差別は、人間の虚妄な意識・感情の所産である。これを否定するならば、真に平等の世界が樹立されるはずである。この虚妄な意識・感情を否定する方法として、厳格な戒律—禁欲がひきだされる。これこそが、出家した人間の実行すべきことがらなのである。すなわち、現世外的禁欲、これこそが出家主義の内容である。

この現世拒否は、バラモン的な血縁的差別を否定するだけでなく、広く差別一般を否定し、真実の世界たる平等の世界を追求する。それによって、クシャトリアとヴァイシァ・スードラとの間に、現実には実質的な差別があるにもかかわらず、ともに平等なものとして、連合することができる思想内的根拠が、与えられることになるであろう。しかし、クシャトリアの主導のもとに古代社会が樹立されたとき、ヴァイシァ・スードラは、現実には、その支配に服する奴隷であった。出家主義は、事実の問題としては、クシャトリアにだけ可能であった。仏教が禁じているわけではもちろんないが、事実の問題として、ヴァイシァ・スードラにとって、出家することは不可能である。だが、仏教が、被支配層たるヴァイシァ・スードラをも視野に収めて人間＝個一般の平等性をうちだし、連合の可能性を保証しようという普遍主義的出発をしたかぎり、仏教は、現世拒否＝禁欲というレヴェルにおいても、ヴァイシァ・スードラをなんらかの仕方でつつみこまねばならない。こうして、仏教は、在家のままに仏に帰依すべきことを説く。ただし、原始仏教は、在家によっては、現身のままに涅槃に入りえず、たんに第三の得果（不還果、有余涅槃）だけしか成就できないとして、在家主義を出家主義の下位においたのである。ここにも、クシャトリアに担われた仏教の一元的古代の性格が如実にあらわれている、といえるであろう。

このように、仏教は始源的に、出家主義と在家主義との二面を有した。もちろん、それは、支配者＝クシャトリアと被支配者＝ヴァイシァ・スードラとの平等性＝連合性を観念的に語りつつ、その実、前者が後者を支配するという基本的矛盾の表現そのものであり、両者は、客観的にいえば、矛盾対立そのものである。仏教の古代イデオロギー性が、自らの中に、こうした矛盾対立を不可避的に孕ませるのである。さきにみた、仏教の展開の中からあらわれてくる在家主義の拡大は、実に、仏教における矛盾の拡大深化に他ならなかった。だからこそ、この矛盾を克服して、仏教本来の姿を回復しようという道元の試みも、仏教的なるものの確保という観点からするならば、まさしく、歴史的必然——ただし反動的な——であったのである。

道元が、仏教本来の姿への回復をめざして、出家主義を拡大強調しようとするとき、それが、仏教本来への復帰をめざすものであればあるだけ、それはまた、在家主義をも随伴させねばならない。出家主義と在家主義とは、たしかにわれわれからすれば矛盾なのであるが、仏教的思考——被支配者の包摂——からすれば、両者を追求することがどうしても必要なのである。道元における、激烈なまでの在家主義——その実情は仏教本来の姿をくずしつつある——批判にもかかわらず、同時に、そこでは、在家主義もまた併せ説かれているのである。いや、たんにそれだけではない。道元にとっても、現実の末法的状況は否みえない（「正法像法行者得法已有不同。……況今値末法当澆運。」）ところであり、在家包摂の緊急性もまた彼の意識にのぼらざるをえない。在家の仏への参入の可能性もまた、ここにおいて、むしろ拡大されてさえいるのである。

仏祖の大道に証入す、ただこれこころざしのありなしによるべし。身の在家出家にはかかはらじ。……釈尊の在世には、逆人邪見みちをえき、祖師の会下には、猟者樵翁さとりをひらく。いはむやそのほかの人をや。（『辨道話』）

宋朝に居士といふは、未出家の士夫なり。庵居して夫婦そなはれるもあり。また孤独潔白なるもあり。……しかあれどもあきらむるところあるは、雲衲霞袂あつまりて礼拝請益すること、出家の宗匠におなじ。（『正法眼蔵』、礼拝得髄）

外道も妻なきあり、妻なしといへども仏法にいらざれば邪見の外道なり。仏弟子も在家の二衆は夫婦あり、夫婦あれども仏弟子なれば、人中天上にも肩をひとしくする餘類なし。（同右）

一方で「いまだ出家せざるものの仏法の正業を嗣続せることあらず」と説き、他方で、仏への参入を「身の在家出家にかかはら」ないとするのは、たしかに一つのときがたい矛盾である。にもかかわらず、仏教に始源的に存在した出家主義と在家主義との二重性＝矛盾からするならば、在家主義の一方的に拡大している現実を包摂しつつ、本来の出家第一主義を回復せんとするならば、この矛盾が拡大し露呈してくるのは、むしろ、歴史的＝論理的必然なのである。そして、この矛盾の拡大露呈のうちにこそ、道元の歴史的性格が示されるのである。この両者を外在的に矛盾対立と捉え、いずれが道元の「真意」であるか、といった問いかけは、それ自体、仏教＝道元の歴史的現実を覆いかくしてしまうものに他ならない。

道元は、在家主義・他力主義の拡大という仏教の危機的な現状をのりこえんがため、出家主義・自力主義を強調して、仏教本来のあり方に回帰せんとした。その試みは、たんに真宗に対する仏教改革というだけでなく、その他の旧仏教＝天台・真言のあり方、すなわち、呪術的な、権力に寄生する祈禱仏教というあり方に対する批判でもあった。たとえば、密教の祈禱に対して、道元は、国王、大臣のために祈禱がおこなわれているが、それは「小児の狂話」にすぎない、そうした加持祈禱をこととする輩は「畜生」のたぐいだ、とまでいい放つのである。そこには、当時の台密・東密に対する凛冽なまでの批判意識がみなぎっている。こうした密教＝呪術批判は、同時にまた、これをこととする僧尼の、現世権力との結合状態に対する批判でもあった。この批判の帰着点は、自ら、市井を去って越前の山中に教団をたて、出家生活――出家主義を現実に実践することに他ならなかった。こうして、道元における出家主義は、天台・真言・念仏等の、彼をとりまく仏教の現状をいっきょに打破克服して、仏教の本来的あり方に回帰するための唯一無二の収斂点であった。

仏と瞑合する境地に到達するのは容易なことではない。在家の易行によってできるような、そんなナマやさしいことでできるはずもない。出家となって、あけくれ、生のいっさいを、投入燃焼させ尽して、しかもなお、首尾さだかでない、それほどに困難なことなのである。その困難にたじろぐことなく、あえてこれに立ち向うことをおいては、仏教の危機を救う道はない、というのであろう。

しかりとすれば、出家の修業方法の合理化が重要な問題となる。仏との瞑合が達せられるのは、ある一瞬においてであろうが、その一瞬を現実のものにするため、修業者の一日の全ての時間を、いささかのムダもなく、あげて、この瞑合の瞬間へむけて、編成組織しなければならない。修業の軸心たる禅定、しかし、座禅をくむまでの前提的な諸準備、出家といえども、人間的自然から「出」ることはできないのであるから、もろもろの準備過程があるが、その処理そのものを、あげて、仏に参入する修業の一環として位置づけ、禅定と有機的に関連づける。こうした仕方での修業＝禁欲の合理化・方法化が追求されていくのである（栄西における戒律との差異）。その徹底ぶりの一斑をつぎの一例からみてみよう。

洗面の時節、あるいは五更、あるいは昧旦、その時節なり。……裙褊衫を著し、あるいは直裰を著して、手巾をたづさえて、洗面架におもむく。手巾は一幅の布、ながさ一丈二尺なり。そのいろしろかるべからず。……つぎに楊枝をつかふべし。今大宋国諸山には、嚼楊枝の法、ひさしくすたれてつたはれざれば、嚼楊枝のところなしといへども、今吉祥山永平寺、嚼楊枝のところあり。すなはち今案なり。……楊枝のながさ、あるいは四指、あるいは八指、あるいは十二指、あるいは十六指なり。……そのかたち、手小指形なり。一端はふとく、一端ほそし。そのふときはしを、微細にかむなり。……よくかみて、はのうへ、はのうら、みがくがごとくとぎあらふべし。

……たび〳〵漱口して、くちびるのうちと、したのした、あぎにいたるまで、右手の第一指、第二指、第三指等をもて、指のはらにてよく〳〵なめりたるがごとくなること《（ママ）》、あらひのぞくべし。……つぎにまさしく洗面す。両手に面桶の湯を掬して、額より両眉毛、両目、鼻孔、耳中、顱頬、あまねくあらふ。……洗面のあひだ、桶杓ならしておとをなすこと、かまびすしくすることなかれ。……いまだ洗面せずは、もろもろのつとめ、ともに無礼《むらい》なり。（同、洗面）

この一例――詳細は省いてある――をもってしても、道元における戒律なるものが、僧院内における起居動静全般にわたって、ほとんど煩些なまでの徹底した詳密さでこと細かに、したがってもっとも具体的に方法化するものであったであろうことが窺い知られるのである。

道元における徹底的な禁欲的態度、生活の合理化・方法化は、いうまでもなく出家集団＝僧団内におけるものであった。現世外的禁欲。僧団内における四大禁忌の一つは、実に「種根五穀等」であった。僧団生活のすみずみにいたる神経的なまでの合理化追求のいきつくところは、実に現世的な活動のいっさいの基礎たる生産活動の排除であった。ここに、道元的禁欲の現世外的性格が、あまりにも直截に表現されている。こうした道元的禁欲の現世外的性格に、たとえばプロテスタンティズムにおける現世内的禁欲を対置して、そこに、禁欲のアジア的パターンとヨーロッパ的パターンをみるといった一種の文化論が、さまざまなヴァリエーションを示しながらしばしばおこなわれている。だが、そうした対比の不当なることは、すでに論をまたないと思う。しかし、その点についての、いくぶんの解明をおこなうことはなお必要であるかもしれない。

キリスト教における禁欲といっても、それがいつの時代にもつねに同一の内容をもっていたわけではけっしてない。それは歴史的に変遷している。古代のキリスト教の担い手は、総じて「労れたるもの、重きを負えるもの」（エンゲルス）

であった。この「労れたるもの、重きを負えるもの」の多数が奴隷その他被抑圧層であったことはいうまでもない。ここでの禁欲とは、苛酷な現実に、同様の境涯に身を置く同胞とともに忍従し耐えること、という以外にはありえない。ともに耐えしのぶという禁欲によって、彼らは現世外に、彼岸に、救済の国＝天国に至るのである。そこでの禁欲は、それ自体なんらかの仕方で現世内的な合理化へ向うわけではけっしてない。プロテスタンティズムにおける禁欲が、現世の職業労働への徹底的献身を核として、現世そのものの合理化＝近代資本主義形成を結果したのとは、およその趣きを異にしている。ひとしくキリスト教の禁欲といっても、その内容がかくも異ることは、この一事からもよく知られるであろう。近代プロテスタンティズムの担い手は、かの独立自営農＝小規模経営であった。彼らの職業労働への専身は、彼ら自身の経営の合理化を意味した。それは、経営の拡大（＝蓄積）可能性を現実のものにするのである。神は、まさに、彼らの現世の日常のたゆみない営為そのものの中に内在しているのである。

だが、古代にあっては、さしあたり、奴隷が、その担い手である。彼らは、自らの経営を有しているわけではない。奴隷主の経営の中にあって、「ものを言う道具」として酷使されるというだけの存在である。彼らは、いかなる意味でも生産の主体ではない。生産活動の合理化を通じて蓄積し経営を拡大していくという現世内的な禁欲は、ここからは出ようはずもないからである。ここでの禁欲は、苛酷な現実をただひたすら耐えしのび、「肉体の牢獄」――現世！――から解放され、神の国に入る日を渇仰するという、現世拒否的な仕方でしかありえないのである。

とはいえ、原始キリスト教が展開していく場合、とくにこれを伝導する遍歴手工業者の姿が、われわれの前にあらわれてくる。また、古代都市における市民＝商工業層もまた視野の中に登場してくる。彼らは奴隷ではない。彼らには、自らの経営の独立性があるかにみえる。また蓄積の可能性さえもあるかにみえる。彼らの担うキリスト教的な隣人愛が、彼らの経営内容の合理性――等価交換という意味で――を保証するようにみえる。いや、たんにみえるというだけでなく、ある意味において、以上は、真実でもある。古代社会の基本的な生産過程＝奴隷制の中に合理性を認めることはできない。しかし、そこで生産される商品——奴隷制の基本は自給自足であろうが、そこでの剰余はやはり流通過程に投入される——交換＝流通過程には、一定限度内であれ、商品の等価性があらわれうるのであり、流通過程を担当する商人＝市民層の中には、一定の合理性があらわれうる。そして、彼らの信仰が、他との連合をもとめる隣人愛を核心とするならば、それはやはり、合理的なものでありうるし、そこに合理性を現世内的に追求する一定の主体、主体性も形成されうるはずだからである。隣人愛を信条として、商品や手工的サーヴィスをもたらす都市商人、あるいは遍歴手工業者の、一定の現世内的禁欲、現世の合理化をわれわれは、ともかく語ることができるであろう。

しかし、彼らの合理的活動は、あたかも、共同体と共同体とのすき間に生きるエピクロスの神々と同じように、古代権力の許容する限度内のものでしかない。古代権力のその時その時の苛烈化は、彼らの活動をいつでも窒息させてしまう。古代権力の偶然的な粗放さや、寛大さの間隙に、わずかに生息するをゆるされた一隅の主観的善意の世界というを多く越えることができない。彼らの合理性・主体性は、ついに、イエスの「今日も日常の糧を与えたまえ」という祈りの基調をこえるものではない。明日はおろか、今日の糧さえも、古代権力の大枠の中にあるかぎり善意の人々にとって確実ではないのである。そこには、経営を経営たらしめる継続性の保証がない。善意の念仏の徒が、権力が許容するかぎり、心貧しきものの同行を形成し、権力の弾圧あるとき、「縁つき」たとしてその地を去る親鸞同行と本質は同じなのである。封建権力の後退と経済革命の進展という世界史的好機に支えられて、自己の経営を拡大したプロテスタントとの決定的差異があるのである。古代的商業は、そこに一定の等価性の展開を含みつつも、それが全体を貫徹しえず、趨勢として、賤民資本主義《パリア・カピタリスムス》の詐欺瞞着（M・ウェーバー）を随伴せざるをえないのである。

なお、ここで、中世カトリシズムにおける禁欲、とくに修道院内部における禁欲についてふれておこう。ここでは、ウェーバーの指摘するように労働が禁欲手段として採用された。これが修道院のせまい枠を超えて現世そのものの内部での職業労働にまで拡大されるときプロテスタンティズムの禁欲にまで発展するのである。「種根五穀」を禁ずる道元の僧団とは、まさに生産活動にかかわる労働を禁欲手段とする点で西洋中世の修道院は決定的に異っている。だが、それは、禁欲におけるアジアとヨーロッパとのパターンの差異であるというふうにいえるであろうか。そうではない。西洋中世の修道院の禁欲は、封建的な歴史的性格からみちびきだされる禁欲の特質なのである。封建的な世界における直接生産者は、いうまでもなく農奴であり、農奴は奴隷とは異って自立的な生産主体なのである。彼らは、自己の経営内部において、まさに自分の計算にもとづいて合理性を追求することができる。だが、彼らの経営は、封建的な支配の枠の中にとじこめられている。彼らの合理的な営みは、領主的恣意によって中断される危険性につねにさらされている。したがって、ここでは、禁欲的な、合理的な生活＝生産態度が本来的に成立しうるのであるけれども、この枠組あるかぎり、それは完全には貫徹されることができない。したがって、そこでは、本来的に現世内的禁欲が成立しながら、これが貫徹されえず、現世外的な、超自然的な方向に向う禁欲が、すなわち現世外的な神の国たる教会への服属が生まれざるをえないのである。

修道院における合理的禁欲は、こうした封建的な禁欲の歴史的制約の、きわめて象徴的な表現であるということができる。修道院＝教会は、それ自身土地を所有する一箇の封建的大土地所有者＝領主である。ただしここでは、通常の領主が、経済外的強制にもとづいて、農奴の剰余を収奪するのと異って、この世における神の国の実現ともいうべき理想的世界を体現することがめざされている。この世における理想的な神の国を体現させるために、修道僧内に一定の僧団行儀が形成されるが、この僧団行儀＝禁欲の核心として生産労働が位置づけられているのであろう。ここでの生産活動は、農奴の経営が、領主的恣意によっておびやかされたのとは異って、領主としての教会の完結的な主体性があることによって、能うかぎりの合理化が追求されうるのである。修道僧の生産活動における合理的な方法は、どこまでも追求されることができるのである。たしかに、それは、修道院という枠をとり外して、現世的職業労働にまで拡大するならば、ただちに、プロテスタントの職業倫理＝現世内的禁欲に移行しうるものなのである。だが、封建的な世界にあっては、一歩修道院の外に出るならば、この現世内的禁欲は、ただちに一定の枠内におしこめられてしまう他ない。狭い修道院の枠の中でのみ合理的な禁欲、生産活動というかたちでの現世内的禁欲が成立しうるということ、その貫徹は、現世外的な僧団内にかぎられるということ、まさに、その点に、農奴の主体性の制約が凝縮的に表現されているということができる。

以上のように修道院における禁欲、すなわち生産労働は、まさに、封建的な歴史性の表現であった。道元において、生産労働が禁忌として否定されることは、まさにその思想がいまだ封建的な水準に達するものでないこと、換言するならば、それが他ならぬ古代的枠内のものであったことをこそ証明するものであろう。そのことをもって、禁欲におけるアジアとヨーロッパのパターンの差異とすることの不可なる所以もまた以上によって明らかであろう。道元における凛冽たる主体的燃焼＝禁欲は、まさに古代的な現世外における禁欲だったのである。

このことは、他の論点からも確認できる。道元の僧団における四つの禁忌の第一は、「通国使命」、すなわち、国の使命につうじてはならない、現世的権威の頂点たる権力へ接近してはならないということであった。「医方卜相」である。すでにみたように、道元には、密教的呪術に対する激しい否定があった。「卜相」が否定されるのは当然のことであろう。しかし、ここでは、同時に「医方」＝治療もまた否定の対象である。呪術と科学とが区別されずに——区別する眼は、もちろん道元にはない——一般に否定されてしまうのである。原始仏教がバラモン教を批判したときがそうであった。仏教的思考の上にも、現実的なるものの重みが影を落しはじめるとき、たとえば、真言における六大論のように、事実上、自然の経験的把握がふたたび姿をあらわしはじめていた。そうした状況を仏教の危機ととらえ、仏教本来に回帰せんとする道元において、ふたたび、仏教内部から生まれはじめた経験的な自然への眼が、呪術もろともたち切られてしまうのである。呪術の批判が、現世内における非合理なもの呪術的なものの批判・克服をつうじて、現世内の合理化へと向うのでなく、逆に、現世の外へ出るという形で遂行されるのである。

禁欲にせよ救済にせよ、現世の合理的改造に連なるのでなく、現世の外へ向う以外にないというのは、古代における禁欲乃至救済を貫く基本的な性格である。この点においてアジアもヨーロッパも、仏教もキリスト教も軌を一にしている。しかしながら、救済の連合性の点で、仏教とキリスト教とは、明らかに類型的差異を示している。アジアにおける古代社会は、支配者・被支配者をつつみこんだ一元的古代であった。この社会の中に生きるある特定個人は、ヨーロッパの二元的古代におけるような、内部での実質的平等関係にあるのではない。律令制的差等が象徴するようなヒエラルヒーの中に人々はくみこまれている。ある個人の差別状況は、他の差別状況とは異るのである。だからある個人が、差別から平等の確信に至るプロセスは、他がたどるであろうプロセスとは自ら異らざるをえない。仏教における成仏＝救済のプロセスは、バラバラな個別的な営みであらざるをえないのである。他方キリスト教における救済は、明らかに救済集団主義とも言うべき形態をとる。ここでは、仏教が到達点とする平等が出発点である。奴隷としてひとしく苦難の境涯におかれている。現実には、そこから逃れ出ることはできない。彼らは、苦難をともに耐えるしかない。ともに耐える——禁欲——ということから、受難思想・博愛思想が生れる。苦難をともにする同胞として緊密に結合して、ともに手をとりあって天国の門に入ることが、ここでの救済のあり方なのである。ひとしく苦しみ悩むものが、ひとしく手をとりあって解放の国——ただし観念内の——に入るというのが、キリスト教的救済であった。仏教にあっては、苦しみ悩むものも、この世の生を楽しむものも、それはそれぞれに虚妄の幻影なのであって、真の平等に到達したとき救済がもたらされるのである。ここでは、救済そのものは、どうしても個別的たらざるをえないのである。

親鸞教においては、救済における集団性が一定の昂揚を示している。親鸞は、門徒を親鸞同行と称した。ここでは、被抑圧下層大衆の実質的に平等な状態がある程度まで前提である。門徒は、むろん在家のまま講・組に組織され、ともに称名念仏をおこなう。ここには、一つの集団的な信仰状態が実現されるのである。ただし、そこに至っても、救済が集団に全体としてもたらされるわけではない。ここでも救済は、一人一人が個別的にひたすら弥陀にすがるという形でもたらされるにすぎない。

親鸞に対して道元は、自力＝難行を強調するのであるから、難行達成上個人差が大きく生れるのは必至であるがため、救済の個別性はますます強められる他ない。その個別的な救済を、道元は、集団的に僧団として追求しようというのである。仏教＝禅における救済は、仏との神秘的な冥合であった。それは、他とはかかわりない個別のいとなみなのであるから、キリスト教的な同胞の集団的救済ではないのであるから、それは、人知れず、孤独に修業を重ねることであってもなんら支障はない。しかし、現実的には、仏との神秘的冥合を現世外に追求する修業僧であったとしても、彼が生ける人間であるかぎり、完全に現世を超脱してしまうなどということはありえない。生きる上での物的な諸条件を欠かすことはできない。ひたすら禅定にうちこむという現世外的禁欲を最大限保証するために、逆に、そのための物的諸条件を組織的にととのえるという、まさに、現世内的作業を同時に遂行しなければならない。現世外的禁欲の徹底した追求者道元が、教団形成に向うのは、まさにそのゆえになのである。だが、教団形成に向うとき、そこには、現世内的諸行為のウェイトがいやでも高まらざるをえない。そして、それを遂行する際の、さきにみた禁欲の方法化によってもたらされる組織的統一性、要するに集団性もまた、いやが上にも高まらざるをえないのである。ここには、現世外的禁欲とこれを支える現世内的諸行為、救済の個別性と禁欲の集団性とが、それぞれ鋭く対立しているのである。さきにみた道元における出家主義と在家主義との矛盾的併存もまたまったく共通の問題である。さらにいえば、権力に接近するを禁じて現世の外をめざす永平寺にあって、その財政的基礎を用意する波多野義重は、地域の権力者に他ならない。

問題はすでに顕在的でさえある。呪術否定においても同様である。右にみたように、道元の呪術否定は、現世の中に入って、現世の呪術を否定するというのではなかった。現世の外へ出てしまうのであるから、現世の日常的需用になんらか応えている「医方卜占」、とくに「医方」までをも、呪術と区別することなしにいっきょに否定してしまった。だが、僧団形成、僧団運営の中では、いかに現世外の孤高至純をきわめようとしても、いやでも現世との交渉なしにはありえない。現世の外に出て遂行した呪術否定は、現世との交渉の中で、現世的需用が呪術を必要としたとき、果してどこまで貫かれることができるであろうか。現世的要求の前に、現世外的呪術批判は、ほとんど意味をもたないのではないだろうか。親鸞における呪術否定が真宗教団の発展の中でもろくもついえ去ったことはすでにみたとおりである。いずれにせよ、現世外的神秘主義＝救済個別主義は、それが純粋に追求されればされるだけ、とりわけ、現実的なるもののウェイトが高まっているときには、現世的なるものの侵入によって不純にされるのである。

道元在世中は、彼の人格的な力によって、なお、大きな破綻をみるには至らなかった。しかし、道元没後の曹洞宗は、その教団的発展に比例して、さまざまな問題にぶつかっていく。道元の後継者は、懐弉である。懐弉はその後継者義介に、祖位をゆずるに際して、道元の永平寺経営に関する言葉を伝えている。先の祖道元は、曹洞宗をたて永平寺を中心として叢林を作り、禅院としての機構を整えた。宋国の師天童山如浄の衣鉢をついで、その定めた規矩に則った。あとを継ぐものは、この寺をおおいに興してほしい。そのことがまた道元の師栄西の恩に報いる道である、と。懐弉は、義介に対して、これが始祖道元の意志である。あとを継ぐわれらは、この意をうけて、おおいに叢林を興さねばならない、というのである。

道元が大いに叢林を興そうという意味は、栄西におけるとは、ややその意味が異なる。前節にのべたように、栄西はたしかに興禅に情熱をもやした。しかし、その興禅の意欲は、彼の中の密教的要素に示されるように、強い上層志向乃至権力志向と結びついていた。道元の場合は、純粋に仏教的なるものへの回帰を志向する主体的な燃焼――ただしそれが現世外におけるものであったことはくり返すまでもあるまい――であった。道元はまさしく内面における純粋なる仏教の興隆を企図して、権力から離れて山林に入ったのであった。したがって、彼がもし弟子に叢林興隆を託したのだとしたら、その真意はまさしく内面的な主体的燃焼の意でなければならない。だが、これを受けとる側においては、一山を興すとは、文字どおり叢林興隆、外形的な発展を意味した。だからこそ、栄西と道元との間の、あれほど大きな差異が見失われてしまうのである。師道元と弟子懐弉との間には、一つの、しかし決定的なすれちがいがあるのである。

叢林を興隆させるということで、懐弉が具体的に考えるのは、一言でいえば、教団経営の充実である。詳細な礼制の制定、禅関係の語録・古経の蒐集、永平寺の伽藍の整備等々。「諸方を遍参し、大国を歴観してもって建立永平の宗旨を立つべし。」というわけである。ここには、明らかに、道元ではなく栄西的方向への接近が認められる。道元と懐弉とのこのすれちがいは、一体なにによっておこったのだろうか？　道元がその人格的な力によって、僧団を経営したとき、生産労働否定を正面に掲げていた。西洋中世の修道院にあっては、生産労働によって寺院経営にあてることもあるのであろうが、ここでは、それは禁じられている。物質的諸条件は、パトロンの手によって充たされていた。しかし、道元没後、そうした寺院経営に現実的な困難が発生せざるをえないであろう。偉大な師を失ったあとの一山のリーダーとしては、神秘的な悟りそのものより、悟りを開くはずの肉体的その他外的諸条件の整備にまず心をくだかねばならなかった。すれちがいは起こるべくして起こったというべきであろう。

懐弉のあとを継いだ義介は、まさしく懐弉の線において僧団経営に尽力する。義介も宋に入り、かつて道元がおこなったように、自ら宋の禅林機構をみてこれを移し植える。道元時代あばら家同然だった永平寺をつくりかえる。山門を作り、山門の両廊をととのえ、祖師三尊を刻む。また、多くの仏像を安置し、さらにまた土俗的な神々をも祀る。その他、僧団行儀をととのえ、さまざまな趣向をこらす。義介の僧団経営、一山興隆の内実はそうしたものであった。

だが、こうした外形的興隆をもたらした財政的基盤はどこに求めたのであろうか。その回答は、上述の、土俗の神々を祀るという事実のうちに、すでに与えられている。義介の僧団経営は、道元がまさに切断せんとした世俗そのものへの接近という方向に向っていたのである。土俗神を祀るのはそのことの象徴である。道元の死が建長五年（一二五三）で、義介が第三祖となったのが文永四年（一二六七）であるから、それはあまりに短時日のうちに生じた急転変であった。

道元没後の曹洞宗は、以上のように、土俗的なものとの結合を強め、呪術化の方向をたどる。もちろん、教団内部から、そうした傾向に反対して、道元本来の、内面的な主体的燃焼を追求しようとする義演ら純粋派のまき返しがおこる。ここに永平寺は義介らの（外面的）経営派と義演らの純粋派との内紛状態におちいるのであるが、結局、曹洞宗の教勢拡大は、義介ら経営派の手によって担われることになる。義介の弟子瑩山紹瑾に至って、教勢は大いに振う。彼は、「瑩山清規」をさだめ、教団内部の諸規律を整備するとともに、密教的・呪術的方向を積極的に拡大する。道元が禁じた医方卜占をはじめとして、火事・盗難よけの祈禱、星占い他あらゆる呪法を講じ、また、土俗神の祭祀等々の活動を強めていく。真宗においても、蓮如以降、親鸞が否定しようとした呪術の復活が認められるが、そこでは、呪術が積極的にとり入れられたのではけっしてない。これに対して、曹洞宗においては、むしろ、きわめて積極的に呪術が採用されていくのである。

義介・瑩山の線において発展していく曹洞禅は、在地の土着的勢力の中に、自らのパトロンを見出していった。それは、在地のどのような層だったのであろうか。この点について、充分実証的に明らかであるとはいいがたいのであるが、およそつぎのようにみることができると思う。やや図式的に、各宗派とその基盤との関係を示すならば、天台・真言＝密教は、荘園体制頂点層に、栄西禅は武士上層に、日蓮宗は都市民及び権力から疎外された武士層に、そして浄土真宗は農村下層に入っていったということができる。そして、曹洞禅が入っていったのは、地域頂点層たる地頭クラスであった。たとえば、瑩山紹瑾が教線を拡大するに大いに寄与した酒勾八郎頼親などもそうした階層の出身であった。権力勢家への接近の否定と他方での禅――一定の知的訓練と生活の余裕――的自力的方法との二条件が、他ならぬ地域頂点層に、そのパトロンを求めさせていった、とみることができる。

地頭層は、鎌倉に結集している武士上層に比して、在地との結合はきわめて密接である。しかしまた地頭として地域に君臨するという点では、その支配下におかれる農民はもとより、名主層に比しても、その自立性は高い。また、その経済的基礎も、上層武士に比すべくもないけれども、名主層以下にくらべるならば、格段に上であるということができる。そこに、自力的な禅・曹洞禅を受け入れうる基礎がある、ということができる。しかし、この層は、あくまでも在地的なものでありその自立性の基礎もまさにその点にある。在地的なるもの、それはいうまでもなく土俗的な伝統である。日本古来よりのありとあらゆる宗教的諸形象が、土俗的伝統として存在しているであろう。こうした土俗的伝統の上に立つ地頭層を自らの共鳴盤としたとき、曹洞禅は、このありとあらゆる伝統的宗教形象を自らの中にとり入れることになるのは、まさに自然の流れであったといわねばならない。

土地土地の守護神、家々の守護神、天照、八幡、明神、六十余州の雑多な神々、三千になんなんとする神々がその祭祀の対象となる。ときとして、かつて浄土真宗の信者であった念仏の徒が、その分解過程で、地頭クラスに上昇してくるとき、これをも曹洞禅は、自らの教線内に導入することをあえて辞さない。曹洞宗の雑多なるパンテオンの一隅には、阿弥陀如来さえ安置されるのである。それとともに、これらの神々とむすびついている無数の呪法が、これまたとめどもなく、曹洞禅の中に流入していく。密教的呪法は、ここにおいて猥雑の極に達する。こうした曹洞禅の特異な密教化呪術化は、栄西禅ときわめて鋭い対照を描いている。栄西には、すでにのべたように、その当初から密教的要素が色濃くまつわりついていた。他方道元には、凛冽なまでの呪術批判があった。だが、その後の経過の中で、栄西禅＝臨済は、次第に呪術的要素を払拭し、禅的な純粋性を獲得していく。これに対して、呪術批判から出発した道元禅＝曹洞は、右にみたような猥雑をきわめる呪法＝雑密の大海の中に呑みこまれていったのである。この一種パラドキシカルな展開はなにによってもたらされたのであろうか。

すでにのべたように、栄西はその上層志向から、密教的要素をも身に帯びたまま、権力第二位に位置する上層武士＝幕府権力の中に喰い込んでいった。その中で、経営的才腕を発揮するタレント僧をも輩出させていき、やがて、幕府権力をバックとする五山を自らの掌中に収めた。また、中国との国際交流をも強め、新知識たる宋学をも自らの視野のうちに収めるに至った。その過程で、栄西禅にまつわりついていた密教と教乗禅的な束縛とを払拭して、仏教経典からさえも自由な、現世即応的な境地に移行していった。そこには、現実の転換に即応して、封建的世界を展望するあらたなるイデオローグさえも生み出されてくるのである。

これに対して、曹洞宗の場合には、権力回避の志向が先行して、その拠点は、草深い越前に設けられた。道元没後、教団経営の必然から、パトロン獲得が追求されるのであろうが、右にのべたような諸事情のもとに、彼らが見出した共鳴盤は、地域頂点としての地頭層であった。その経済的な力量は、当然、幕府のそれと比すべくもなく、そこでは、五山において認められた国際的視野の拡大は期待さるべくもない。むしろ逆に、彼らの関心は、地頭権力をめぐる地域地域のきわめて狭隘な雑事の中に局蹐せしめられていったにちがいない。地域地域の現世の雑事の要求に応えるため、彼らは、かつて師の乗りこえんとした呪法を雑密のレベルにまで拡大させる他なかったのであろう。蓋しそこには、現世内的な諸要求を、呪術とは異った仕方でみたすという、現世内的な呪術批判の真の方法が用意されていなかったからである。『曹洞宗全集』後半を占める雑密の小道具類が、道元禅の到達点を象徴している。もちろん、近世に至って曹洞禅のあらたなる展開が見出されるのではあろうが。

栄西の臨済禅の中からは、五山を中心として、封建イデオロギーを用意するあらたな知識人も生まれてくる。これに対して、曹洞禅から、そうした知識人が生まれてくる例をみることはできない。そこには、雑密の蔓延がある。それは、もちろん、以上にみたように、土俗的なものに由来するということができるのであるが、より本質的にいえば、この呪術の蔓延は、仏教そのものの本質から由来するものである。このことが注意されねばならない。仏教は、窮極するところ、アジアにおける古代＝奴隷制を弁証するものであった。奴隷制とはいうまでもなく他の無条件的無主体的圧服である。他を無条件的無主体的に圧服するということ、換言すれば、いっさいの論理を越えた他の圧服ということは、政治学的な意味における呪術そのものである。仏教が弁証せんとする古代的支配＝奴隷制は、窮極するところ呪術的支配である。もちろん、仏教は初発から呪術そのものであったのではない。個の一般性の弁証という精緻な理論展開がそこでは多く試みられた。しかし、そうした論理発展が極限にまでいきついてしまうとき、そこに、いっさいの論理が放棄され、ただ無条件的な無主体的服従を要求する呪術があらわれる。その方向は、すでに密教にあった。ひたすら仏への神秘的参入を求める禅もまた、そうした方向にあったということができる。しかし、そこにはなお、仏に到達するための、それなりに論理的な、また合理的な方法的努力が見出されたのであった。しかし、いまや曹洞禅の末流において、そうしたいっさいをかなぐり捨てた呪術の全面化が訪れる。仏教は、ここに至って、論理化の努力をいっさい放棄して、その前提＝古代的支配＝無条件的服従を要請するのである。無条件的服従の要求という点においては、仏教的呪術も、血縁――アジアにおける奴隷たる農民そのものの中にある――的な土俗的な呪術もえらぶところはない。この両呪術がここには混在して全面化するのである。ここに、古代イデオロギーとしての仏教の、最終的な終焉がある。

　だが、曹洞禅末流における呪術の全面化は、たんなる堕落としてだけとらえてよいであろうか。仏教理論の極限的展開を促迫したものこそ、現実における個的なるものの成長である。言葉をかえていえば、仏教の説く平等論を、容易なことでは納得しない差別的なるものの現実的重みの拡大であった。こうした現実を前にして、仏教はついにいっさいの論理を放棄して、呪術的魔力の前に、これを屈服させようとしたのであった。曹洞禅における呪術の全面化は、こうして、現実的差別＝個の重みの圧倒的な増大の逆説的な表現だったのである。こうした増大を前にして、仏教はただ呪術化するのみである。しかし、なんらか仏教とは異った視角からこれをみるならば、事態は異った相貌において浮びあがってくるのではないだろうか？　以下にこれを探ってみよう。

第六章　封建的思惟の成立

第一節　封建的意識の形成――『御成敗式目』

「律令制度がくずれて古代貴族の支配する荘園体制の時代へと変わったが、その荘園の内部には、奴隷から農奴へ成長しつつある直接生産者を従えた名主が広範に分出してきていた。この名主勢力の上にのった地方豪族は、家父長制的な擬制血縁的な主従関係をもとにしてその勢力範囲を拡張し、古代貴族的土地所有たる荘園に対抗する事実的な私領を形成しつつあった。彼等は、未熟ではあるが封建的な勢力として、その力を結集しつつ、源氏を棟梁として古代権力に対抗しうる鎌倉政権を樹立した。しかし、古代権力の力は依然として強く、封建権力の成熟は未完成であったから、二つの対抗的な権力が、西と東とに併存し、互いに妥協し、互いに争うという過程を生みだし、封建権力による古代権力の完全な打倒には多くの月日が費されねばならなかった。鎌倉幕府成立後、一五、六世紀ごろに至る時期は、封建権力が古代権力を完全に打倒するための永い期間であった。天正十二年（一五八四）にはじまる太閤秀吉のいわゆる太閤検地は、こうした封建権力の完全な樹立を示すと同時に、以後につづく近世封建社会の開幕を知らせるものであったが、鎌倉幕府以後太閤検地に至るその期間は、封建権力のじょじょなる形成の過程であって、これは中世封建時代、あるいは前期封建時代などとよばれている。」（守本順一郎『日本経済史』、五六―五七ページ）

「建久三年（一一九二）、源頼朝＝鎌倉殿によって樹立された鎌倉政権は、未熟ながら封建的権力であった。幕府はその権力の基礎である全武家を統轄し、支配するための機関であり、頼朝は全武家の棟梁として彼等と主従関係を結んだ。

鎌倉政権の社会的な基礎であるこれらの武家は、名田を地盤として村落を支配する有力な名主であり、下に農奴的上昇への過程にある農民を従え封建的小領主に上昇せんとする存在であった。彼らは、『名』構造の特質に規定されて、擬制血縁的な家父長制的集団をつくり、この関係が彼らに幕府との間に家父長制的な主従関係を結ばせ、こうして全武家は幕府の御家人とよばれた。幕府は、古代権力の基盤である荘園制のなかに、その地歩をきずき勢力を伸ばすために、この在地の御家人武家を守護・地頭に任ずるというあたらしい制度を設け、それを家父長制的な主従関係によって統轄し支配した。古代的土地所有としての荘園は、ここに自らに対立的なものを見出さざるをえなくなったのである。

地頭は元来荘園領主が荘官の一員として任命し、土地を支配させたものであった。しかし鎌倉幕府が任命した地頭は、こうした荘園領主自ら任免したものと異って、荘園領主が自由に任免することのできないものであった。高高その罷免を幕府に要求することができただけであった。文治元年（一一八五）、頼朝は全国の荘園および公領に地頭を補し兵糧米の徴収に当たらせることの勅裁を得た。この頃補せられた地頭を本補地頭という。幕府は、古代的土地所有たる荘園の内に、これに対立すべき地頭をおき、封建権力の手先とした。しかし、当初古代権力はまだ強大であって、公家・社寺の反対によって、平家没官領・謀反人・凶徒の所領以外の荘園の地頭制は撤回され、兵糧米徴収も停止された。こうした両権力の抗争も、承久の乱によって古代権力が大きな痛手をうけ、その結果、幕府は三千余カ所の公田および荘園を没収して地頭をあらたに補任したが、これを新補地頭といっている。

地頭は荘園において租税を徴収し、これを本所・領家またはその代理人に引渡すことが、そのおもな仕事であった。そのほか、部内の土地の管理をし、警察裁判のことを司った。さらに、山野や河海などの収納については荘園領主と折半して収得する権利をもち、荘民に夫役・課役を割当てる権利ももっていた。地頭のこうした権利は、時とともに次第に拡大されていった。

幕府は、地頭のほかに、諸国に守護をおいた。とくに平家追討に功のあった者を恩賞として守護に任じたが、多くは地頭の兼任で、有力な御家人から任命された。守護の任務は、領国内の治安維持がおもで、後には大番（平時の軍役で、京都に上って警備する）催促、謀反人および殺害人の三ヵ条を務めとし、その他強盗・竊盗・山賊・海賊等の検断をおこない、また軍役のある時には国中の地頭・御家人を催し、国民を夫役にあて、これを率いて事に従った。したがって、地頭のように、租税を徴収し、土地を管理し、民事裁判に関与することはできなかった。また国司・領家の権限を犯すことも禁ぜられていた。だがこの守護も、承久の乱以後は、国司を兼ねるようになり、分国が与えられることとなった。守護の権力は、地頭のそれとともに次第に増大するのである。「幕府が、一方で荘園内部に私領を形成しつつあった武士の所領を安堵して御家人となし、古代権力に対抗する封建的権力の支柱としながら、他方自らが荘園体制にその経済的基礎をおいたことは、その封建権力としての未熟さを示すと共に、古代的荘園体制のまだ鞏固なことを示しているというべきであろう。」（同、五八―五九ページ）「幕府の社会的基礎は、前にものべたように、在地名主の上昇した武士＝領主階級であり、幕府はそれを御家人として、惣領制とよばれる擬制血縁的な家父長制的主従関係のもとに統轄し、支配した。この惣領制的主従関係にある御家人は、全国に散在していたが、それはとくに東国に集中していた。平家没落当時の御家人の数は、東国で二千人以上であったといわれる。御家人はその所領を安堵されたが、また勲功のあるときは新たに土地を新恩として給与された。こうして幕府と御家人との間には、土地の恩給を通じての主従関係が設定され、御家人は京都大番役・鎌倉番役・異国警回番役・臨時の軍役などに奉仕した。だが、この主従関係は、フューダリズム（feudalism）とはかなり色彩を異にしている。ヨーロッパのそれは、土地の恩給を通じて上下の主従関係が設定されるが、その関係は契約的性格をもちその際臣下の忠誠は一定の限度があり、かくて臣下は、主君に対する反抗権さえもった。これに対し、鎌倉のそれは、一応土地の恩給を媒介とする主従関係があらわれながら、その主従関係は擬制血縁的な家父長的上下関係としてあらわれ、したがって臣下（御家人）の主君（鎌倉殿）に対する忠誠は、契約的な有限なものというよりは、むしろ無条件的な、献身的な色彩の濃いものとしてあらわれている。これが、幕府の生産力的な基礎としての『名』構造における、農奴制展開の未熟さがもたらした家父長制的諸関係の再現の結果としてあらわれることは、すでにくり返しのべたところからもあきらかであろう。

以上のような経済的・社会的基礎に立って、未熟ながら封建的権力としての幕府が存在していた。幕府は、古代的な土地所有たる荘園体制になかば依存しながらも、それをじょじょに覆えすべき権力として、在地の武士＝領主階級を支柱としていたのである。鎌倉時代は、古代権力と封建権力との併存の時代として特徴づけてよいであろう。」（同、六〇―六二ページ）

鎌倉幕府は、はるかに封建社会の完成を展望していた。その基本法ともいうべきものが、『御成敗式目』であった。幕府の基本法『御成敗式目』は、さきに曹洞禅末流における呪術の全面化の中に、逆説的に表現されているであろうと推定した、現実的＝差別的なるもの、個的なものの成長を、どのようにとらえているのであろうか。『御成敗式目』は、開巻劈頭、つぎのごとくのべる。

一　神社を修理し、祭祀を専らにすべき事

右、神は人の敬ひによつて威を増し、人は神の徳によつて運を添ふ。然ればすなはち恒例の祭祀陵夷を致さず、如在の礼奠怠慢せしむるなかれ。これによつて関東御分の国々ならびに庄園においては、地頭・神主らおのおのその趣を存じ、精誠を致すべきなり。兼てまた有封の社に至つては、代々の符に任せて、小破の時は且修理を加へ、もし大破に及ばば子細を言上し、その左右に随ひてその沙汰あるべし。

一　寺塔を修造し、仏事等を勤行すべき事

右、寺社異なりといへども、崇敬これ同じ。よつて修造の功、恆例の勤めよろしく先条に准じて、後勘を招くことなかるべし。ただし恣に寺用を貪り、その役を勤めざるの輩は、早くかの職を改易せしむべし。

この式目第一条、第二条は公家法の体裁をそのまま模倣している。公家法を模倣したのは、律令制国家の固有した祭祀権を、関東については鎌倉殿─守護─地頭─神主の系列に転換させるためである、といわれている。たしかに、律令制国家の固有した社・寺祭祀権を、一定地域においてであれ幕府の手中に収めるならば、幕府権力が律令制国家を侵蝕して一歩前進したことを意味するであろう。しかし、『御成敗式目』の中に、封建的意識の萌芽がみられるというのは、たんにそうした直接的な意味においてというだけではない。ここには、古代から封建への思想内的な転換の萌芽が──それは、仏教が現実的な意味においてはついにとらえることのできなかった個の主体性の一定の肯定を内容とする筈である──見出されるというのである。

まず、神を祀ることの意味づけとして、『式目』は「神は人の敬ひによつて威を増し、人は神の徳によつて運を添ふ」とする。人間は、ここではもはや神によって媒介された存在ではない。逆に、神は「人の敬ひ」によって威をますもの、すなわち、人間の主体性によって媒介されるところの人間の守護神に変貌している。古代的な神は、古代的連合（体）の象徴であり、したがって人間は、この神によって媒介されるものであった。幕府の基本法『御成敗式目』は、反古代的な幕府権力の法であるという形式的な理由から、それが祭祀の対象とする神仏は、古代的な神でない、というだけではない。その思想的内容、とくに「神」理解の点で、『式目』は明確に古代から封建への転換を遂げているのである。

「寺社異なりといえども、崇敬これ同じ」として、仏もまた、神と同様、人間の主体性によって媒介された、人間の守護神として理解されている。この点は、時代はやや降るが、戦国期における早雲寺殿廿一箇条には、更に明瞭に表現されている。

> 拝みをする事身のおこなひ也。只こころを直にやはらかに持、正直憲法にして、上たる者をば敬い、下たる者をばあはれみ、あるをばあるとし、なきをばなきとし、ありのままなる心持、仏意冥慮にもかなふと見えたり。

仏の加護は、主体の心掛けに媒介されている。そして、もつべきことが要求されている心掛けの内容たるや、「あるをばあるとし、なきをばなきとし、ありのままなる心持」なのである。仏教にとって、本来それは否定さるべき虚妄なる心念であった筈である。仏意の内容もまた、仏教本来（古代）の姿から完全に転換されているのである。単に祭祀権を古代権力から奪い取ったというだけではない。神仏そのものの意味、そしてそれを祀ることの意味自体が、個の主体性をある限度においてではあれ肯定する封建的な内容へと転換されているのである。まことに『御成敗式目』は、そこに盛られた思想内容の点でも、封建化をめざす幕府基本法たるに相応わしいものと言える。

また、この神を祀り、仏を祀ることを説く二条は、確かに公家法の模倣ではあるが、右の神仏の意味転換とかかわらせてみるならば、この第一条・第二条の組みたて方には、単に模倣というにとどまらないいますこし積極的な意味づけがあるように思われる。古代社会をすでに前提として、祭祀の心得と社寺の管理を規定する公家法が、古代的全体的原理をかならずしも強く意識することなく、直接に権力的な私的所有者の意識——そこでは個人の祖先神たる神々がより直接的な関心の対象であろう——にもとづいて、まず神の祭祀を、次いで仏の祭祀を規定するということは、けっしてありえないことではない。しかし、古代的世界に抗しつつあらたな権力の樹立をめざす幕府の基本法にあっては、全体の原理、封建的原理への意識は、強烈であらざるをえないのではないであろうか。第一に神を、第二に仏を規定する。それ自体は、公家法の踏襲とみえるかもしれない。しかし、実は、そこでは、古代連合（体）の神格たる「仏」からのある離脱が企図されて、こうした序列編成がなされたのかもしれないのである。

すくなくとも、神を祀るという場合、鎌倉的意識の中に古代的な神々の序列から離脱しようという志向があることは明確に看取することができる。『式目』末尾に榜げられている起請文をみてみよう。

梵天帝釈四大天王惣じて日本国中六十余州の大小の神祇、別して伊豆箱根両所の権現、三嶋の大明神、八幡大菩薩、天満大自在天神の部類眷属の神罰冥罰各まかり蒙るべき也仍て起請如件

ここには、およそありとあらゆる諸々の神格——道元末流の神々！——が全てよびかけられているようにみえるであろう。しかし、天照大神の名だけは、ついに登場することがない。これは偶然ではない。意識的に語られていないのである。天照大神を頂点とする古代天皇制的序列から離脱せんとする意識的な志向が、天照の名をよぶのを拒ませるのである。

では、こうした諸々の神々へのよびかけの意味はどこにあるのであろうか。すでにのべたように、日本古代の一元的なあり方は、在地の奴隷層に擬似的な自立性をもたせ、また擬似的氏族的結合を存続させた。このかつての擬似的氏族的結合が、いまや惣領制となって、はるかに封建的な村落結合を展望するものとして復活蘇生しようとしているのである。アジア的段階にあっては各在地は真の氏族結合としてあったたし、その神々も、当然に天照を頂点とする神々の系列の中に一元的に包摂されるものであったであろう。しかし、古代社会が成立するとき、この天照を頂点とする神々は、支配層の中では、各私的所有者＝個人の起源＝祖先神としてそのままひきつがれるであろうが、他方私

的所有から排除された在地にあっては、もはや、天照頂点の神々をそのままひきつぐことはない。むしろ、そこでは、アジア的天皇制の一元化に先だつ、母系制的な、アニミズム的なもしくはトーテミズム的な神々がふたたび彼らの神々となる。日本的自然の小規模分散的なあり方が、それをまた強めるともいえる。日本古代社会における奴隷＝在地農民の擬似的自立性、擬似的氏族結合の象徴たる神々――土俗神――とは、実はこうした内実のものであった。もちろん、こうした神々は、正統的な、仏教及び天照的神々の支配の下におかれた、一種異端的な存在であったのであろう。

いまや、擬似的な自立性は、封建的な意味での真正の自立性に高まろうとしている。擬似的な血縁的結合は、真正の――とはいっても、この段階では擬制血縁的家父長制的形態をとる――村落結合に高まろうとしている。惣領制が、まさにそうしたものとして登場しているのである。こうした自立的な村落結合への先頭に立つものこそ、惣領制を足場とする武士であろう。彼らが、あらたなる社会編成をおし進めようとするとき、当然に社会の最低辺にまで下降して、そこに生れつつあるあらたな可能性をつかまえなおす作業が不可欠であるが、このあらたなものを糾合する思想的核として、彼らの中にある土俗神が掘りおこされてくる。右にみた貞永式目における、ありとあらゆる神々へのよびかけは、実に、このあらたなるものを糾合せんとする祈りであったのである。

こうした観点にたつとき、『式目』第二条が仏を祀ることを語ることの意味もまた明らかになる。古代連合、その原理・象徴としての仏から離脱せんとするとき、かりに、彼らの新たなる結合原理となるべき諸々の神のつぎにではあれ、仏を祀ることは、仏の内容が、早雲寺殿廿一箇条ほどの明確さで転換していないこととあいまって、やはり彼らの反古代の方向を曖昧にするはずである。そうした仏を祀るというとき、そこに鎌倉権力の妥協的性格がはしなくも露呈されている、ということができるであろう。しかし、『式目』が仏を祀るというとき、それは、単純に古代への妥協というだけではない。彼らは、最低辺にある下層農民のレヴェルにまで下降し、これをあたらしい方向においいてとらえ直そうとする。その場合、自らの歴史的方向について透徹した思想的見透しが充分でないときには、現実に存在するものに規制されてしまうこと、自然発生性への思わざる追随が生ずることは、むしろ通常のことであろう。彼らが下降していきついた下層農民は、一方で土俗神を崇拝しつつ、また同時に、仏をも信じているのである。

彼らの眼からみれば、神も仏も、彼らの主体的な祈りに媒介されて、彼らに好運をもたらす守護神という性格をとりつつある。仏教における古代的限界、封建的なるものの決定的な展開に際して信長の本願寺戦争において明らかになる、封建化を内側から阻止する死重ともいうべき性格は、当然にまだ意識されてはいない。底辺下層農民を彼らの旗の下に糾合せんとする志向が、仏をも祀らせるのである。しかし、もちろん、仏教、とくに旧仏教への一定の批判がないわけではけっしてない。「恣に寺用を貪り、その役を勤めざるの輩は、早くかの職を改易せしむべし。」といわれるように、寺領支配の上に立つ仏教勢力への一定の批判が、ここには認められるのである。(但し、ここでは、寺院の修理は、寺用＝寺領の手にゆだねられている。徳川幕府の下で、寺社が寺社奉行の管轄の下に完全にくみ入れられて維持管理されたのに対比するならば、ここには、鎌倉権力の未熟さも示されているのである)。

梵天からはじめて、ありとあらゆる土俗の神々、仏教的な諸神格への、無限抱擁的なよびかけと祈りとは、思想・信仰の純粋さを尊ぶ潔癖さからみても、思想の全体的な合理化を重視する立場からみても、眉をひそめさせずにおかないものがあるかもしれない。それは文字通り猥雑をきわめる魔術の園《ツァウバー・ガルテン》としても映ずるであろう。そして、現に、そこには、下層農民の中にある土俗的なるもの、仏教的なるもの等々への埋没の危険が存しないわけではない。しかし、そうしたレヴェルにまでおりて、これをあらたな方向、反古代＝封建化の方向へむけて組織するための突破口が、神仏そのものを自らの主体性に媒介せしめる点において、そして天照的序列から脱却せんとする点において、そしてさらに、仏教勢力への一定の批判づけをおこなうという点において、ともかくここには開かれているのである。土俗的・呪術的ともみえる神々のオン・パレード。しかし、この神々は、いっさいの論理をこえて人間に服従を強制する圧制的な神ではない。それは繰り返しのべたように、人間の側の主体的な祈りにもとづいて人間を加護する神々なのである。まつられる神々の現象的な猥雑さは同じくみえるかもしれない。しかしその同じような神々が、道元末流から捉えられるか、『式目』の観点から捉えられるか、その視点いかんによって、内容を決定的に異にするのである。いかに猥雑にみえたとしても、『式目』の場合、まさしく、そこにこそ思想発展の根源的な出発のあることが見落されてはならないであろう。

『式目』の以下の諸条は、より具体的現実的な仕方で、一方での古代への妥協と他方での下層農民の未熟さへの埋没の危険をはらみつつも、右にみた突破口の線を、一貫して追求していくものである、と言ってよい。ここでは、その一つ一つの分析を割愛せざるをえないのであるが。

以上にみたように、『式目』には、封建化の途上にある武士層の、反古代的方向と底辺下層農民の新たなる編成への志向が貫徹していた。しかしながら、それはまだきわめて未熟なものでしかない。武士を波頭に立てた、あらたなる編成＝連合形成の思想的な原理・象徴は、さしあたり、天照だけを除いた諸々の神々に求められていた。とくに、その中の土俗的な神々は、はるかに母権制的なアニミズム、もしくはトーテミズム起源のものであり、その性格は機能神的性格が強く――このことは、天照的神々についてもいえるが――、個別的なバラバラな性格が強い。そこに本来あって然るべき血縁的な序列性もまた稀薄である（神道がその序列性の思想的整備を儒教に仰いだことは第三章に示されているとおりである）。それが封建イデオロギーとして完成されるためには、封建的な上下の論理を軸に据えた統一的な体系化が果されねばならないだろう。そしてそれは、この場合も、儒教＝宋学における名分論（君臣の分）を軸に据えた理気論の導入によって、後に達成されることになる。

しかし、この段階にあっては、封建的支配層と被支配層とは、現実に、上下の分を明確にするのでなく、惣領制という一体的結合の中にまだつつまれているのであり、上下の論理も、擬制的な上下論によって代位されていた。こうした現実的条件のもとでは、序列意識の論理的整備はいまだ進展さるべくもない。むしろ、武士勢力が、反古代のたたかいを遂行する上では、武士相互が、ともかく連帯を強めることが、さし迫った現実の問題であった。バラバラの神々を、天照に代わって統合するものとして彼らが到達したのは、実に武力を象徴する神としての応神であった。

武士相互の連合を強化しなければならないという課題は、対外的状況によっても促進される。鎌倉幕府は、蒙古襲来という未曾有の危機に直面した。この対外的危機はまた、当然に朝廷側における一定の対応をも誘発する。天照信仰＝神国思想を拡大することによって、荘園領主のみならず、新興の武士層をも一点に集合させようとするのである。こうした神国思想の頂点に位置するものこそ、北畠親房による『神皇正統記』である。連合の中心を天照に求めるか、応神（八幡大菩薩）に求めるかのあらそいが熾烈化していくのである。日蓮が、この状況に際会して、神国日本の皇統を拡大強調しつつ、逆に「神は所従、法華は君主」として、神と仏とのかくされた対立を白日のもとにさらけだしてしまった過程はさきにみたとおりである。

しかしながら、対外的危機の促迫の中で、両者のあゆみよりがおこる。八幡大菩薩とは応神天皇である。応神とは、神宮皇后の子であり、日本の上代における半島侵略の唯一例外的な成功例である。対外戦争に勝利した勇武の神としての応神＝八幡大菩薩を、武士は自らの神となし、天照については、意識的にその名を語らなかった。しかし、対外的危機が目前に迫ってくる。そこから、応神とその祖先天照との連続が、応神の強調とともに認められてくるのである。そしてまた仏教的勢力もまた、この「国難」に際して、ともに神国日本を防衛するという戦線の上に集合してくる。天照と応神と仏との三者の結合が説かれることになる。こうした三者の結合が説かれるのは、「国難」によって促迫された現実の趨勢であろう。と同時に、こうした相互接近のための理論的作業が、仏教僧によって担当されたという事情もまた考慮されねばならない、と思う。

『八幡愚童訓』という書物がある。それは神国日本の不滅を説くを基調とする。そして元寇に際して、九州の箱崎

――かつて応神が半島征服に成功した記念すべき地である――に応神を祀ったがため、蒙古を撃退できたとして、他ならぬ応神の武力をたたえる書物でもある。同書は、日本の天地開闢を、起世因本経（本書九二―九四ページ）によって説く。そして、人々によってえらばれた王こそが、日本における天皇のはじまりだとするのである。仏教と神道との接合がここにみられる。同書は続ける。新羅・百済・高麗等が日本に侵略してきたが、日本は、天・地・神三善をなす国であり、仏もまたこれに加護を垂れたまう。「いかでか神国を傾け、誰か仏威を滅ぼさんや。」神道と仏教との無矛盾的結合が、ここでは日蓮と異って、強調されるのである。同書は続ける。また以後、外敵の襲来すること幾度かに及んだが、神々と仏法との加護あって、これを全て追い攘うことができた。就中、応神において、その武威は半島に及んだ。そこで応神を八幡大菩薩として――仏教的思考！――祀った。これを九州の箱崎に祀ったので蒙古を撃退することができた、というのである。ここでは、天照を明示的に記して、天照頂点の序列を直接に肯定する、というところまではいっていない。しかし、応神に先だつ神国日本の武威の伝統を語ることで、朝廷側の天照序列に対する一定の接近を試みているのである。そしてまたここで、神道と仏教との接合がはかられていることも繰り返すまでもあるまい。（『神皇正統紀』が、インドの開劈説として、起世因本経を長々とひきつつ、インドの民主王の血統が絶えることを指摘し、また、応神の武威に触れることなく、むしろそのおかしたミスをあげつらい、またその徳として「正直」をあげているのは、こうした武士的方向からする神国論に対する強烈な批判意識を示しているもの、といってよいであろう）。

経済外強制を支配原理とする封建社会の形成を手探りしていた武士勢力が、相互の連合の象徴として、武力の神応神を仰いだことはきわめて暗示的である。彼らが祈りを捧げる武運の神に、彼らの連合の保証をも求めたのであった。そして、彼らがなお未熟であればあるだけ、そしてさらに対外的危機に見舞われるというような事態があればあるだけ、神と仏との接合をもはからねばならなかった。『式目』が、一、神を祀る、二、仏を祀る、とするのも、こうした事情によるといえるであろう。この神・仏祭祀の『式目』的な序列編成は、その後、戦国期に至るまで多くの武家法が踏襲した構成である。室町幕府法をはじめとして、信玄家法、長曾我部壁書等々にもこれと同一の構成が見出される。

だが、徳川幕府の慶長二十年における「武家諸法度」は、冒頭、つぎのようにのべる。

文武弓馬之道、専可《キ》二相嗜《ム》一事《ナリ》。左文右武古之法也、不レ可《カラ》レ不《ル》二兼備《セ》一矣、弓馬者是武家之要枢也、号《シテ》レ兵為《シ》二凶器《ト》一、不《シテ》レ得レ已《ムヲ》而用《フ》レ之《ヲ》、治《ニイテ》不レ忘《レ》レ乱《ヲ》、何《ゾ》不《ランヤ》レ励《マ》二修練《ニ》一乎。

ここでは、「武」は武士の要枢であり、日常に修錬すべきものであった。そこには、もはや、神仏に加護を求めるという発想――少くとも基本法冒頭に特記するという仕方では――は姿を消している。それにかわって、武をやむをえずして用いるもの、文を武とともに兼備すべきものとして、武は一つの徳と結合すべきものとしてとらえられている。ここには、封建的支配原理の核としての「武」範疇の明確な把握と、これを「やむをえざるもの」となすイデオロギー化の完成とが、神仏から独立する形で、武家基本法の冒頭に榜げられるのである。『式目』と『諸法度』との間には、鎌倉以降、室町戦国に至る動乱の数世紀が横たわっている。また思想史的にいえば、宋学の導入による、日本における封建的諸意識の理論化・体系化の尨大なる作業が、横たわっている。以下、封建的諸意識の理論化・体系化の過程を追跡しよう。

第二節　封建的思惟の確立――日本朱子学＝林羅山

鎌倉時代以来、フューダルな勢力は、徐々にその力をたくわえ、自らを成長させてきた。それにともなって、思想面においても、フューダルな諸意識は、さまざまな形をとって、形成されてきた。鎌倉幕府法＝御成敗式目は、そうした方向の一道標となっている。一見、呪術の園の蔓延とも見える粗野な形態をとってはいるものの、そこにははっきりと、反古代＝封建化の志向が看取されるのである。

だが、こうした封建的諸意識の形成をもって、ただちに封建思想の形成を論ずることはできない。封建的諸意識がひとつひとつ範疇化され、それらの諸範疇が体系的に序列づけられて編成しあげられたとき、はじめて、封建思想が完成するのである。では、この封建思想は、もっとも抽象的にいえば、すなわち、個と全体というレヴェルでいえば、どのような構造をもつのであろうか。

一般に封建社会は、封建的土地所有者と封建的土地保有者＝農奴との基本的対抗の上につくられている社会である。ここでは、封建的土地所有者が、生産手段＝土地と労働手段とを保有している農奴の剰余労働を、いわゆる経済外的強制によって収奪している。したがって、封建社会における支配＝被支配の関係は、一方的な上からの無条件的な支配＝被支配のそれにもみえ、――とくに労働地代の段階においてそうであり、ここでは封建的土地所有者＝領主の恣意が拡大する――そしてこの支配＝被支配の関係を正当化しようというイデオロギーもまた、領主の一方的な支配のための強制装置の思想的表出としてあらわれるようにもみえる。

しかし、封連社会にあっては、すでに述べたように、アジア的（段階の）社会および古代社会とは異なって、封建社会に相応しい生産力の高さが生まれており、封建社会はそうした生産力の高さに照応した生産諸関係を基礎（土台）とした社会であり、そしてここでは、直接生産者＝被支配者は、すでに奴隷とは異なって、実際には自己を再生産することのできる生産手段＝土地を所有している「経営」的な主体にまで成長しているのである。したがって封建的（上級）所有者＝支配者がいかに農奴＝被支配者を一方的に支配しようということを志向したとしても、この被支配者の主体性を無視してはその支配を貫徹することのできないことはいうまでもない。こうして封建社会の支配＝被支配の関係には、またそうした関係を正当化するイデオロギーにおいては、被支配者の主体性が反映せざるをえない。

もちろん、封建社会における直接生産者の主体性は、一定の歴史的限定をうける。それは、封建的土地所有者＝領主の上からの支配をうけるという現実を意味しているだけではない。それは直接生産者それ自身のうちにあるものとしての、一定の歴史的限定である。この直接生産者は、農民（農奴）として家族労働によって自己の所有（保有）地を耕作して自己を再生産することのできる存在となっている。したがってここでは、経済学的にいえば、生産過程は彼およびその家族の労働力の彼の所（保）有地＝土地（生産手段としての）への投下として、すなわち両者の間の物質的な代謝関係としてあらわれる。

だが、この生産過程を循環させ、再生産を可能ならしめるためには、農民（奴）の所（保）有地だけの労働では不可能である。農民はともかくも一応の自立的な生産＝経営主体なのではあるが、その生産過程を循環させるためには、共同の水利・共同の採草等々のための共同地を、この生産力の段階では必要としているのである。そして、この再生産の補完部分をなす共同地は、農民がすでに自立的な生産過程を担う生産主体であることによって、典型としては農民相互間の持分関係としてあらわれるのであって、いわば生産を循環させるための流通過程としての意味をもつ封建的な共同体がそこに成立することとなる。

この農民的土地所有とその共同体との関係は、もし支配＝被支配の関係を捨象していうならば、それは、「自由な小土地所有」と、その生産力的限界からひきだされる、媒介された共同体的所有との関係ということができる。だがここには、この共同地が、持分関係にまで発展しながらも、それを再生産のための必須の補完部分としているという

（生産力的）限界がある。この共同地は、これを握ることによって、その「自由な小土地所有者」をすべて被支配者＝農奴に転化させることを可能にする支配のテコなのである。この農民的所有の内的限界が、外からの支配をみちびき出すこととなる。だがこの支配は、農民の一定の主体性を前提にしているのであるから、無条件的な支配そのものではない。ここに、いわゆる経済外的強制とよばれる「封建的支配」が成立する。

こうして、封建社会においては、直接生産者の主体性にもとづく個別主義が成立するとともに、他方この個別主義の限界、すなわち農民（奴）の主体性の歴史的限界のゆえに、持分関係としての共同性（体）すなわち普遍主義が生まれることとなる。一般に中世封建社会における個別主義と普遍主義とが説かれるけれども、この両者は右のような関係にあるということができる。いいかえるならば、個別主義とその限界からもたらされる普遍主義、個別主義に媒介された普遍主義、という両者の関係である。

しかし、ここで注意しなければならないことがある。というのは、この普遍主義は個別相互間の共同性（持分関係）としてあらわれるものではあるけれども、その共同性が個別の主体性の限界から生まれるものであるために、個別の主体性を逆に制約する「実体」的基礎をもっている、ということである。ここでの共同性＝普遍主義は、また個の主体性を制約する実体としての共同体でもあり、この実体性の内容は、「言語・血統、等々に関する共同性として、個人的所有者たちの存在の前提となっている」（カール・マルクス）ものなのである。

いいかえれば、ここでは、すでに個人の主体性＝所有があらわれていながら、その主体性の基礎をなす自己の所有地における生産力的限界が、原始の血縁的な共同性、つまりアジア的な共同性を必要とするのであり、この共同性が実体化して、かえって「アジア的」なものの半面としての、共同体成員に対する無主体的な限定＝支配を再出する、というのである。封建的共同体の、アジア的および古代的共同体に対する、個人の主体的地位の論理的かつ歴史的な優越性、それにもかかわらず、アジア的共同体における血縁共同性の被媒介的存在とまたその実体的性格の再出とが、ここに基礎づけられるとともに、この実体的＝超越的側面は、古代共同体の実体的＝超越的側面ともオーバーラップすることとなる。

もちろん、実際には個人の主体性こそが、この共同性の基礎なのであるが、封建社会の生産過程の特殊性＝限界がこの逆転＝虚像を生ずることとなる。しかし、この場合、この逆転＝虚像が生じたとしても、生産過程に基礎をおく個人の主体性は厳として存在するために、普遍主義と個別主義との関係は、完全なるものと不完全なるものとの関係、すなわち上下の関係＝階層主義としてあらわれざるを得ない。こうして、中世封建社会においては、普遍主義と個別主義とを結索する階層主義が、全社会を貫徹する支配のイデオロギー＝体制の論理の基軸としてあらわれる。すなわち、虚像と実像との結索、ここに全封建社会を貫く支配の体制の意味があるというのである。

こうした封建的思惟の完成そのものは、日本の場合、国内での思想的営為だけでなしとげられたのではない。この点、インドや中国と事情が異なる。日本における封建的思惟形成の特殊なあり方について、なお検討すべき問題が多いのであるが、中国封建思想＝朱子学の形成の特質に対比していえば、やはり、封建社会成立期における国際条件の大きなちがいが問題となる。中国封建社会の形成期は、北方遊牧民族南下の強圧に悩みぬく時代であった。日本にあっては、蒙古の侵入という局面もあるにはあったが、全体としては、封建化を主導するものにとって、日本全体への外圧は、さまでの関心事ではない。日本のなかでの境を接した隣国の動静の方が、はるかに現実的な関心をひいたと言うべきであろう。

北方異民族の絶えざる南下衝動に対して、中国の指導層は、これに対応すべく中国全土の「国民」的連合を、実現しなければならない。この時中国内部においては、旧来の古代的な荘園領主層と、これに対抗しつつ次第に勢力を高めつつあった新興の地主＝封建的大土地所有者層とが抗争をくり返していた。「国民」的連合形成の緊急な必要、にもかかわらず、背反しあう二つの潮流の対立的併存。もしここで、なんらか「国民」的連合を樹立しうるような連合原理があるとしたら、それは、対立者を自らのうちに批判的に包摂する、より高い普遍性を、精緻な論理構築の中に獲得するものでなければならない。

こうした民族的な、時代の課題に応えたものこそ中国封建思想の完成を告げる朱子学だったのである。そこで、いかに古代的連合原理＝仏教が徹底的に批判されるか、また、それが、いかに、仏教がほんらい課題とした個別主義と普遍主義との統一という課題をより高次なレヴェルで解決しているかは、後に見る通りである。

こうして、中国にあっては、封建社会成立期の「国民」的危機が、封建社会の社会的成熟を見る以前に、封建思想の完成を先どりさせたのであった。日本ではそうではない。社会の封建化の事実過程が、思想形成に先行している。ヨーロッパにおいても、この点は相似している。個別主義＝ノミナリズムと普遍主義＝レアリズムとの分裂的併存の時期をへて、これが統一＝完成にもたらされるのは、すでにその危機の端初的表出さえ認められはじめる時期、ようやくトマス・アクィナスによってである。

このことは、ヨーロッパ封建制の事実としての安定性を意味しているかもしれない。日本においても、封建社会の形成は、事実として、思想形成に先行している。しかし、それが、ようやくにして、徳川幕藩体制として、日本全体の封建化とひとつのバランス＝統一を達成しえたとき、そこにひとつの政治思想史的課題が表面化する。すなわち、全国統一者として封建権力の頂点に君臨する徳川氏は、事実において、日本を代表するものでありながら、他方において、日本の伝統的な正統の支配者たる天皇氏の存続を前にするとき、それは、正統性において、ある疑わしさがつきまとうのである。徳川は自らを正統化しうるか。この封建権力にとっての政治思想上のイッシューが、日本における封建思想を完成にまでもたらす原動力となる。この場合、封建的世界の論理化そのものは、思想的先進国＝中国の朱子学に、その基礎が借り求められる。しかし、その課題の核心そのものは、右のような、中国の場合とは異なった日本独自のそれであった。かくして、日本における封建思想は、その基礎を中国のそれに仰ぎつつ、また独自の展開を遂げる。以下、これを羅山学について見よう。この場合、あらかじめ、彼が、その理論的基礎として依拠した朱子学そのものの内容がかえり見られねばならない。

いうまでもなく、朱子学は中国南宋の朱熹によって樹立せられた思想体系である。それは、封建的思惟としての内容をそなえた、自然と社会とを統一的に捉えようとしたひとつの自然法的な思想であった。さきに、封建的思惟における個別主義と普遍主義、さらにその両者を結索する階層主義についてふれたのであるが、朱子学においては、それはつぎのようにあらわれている。

朱子学の理論体系の中軸はいわゆる理気論である。まず「気」であるが、それはなによりもまず、この現実の個々の人や物――それはひとつひとつちがったすがた形をもっている――を成立させるカテゴリーである。朱子学においては、差別的＝個別的なるものが、まさに現実に存在するものとして肯定せられるのである。仏教においては、すでに述べたように、差別的＝個別的なものは、虚妄なる「心念」の反映にしかすぎず、したがってそれは虚妄なる仮相として非存在であったのであるが、朱子学においては、そうではない。ここに、朱子学における個別的なるものの肯定、すなわち個別主義がある。

しかし、朱子学においては、こうした（現実に存在している）個別的なるものの無条件的な承認があるだけではない。人間は「気」を稟《う》けて個別的存在となることができるわけであるけれども、個別的人間の稟けた「気」には昏明清濁の差別があり、したがって人間は個別的な存在としてだけでは不完全なものである。だが、また人間は不完全なものとして了るのではない。人間は完全なるものへの通路を、ひとしくもっている。人間には本来完全なるものとしての「本然の性」、あるいは「理」（とよばれるカテゴリー）が内在しており、したがって人間は気を稟けることによって生じた昏濁＝差別をとり去って、完全なるもの、すなわち「理」を具現することのできる聖人に達することができる。ここに、個別主義を基礎づける範疇「気」に優位するところの、完全なるもの、平等なるものを基礎づける「理」なる範疇があらわれる。この「理」は、個別的なるもの、差別的なるものを統括するところの完全なるもの、すなわち全体であり、普遍である。朱子学は「理」なる範疇において、その普遍主義をあらわしている。

では、朱子学における完全なるもの、普遍的なるものとされる「理」の内容はなにか。朱子は、それを「誠」であり、五常＝五倫であるという。「理」とは、仁義礼智信なる五常とよばれる倫理的範疇の統括的な名辞であり、さらに具体的には、君臣・父子・兄弟・夫婦・朋友の間の上下の差別＝秩序である五倫を意味している。そして、この五つの上下の差別＝秩序のうち、（社会的な）君臣の間の分こそがもっとも肝要のものとされ、ここに階層主義があらわれることとなる。朱子学においては、さきに述べた「封建的思惟」とひとしく、その個別主義と普遍主義とを結索するものは、五倫とよばれるひとつの階層主義であったのである。

もとより、朱子学の階層主義は、上からの一方的な強制としての規範主義＝格套ではない。個別主義と普遍主義とが、同時に存しているからである。朱子学の階層＝規範主義には、その基底に、社会における下たる者、支配される者の一定の歴史的な主体性が存しており、それゆえにこそ朱子学は、上下の規範を説くにあたって、（上の者の主体性だけでなく）下の者の個別的な存在としての意味をみとめるとともに、個別間の（上下の）差別にもかかわらず、両者の等しさをも説くのである。こうして朱子学の、なかんずく階層主義は、まさに封建的支配をトータルに描こうという思想体系の基軸となるのであり、現世＝社会を上下という秩序＝法ある世界であるとみなすに至るのである。そして、この社会過程の秩序＝法則的認識が、朱子学においてさらに自然の法則的認識に架橋せられ、ひとつの自然法的思想体系が結実するに至るのである。

社会の秩序＝法であると同時に自然の秩序＝法則でもあり、またほんらい人間に内在している理性でもある朱子学の「理」は、その具体的内容においては、実は封建的な支配を弁証しようという上下の秩序＝法であった。したがって、朱子学がいかにこの理性を人間ほんらいのものであると力説しようとしても、この理性は、論理的な一貫性（原理性）を持ちえないし、また、人間自身のなかに、ほんらい、あるもの（内在性）でもありえない。この理性には、どうしても、論理を超えた（実体性）、おしつけ（超越性）という性格が、またあらわれざるをえない。ここに、朱子学における伝統的な規範主義＝格套があらわれることとなる。これは実は封建的な階層主義のもつ限界にほかならない。上下の（社会的）秩序を、いかに自然なものとして、また人間ほんらいの理性として説こうとも、そこにはなんらかの強制＝規範が、すなわち超越的なものが残らざるをえないのである。そしてまた、そのことが、その自然的・理性的世界に、超自然としての神の世界をひきいれることとなり、アジア的思惟としての原始儒教の、神々のヒエラルヒーを再現させることとなることも注意されねばならない。

朱子学における厳格な規範主義と、また超自然的な鬼神の世界（たんに直接的に伝統的な、また呪術的なそれではないのであるが）とは、封建的思惟としての朱子学の担わざるをえない限界でもあった。朱子学が中国におけるアジア的思惟としての原始儒教の復活＝再編として、封建的思惟として成立するに至ったことは、封建的なるものにおけるアジア的・超越的・実体的なるものの再出という、封建的なるものの一般的性格＝限界による、ということができる。しかし、朱子学におけるこのアジア的なるものの再出は、ただにその一般性に解消することをゆるさぬ、また中国それ自体におけるつよい中国的性格をも示している、ということができる。

さきにふれた事情によって中国における封建社会は、家産官僚制的専制国家*の外貌をもってたちあらわれるのであり、このことが、中国の封建的思惟における超越的・実体的なものの再出に、つよく血縁的なものを纏綿《てんめん》せしめるのである。自然過程と社会過程とを統一的にとらえる朱子学において、前者にあっては、天（宇宙の主宰）・人間・夷狄・禽獣・植物・無機物というように、すべてが階梯（層）的に構成され、後者についていえば、君臣・父子・兄弟・夫婦・朋友の五倫が自然的秩序であるとされるのであるが、なかんずくこの五倫において、君臣間の分＝上下がもっとも大（重要）なるものとされながら、また、父子・兄弟・夫婦というような血縁的な分＝上下がつよく説かれており、むしろ君臣間の分にもこうした血縁的色彩が反射して、全体としてつよい血縁的自然としての上下＝秩序があらわれる。〈一家についていえば、父母は血縁的頂点＝支配者として父母であるのだ、天下についていえば、天地こそが天下における血縁的頂点として父母なのだ〉。

＊国土が、君主個人の財産＝家産と考えられ、この巨大な財産を、君主ひとりだけでは管理できないから、使用人＝官僚を組織的に用いて管理運営するという国家の形態を、家産官僚制という。君主の力が強く、使用人＝官僚が下男のようにあごで使われる時、この国家は専制的である。

封建的思惟としての朱子学は、自己の思想体系を構築するにあたって、古代的思惟としての仏教との、歴史的な思想的対決を経過しなければならなかった。朱子は、はじめ仏教的思考の影響のもとにあったのであるが、彼における仏教からの絶縁と、また自らの思想体系の構築は、ほぼ彼の三十一、二歳頃に至って、大体の結論をうることができたのであった。朱子は言う。「熹（朱子のこと）釈氏の説において、蓋し嘗てその人を師とし、其道を尊び、之を求むる亦切至なり。然れども未だ能く得ること有らず。其後先生君子の教を以て、かの先後緩急の序を校ぶ。是において暫くその説を措き、吾学に従事す。その始蓋し未だ嘗て一日として心に往来せざるなし。おもへらく、卒に吾説を究めるを俟ちて、而して後之を求むるも、未だ甚しくは晩しとなさざるのみ、敢て遽に之を紕絶するに非ざる也と。而して一二年来、心独り自ら安んずる所有り。」と。（朱子文集、巻三十、与王尚書）

こうして、ここに、朱子学と仏教との思想的対決が生まれるに至るのであるが、そのさい、朱子の仏教批判の要諦が、その現世肯定＝倫理的な階層主義からの、仏教の非現世主義＝倫理否定にむけられるのは、当然のことといってよいのである。〈仏教の説は聖賢のそれにまぎらわしいものがある。しかし、両者は実はまったく対立的な思想である。聖賢の説においては、ほんらい人間に内在している理性は、宇宙（自然）・社会に貫徹している秩序＝法則を認識することのできる能力であり、さればこそ人間理性（心）は、この現実における正邪を見分けることができるのである。だが仏教の説は、こうした現実（世界）の理法を感得する人間理性（心）を、「虚妄」なるものとしか考えないのであるから、現実の差別を秩序あらしめる理を認識することはできず、したがってそれは、現世の倫理を紊《みだ》り、善悪の区別を失ってしまうであろう。〉（同上、巻十一、戊申封事）

朱子の仏教批判の基本線は、このように、すべての個別的＝差別的な現実を否定し、その結果、逆にすべての現実を平等・無差別なものとして無条件に肯定する仏教論理に対する、すべての現実（自然と社会）を、上下の関係＝分をもって階層的にとらえようとする、まったく対立的な論理からする批判であった。

朱子の仏教批判は、さきにわれわれのみた、古代的思惟としての仏教の論理的な構造をも見事にとらえているのである。ただこの場合、注意すべきことは、仏教に現世主義がなかったわけではないことである。現世を虚妄と見る点では、確かに非現世主義なのであるが、仏教の仮構する真心からすると、すべてが、無差別平等と観ぜられるということで、現世の差別が一切無条件に肯定されてしまうことになり、それが現世の支配イデオロギーとなった。

だが朱子が仏教批判をおこなうとき、彼は仏教の論理の非現世的側面を拡大する。朱子は、この仏教の非現実性・反倫理性と、仏教の「理」の超越性とを結びつけて、仏教を批判するのである。朱子は曰《い》う。〈禅では悟りということをいうけれども、それは人間の考える能力である理性を否定したときに、真の理性がすべてあらわれるということをいっているにすぎない。そんなばかなことがあろうか。人間が正しく考え理性的であることは、真の理性的な世界があらわれはたらくことであり、自然・社会の秩序ある理性を知ることでもある。どうして人間に内在し、現実に存する理性的能力を否定して、天理があらわれるということができようか。真実の世界、天理とは一体なんであろう。仁義礼智、これが真理（天理）でなくてなんであろう。君臣・父子・兄弟・夫婦・朋友、この五倫＝秩序が天理でないはずはない。〉（同上、巻五十九、答呉闘南）〈仏教では理＝仏が個＝心に内在していると説きながら、実は人間の心のはたらき＝理を否定するのであるから、内なる心と外なる理との一致を説いたとしても、仏教のいう理は結局外なるものであり、それは仏教の理が超越的なものとされていることなのだ。したがって、仏教では内在的原理としての理は否定され、それゆえ、理と心とが実は二つのものとされているのだ。〉（同上、巻五十六、答鄭子上）朱子の仏教への、非現世主義への批判が、けっして無条件的な規範主義によっておこなわれたものでないことは、ほぼ間違いのないところである。ただそれにもかかわらず、朱子における天理＝五倫もまた、真に人間に普遍性を与える内的な原理ではない。朱子の理もまた、ついに超越的性格をとどめざるをえなかったゆえんについては、すでに述べたところである。

中国朱子学の仏教批判は、現世内的倫理の階層主義からの、仏教の非現世的反倫理性への批判であった。このことは、近世初頭の日本朱子学においても同様である。またこの批判の貫徹は、朱子の場合仏教的影響からの絶縁過程であった。このこともまた、近世朱子学の創始者たる惺窩・羅山についていえる。

惺窩の推輓によって近世幕藩体制＝徳川封建権力のイデオローグとなった林羅山の「惺窩先生行状」は、惺窩における仏教の影響からの絶縁過程をつぎのように述べている。〈惺窩先生は、姓は藤原で、諱は粛、字は斂夫といい、播州細河邑の人である。父は為純といったが、いわゆる冷泉家の人で、世々細河に食禄をもっていた。したがって先生は細河に生まれたのであって、それは永禄四年辛酉の年である。幼くして尋常の賢明さでなく、はじめ七、八歳のころに竜野の昊東明老師のもとに参じ、般若心経・法華経等をよみ、ことごとくこれを諳んじた。人は先生を神童とよんだ。そして先生は、ひとたびは祝髪して仏徒となった。……しかし先生は、このように仏書を読みながら、志は儒学にあった。……こうして、先生はいわれた。自分は永い間仏教を学んできた。しかし心に疑いが生まれ、聖賢の書物を読むに至ったが、その結果これを信じて疑わないようになった。真の道は、実に聖賢の道である。人倫を外にして、どうして道があろうか。釈迦はすでに人倫をすてて出世し、また現世の義理を否定したではないか。これこそ、聖賢の道からいえば、異端であるといわなければならぬ。……先生は、承兌和尚と霊三という仏徒と旧い知りあいであった。この承兌が先生に言った。そもそも、真実絶対の仏の世界と仮相としての俗の世界とが存在している。いま貴方は、真実の世界をすてて俗界にかえった。自分は、ただひとりの禅徒を失ったということを残念に思うだけでなく、仏教界全体のために惜しむのだ、と。これに対して、先生はいわれた。仏徒からいわせれば、真実絶対の（聖なる）世界と虚妄仮相の俗世界とがあるといわれている。しかし自分のみるところでは、そうではない。仏教からすれば否定されるかもしれぬこの現実＝人倫（の秩序）こそ、真実である。自分は、この人倫＝真実の道を探求した君子が、俗とよばれるのを聞いたことはない。むしろ自分は、俗を去るという僧侶さえ、実はこの現実＝俗に属しているのではないかと思っている。この現実の世こそ尊いのであり、聖人が、どうしてこの現実世界を否定することがあろうか、と。〉

惺窩・羅山における仏教批判が、朱子におけるとひとしく、仏教的影響からの絶縁過程でもあったことは、両者における朱子学への転換が、日本における古代的思惟と封建的思惟との思想史的転換＝対決を内包していることを予想せしめるものである。惺窩・羅山においても、朱子と軌を一にして、仏教批判がなされる。また、この両者において、朱子学理気論が、時として、「直輸入」とまでいわれるように、祖述されることも、周知のところである。両者が、日本近世の朱子学者と称されるのも、まずもってこれにもとづく。両者が、朱子学理気論を受容するとき、朱子学における個別主義と普遍主義とが受容されたと見てよいであろう。羅山の思想が、仏教批判を焦点として追跡されることは、実は、この受容の質を測定することを含意しているのである。

もとより、この日本における封建的思惟としての朱子学の成立の基礎には、かの太閤検地において明確化された、直接生産者＝農民の主体的な自立的経営をみとめ、その剰余によって権力の基礎をうちたてようとする、いわゆる「農民自立政策」を起点としての、近世封建社会の成立がある。だが、中国と日本とにおける封建社会の成立とまたその形態とは、ある径庭をもっている。中国における封建社会は、地主（連合）の官僚化をもってする家産制国家の形態をとった。このことは、もちろん、支配される下の分の者としての農奴（封建的小農）の自立性の弱さの表現であり、社会過程の超越性・実体性の大きさを物語っている。このことは、また当然に、思想（史）的状況に反映することとなる。朱子を囲繞する仏教的思想状況の重圧が、朱子仏教批判におけるあの仮借ない非現世主義への攻撃と、またそれだけに仏教への論理的・原理的批判とを、用意させねばならなかったかと思われるからである。

だが、封建的思惟としての日本朱子学を成立せしめた基礎としての、太閤検地を起点とする近世封建社会成立の事情とまたその構造とは、日本朱子学＝惺窩・羅山における仏教批判にまた、中国朱子学のそれと若干の相異をあたえたように思われるのである。すなわち、日本の古代社会は、律令制国家を起点とし、ついで荘園制への展開を必然としたのであり、そして、この古代社会を弁証する全体的なイデオロギーとしての仏教自体の固有の経済的基礎が寺院荘園領にあったのであるが、この荘園体制＝寺（社）本所領が、近世封建社会成立にあたって完全に倒壊されたこと、それはまた、近世封建制成立の旗手であった織豊政権による、古代イデオロギーのシンボルたる天台延暦の攻略、さらに古代の最底辺にまで教線を浸透せしめた本願寺勢力の征圧によって示されている、ということができる。こうした古代イデオロギー＝仏教の経済的基礎の破摧《はさい》は、また近世封建社会の封建的性格に、中国に比してより純粋性を与えることとなる。

すでに述べたように、近世封建社会においては、いわゆる兵農分離の過程によって、封建的支配者と被支配者とは分離され、中国におけるとは異なって、被支配者＝封建的小農は彼ら自らの共同体をもつに至った。ここには、封建社会における基本的対抗の明確化がある。こうした、近世封建社会成立の事情ならびにその構造の特質が、イデオロギー転換にさいして、古代的思惟＝仏教による思想的圧力を、イデオローグにとって重加しないこととなる。政治＝権力転換の先行が、かえって思想転換における内的緊張を緩和することとなろう、というのである。惺窩・羅山における仏教批判が、仏教の非現実性・反倫理性への攻撃において朱子と同じくしながら、仏教への論理的批判においての、朱子に比しての不徹底性をしばしば指摘されるのは、おそらくは、思想展開の右のごときパラドクスをも示しているのではなかろうか。

たしかに、惺窩における仏教批判は曖昧さを免れていない。だが、惺窩の推輓によって徳川封建権力の始祖たる家康に登用され、そのイデオローグとなった林家の創始者羅山においては、きわめて激烈な仏教批判がある。「惺窩先生行状」における惺窩の仏教批判も、実は羅山自身のものの投影なのである。

そこには、激しい仏教への攻撃と、またともかくも、（承兌批判にみられるように）仏教論理の矛盾の指摘があった。こうして、羅山の仏教批判は、仏教の反倫理性への激しい攻撃にはじまるのである。〈妙超という者がいた。若いとき仏法を顕密に求めたが満足することができなかった。入元して法を求めようとして博多に赴いたが、たまたま元から帰朝した僧紹明に遇い、これに参禅して法を嗣ごうとした。妙超には妻子があった。彼は仏教の真理を求めて現世の恩愛を断つために、妻に酒を買いに行かせ、そのあいだに戸を閉ざして二歳になる子供を殺し、串にさして焼いた。還ってきた妻が夫がなにをしているかとあやしんでみると、焼いた子供をくらい、酒を飲んでいた。妻はおどろいて大声をあげて外に飛びだしたが、超も続いて飛びだした。これが紫野の大燈国師のことなのだ。ああ、仏氏が心＝理をくらまし反倫理性のきわまるところ、ここにまで至ったのである。なんと酷いことか。これに比べれば、禽獣たる虎狼とても仁である。虎狼はおのれの子をくらうことはしないのだ。仏教が人倫を滅し、義理を絶つこと、かくのごとくである。〉そして、この仏教攻撃が、儒教＝朱子学的思考をかりて、自らの階層主義＝五倫が宣揚され、惺窩とはおおきく相異して仏教への拒否を極限化するのである。

羅山の仏教批判が極大化したとき、彼におけるそれは、自然・社会の復権と相まって、日本の歴史過程における仏教の反倫理性がまた糾弾の対象となった。〈本朝は神霊が生まれすんだところであり、だから神国とよばれる。……しかるに中途、仏教が流伝してからは、神道と仏教とが相まじわり、紛乱するにいたった。仏教では、仏は忉利天にあるのが真実＝本地の仏であり、摩耶夫人の胎内にやどり生まれた釈迦＝仏は、仏の仮りの出現としての垂迹である、本迹の別はあるが、霊妙なることは同じである、と考えている。そして仏教では、この本地垂迹の説をこじつけて、仏が本であり、神が垂迹＝仮託であるとなしてきた。こうして、わが国で本地垂迹ということが盛んになったのである。そればかりではない。仏教＝法を守護する五大神を儒教の五行の意味に当てたり、また十二神将を星宿の十二をもって解したり、わが国と異国とを一緒にして、一切の世界をすべて仏教本位に説いた。このように、仏教は本地垂迹説で、神と仏とは氷と水のように同じものだというのであるが、どうしたらわが国のすぐれた神が、異国の蕃神をとりはらって乱されることのないようにできるであろうか。おもうに本迹は仏教の説である。神道では本迹ということをいわぬけれども、ことの内実をもっていうならば、たとえば、アマテラスこそ本であり伊勢は迹である。応神帝が本であり八幡が迹である。〉

日本の古代において、仏教が神道ならびに儒教を媒介するものであった。羅山はこの日本における古代の思想＝イデオロギー状況を、まさしく儒教主導に逆転しようとしているのである。ここに、かつて仏教＝古代イデオロギー導入の聖カリスマとしてシンボライズされた「聖徳太子」、また仏教的慈悲＝大衆的救済の示現者としての「光明皇后」等々に、仮借ない筆誅が加えられることとなる。〈かの蘇我馬子は凶逆のものであったが、彼はその謀《はかりごと》を厩戸太子とともにしたのである。しかるに人はその厩戸をもって「聖徳」とよんだ。だれがその腹の中をしっていただろうか。人民の膏血を絞って、国を傾けるほどの寺をつくったではないか。……また光明子は、妖僧とともに温泉にいき、妖僧とともに浴した。おもうに、男女の別あるのは、実に人たるもののつねに守らねばならぬ道ではないか。不倫に迷って、さめることがなく、それは酔って狂ったにひとしい。〉

羅山の仏教批判が、惺窩にはじまるそれを極大化したとき、日本古代のイデオロギー状況の、仏教を主導とする、儒教ならびに神道の仏教的包摂をも見抜くことができたのであるが、この羅山における古代思想状況の把握が、惺窩における封建的思惟＝イデオロギーの端緒的成立を、いっそう押しすすめるものであったことは、いうまでもないところであろう。封建的なるものは、自らに対抗する古代的なるものを透視することなくして、また自らを打ちたてることはできないのである。

だが、羅山は、仏教のもつこの古代的イデオロギーとしての歴史性を、その非現実性・反倫理＝反階層性においてとらえている。しかし仏教は現世＝イデオロギー性を有していた。羅山は、仏教の非現実性・反倫理性をつくけれども、それが、現世のイデオロギーであったことはついていない。この批判からは、思想というものが現実的・倫理的でなければならないという帰結は生じ得るが、それが思わずして、現世のイデオロギーとなることの危険はみのがされる他はないであろう。そして現に、羅山の恢復しようとした現実的・理性的なるものは、歴史的な限定をうけた階層的なイデオロギーとしてあらわれる。羅山の求めた理性的なるものが、封建的な階層主義として、超越的な実体性をあらわすとともに、ここにおける超越的・実体的なるものは、封建的なるものに逆行するアジア的なるものとしてさえあらわれうるのである。羅山における自然・社会の復権が、日本におけるアジア的自然と社会とを再出することとなる。ここに、儒教＝朱子学と神道（日本的自然の原形態）との間の避けがたい緊張関係が発生する。

さて、日本における封建的思惟が、仏教にかわって自然の復権をめざすとき、この自然は、まずもって日本的自然でなければならぬ。封建社会の基礎をなす生産が、なによりも、すでに独立した家族労働をもってする小農＝経済整体（マルクス）の、女子の副業をも含んだ自然経済として営まれるからである。近代の資本家的生産にあっては、生産（商品）のための資本は、特定の土地＝自然を必要としない。資本は移動自由であり、生産手段と労働力とを、商品として、いかなる場所からも自由に買うことができる。だが、封建的生産における手工業をも含んだ家族整体による自然経済は、いまだ自由な労働力を放出していない、特定の生産手段すなわち土地＝自然への家族労働力の投下である。日本における封建的思惟が自然（生産手段！）を見出そうとするとき、それは日本的自然でなければならないのである。

こうして、封建的なるものは、ナショナルなものとしてあらわれることを本質とするのであり、そのイデオロギーはまたひとつのナショナリズムである。しかもこの封建的思惟の求める自然が、いまだ生産の客体として完全に対象化されない自然であるとすれば、この自然は、それへ投下さるべき人間の労働力、その組織＝社会とはいまだ分離されておらず、自然と人間＝社会とは統一されている。そして、この封建社会の人間＝社会が、すでに述べたように、階層主義としてあらわれるものであったならば、封建的自然＝ナショナリズムは、当然に自らを上位とする排他的なナショナリズムである。封建的思惟としての朱子学においては、夷狄は、人間と禽獣との中間にあるとされ、外敵を撃《う》ち攘《はら》うことは必然の「天理」であったのである。

今日の計は、政事を脩め夷狄を攘うに過ぎざるのみ。……夫れ金虜の我において共に天を戴かざるの讐あれば、則ちその和すべからざるや義理明らかなり。（朱子文集、巻十一、壬午応詔封事）

羅山が仏教の非現実性・反倫理性を批判して、仏教によって見失われた自然・社会を恢復しようとしたとき、その自然はまた当然に日本的自然でなければならぬ。羅山にとって、ここに霊妙なる神国日本が復活することとなる。〈そもそもわが邦は霊妙ですぐれている。神々がなりいで、広い海原がこれをとりまいている。太陽が明々として輝いている。だからこそ名づけて日本というのであり、それはまことに自然としての嘉《よみ》すべき名である。〉（羅山先生文集、巻四十八、神社考序）羅山におけるこの自然の復活が、また日本における超自然＝神の発見でもあったことは、すでに述べたように、封建的なるものにおける限界なのである。朱子学においても、自然・人間（社会）に貫通する理は天理とよばれ、天（理）は天子の祀るべき宗教的超越者＝神であり、超自然的実体であったし、またカトリシズムにおいて、自然と人間との理性的一致が説かれながら、神の超自然性の再現のあったことは、いうまでもないところである。羅山にとって、日本の神々があらわれることとなる。

羅山が、日本的自然、したがって日本の神々を見出したとき、それはすでに日本のアジア的世界において形成されたアマテラスを頂点とする血縁的ヒエラルヒーを構成する神々である。だが、もし羅山の神の世界が、この血縁的ヒエラルヒーそのものであったならば、羅山のそれはアジア的世界への逆転にほかならない。羅山の世界が、もし封建的なそれであるならば、たといアジア的神々を復活したとしても、それはまた直接的に血縁的であってはなるまい。日本の封建社会が、天皇家の存続を眼前にしながら、しかも武士としての大名によって担われたとしたら、羅山の神は血縁とのひとつの切断をもたなければならぬ。羅山の神が、こうして儒教の神にひきつけられることとなる。

中国のアジア的社会にあっては、すでに述べたように、特定の血縁的系譜をもつ支配の事実上の切断があり、このことが、中国のアジア的神々から特定の名辞をもぎとり、アジア的段階における中国の神は、支配者＝天子の祀る天（地）と諸侯の祀る山川（地祇）と卿大夫の祀る五祀と、また士庶人の祀る祖霊というヒエラルヒーを構成したのであった。特定の名辞をもたぬこの中国の神々のヒエラルヒーは、したがって、その形式においては、血縁を切断した社会的ヒエラルヒーに等置せられうる。もとより、この中国の神のヒエラルヒーは、原始・漢代儒教＝アジア的思惟においては、その内実において血縁そのものであり、天地は父母であり、人間としての支配者＝天子はまさに天の血縁的な子である。この中国＝儒教の神の非血縁的にみえるヒエラルヒーが、封建的イデオローグ＝羅山によって受用されることは、いうまでもないところである。〈わが国は神々のなりいでて棲むところである。それだからこそ、わが国を神国というのである。……長暦の時代に詔があって、伊勢と石清水八幡とを宗廟とし、その他を社稷としてまた諸氏の祖神としたのである。これは君と臣下とにものいみをしてそれに適しい服装をもって上下の儀礼を正し、神を敬ってその心に感じいたらしめようとされたのではあるまいか。周公は上下の礼をつくり、それを正すための官職を設けたのであるが、そのさい、大宗伯の職掌は天神人鬼地祇のことであったし、それによって天子をたすけ諸侯をまもろうとするものであった。また小宗伯がおかれたが、それは神々の位（ヒエラルヒー！）をたてるためであって、宗廟を上位の左とし、社稷をその下の右としたのである。おもうに、聖人が神々を尊崇し、神をまつるのにその順序をまもりつつしんだこと、このことはまた天子以下の順序をも重んじたことなのである。中華でははやくから、このように神々のヒエラルヒーがあったのである。〉（同上、巻四十八、神祇宝典序）

羅山において、すでに儒教の主導がありながら、彼における日本的自然は、また超自然としてのアマテラスを頂点とする神々であった。彼におけるこの日本のアジア的思惟＝神の再出が、現実の日本の封建的支配者＝徳川家康をも、それに牽引《けんいん》させせざるをえない。羅山は、自らを登用しイデオローグたらしめた家康を神君として描き、しかも家康を、日本におけるアジア的支配者（血縁的頂点）たりし天皇家の出自であるとするのである。「東照大神君年譜序」はいう。「夫れ世系の皇帝より出る皆皇胤なり。本有り枝有り派有り流有り。姓氏録にいわゆる皇別これなり。神武天皇五十六世清和天皇第六の皇子諱は貞純、桃園親王と号す。其の子経基王号して六孫王という。初めて源の姓を賜う。」（同上、巻四十八、東照大神君年譜序）

徳川封建権力の樹立者＝家康が、こうして天皇家の出自、すなわち血縁的系譜にあるものとして権威づけられるのであるが、すでに述べたように、現に日本の最高の神＝アマテラスの血縁的正嫡たる天皇家の存続があるかぎり、もし天皇家の出自をもってのみ神君＝家康の権威を語るならば、その権威は相対化するばかりか、現実の権力を天皇家に譲らざるをえないこととなる。惺窩においてはやくもみられた、日本における現実の封建権力＝徳川権力を弁証すべきイデオロギーのもったこの思想内的・論理的な矛盾は、羅山において仏教批判がより徹底化したとき、かえって拡大せざるをえない。もとより、その封建的な志向が、儒教を血縁的伝統に先行させるのであるが、天皇家が徳治をおこないえぬという保証はない。羅山はこの矛盾に逢着する。羅山が仏教批判を貫くため日本的自然を回復しようとするとき、彼は、原日本的自然にまでどうしても回帰せざるを得ないのである。もちろん、彼の展望している日本的自然は、すでにフューダルな視角からとらえられたそれではある。しかし、フューダルな視角による自然の対象化は、なおいまだ、原日本的自然といわば封建的自然との、原理的区別をなしえないという限界を免れないのである。

この点を、やや日本の現実に即して展開してみよう。この時期の封建化を促進する原動力は、いうまでもなく、新たな水準に到達した水稲作農業である。しかし、それはなお、日本的自然の特質＝小自然の上に立脚する零細・集約基調のものであり、この農業生産は、小自然を前提とする小共同体（ただしフューダルな質をそなえた）ごとにおこなわれる。この共同体において、収穫の豊穣、もろもろの災害からの安全は、自然対象化の限界からして、神々の司るところである。この地域的な土俗的な神々の祭祀を通じて、共同体は、共同作業をはじめとするもろもろの活動を果たし、かつまた、豊穣と安全を信じたのである。日本における封建化は、なんらかの仕方で、この地域土俗神と連携することなしには遂行されることができない。

この地域の土俗的な神々は、古事記に示されるように、天皇家の神＝アマテラスにさまざまな仕方で血縁的に包摂されたのであった。古代天皇制に対して鎌倉封建権力が相対峙したとき、封建化の志向は、アマテラスによる地域土俗神に対する血縁的包摂を明らかに拒絶させた。だが、この拒絶は、理論的には貫徹していない。彼らは、土俗神をアマテラスへ糾合することを拒絶しつつ、これを武家神＝八幡大菩薩に結集させようとする。だが、八幡がアマテラスの直系血縁をひくオオジン（応神）であってみれば、この拒絶は、相対的なものにすぎないからである。

戦国諸大名は、きそって上洛を目指し、これをもって全国征覇をなしとげんとした。織豊政権がまさにその実例である。封建化を日本全土の規模において達成せんとするとき、日本全土の地域土俗神の結集が不可欠なのである。オオジンでは、日本全土をおおうことができない。日本全土をおおうアマテラス＝天皇家との連合が不可避となる。もちろん、この天皇家は、全土の封建化のうねりと連合する、いわば、封建化された天皇制におけるものへと転換させられるであろう。封建化を最基底において支える土俗神、その全土的結集点としての封建天皇制、これと現実の封建化を推進する武家勢力＝徳川、両者のともかく安定化された連合、これが日本封建制を最終的に樹立せしめる。まさにこのとき、連合する両者、武家＝徳川と天皇制との支配の正統性をめぐる対立が、避くべからざるイッシューとして登場する。羅山の直面した矛盾は、まさに、その核心部分でのアポリアであった。

羅山は、このアポリアを、「武」の拡大によってのりこえようとする。羅山は、儒教的徳治のみならず、家康の武力カリスマをも拡大させる。「恭しくおもんみるに、大相国の平生や、攻城野戦の大功治国安民の洪業、ひとたび労して万人悦び、ひとたび揮って太平なる。世をあげてみなしるところなり。しかりといえども、本朝異朝古今かくのごときの盛事、記せずんばあらず。……ああ、祖先の出自は皇胤、世世の智名勇功軍謀密策は、将種の繁栄、邦家の規模たり。大相国にいたってその威霊盛徳ここに監みここに臨む。明明赫赫として日月とひとしくあい輝き、孝子慈孫よく敬しよく勤む。」（同上）

アジア的なるものの再出は日本封建権力の相対化を拡大させる。この時、羅山は儒教的徳治論のみならず、徳治を実現させる「武」を拡大する。もとより、ここでの徳と武とは、支配者の非日常的な超絶的な個人的資質だけを意味しているのではない。徳と武とが、もし個人カリスマであったならば、この徳と武とにもとづく支配は、専制的支配であり、したがって、支配せられるものの一定の主体性を前提とする封建的支配の正当化の論理たりえないからである。「東照大神君年譜序」にもみられるように、家康のカリスマとても、伝統＝世襲的なそれに限定＝牽引されている。封建的支配、身分制的支配は、いまだ「伝統」の枠の中にある。羅山における徳と力とは、同じく伝統（規範＝格套！）とはいえ、それをアジア的・家父長制的伝統から区別するためにも、必至の要請である。封建的なるものは、アジア的なるものの再出を必至としながらも、そのためにこそかえってそれの切断をこころみる。

羅山が封建的支配を弁証しようというとき、封建的な主体者の上下の緊張関係が徳治によって——もちろんそれは、原始儒教における血縁的倫理を実現することを意味する徳治ではなくて、封建的階層主義を維持するそれである。君臣間の徳が中心たることは、すでに説いた——解消されると説かれながら、武すなわち権力の暴力的形態！　が表面化するのである。封建的な支配＝被支配関係における主体者間の緊張が、両者を内的な平和主義的倫理＝徳によって結びつけることを必然とするとともに、またこの支配の超越的側面が、前者を求めれば求めるほど表面化するのである。〈政治を行なうにあたって徳をもってするならば、それ以上のことはない。天下に徳治が行なわれれば、世はおのずと治まり、賞を与えることがなくとも支配に服するようになり、利を与えずともおのずと悦服する。〉（文集巻二十四）もとより、この徳＝倫理とても規範ではあるが、羅山＝朱子学のそれが、無条件・超越的規範でないことはいうまでもないところである。にもかかわらず、この徳治における超越性＝規範主義が、「武」へ連繫するのである。

羅山における文（徳）と武とは、支配者＝君主のみのもつ個人カリスマではない。上天子よりして、諸侯・卿・士大夫に至るまで、封建的＝階層的支配者の底辺に至るまで、すべてが兼備しなければならないのである。日本におけるアジア的思惟＝神道において、アマテラスの後継＝天皇に武＝呪的カリスマが与えられ、さらにそれを補完する徳（平和）のカリスマさえ付加されるのをみたのであるが、そこにおける武と徳とは、アマテラスの血縁的後継＝天皇にだけ賦与された、伝統的・呪術的な世襲的限定をうけた個人カリスマであった。だが、ここにみた羅山における徳と武とは、そうした世襲的な限定をうけたとはいえ、ひとり支配の頂点にあるものだけに賦与される個人カリスマではない。被支配者に対してはもとより与えられるものではないとしても、その徳と武とは、すべての支配者に、ひとしく要求される「徳と武」なのである。

羅山が日本的自然を見出したとき、神道に牽引され、しかもこの日本的自然には「神武」が存していたのであるが、それにもかかわらず、羅山の武は、それとは区別された封建的範疇としての「武」であったといってよい。アジア的日本における武は、血縁的諸神の頂点＝アマテラスの後継にあらわれる、世襲的とはいえ、まさに非日常的な、神武であった。だが、羅山の武は、封建的家臣＝士に至るものまでがもたねばならぬ日常化された「武」であるといってよい。羅山が「倭賦」において日本的自然を讃美したとき、人皇第一代（現世の最初の支配者！）神武のまさに「神武」と、また東征を可能にした「神兵」とが描かれたとしても、彼の「武」は、すでに歴史的段階を異にする「武」範疇である。

伊勢、すなわち天皇の直接的始祖アマテラスを祀るその神宮に対し、アジア的な「外的征服」をシンボライズするかの武神を祀る八幡宮が、彼においては、ともに並び宗廟とされていることは、いうまでもない。武家権力の登場したとき、八幡宮がその主神となったことは、さきに見たとおりであるが、これが近世封建権力にも、当然にうけ継がれることとなったのである。しかも武家権力の主神＝八幡は、頼義の鎌倉への勧請をはじめとして、つぎつぎに在地へ勧請されていくのである。近世の封建権力＝近世大名が、在地＝郷村にあった農民＝名主の武力（武士）化を出発として形成されたとき、おそらくは武神＝八幡の郷村への、武士の手になる勧請がおこなわれたにちがいない。天皇家主導の日本古代国家の宗教的象徴＝大仏守護のために宇佐より勧請された手向山八幡が、封建権力の起点＝在地武士にうばわれていくとするならば、日本的＝天皇家的武神八幡は、もはや地方的武士権力の、またその帰結としての日本封建権力の主神であり、封建権力における日本的神への牽引があったとしても、もはやそれは、アジア的神々のそのままの復活ではない。羅山によって、武が徳とともに日常化されて、すべての封建的支配者＝武士に要求されたとき、すでに日本的武神＝八幡は、すべての封建諸権力の主神となっていたにちがいない。さらにいえば、天皇家的武神のこの封建的武神への転化過程の進行の、したがって武士権力の近世封建権力への成立の基礎のうえにこそ、またこの羅山の「武」範疇の成立があった、といってよいのではなかろうか。

右のように、羅山においては、徳だけではなく武が見出されることとなった。惺窩においても、もとより、徳の拡大にもかかわらず、武が登場していないわけではない。ここでも「文武は車の両輪のごとし」（「天下国家之要録」）といわれるのであるが、また「悪世の時分には天下を治には、文武の二つを兼ずむば治事成がたし」（同上）といわれるように、武は世の乱れを治める非日常的な手段ともされたのである。武の日常化がなければ、主体者間の日常的な緊張関係のバランスを保つことができぬ、こうした封建的支配の本質は、封建的支配の末端にある武士の日常的営為、またそのエートスとして「武」を用意するのでなければその支配を維持することはできない。羅山の日常化された「武」は、惺窩と異なって、封建的「武」範疇へふかく一歩をふみこんでいるということができる。

日本のアジア的思惟＝神道においては、血縁的伝統のなかに、武と徳とがあらわれ、羅山においても徳と武と、さらにそれを兼ねる徳川の伝統的権威が説かれ、しかもこの徳川の伝統的権威が、日本におけるアジア的支配者＝天皇に血縁的に結びつけられた。神道思想と、羅山学とにおいて、伝統と徳と武とは、その個々の名辞において相ひとしいということができる。しかし、それにもかかわらず、原神道と羅山学との構造的・歴史的意味は、すでに縷説《るせつ》のごとく、相隔たっているといわなければならない。羅山における「徳と力＝武」とは、日本における封建的思惟の成立を意味している、ということができる。

封建的思惟が、こうした「徳と武」とを、その支配の弁証のために用意するということは、ひとり日本においてのみならず、また世界史的一般性であるといってよいのである。ヨーロッパ中世＝封建社会において、階層的秩序を内容とする、自然と人間＝社会との理性的一致がとかれ、社会における人間の差別＝階層の分業＝職分論が展開されたとき、この分業論は有機体的分業論としてあらわれたのであるが、その際、支配者の職分が、「徳と力＝武」であるとされたことは、いうまでもないところである。ただ、日本の封建的思惟＝羅山学の源流となった中国朱子学においては、すでに述べたように、中国封建社会が家産官僚制的国家の外貌をとるに至ったがために、外敵＝夷狄を攘うこと（武！）を天理といわしめながら、徳が極大化して、「武」範疇の、ヨーロッパ、ならびに日本におけるがごとく、「徳」範疇とのバランスが生まれなかったといえるのである。だが、朱子学以降、明の陽明学に至ってトマス・アクィナスに近似しうる分業論を生ませ、また士の徳と力とを噴出させるのである。もとより、陽明学における士の職分は、おく徳をもって説かれ、武は、トマスまた羅山におけるがごとく明確化しないのであるが、にもかかわらず、陽明自らの行動が、彼における「武」の概念化を代位していたのである。日本において、陽明が現在に至るまで、「武人」として意識されるのは、その常である。いずれにせよ、羅山における徳と武とのバランスは、彼における封建的なるものの成立を意味しているのである。

封建的社会における支配＝被支配の関係が上下の主体者間のそれであるかぎり、ここには基本的対抗＝緊張関係が日常化されており、したがってこの支配＝被支配の関係を弁証するイデオロギーには、階層のすべてに要求される「徳」があらわれることとなった。上下の階層すべてのものが、それぞれの階層的地位に適しくつとめること、それこそ封建的エートスであり、朱子学における五倫としての理であり、これを日常的に完成することができたものが「聖人」なのである。聖人には、上天子より下庶人に至るまで、ひとしく「学んでいたる」ことができる。しかし、封建的支配における上下＝階層の前提が、権力の暴力的本質＝武をも生み出さざるをえない。ただ、ここでも、武は日常的な営為＝武徳として描かれるのではあるが、「武」のみはけっして被支配者にあたえられることはない。ここに封建的思惟の矛盾・限界がある。もちろん、封建的契約はまた臣下の反抗権をさえ承認することを余儀なくされ、この反抗権が被支配者に拡大し、それが人間の自然権なのだという近代自然法への方向を用意することを内的に必然としているとはいえ、封建的支配は、武をだけは、これを自らの手におさめようとするのである。それだからこそ、「武」はまた封建的支配者の最も下にある臣下＝士にとって、日常的な営為＝ベトリープでなければならないのである。

羅山における「武」の封建的性格を、ほぼ確認することができたのであるが、羅山における「武」は、その日常的倫理化への第一歩であるとしても、いまだそこでは、右に述べたそれの日常的倫理化は、十分に果たされているということはできない。羅山における封建的階層論がいわゆる五倫にとどまり、社会的関係と血縁的関係との緊張関係を十分に透視しえていないこと、また、この自覚のうえにたった封建的階層論の有機体的分業論としての展開がみられないこと、これが封建的家臣＝士の日常的経営としての武と、それを支えるエートスとの十分な展開を阻んでおり、さらに徳川権力の最高のイデオローグたりしことが、徳川家の伝統的権威を拡大させざるをえなかったからである。

羅山にあっては、家康にはじまる徳川権力の、「明明赫赫として日月とひとしくあい輝き、孝子慈孫よく敬しよく勤む。縄縄綿綿として天地とともに悠久に、覆幬する所の闔国をもって永く伝え、全く持して本枝派流みな千万年において無窮にいたらん。」（前出、「東照大神君年譜序」）という、永続＝伝統への希求があった。日常的に「徳と武」とを保持しなければ権力の正統性を失ってもやむをえないという、ほんらいその権力の相対化を自認せざるをえぬ封建権力の永続への希求が拡大するならば、伝統の墨守＝格套、規範主義の拡大もまたやむをえぬところである。徳川権力の伝統主義的・規範主義的傾向の拡大が、幕府・御三家・親藩・譜代・旗本というその家産制的構造にもとづくものであることは、すでに示唆したところである。ここに、近世における思想史的起点のあること、いうまでもないところであろう。羅山において、封建的倫理の起点が捉えられながら、その伝統・規範主義の拡大が進行するとするならば、封建的階層すべてにおける、自己の日常的経営と、それを支えるエートスとが、また探られることを必至とするからである。朱子学の格套・規範主義への批判が、ここに集中することとなる。藤樹学の成立。そして、羅山の提出した「武」は、のちに見るように、権力からの一定の距離をもった浪士、山鹿素行によって、封建的思惟「範疇」として定置されるのである。

この素行における、封建的「武」範疇の確立をみたとき、ほんらい封建的「武」の担わざるをえなかったナショナルなものが拡大し、儒教的徳治主義の反日本的性格が強調されることとなり、惺窩・羅山においてすでに用意されていた、儒教と神道との相剋が、徳川権力にかわる天皇権力の正統性をしだいに拡大させていくという、近代日本にまで至る思想史的問題を顕在化させるのである。

第七章　封建的思惟の展開

第一節　朱子学の規範主義化とエートスの発見――日本陽明学＝中江藤樹

近江聖人の名によって知られる中江藤樹の思想が、とりわけ孝思想によって特徴づけられることはよく知られている。母への孝養をめぐるエピソードは、いろいろに語り伝えられている。現に、藤樹は、「孝徳をあきらかにせんと思ふには、まづ父母の恩徳を観念すべし。……父母のおんどくはてんよりもたかく、海よりもふかし。……人間のかたちあるほどのものは、いかなる愚癡不肖の、しづのお、しづのめにいたるまでも、一飯のおんをむくゐんと思はざるはあるまじ。」(中江藤樹『翁問答』上、『藤樹先生全集』三)と書き記している。

孝とはもともと、儒教の教えである。儒教は、子の親に対する恭順＝「孝」をもっとも重視する。儒教は、孝を、親が子を生んだという動かし難い事実(自然＝血縁)関係を前提にして説く。子はこの事実(自然＝血縁的)関係を抜きにしては存在しないのであるから、子の親に対する孝は、文字通り恭順(恭しく順う)でなければならない。それは、子にとっての無条件的な、無主体的な服従を意味する。

儒教の説く孝とは、子の親に対する無条件的、無主体的な恭順であった。とすれば、それは中江藤樹の孝とは、内容を異にするといわねばならない。藤樹の孝は、いま見たように、まず親の恩徳から説き始められる。孝とは、親の恩に報いるものとして、すなわち、「恩」に条件づけられたものである。恩を媒介にして説かれる孝は、子の無主体的な恭順としての孝とその思想的構造を異にしている。恩に媒介された、条件的な孝というのであれば、それは、下のものの主体性を肯定する条件的な上下関係である封建的原理によって、なんらか媒介されている、と言えるであろう。

ただ、藤樹においても、孝は諸徳の中のひとつとして説かれているのではない。諸徳の中の最も中心のものとして、すなわち、徳の本であると説かれている。他方、原始儒教においても、孝は諸徳の本であり、無主体的な恭順を説く家父長制の原理が社会全体に直接にひろげられた、われわれのいう「アジア的思惟」の基礎範疇である。ここでこそ、孝は本来的に諸徳の本とよばれるに適しい。藤樹においては、孝が恩の対価として、封建的なものに媒介されてあらわれながら、なぜ諸徳の本とされるのであろうか。たんに、徳川封建制の全体としての家産制的な構成というだけでは、それがなぜ、特殊に藤樹によって主張せられたかは、明らかになるまい。

藤樹の思想的出発は、しかし、君臣の大＝忠を最も重視する朱子学であった。彼はこの朱子学にあきたらず、父子の孝を重視する陽明学へ転換する。藤樹の忠から孝への、朱子学から陽明学への展開は、彼における——主観的には——朱子学の規範主義＝格式旧套からの転換なのである。さきに見たように、日本近世朱子学＝羅山学は、単に超越的に上から規範をおしつける規範主義ではなかった。そこでは、個の主体性が、仏教と異なって、現実的に肯定されている。だが、にもかかわらず、それが、直接に封建権力＝徳川支配を弁証し、その永続を希うイデオローグであったために、そこには、超越的な伝統主義が帰結され、羅山学は、一箇の格式旧套として、固定化・形骸化の道を辿るのである。藤樹は、まさに、その批判・克服を自らの思想的課題としているのである。

藤樹が朱子学から転換して、「孝」思想を展開するのは、彼が、寛永十一年冬十月、予州大洲藩を致仕して郷里の江西高嶋郡小川村に帰省し、在地で講学をはじめてからである。藤樹先生年譜は、三十歳以後数年の思想的模索の事情をつぎのように述べる。「先生三十歳。蓋シ此時先生イマダ格法ニ泥ム。」「四書ヲ読テ堅ク格法ヲ守ル。其意専聖人ノ典要格式等逐一ニ受持セント欲ス。行ガタキヲ以テ、疑テ以為ラク、聖人ノ道カクノゴトクナラバ今ノ世ニ在テ吾輩ノ及ブ処ニアラズト。是ニ於テ五経ヲ取テ熟読スルニ触発感得アリ。」「故ニ持敬図説幷ニ原人ヲ作為シテ同志ニ示ス。此ヲ行フコト数年。然レドモ行ハレザル処多シテ甚ダ人情ニ戻リ物理ニ逆フ。故ニ疑止コトアタワズ。」「先生三十三歳。夏孝経ヲ読デ愈々意味深長ナルコトヲ覚フ。コレヨリ毎朝拝誦ス。」「冬王竜渓語録ヲ得タリ、始コレヲ読トキ其触発スルコトノ多キコトヲ悦ブ。然レドモ其仏語ヲ間雑シ禅学ニ近コトヲ恐ル。後、陽明全集ヲ得テコレヲ読ニ至テ、竜渓ノ禅学ニ近カラザルコトヲ知ル。」

ここには、朱子学の規範主義——朱子学はたんなる規範主義ではないが——への批判、それからの転換がよく示されているといってよい。藤樹における孝の拡大は、いわば、主体の外側にある社会的な規範＝格式旧套を、無自覚的に、無主体的に「守ルコト」を非とするのであって、その社会的規範そのものを否定するのではない。社会的規範を前提にしたうえで、それを支える主体の側の内的なエートスの自覚的な「体認」を説き、そのエートスを「孝」と名づけたのであった。原始儒教的な意味で孝が説かれたわけでないことは繰り返すまでもあるまい。

われ人の身のうちに、至徳要道といへる、天下無双の霊宝あり。このたからを用て、心にまもり身におこなふ要領とする也。此宝は上天道に通じ、下四海にあきらかなるもの也。しかるゆへに、此たからをもちいて、五倫にまじはりぬれば、五倫みな和睦して、うらみなし。神明につかふまつれば、神明納受したまふ。天下をおさむれば、てんかたいらかになり、国をおさむれば、国おさまり、家を斉れば家とゝのをり、身をこなへば身おさまり、心にまもれば心あきらかなり。をしひろむれば天地のほかにわたり、とりおさむればわが心の密にかくる。まことに神妙至極の灵《れい》（霊）宝なり。しかるゆへに、此宝をよくまもれば、天子はながく四海の富をたもち、諸侯はながく一国の栄花をうけ、卿太夫はその家をおこし、士は名をあらはし位をあがり、庶人は財穀をつみたくはへて、其楽をたのしむもの也。此宝をすてゝは人間の道たゝず、にんげんのみちたゝざるのみならず、天地の道もたゝず、天地のみちたゝざるのみならず、太虚の神化もおこなはれず、太虚、三才、宇宙、鬼神、造化、生死、ことぐゝく、此たからにて包括する也。……

このたからは、天にありてはてんの道となり、地にありては、地のみちとなり、人にありては、人のみちとなるもの也。元来名はなけれども、衆生にをしへしめさんために、むかしの聖人、その光景をかたどりて、孝となづけ給ふ。（『翁問答』上）

人間尊卑の位に五だんあり。天子一等、諸侯一等、卿太夫一等、士一等、庶人一等、すべて五等也。てんしは天下をしろしめす、御門の御くらゐなり。諸侯は国をおさむる大名のくらゐ也。卿太夫はてんし諸侯の下知をうけて、国天下のまつりごとをする位也。士は卿太夫につきそひて、政の諸役をつとむる、さぶらひのくらゐ也。物作を農といひ、しょくにんを工と云、あき人を商と云。この農工商の三はおしなべて、庶人のくらゐなり。孝徳は同一体なれども、位によって、事に大小高下あるゆへに、そのくらゐの分際相応の道理を、後世凡夫のために、分弁をときあきらめ給ふ。……農工商いづれも、その所作をよくつとめ、おこたらず、財穀をたくわへ、むざとつかひ費さず、身もち心だてよくつゝしみ、公儀をおそれて法度にそむかず、我身妻子のことをば第二とし、父母の衣服食物を第一におもひ入、心力をつくして、をよばぬきはをも調て、父母のうけよろこばるゝ様にもてなし、よくやしなふは、庶人の孝行なり。（同前）

右にみるように、藤樹においては、社会的なヒエラルヒーが否定されてはいない。ヒエラルヒーに相応する天子以下庶人に至るまで、人間には五等の位がある。武士は「心だて身もち義理にかなひ、簡（幹）要の礼法芸能などうと

〳〵し」くあってはならない。また、農工商の庶人は「身もち心だてよくつゝしみ公儀をおそれて法度にそむ」いてはならない。社会的ヒエラルヒーを維持する規範は、藤樹においても、ひとつの前提である。しかし、このヒエラルヒー、またその規範は、無条件的に守られねばならぬ、というのでない。五つの位、なかんずく、卿太夫、士、庶人の位は、また彼らにとっての職業的な分であり、それぞれがそれぞれをつくすことは、自らの心のうちにある霊宝にこたえることなのである。この霊宝＝孝徳は、人間五等の位を越えて、天子以下庶民に至るまで、等しくもっており、したがって社会的ヒエラルヒーとしての天子以下五等の位のいとなみは、霊徳たる孝の発現の現実的な形態なのであり、天子、諸侯、卿太夫、士、庶人はこの孝徳の「器」にしかすぎない。だから「孝徳の感通をてぢかくなづけていへば、愛敬の二字につづまる」のである。

藤樹の孝の思想を、このように理解できるとすれば、ここには、ひとつの愛による普遍主義、いいかえれば人間の平等性がイデーとしてあらわれており、またその普遍主義を支える、人間の自発的な内的エートス（良知！）にもとづく主体的な職業的な営為が、ともかくも積極的に説かれているとさえ、いえるように思われる。庶人＝農工商といえども、天子と同じく、孝徳の「器」なのであり、「その所作をよくつとめ、おこたらず、財穀をたくわへ」るべきである。ここには人間を、主体的な人格として独立させる基礎としての蓄積可能な「経営《ベトリーブ》」と、しかもその経営を人間がたんに自己利益のためにだけではなく、普遍的な「孝徳」の「器」として努めねばならぬという内発的エートスとが、説かれているといってよい。それは、ひとつの人格主義的な道徳であり、主体的な個別主義である、といってもよい。

もとより、この藤樹における普遍主義と個別主義とは、さきに述べた彼の社会的ヒエラルヒーの前提によって限定をうける。孝徳の感通は、愛敬の二字に要約することができる。「愛はねんごろにしたしむ」意であるが、同時に、「敬は上をうやまひ、下をかろしめあなどらざる義」なのである。それにもかかわらず、ここには下の者の、主体的＝

人格的な独立の基礎が与えられている。

だが、これに反して、被支配者の無主体的な服従においては、彼の内発的なエートスを求めることはできない。奴隷制支配において、支配者が、「奴隷が奴隷であるのは自然でもあり、また奴隷にとって有益でもあり、正しいことでもある」（アリストテレス『政治学』）と述べたとしても、この自然は支配者にとってだけの自然なのであり、自己の経営をもたぬ奴隷にとって、それは生存を許されるという有益さでしかない。人間の人格的独立の基礎は、ここでは観念においても、まして現実には、なんら与えられていない。

また、アジア的世界においても同じである。家父長の支配は事実上の無条件的な支配であり、奴隷制支配への方向をその必然としている。ただ、ここでは、事実上の支配者＝家長と無主体的な被支配者＝家族成員との間には、半面において原始の共同性が残されている。だから被支配者が支配に服するときその血縁的意識（共同と序列の）が、被支配者の内発的なエートスにもとづくものであるかのように、思いあやまられるだけのことである。この二つの支配の世界においては、支配されるものの、「人格的独立の基礎」としての、蓄積を生みうる「経営《ベトリーブ》」は、なんら用意されていないのである。藤樹の孝徳、愛敬の思想は、社会的ヒエラルヒーを否定するものではないけれども、それは、この両者と思想的構造を異にしている。

藤樹の孝の思想は、たんに孝を諸徳の本とするものではなく、社会的ヒエラルヒーにおける上と下との、主体者間の、共通の内的エートスを「孝」とよぶものであった。孝は愛敬の二字につづまり、「敬は上をうやまひ、下をかろしめあなどらざる義」なのである。いってみれば、上下のそれぞれが、自分自身の内なる孝徳への忠誠義務を果たさなければならないのである。こうして、藤樹の「孝」は、家父長制支配の諸徳の本＝原理というよりは、むしろ、封建的な上からの「恩」に対応する、ともかくも主体的な Treue の観念に照応するものでさえある、といってよいように思われる。だが、それにもかかわらず、この観念が、自然血縁的な、家父長制の原理を意味した「孝」の名をもってよばれるのは、なぜであろうか。

封建的な恩とは、上から下へ、「特別の好意のゆえに」与えられるものである。だから親が子を生むという自然な営みを、この封建的な恩とすることはできない。誰にでも、自然に、無条件に与えられるものではなく、特別に与えられるものであるからこそ、自然的ではない、人間と人間との社会的関係が形成されるのである。封建的な恩と忠誠との間には、こうした社会的な緊張関係が内在している。

アジア的世界においては、家長と家族成員との間に事実上の無条件的支配、つまり支配＝服従の社会関係が成立していながら、それは半面においていまだ自然血縁的関係に蔽われている。したがって、ここでは、支配＝服従の社会関係が、原始の自然血縁的関係と原理的に切断されず、両者の事実上の対立がありながら、この支配を正当化する原理が、自然なものと思われて、支配、服従の社会関係が生まれているのに、それとして意識されない。

たとえば、原始儒教は、人間関係を、君臣、父子、兄弟、夫婦、朋友という五つの関係＝五倫に総括している。この五つの人間関係において、父子、兄弟は純粋に家族的、血縁的関係にあり、夫婦は血縁を再生産する基礎という意味でやはり血縁的関係にあるが、君臣、朋友の関係はそうではない。しかし、原始儒教においては、父子、兄弟、夫婦の三つの関係が、揺るがすことのできない、血縁的、自然的、事実的な上下の関係であると考えられているだけでなく、君臣、朋友の二つの社会関係さえも、自然血縁的な非社会関係の直接的な延長線上に考えられている。

論語に、「弟子入りては則ち孝、出でては則ち弟（悌）」（学而、第一）といわれるのは、家族を出た人間の関係、すなわち朋友のそれが、弟（悌）つまり家族的な血縁的な兄弟の上下関係に直接的に擬せられていることを示している。このように、原始儒教の世界では、君臣、朋友の関係もまた、自然血縁的な、したがって事実的な上下の関係の直線的な延長上に考えられている。社会的（上下）関係＝分を示すかのごとくみえる君臣の上下的関係も、自然血縁とは異なった社会的関係としては自覚されていないのである。

また、古代（奴隷制）社会において、奴隷所有者と奴隷との間の支配＝服従の関係は、そもそも奴隷は「道具」にしかすぎないのであるから、人間と人間との間の（主体的な）社会的関係としては、自覚されるはずがないといってよい。ここで、支配＝服従関係が「自然」関係であるとされたとしても、それは人間とその支配する無機物＝道具との自然的関係であるにすぎず、人間と人間との社会的関係は、奴隷所有者相互間の関係としてだけ観念されるにすぎない。このように、アジア的思惟においては、支配＝服従の社会的関係は、血縁的自然に引きつけられ、古代的思惟においては、無機的自然に引きつけられる。

だが、封建的な支配＝服従関係において、支配される者のともかくも主体性が存在するのであるから、この支配＝服従の関係を、アジア的な血縁的な自然関係にも、また非有機的な自然関係にも、還元することができない。たとい、平等でない上下の関係であろうとも、主体者間の支配＝服従の関係ならば、それは人間と人間との社会的関係として自覚されざるをえないというのである。藤樹の孝の教説において、孝が特別に与えられる恩に条件づけられていること、しかもその「孝」が自己の営為＝ベトリープへの忠誠（自己義務の認識）をも意味しているならば、たといこの原理が、「孝」という家父長制的恭順に由来する名辞をもっていたとしても、藤樹の「孝」は封建的な質をもっているといってよい。

もしそうであるならば、藤樹において、そのヒエラルヒーは、人間と人間との社会的関係として透視されていなければならない。もし、藤樹の孝が、その内実において封建的な忠誠を意味しているのならば、彼の孝は自然血縁的な関係ではなくて、封建的な上下の社会関係を与えるエートスでなくてはならない。

藤樹の孝は、右のように、たんに封建的な社会関係が、封建社会の家族協同体の家族道徳に反射した、あるいは（封建的な）限定を付したというにとどまるものではなく、封建社会全体を透視する、いわば体系的、トータルな基本原理として構想されたものといってよい。にもかかわらず、再三述べたように、このフューダルな原理が、なぜ、彼において、「孝」という名辞をもって唱えられたのであろうか。ここには、封建制のアジア的性質について考察する手がかりが潜んでいるかもしれない。

そこで藤樹学成立のプロセスをふりかえることによって、この問題を考えてみよう。このさい、まず藤樹学成立の社会的基盤を検討しなければならない。年譜に示されているように藤樹学＝孝の思想の形成は、彼の郷里＝在地への帰省を起点としている。さきに述べたように、その孝思想の成立は、彼の江州への帰郷後、郷里に多くの門弟の参学があってからのことである。もとより、藤樹は大洲藩士の時代、すでにまた多くの門弟を得ており、したがって藤樹門下は、伊予・山陽にわたるのであるが、在地講学後の門弟が、多く江州近辺のものであったことはほぼ推察されるところであろう。

この伊予および江州両時代にわたる門弟の主なるものについて、先引の藤樹全集（藤樹書院刊）に、「門弟子伝」が載せられている。その門弟の氏名と、それがどのような社会層に属するかを見てみよう。

熊沢伯継（備前光政ニ仕）三千石。
泉　仲愛（蕃山ノ弟）五百石。
淵　岡山（伊達家臣？）後幕臣、一千石。
中川貞良（大洲加藤侯臣）大洲ニ学ブ、三百石。江州ニ来ル。帰郷。
中川謙叔　江州ニ来ル。仕光政、二百石。
加世季弘　加藤臣、二百石。
佃　叔一（新谷藩家老）江州ニ訪ウ、四百石？
国領　太（大洲侯家臣）近江ニ来、止ル事一月、三百石。

国領定卿　三百石。
吉田新兵衛（大洲藩士）三百石。近江ニ来リ学ブ。
岡村光忠（大洲藩士）二百五十石。
大野了佐（大洲藩士）若年ノトキ学ブ。
戸田孫助（大洲藩士）大洲ニ学ブ。二百石。
滝野藤右衛門（大洲藩士）二百石。
山田権（大洲藩士？）百石？　江州ニ来タリ医ヲ学ブ。
神山子（大洲藩士）三百石。
西川季格（大洲藩士）近江ニ来学ス。
森村子（大洲藩士？）
　十郎右衛門　町奉行。三百石。
　太兵衛　御替地代官。二百石。
中村子
1 重兵衛　梅津（高島郡）ノ名門カ。
2 重節　伊予ノ人カ。
3 叔貫
4 十兵衛　江州万木村之住。
　又右ヱ門　十兵衛息、両人共備前住。
5 又之丞　備前ニ仕。学校奉行。二百石。

小川覚並仙（大州藩士？）百五十石？
垂　井　子（大州藩士？）百石？
田　辺　子（大州藩士？）百五十石もしくは百石か。
滝　　　氏（大州藩士？）三百石もしくは百五十石か。
横　山　子（大州支藩新谷藩士？）百五十石。
赤　羽　子（大州藩士？）四十石もしくは五十石か。
中西常慶　三重県宇治山田岩淵町。江州ニ来学。
井上真改（飫肥藩士）蕃山ノ友。百石
益田紋次　蒲生郡益田村人。
善住治郎作　湖東益須郡森山駅人。
三崎佐太郎　湖東益須郡小田村人。
岩佐光伯　高島郡領家村人。父光次ハ佐久間勝之ノ家老。
中村仲直　高島郡五番領村人。昔近江源氏佐々木氏ノ臣、後姓ヲ中村ト改メ農ニ隠ル。享保六年大溝分部侯ニ出仕。
安原伯正　近江国高島郡南市村人。膳所領ノ税官。
早藤　氏　高島郡田中村人。膳所藩本多侯ニ事ヘテ世々代官。
万木孫七郎　世々近江国高島郡横山村ニ住シ郷士。
徳田　氏　高島郡南古賀轟池人、朽木。
松下仲伯　高島郡船木村人、京極。高和公ニ仕、後致仕シ医儒ヲ業トス。

中西　又左衛門　高島郡河原市村人。
岡田　仲　実　高島郡東万木村人、朽木。室美津女ハ蕃山ノ妹。
中江　数　馬　小川村人、藤樹ノ再従兄弟ニシテ京都ニ在リ。
谷川　寅　小川村人、備前光政ノ臣。百五十石。
谷川　左　右ノ養嗣。
山本　茂　助　小川村人、松平石見守ニ仕ヘ二百五十石、寛永二年松平断絶ニヨリ帰国。
笠原　竹　友　小川村人、南光坊天海甥、マタ口碑ニ戦国落武者。
志村　吉　久　小川村人。
小川庄治郎　小川村人、佐々木氏ノ臣小川城主主膳正源ノ裔ニシテ世々郷士。

以上にみられるように、藤樹が朱子学徒であった大洲藩士時代においては、その門弟のほとんどは、大洲藩（六万石）の上中士をもって占められているのであるが、藤樹がその江西へ帰国講学ののち、朱子学の批判からその孝思想に転換するに照応して、その門弟層のほとんどは、江西周辺の、村落を司宰する役人であり、またその村落（共同体）の頂点に位する郷士層に移っている。藤樹＝陽明学の成立は、したがって、この社会層との連関を語ってはいないであろうか。藤樹学のこの社会的基盤は、藤樹の高弟、淵岡山の創始するいわゆる会津陽明学の学統においては、より鮮明にあらわれている。三浦親馨の編する「会津藤樹学道統譜」によれば、記載されている四十四人のうち、近世村落における知識人層と目することのできる医師五人、さらに村落の頂点に立つとみられる郷士格の村長・郷頭・肝煎は、実に十五人を数える。後者を列記すれば、つぎのとおりである。

遠　藤　謙　安　会津北郷岩崎村之人也。為二村長一。後移二住漆村一。為二小沼組郷頭一。
東条長五郎　会津北郷上高額村之人也。為二村長一。諱方秀。
東　条　清　助　方秀先生嗣子。為二熊倉組郷頭一。
小池七左ヱ門　会北高吉村之長也。
矢　部　文　庵　小笠井町之人也。家業酒造。
東　条　清　蔵　為二熊倉組及小沼郷頭一。方秀孫。
東条新左ヱ門　清蔵次男。為二熊倉組郷頭一。
井上作左ヱ門　小田村町長。
鈴　木　佐　助　北郷下窪村長也。
五十嵐忠右ヱ門　北郷上高額村長。
北　川　親　懿　北郷漆村之人也。為二小沼組郷頭一。
東条武右ヱ門　上高額村長也。
加　藤　銀　蔵　北郷雄国蘆平村長也。
石州与左ヱ門　北郷金川村長也。
五十嵐仁右ヱ門　北郷上高額村長也。

藤樹門弟層のこの二重の性格は、また藤樹自身の、また彼の家系のそれでもある。湖学紀聞によれば、中江氏は世々近江の人であったが、天正十一年加藤貞泰が高島郡の守となったとき、藤樹の祖父吉長がその家臣となり、貞泰の伯州および大洲への転封に従ったが、ついに大洲藩士として「風早郡宰」を勤め、藤樹の父吉次は「家居不レ仕」とある。藤樹は、この祖父の養子となり、また大洲藩の郡奉行を勤め（「藤樹先生補伝」、全集五）、のち致仕して江州に帰国講学した。すなわち、藤樹は、近世封建制の成立過程において、近世大名の家臣団に編入された祖父と、また近世大名によって——その兵農分離過程において——本百姓身分に固定された父とを併有しており、彼自身、この二重性を、その生涯においてあゆんだ。彼の前者から後者への転換は、その朱子学から陽明学への思想的転回にまさしく照応しているのである。さきに述べた藤樹の孝思想の封建的な性格と、にもかかわらずその基本原理が「孝」をもって称ばれることの秘密とは、おそらく、藤樹およびその門弟層＝社会的基盤の歴史的性格の内に潜んでいるといってよいのではあるまいか。

さて、藤樹は、はじめ祖父を嗣いで大洲藩士として近世大名の家臣であった。さきにも指摘したように、もし朱子学が君臣間の分（忠）を、五つの人間関係（五倫）のうち最も重視する儒教であったならば、藤樹がこの時代、朱子学を奉じたことは、当然のことといってよい。だが、この朱子学の君臣間の分は、それが封建的な主体者間の分であったとしても、封建制の安定化とともに、上下の社会的ヒエラルヒーを上から規制する規範＝格式旧套主義的な方向を強くもつこととなる。

近世社会が封建社会であるならば、もと中世における自らの独立した武力とその経済的基盤とをもった土豪＝名主（近世前村落の支配者）から近世大名の家臣団に編入された近世初期のこの武士層が、その封建的な主体性のゆえに、朱子学を受容しつつも、またその規範主義的傾向の拡大に抗して、自己の主体的エートス重視に傾斜するのは当然のことといってよい。

だが、この武士の主体的エートスは、封建的支配の規範主義の強化の前には、彼らが在地から分離され、ほんらい、封臣でありながら擬制的に家産官僚化の傾向を強めれば強めるほど、維持しがたいものとなる。もしこうした武士が、武士身分を棄てて在地＝村落に帰るならば、彼は真の被支配階級としての百姓身分におちねばならない。たとい彼が百姓として自己の生産的「経営」をもとうとも、封建的な支配は、かえって全剰余を奪う「貢租」として、その「経営」の蓄積の可能性を奪うに違いない。彼の主体的エートスは、ここでは容易に維持しがたい。

しかし、よく知られるように、近世初期の村落共同体においては、中世の土豪＝名主の系譜をひく社会層は、太閤検地以来の農民自立政策によって、かつて彼らが擬制血縁的に支配していた名子、被官、家人、こかた等とよばれた階層の自立農民化を余儀なくされるとともに、自らもそれと同じ本百姓身分に固定化されるに至ったのであるが、それにもかかわらず、この中世名主の系譜をひく農民は、近世初期においては、事実上村落共同体の頂点に位し、かつての擬制血縁的権威を、この形式的に平等化された共同体の他の農民に及ぼしうるものであったこと、同時にまた、多く村方三役となって領主の村落支配の末端をも担ったことは、いうまでもない。

この社会層においてこそ、まさに、封建的臣従のエートスの復活の基礎があるとともに、またそのエートスを主体的に内実あらしめる「経営」があるといってよい。近世初期において、封建的収奪に抗して自己の経営における蓄積の可能性をもつ農民は、この郷士格の高持大百姓であったことは、いうまでもない。そして、この社会層が、自己経営内において、農民自立政策にもかかわらず、なお擬制血縁的な家人、こかた労働力をもっていたことも、周知のところであろう。藤樹学が、封建的な質をもつとともに、その基本原理を「孝」とよび、この霊徳の体認を説いたことは、近世初期村落の、家父長制的な封建共同体の構造と、その頂点に位置する郷士層の二重性とにもとづく、ということができる。

と同時に、ここには、また、封建的なるものと家父長的なるものとの対立がある。もし、この村落共同体において、生産力の漸次的上昇――ここでの農民は自立的農民なのであるから――が、他の農民と大百姓との格差を縮め、またあの農民自立策――封建領主にとっては、それが彼の利益なのであるから――が、郷士格農民の家人の自立化を促すならば、この封建共同体は、形式的にも実質的にも平等均質な農民からなる共同体への方向を歩むこととなろうが、それは、まさに封建的なるものの純化の方向であり、同時にその頂点に位した家父長的郷士格農民の危機となるであろうからである。ここにこそ、封建的なるものとアジア的なるものとの対立がある。

藤樹の孝の思想は、近世初頭の家父長的な編成をとった封建的な村落共同体の頂点に位置する、武士＝封建家臣と精神的なつながりをもつ、郷士格の高持大百姓＝初期手作地主——いわゆる「日本的豪農」の近世初期的形態——の、その二重性を示すイデオロギーとみることができる。もとより、ここでは、後者すなわち郷士＝豪農層にウェイトがかけられており、だからこそ、藤樹致仕帰郷後の思想が、封建的な性質を強く示しながらも、その基本原理が「孝」とよばれたのであった。

だが、この孝的エートスは、すでに述べたようにその基盤を失っていくほかない。なぜなら、近世大名は農民自立政策をとり、他方、農民もまた自立性を高めていき、次第に郷士＝豪農層の家父長制的な統制に服さなくなるからである。村落共同体のこの社会層が、もし共同体の均質化（封建的深化）に対応して自己を転換しないならば、彼の意識は、いよいよもって「孝」の拡大、すなわち家父長制的＝アジア的方向への逆転を来たし、この「孝徳」の体認は、いたずらな空転をみせることとなるはずである。藤樹の、朱子学から陽明学への転回過程に著わされた『翁問答』は、のちの彼自身にとって「其書心ニカナワザル処多」（「年譜」、前出）いものであったとしても、この逆転を大きく示してはいない。

だが逆に後年の『鑑草』においては、かえってそれが大きくあらわれている。われわれは、第四章、第五章において、仏教の無主体的・古代的性格を見たのであるが、後年、藤樹の「孝」の体認は、この仏教的グノーシス獲得の方向とオーバーラップし、『翁問答』における仏教批判を大きく後退させているのである。武士土着論による米遣い経済論によって、武士的立場から、藤樹にみられる封建的な主体的エートス論の「経営」的基礎を説いた藤樹の高弟熊沢蕃山の、師藤樹に対する、「異学のついえ」（『集義外書』巻六）が多いという批判は、通常の否定的見解にもかかわらず、むしろ正鵠を射ているといってよいのである。この蕃山の藤樹批判が、『翁問答』における仏教批判の、『鑑草』におけるその後退を指していることはよく知られているところであろう。

　このような、藤樹における朱子学から陽明学への転回の過程は、当然に、彼における、社会関係＝社会過程認識における、さきに述べた不透明さを示すこととなる。もとより、朱子学においても、分＝忠のフューダルな基本的認識にもかかわらず、その全体としてのアジア的色彩の濃さが、かえって封建的な主体的分＝忠にアジア的な色彩を与えるのであるが、とりわけ在地への定着を志向した藤樹においては、この点の拡大がある。彼においては、孝も「恩」に条件づけられている封建的なものであったにしても、この恩は「てんよりもたかく、海よりもふかし」（『翁問答』、前出）として無条件的色彩を強めるとともに、「君父は恩ひとしきものなり」とされて、社会的関係としての君臣間の主体的関係＝分と、家族内における血縁的な父子関係とは同一視されるばかりでなく――もとより、ここでも「恩」があらわれているのではあるが――、「親は始なるゆえに、孝のこんぼんとす」といわれるのである。藤樹ののち、元禄期において、山鹿素行が、「人倫之大綱以二君臣一為レ大」となし、しかもこの君臣間の関係について、「君臣の間は他人と他人の出合にして、其の本に愛恵――自然血縁的な家族内の（守本）――すべきゆゑん」（山鹿語類、巻十三、匠体、全集第六巻）はない、とした、父子の血縁的紐帯＝関係と切断したその冷厳な社会認識は、藤樹のそれと大きくへだたる、いわば典型的なフューダルな思考というべきなのである。

　右のように、藤樹の「孝」思想を生み出した基礎には、近世初期の封建的な村落共同体の擬制血縁的な家父長制的編成があった。しかも、この村落共同体の家父長制的編成は、この村落の形式的・実質的な農民の均質化、したがって封建的純化の方向を、その内的必然としてはらんでおり、こうしてここでは、この封建的なものと家父長制的なもののとがひとつの具体的＝歴史的対立を示していたのである。しかも、ここにおける「アジア的」なるものが、封建的方向への深化のまえに、その席を譲ることを余儀なくされるとすれば、ここでの「アジア的」なものは、封建的なものに媒介されてあらわれているのだ、ということができる。

およそ「封建的」なるものは、一般になんらか「アジア的」なるものをまつわりつけていることは、封建的なるものの構造を抽出したときにすでにみた（本書二五八ページ）。藤樹の「孝」思想、ならびにその社会的基盤において、この点が強くあらわれていた。ウェーバーの指摘した、徳川封建制のあの家産制的な構成は、幕府および大名の支配する、右の村落共同体の家父長制的な構成と、おそらくは無関係なのではあるまい。繰り返し述べたように、封建的共同体における個人的所有の、その生産力的限界は、その個人的生産を補完するいわば流通過程における共同性において、血縁的＝アジア的なものを再出することとなるが、このアジア的なものの再出は、封建的共同体における個人的所有が、実は完全なる個人のそれをいまだ実現しえていないことによる。ここでの「自由」な土地所有の主体は、実は単婚の家族であり、この家族こそが経済単位なのである。したがって、自己の土地で生産を営む家族は、生産のまた消費の共同体として存在しており、ここでは、男性としての父の農業生産における優位性があらわれやすく、家父長制的傾向が生まれ、それがまた、共同体の共同性に反射することとなる。

この封建的共同体における個人的所有者（家共同体）の所有が不均一ならば、共同地の持ち分を決定する集会における共同性に、家父長制的ひずみの生ずるのは当然のことといってよいのである。日本の近世初期の封建的村落共同体において、その共同体成員としての農民が、支配者に対して形式的には均しく本百姓身分に固定されながら、実質的には郷士格大百姓を頂点とする不均一な構成をもっていたことは、すでに説いた。しかもここでは、高持大百姓（多く村方三役となる）と平百姓との実質的格差だけではなく、いまだ封建貢租を負担しえぬために本百姓として承認されぬいわゆる初期「水呑み」百姓、ならびに高持大百姓に使用される（小作形態をも含めて）家人といわれるものの存在したことは、いうまでもない。

封建共同体のこうした構成が、日本における陽明学＝藤樹の「孝」説を生んだ基礎にあったことはくりかえし述べたが、これはひとり日本においてだけではない。中国の封建的共同体もまた、擬制血縁的構成をもち、宋代陸象山の学から明代陽明学への展開のなかで、行動主義的な「孝」的エートスが高唱され、陽明学においては、藤樹においてもみられたような、仏教的傾斜をも併せもったのである。もとより、この「封建制のアジア的特質」は、日本と中国とそれぞれの特質をも示している。

中国においては、宋代以降をもって封建社会とみなすことができるのであるが、その基底をなす村落共同体においては、生産主体としての農民には主戸＝自作と佃戸＝小作という格差を包摂していた。それだけではない。右の佃戸から封建地代を収奪する封建地主が、なかんずく外圧という契機に促迫されて、自ら在村してこの共同体の擬制的成員としてその頂点に位し、他方、地主連合を家産官僚制的国家として形成した。こうして中国においては、主戸と佃戸という格差ある生産主体のみならず、地主をも擬制的に加えた村落共同体の成立のゆえに、ここでの家父長制＝アジア的編成がより拡大強化されることとなった。ここでの共同体の均質化の方向は、主戸が没落して等しく佃戸となることによって可能なのであるが、そのさい、一方で地主の共同体成員としての擬装がはぎとられることとなろうし、また他方に中小地主層の家内奴隷層の自立化傾向も進む。こうした在村中小地主の内外両面からする危機の到来が、陽明におけるあの激烈な中華主義とまたその「孝」的エートス論とをひきだした。日本および中国における封建的共同体のアジア的特質の同一性と、またそこにおける相異とが、ほぼ以上のように存在したのである。

このように、「封建制のアジア的特質」は、封建社会の基底をなす封建的村落共同体の、したがってまた封建社会の生産過程の、それ自体のなかに再出する根拠をもっているといわなければならない。そしてこのアジア的特質は、共同体内の実質的不平等の存在する場合には、とりわけ拡大しうるということができる。だが、それだけではない。封建農民の生産を補完する共同地を征圧することによって成立した封建的支配は、支配それ自体の論理からしても、封建的共同体に内在している古きものを、自己の支配のためにひきだそうとするからである。

もちろん、すでに農民＝被支配者の一定の主体性の存する以上、「アジア的」なもの、ないし「古代的」なものの全面的拡大はありえないとしても、その部分的拡大は、つねに内的に用意されているといってよいのである。さきに述べたように、封建社会においては農民の主体性に基礎をおく個別主義と、その共同性にもとづく普遍主義とが成立するのであるが、農民の主体＝個別性の不完全のゆえに、その普遍主義は実体化した全体主義への逆転の方向をもつに至る。だが、それにもかかわらず、個別の主体性が存在するので、この全体主義は個を完全に否定するものとはなることができず、完全な全体と不完全な個との上下の階層主義をも生み出し、この階層主義が、普遍主義と個別主義とを結索する、全社会を貫徹する支配のイデオロギーとしてあらわれるに至る。そしてこの階層主義には、つねに「アジア」的な（自然・血縁的）上下＝階層主義の纏綿する可能性が存しているのである。

近世儒教、とりわけ中江藤樹の「孝」の教説を分析して日本封建制のアジア的特質を明らかにするという問題を考えてみたのであるが、藤樹の思想の分析を通じて、単に「日本封建制のアジア的特質」のみならず、「封建的なるもの」における「アジア的なるもの」の再出の一般的・理論的な根拠をも、ほぼ展望することが出来たように思う。このアジア的なものは、封建社会の基底にある村落共同体を構成する農民の家共同体そのもののなかに再出する根拠をもち、それが農民相互間の共同性において、さらにはその上に礎かれる封建的な階層関係に転移するということができる。こうして、封建社会においては、村落共同体内の均一性があったとしても、なおアジア的なものを再出しうるのであり、ましてや、そこにおける不均一性の存する場合には、その拡大がもたらされやすいということができる。

しかしこのことは、家共同体における家父長制的傾向が、つねに必ず拡大するというのではない。むしろ、村落共同体そのものとして考察するならば、家共同体の生産力の上昇＝蓄積は、他の家との交換の可能性を生み、分業の展開が共同地の持ち分を私有化し、これに照応して生産共同体としての家の中の労働力は、自由な個別的な労働力への転化の可能性をもちはじめ、家は消費共同体としてだけ機能しはじめる。この消費共同体としての家における家長の権威があらわれるとしても、その権威は、もはや生産に基礎をもったそれではない。

だが、われわれの述べた「封建制におけるアジア的特質」は、その生産的基礎をもっていた。ただ封建社会において、非生産的階層＝支配層においては、軍事機構が構築されるのであるから、そこでは苛烈な家父長制的傾向がいっそう強められるだろう。藤樹学の朱子学との対立のモメントは、おそらくここにあるといってよい。藤樹の思想が孝を拡大しながらも、その生産力的基礎＝「経営」をもったこと、このことが家父長制的家族共同体内における女性の地位を、共同体内の分業を担うものとして、朱子学よりも高く評価させているゆえんでもあるように思われるのである。

貞烈の徳をまもり、女事をよくつとめ、さほうたゞしく、おっとの下知にしたがひ、家をとゝのへ、子孫をそだて、宗族を和睦し、家人におんをほどこすは婦徳の大がいなり。（『翁問答』上）

第二節　日本陽明学の諸相——熊沢蕃山・大塩中斎

ここで、日本陽明学派の中に数えられる注目すべき二人の思想家、熊沢蕃山、大塩平八郎について、略述しておこう。

熊沢蕃山（一六一九—一六九一、元和五—元禄四）について、まず、その略歴を年表風に辿ってみよう。祖父野尻重政は、織田信長・佐久間甚九郎に仕え、父一利は、加藤嘉明・山崎家治・山口重政などに歴仕する。八歳、外祖父熊沢守久（尾張の武士）の養子となる。十六歳、熊沢氏の遠族板倉重昌らの推薦を得て、備前池田光政に仕える。二十歳、致仕。二十四歳、秋より、小川村に至って中江藤樹の教えを受ける。翌年四月には帰郷して数年独学を重ねる。二十七歳、再度、池田氏に仕え、三百石を与えられる。三十一歳、光政に従って江戸に下る。大名・旗本の間に蕃山の声価が高まる。三十二歳、番頭《ばんがしら》、三千石。三十八歳、光政の三男を養子とし、自らは致仕・隠居。数年の後、京に出る。このころより、蕃山の思想を危険視する世評が出はじめ、京を追放される。由比正雪の変の余波であろうといわれるが、大老酒井忠清らの庇護を得て、明石城主松平信之のもとに身を託し、ことなきをうる。以後、信之の転封とともに、大和郡山、下総古河へとその居をうつす。貞享四年六十九歳、門人田中友明の罪に連座して、その地に禁錮される。元禄四年七十三歳、同地に歿。

この短い伝記的素描の中にも、蕃山思想の特質をうかがう材料が用意されている。彼はその師藤樹——といっても、直接謦咳《けいがい》に接したのは、伝記にしたがえば、僅々数カ月のことでしかない——が、その発想の基盤を郷士層においたのと明らかに異なって、その活躍の場を、近世外様大名番頭＝家老たる地位においている。もちろん、それ自体は、たんなる外形的事実にとどまるのであるが、蕃山思想の内容に立ち入るとき、まさにこの外様大名番頭なるもののもちうべき思想史的特質が、彼の思想を根底的に制約していることがわかる。

封建社会の安定化は、すでに述べたように家産制化の道をおし進めることとなり、武士のほんらいの主体性、自立性をうばい、これを一個のプッリュンドナー（官職受禄者）化させる。この方向を主導するのはもちろん幕府であるが、この傾向に対して、当然に、要路から外れた旗本、外様大名においては、反対の空気が醸成されることとなるであろう。武士としての主体性を保持せんとする武士的エートスへの要求が、ここには存在する。とはいえ、彼らが武士たるかぎり、一切の秩序・規範＝形式を捨てて、己が内的心情だけを追求することは不可能である。ここでは、エートスとともに規範もまた要求される。しかも、この武士なるものが、たんに武士一般というのでなく、特殊、番頭としての地位にあって、個別具体的な現実的諸問題を適切に処理することを要求するという責任を負うというのであれば、その政治的判断は、なにがしかリアルなものでなければならないだろう。

武士的エートス、規範主義、政治的リアリティ、この三者こそ、実に、蕃山思想の骨格を形づくるものであった。以下、この三点について、蕃山思想を具体的に追跡してみよう。

蕃山において、朱子学的格套＝規範主義への批判の存することは、師藤樹と明らかに軌を一にする。『集義和書』冒頭において、蕃山は、「博学にして、人にさへ孝弟忠信の道を教られ候人の中に、不孝不忠なるも候は、いか成事にて候や。」と問を発せさせている。そして、これに対して、「武士の武芸に達したるは、人に勝ことを知るにて候へ共、武功なき者あり。無芸にても武功ある人おほし。兵法者の、無手の者にきられたるあり。学問の道も同前に候。」と答えて、博学・有芸という形式とその実質的内容との鋭い分裂を剔り出す。これは、すでに形式化形骸化した朱子学的格套＝規範主義に対する、実質的内容追求の側からする批判なのである。

封建の論理は、くり返し述べたように、被支配者＝下のものの主体性をも肯定するものであった。したがって、封建的秩序（これを支える規範）もまた、たんに超越的なおしつけであってはならない。人間の主体＝内面から、この秩序＝規範へむけて志向するエートスがなければならない。下なる被支配者自体の内面的エートスによって支えられるものでなければならない。こうした考え方を、この論理から抽きだすことができる。とりわけ、家産制化の方向をたどる現実の動きの中で、内面的なエートスから分裂した、形式的な規範主義が強まるならば、それへの批判から、こうした考え方が強く意識化されるであろう。蕃山は言う。「又心学とて、内よりつとむるといふも、おもしろく候。」「太公望を微賤よりあげて三公となし給ひし事、不審多く候。……古人いへることあり。老人なり、かつ微賤に居て下の情をしれり、……生れながらの上﨟は、下の情をしり給ふ事くはしからず。……道理のまゝに下知し給ひて

は、下に至りて可にあたらざる事あり。」（『集義和書』、以下ことわりなきかぎり同様）

このように、蕃山においては、形式的な規範主義＝「道理」に対して、人間の内面、下賤の情が、まさに、規範を真に規範たらしめるべきものとして対置されているのである。こうした内的なエートスを保持涵養するための、現実的具体的方法が、蕃山における米遣い経済論である。

武士の家産官僚化を促進する事情のひとつには、武士のプㇷリュンドナー化の進行がある。その過程で、当然に武士みずから貨幣経済に巻きこまれることになるが、そのことによって、武士ほんらいの節倹＝禁欲的態度の喪失という事態が必然化し、家産官僚化はさらに促進される。蕃山はこうした判断にもとづいて、武士の土着化、各知行所への返戻《へんれい》を構想する。すなわち、土着した武士は、百姓から米で貢租を徴収し、自らの食料を確保するとともに、その他必要な物資は、米との物々交換によって調達する、という構想である。武士という立場にあって、内的エートスの保持涵養を図る蕃山的思考の原点が、ここに見出せるであろう。いわば復古的方向において、武士的エートスの確保が図られるのである。

蕃山は、右のように、藤樹が、帰村して郷士としての地位から孝エートスを説いたのと異なって、外様大名の番頭＝家老としての地位から、武士的エートスの保持涵養を説いた。たんなる形式的格套をでなく、実質的内面的なエートスによって、フューダルな上下的身分的秩序を保持せんとする点で、藤樹・蕃山は軌を一にしている。と同時に、このエートスを追求する社会的な地位＝視点にこうした異別があった。この異別がまた、朱子学的格套と陽明心学とに対する態度において、一定の差異を結果する。

さきに引用したように、「心学とて、内よりつとむるといふも、おもしろく候」と言う蕃山は、また同時に、「拙者をも世間には心学者と申すと承候。初学の時心得そこなひて、みづからまねきたる事に候」として、自らを心学者となすことに否定的であり、心学に対しても一定の限定を附そうとしている。そして、「漢儒の訓詁ありたればこそ、宋朝に理学もおこり候へ。」「惑を解ことの多きを理学」というとなして、理学＝朱子学に対するある積極的評価をも下す。こうした事態から、蕃山思想は、朱子学的でもあり、陽明学的でもあり、そのいずれでもない、ある特殊な思想とする見解もあらわれうるが、この点への考察をも含めて、蕃山の心学へのある限定、朱子学へのある評価の意味にやや立ち入ってみよう。

蕃山の心学に対する限定は、具体的には、心学（者）にしばしば見受けられる仏教的偏向ないし傾斜への批判を内容としている。「されども、近年心学を受用するといふ人を見侍るに、さとりの様にて、気質変化の学とも覚えず候。」「陽明の流の学者とて、心よりくはしくもちゆとは申候へども、其理を窮ことは見解多く、自反慎独の功も真ならざる処相見え候。」そして、さらに、蕃山は、師藤樹に対してさえ「異学のついえ」（『集義外書』）を指摘する。

さきに見たように、近世初頭の権力側の本百姓創出策と、現実における百姓の上昇、さらには、自らのかかえていた名子・家人等の成長とに挟撃されて、郷士（＝百姓身分）層は、孝エートスを涵養し、かつまた孝＝擬制家父長制的支配を発揮すべき本来的場を次第に喪失していき、孝エートスがいたずらな空転を見せるとき、この孝エートス＝心の学は、情況に対応して自らを転換するのでないかぎり、現実から遊離した観照的な瞑想や一種の諦観へ堕する他ないであろう。こうした時、心の学が、より旧い仏教的な心の学＝「さとり」へと接近するのは、自然ななりゆきであろう。藤樹をはじめ心学者流にそうした傾向があらわれているのであり、蕃山は、この点に批判を加えるのである。

もちろん、実質的内的なエートスの人、蕃山において、仏教への態度は、格套主義的な朱子学者の仏教批判から一線を画するものであった。「今時儒学する者は仏をそしるを以て役とす。……仏者は一点もいたまず、一歩も退まじく候。……拙者も同志のたづねによりて、其人のまどひを解べき事には、仏法の非をも申候。かつて不㆑申にはあらず候へ共、其人にあらざれば申さず候也。」「仏法の事は、我不㆑識。」

個別具体的な内実の問題とかかわりない、一般的な、建て前論的な仏教批判は無意味であり、自分は、そうしたことはしない、というのであろう。では、蕃山にとっての、個別具体的な内実の問題とは何であったか。それは、くり返し述べたように、近世初頭外様大名の家老としての視点にかかわる。家産制化の滔《とう》々たる流れにもかかわらず、大名＝藩権力が、ともかく相対的に自立した権力であり、かつまたあろうとするかぎり、彼の追求する武士的エートスは、孝エートスほどには、空転しないかもしれないし、また空転させてはならないであろう。まして、仏教的観照に流れることなどは、あってはならないのである。蕃山の仏教＝心学批判の核心は、まさにここにこそあった。だが、蕃山は、下賤の内実の情にさえ即《つ》かんとした。仏教に、まさに内面的にふれあうものを感ずる人びとの内面も、リアルなる蕃山の眼には映ずる。仏教への、蕃山の含みある態度のうちには、こうした事情があったのかもしれない。

そしてまた、この視点が、朱子学＝理学へのある評価をも生む。藩老として藩権力を維持せんとするかぎり、内的エートスを保持する個々の主体をひとつの全体的な秩序に編成すべき一般的基準とその具体化たる規範とを欠くことはできない。朱子学の理学と規範、すなわち規範主義とは、この意味で、蕃山にとって須要である。蕃山の立場は、かくして、内と外、個別と全体との統一を志向するものであった。「いづれと名を付、かたよるはよからず候。漢儒の訓詁ありたればこそ、宋朝に理学もおこり候へ。宋儒の発明によりてこそ、明朝に心法をも説候へ。」

日本においても、中国においても、思想史上、朱子学と陽明学とは、しばしば対立的関係においてあらわれる。この対立の意味は何であるのか。封建の論理は、くり返しのべたように、被支配者農奴の主体性を現実的に、ただし上下身分的秩序の枠内において肯定するものであった。したがって、人間にとっての秩序（朱子学においては理）は、たんに超越的に与えられているものではなく、人間の内側にあるものでなければならない。最下層の人間といえども、自らのエートスとして主体的にこれを保持しているのでなければならない。全体としてのいわば、外側の秩序＝規範は、同時に個々人の内面に存在しなければならない。全体と個別、外面と内面とが調和的な統一においてあるならば、フューダルな世界は安定するはずである。だが、上下の秩序は、超越的な全体性・外面性をまぬがれないがゆえに、これはつねに個別の内面的主体性をこわしかねない。そしてまたこの危険が、たえず、個別的内面的エートスを追求させる。

朱子学は、もちろん、封建の論理の完成であるから、それ自体のうちに、全体と個別、外面と内面との両面を具えているのであるが、王朝官僚ないし幕府イデオローグの手によって担われる朱子学においては、全体と外面へウェイトがかけられ、規範主義化するのは、むしろ必然であろう。これに対して、個別＝内面にウェイトをかけるエートス追求が陽明学のものであることはいうまでもない。史上あらわれる朱子学、陽明学の対立は、まさにこのようなものであった。そして、まさしく蕃山は、全体と個別、外面と内面、規範とエートスの結合をもとめて、朱子学・陽明学の調和を説くのである。近世初頭外様大名の藩老としての視点が、この調和的結合を要請させることは、もはやいうまでもあるまい。

だが、この場合、蕃山において、朱子学が、陽明学的心学的エートスと結合するならば、換言すれば、朱子学の全体と外面への傾斜が除去されるならば、全体として肯定されるというのではないことが注意されねばならない。蕃山は、くり返し述べるように家老として藩政の実際に携わる。もし、藩政の処理において実効を挙げようとするならば、そこでは、どうしても、現実的な、リアルな眼が要求されるであろう。蕃山思想の顕著な特質のひとつは、はじめに概観したように、ひとつのリアリズムである。

朱子もまた類稀《たぐい》なまでのリアリズムの人であったと言ってよい。しかし、仏教的な現実否定の論理に対して、儒教的現実主義人倫主義の思想的ストックに加工を加え、個の現実的肯定の論理を貫きつつ、これを体系的に対置しようとするとき、そこには、ひとつのオプティミズムが結果されねばならなかった。すなわち儒教そのものにおけるあの修身斉家治国平天下のオプティミズムをベースとした理気論がそれである。個別原理としての気は、通常気質の昏濁の中にある。この昏濁が、気質の変化＝昏濁の除去によって、本然の性＝理に最終的に至りうるというのでなければ、個別主義の朱子にとっての現実的肯定は貫徹されない。ここに朱子は、聖人学んで至るべしとのひとつのオプティミズム――ただし、リゴリズム＝規範主義と結合した――を有したのであった。それは、朱子にとっての体系的要請とでもいうべきものであった。

だが、ひるがえって蕃山の場合には、すでに封建的思惟の体系的樹立は、その課題ではない。彼にとっての課題は、藩老として、藩政の現実的具体的処理こそが、その中心である。このとき、彼の眼には、個々人が、角度を換えて言えば、下層人民が、気質を変じて聖人の境地に達するなどということはまずありえないという現実が、はっきりと映ずるだろう。蕃山は、『来書』に、「小学、近思録等の諸書を学びて、かたのごとく行ひ候へども、心の微は、本の凡情に候。」と言わせている。また、「気質変化の学は明白なる道理ながら、大なる志なければいたりがたく候。生付よき人の、世間の習によりて、うはべばかりあしく成たるなどは、道を聞候へば、一旦のまどひはすみやかにとけて、本のよき所あらはれ候。かゝる人を気質変化と申者あるべく候へども、これも変化にはあらず候。大かたは、先覚、後覚共に本の人がらありと相見へ候。いざなふ人の人がらよければ、其国所のよき人、類にふれてあつまり、いざなふ人の人がら平人なれば、平人あつまり候。」と言うのである。

封建的な個の内的な主体性に即して見るならば、超越的な規範主義への批判は出現せざるを得ないであろうし、また、これと結合したオプティミズムは崩壊の傾向をたどる他ない。このオプティミズムの崩壊の中から、徂徠学的な、鋭い「政治の発見」があらわれることは、周知のところであるが、蕃山においても、すでに、この「政治の発見」の端緒がある。また、この「政治の発見」は、同時に、オプティミズム的＝規範主義的に固定化された人間像とは異なった普通人の「性情の発見」――国学において頂点に達する――をともなっていた。「いざなふ人」に着目し、「凡情」を直視する蕃山には、すでに、こうした「政治の発見」＝「性情の発見」の端緒があると見ることができる。

以上のように、蕃山の中には、朱子学的な全体的・形式的な格套への批判がひとつのライト・モティーフとして存在しながらも、その藩老としての地位＝視点のゆえに、朱子学的規範主義、徂徠学的「政治」論、国学的「性情」論が、同時に併存していた。それは、個別具体的な内的主体的ェートス論の、近世初頭外様大名藩老というある個別的具体的場におけるひとつの結晶であったと見ることができる。もし陽明学をもって、個別具体的な内的主体的ェートス論と考えるならば、蕃山の思想は、それがこれら非陽明学的要素を含むがゆえに、かえって、陽明学的だ、と言うことができるであろう。

蕃山の思想が、およそ以上のような内容であるとしたら、そこでは、あの近世日本思想史上の基本問題、中華主義と日本主義との交錯と相剋は、どのような相貌を呈するであろうか。これを瞥見《べっけん》して、蕃山思想概観のしめくくりとしよう。

個人＝主体の内的ェートスを、藩老としての位地＝視点から追求する蕃山において、そのェートスが、いわば武士的エートスとしてあらわれることはいうまでもあるまい。米遣い経済論を展開して、武士の主体性の確保を志向する蕃山において、武芸の鍛錬が、節倹のすすめと結合して説かれることはもとよりである。「士以上は、をごればやはらかに成て、武威よはし。」

また、蕃山が、「中華の国、聖代には武威つよく、末代に至てよはくなりしと中事は、いかなる故にて候や。」と『来書』に問わしめていることの中にも、彼の、家産制化＝武喪失の傾向への批判的意識を見ることができる。儒教にいう聖代とはいうまでもなく堯舜の時代のことであり、そこでは、理想的な平和主義的徳治がおこなわれていたとされている。堯舜の徳治が平和主義（儒教的平和主義）としてあらわれるのは、そこでの武力的な対立抗争がいまだデ・ファクトのものにとどまり、社会全体が非対立的な血縁的共同体として表象されるため、武が独自の範疇としてあらわれないという本来的性格と、それがなによりも、春秋戦国の武力抗争＝アナーキー（覇王主義）を批判して過去の徳治（王道）に回帰せんとする孔孟によって説かれたという事情とによっているのである。なお、儒教も平和主義として終始したわけではけっしてない。宋元以降、中国におけるフューダルな世界の形成は、その家産制的形態の存続にもかかわらず、ある限度で、「武」の範疇化過程をたどらせることは、すでに見たとおりである。この平和主義的徳治の世界を指して、蕃山が「威武」つよきものとなしていることは、家産制化（平和主義！）が、武士とその武を空洞化させていく事態への、彼の緊張感、問題の意識化が示されている、と言えるであろう。

ところで、先に見たように、この武の問題は、羅山にとって、徳川権力の正当化、とくに天皇制との関連においての正当化＝絶対化のための決定的な論点であった。そもそも、封建的支配は、経済外強制を基礎に有する支配、換言すれば、強制＝武力の強弱に依存するというひとつの相対性を免れぬ支配である。この相対性をなんらか意識しつつ、これを絶対化することが、封建的支配イデオロギーの中心課題である。そして、日本において、この相対性が、天皇制と徳川権力との関係としてあらわれ、イデオロギー的には、天皇制的血縁的伝統（ただし武カリスマと接ぎ木された儒教的徳カリスマとを包含した）＝日本主義と儒教（朱子学）＝中華主義との交錯・相剋としてあらわれたこと、その克服に、羅山がもっとも心をくだいたことは、先に詳述した通りである。また後に見るように、浪士山鹿素行は、かえって武の範疇化をさらに徹底させ、かつまた日本主義を説く。それは、朱子学＝羅山学の、中華主義に対する批判である。

では、武をなによりも、武士のエートスとして保持涵養せんとする蕃山にあって、この問題は、どのように処理されるか。ここでも蕃山は、外様大名——家産制化には反対するが、徳川幕府権力そのものは承認＝前提している——藩老としてのリアルな、しかしまたそのレヴェルに限定された眼で、問題を扱っている。

封建支配は相対的なそれである。したがって、そこには、権力交替、勢力消長が論理必然的に孕まれている。蕃山にとって、鎌倉以降近世に至る過程は、天皇制から武家政治への勢力消長・権力交替の過程である。この結果、現在においては、武家の権力たる徳川将軍の支配は、当然である。「是より天下の諸大名、大樹を主君とし奉りて、天子にはつかふまつらず、陪臣の、国の君を主とすると同理なり。」これと同様に、衰えゆく殷の紂王が、周の文王に、北狄を討つべき征夷の権を委譲せざるを得なかった、という権力の消長・交替が当然の事態として肯定されている。

だが、こうした権力の消長・交替を当然のこととして是認するならば、武家の政治はまた天皇制に席をゆずることを強いられるかもしれない。血縁的伝統においても天皇家の系譜をひくとなし、徳のカリスマをも集中し、わけても武カリスマにおいて、なお不充分ながら、武士の日常鍛錬の中に、天皇家の武カリスマを超えるという封建的「武」力の萌芽を示して徳川支配の絶対性を説いた羅山は、まさにその点の不充分さのゆえに、武の範疇化を一層進める素行から、日本主義の点で武の不徹底を追求される。もし、その方向を拡大するならば、権力の交替の要求を、徳川将軍はつきつけられることになるであろう。羅山には、その危険への緊張感がすでにみなぎっている。

だが、蕃山には、さしあたり、そうした緊張感はない。武士のプﾌリュンドナー化の危険には強く緊張感を示す蕃山も、こと天皇制と幕府との、日本主義と中華主義との相剋緊張については、ほとんど関心を示さないように見える。ここには、外様大名藩老としての、対象領域の狭さがあらわれているように見える。

この問題についての彼の議論は、いわばのんびりとした、現状追認である。すなわち、天皇はイデーとしての存在であり、武士は権力担当者としての存在である。政治運営上、それぞれが、バランスをとって存在することが重要なのであって、武士がイデーをも手中に収めようとしたり、天皇が自ら権力をとろうとしたりするならば、それは混乱を招くだけである——と。

日本主義か中華主義か、二者択一を迫る過熱した議論の沸騰しがちな日本思想史上、このバランス論は、きわだっており、折衷的という点で、ある現実性を帯びる場合もある。たとえば、戦前のファッショ化の潮流の中で、儒教派＝金鶏学院の説くところは、蕃山のバランス論の系譜をひくものであった。すなわち、一方で、天皇絶対主義のイデーとしての拡大を説きつつ、他方現実の政治は天皇親政によるのでなく官僚制によっておこなう、というのである。

天皇親政を実現しようとする急進的な軍部ファシスト等に対して見れば、そこにはひとつの官僚的な「リアル」な眼がある、と言ってもよいかもしれない。ちなみに、この時期の蕃山全集の刊行は、この派の人びとの手になる。

いずれにせよ、蕃山の天皇と徳川将軍とのバランス論が、彼の視点の地方性に由来するものであったことはくり返すまでもない。その地方性が、権力頂点の正当性如何の問題をシリアスにしないのである。だが他方、武士の内的主体性の空洞化には、きわめて鋭敏に反応する。武士的エートスの保持のために文武の鍛錬は怠られてはならない。では、そもそも、この武なるものは、蕃山にとって、何故に追求されねばならないのか。蕃山にとって、武の意味は、どこに求められるのか。

「士以上は、をごればやはらかに成て、武威よはし。」というさきの引用文からすると、蕃山は、武の支配層への独占を考えており、そこには、すでに、武士自らの権力性＝支配性の意識化があるかに見える。だが、つぎの文章を見るならば、彼の「武」への意味づけがどこにあったか明瞭である。「上驕れば民かじけぬ。上下おこたりて武そなわらず。無事の時には民も女の様にて心やすきは、使ひよき様なれども、戦国にのぞみて、士の手足とするものは民也。」「手足はよはし、身はおごりてやはらかなれば、北狄のあなどりをかすもことはりなり。賢君の世には、文武兼備りぬれば、をごらずをこたらず、上﨟もやはらかならず、下らうもかじけず。身無病にして手足つよきがごとし。北狄をそれて臣となりぬる事尤なり」。

名主とその家人とは、ひとつの共同意識の中にあった。近世化の過程でこの共同的関係は、領主と農奴＝百姓の対立的関係として断ち切られる。このとき、武士は、自らの武が、なによりも被支配者に対してのものであることを意識せざるを得ない。この時期とても、この意識は、権力上層には存在したであろうし、羅山にもある。時代が降れば、この切断＝対抗はあきらかに意識に上る。だが、個々の主体に密着せんとする蕃山には、いまだ、切断＝対抗は意識化されていない。それは、あくまでも外部から自らを防衛するための武力にとどまる。彼は自らの権力性＝支配性にほとんど盲目なのである。

日本における封建ナショナリズムは、中国のそれに比してはるかに微弱である。しかし、それが、一貫した対外的衝動を有したことは否定し得ない。その対象は、しばしば応神に対する賞揚がなされるように、ほぼ朝鮮であったこともあらそえぬ事実であろう。儒教の本場たる中国をもって北狄とすることにはある躊躇がつきまとう。朝鮮に対しては、それはない。山鹿素行は、豊臣の侵略を絶讃する。他方、その対立者徳川のイデオローグ羅山においては、その点、はぎれが悪いのも当然である。

蕃山にとっての北狄が朝鮮であったとしたならば、大樹をもって正当の権力となす、徳川的中華主義に与す蕃山はまたすでに日本主義＝日本的中華主義に流れ込む脈流のひとつであったと言うべきであろう。


陽明学は、以上に見たように、格式旧套＝規範主義化する全体的＝形式的朱子学に対して、個別的＝内的エートスの裏付けをもってこれを補強するものであった。その歴史的性格がフューダルなものであることはいうまでもない。日本陽明学に数えられる藤樹学・蕃山学が、その位地＝視点の相異からして、その相貌を異にしつつも、そうしたエートス論を思想の核心に有するものであったことは、以上に述べたとおりである。

ここに、江戸思想史もしくは社会史上特異な思想家がある。大塩の乱をもって著名な大塩平八郎（中斎、一七九二―一八三七、寛政四―天保八）である。大塩もまた日本陽明学のひとりに数えられている。従来、大塩の思想は、陽明学が近世儒教のひとつに数えられることから、儒教思想の埒内において理解されてきたと言ってさしつかえない。ただその場合にあっても、忠孝を旨とする儒教思想の持ち主が、いかにして、あの矯激ともいうべき行動に出でたのかは、ひとつの謎として、さまざまに検討されてきた。

こうした大塩の思想と行動とに対して、従来の儒教研究の枠から離れて、近代資本主義発展史＝経営史の観点から、まったく新たな解釈を下す研究があらわれた。戸谷敏之氏の、著名な研究である。戸谷氏の大塩解釈は、結論的に言えば、大塩に見られるある種の禁欲的倫理をもってプロテスタンティズムの経済倫理に比定しようとするものに他ならない。

われわれも、陽明学の中にひとつのエートスを、いわばフューダルな関係を支えるエートスを見る。そして、われわれの結論を先取りして言えば、大塩の中にも、これを見る。だが、戸谷氏から見れば、それは近代的なプロテスタントのそれに比定しうるエートスなのである。大塩をあの激しい行動へと駆りたてたものが果たして近代的なプロテスタント的なエートスであったとするならば、これをはるかに用意した陽明学そのものも、あらためて見直されねばならない。現に中国陽明学に関連して「近代思惟」を語る論者もいることからするならば、大塩への検討はひとつの欠くことのできない論点である。

戸谷氏の大塩解釈は、氏の著名な『近世日本農業経営史論』に見える近世日本の地帯構造把握にもとづいている。戸谷氏の思考をごく大づかみに示せばつぎのとおりである。近代資本主義の祖国イギリスにおいて、近代的合理的な資本主義の順調な発達を可能にしたのは、つきつめて言えば、あのプロテスタンティズムの禁欲的倫理を身につけた中産的生産者層の形成である。これに対して、後進資本主義国たる日本においては、きわめて急激なる資本主義の発展にもかかわらず、その基柢にはきわめて大きな構造的ともいうべき旧さがつきまとっている。この急激なる発展と構造的旧さとの歴史的根拠を近世日本農業経営の地帯構造の中に探ろうというのである。

戸谷氏のかかげる地帯構造類型は、一、東北日本型農業経営と、二、西南日本型農業経営であり、西南日本型の中には、変則としての特殊西南日本型農業経営が含まれている。一の東北型は、ほぼ東北地方に認められるものであり、賦役的労役基調のものである。二の西南型の変則たる特殊型＝摂津型は、畿内一部に認められるものであり、この地域にあっては、地域の局地内市場の形成を見る商品農業の展開さえ存在する。しかし、それは全体的には変則であり、この商品農業において成立する利潤は、封建権力によって圧倒・逆転されることになる。これが通則としての西南型であり、絶対主義的な西南雄藩連合の基盤たる中四国九州をおおう類型である。

変則としての畿内における摂津型の成立は、たとい変則としてではあれ、日本におけるあの中産的生産者層の形成を物語っている。しかりとすれば、そこには、彼らの合理的なる経済を支える新たな禁欲的エートスがまた形成されるのではないだろうか。そして、それを提供したものこそ、畿内農民に影響を及ぼした陽明学者大塩中斎の「太虚」思想なのだ。だが、この摂津型中産者層は、通則たる西南型の前に圧倒されていく。この流れに抗する行動こそ大塩の蜂起であり、その潰滅は、西南型＝絶対主義の勝利を告知するのだ。これが、戸谷氏の思考の概略である。問題意識の深さと構想の雄大さをここに見ることができる。

だが、この戸谷氏のひとつの仮説的な解釈は大塩の思想の解釈としては、やはり支持されがたいのである。もちろん、伝統的な旧い思想的素材を用いてのみ、新たな思想は表出されることができる。しかし、それが新たなものでありうるのは、そこにひとつの思想史的な鋳直しが存在する場合である。旧い外貌を呈する思想の真実の新しさを指摘せんとするためには、まさにこの鋳直しの存在を立証しなければならないだろう。

だが、戸谷氏が、この点に関しておこなう手続きは、説得力に乏しいといわざるをえない。

戸谷氏の大塩解釈それ自体はとることができない。しかし、戸谷氏の提出した問題は残されている。近世日本の先進地帯畿内において、確かに、新たな商品的農業の展開が見られる。これを支える農民は蓄積可能性を孕んだ自営的経営を形づくりつつある。大塩は、これら農民をその門弟に有し、これらの何人かをひきいて蜂起している。この思想史的・政治史的意味はどこにあるのか。戸谷氏の提出したきわめて水準高い問題に、われわれはいくらかでも迫らねばならない。

大塩は天満与力であった。「一体大阪には東西に町奉行があっておのおの与力三十騎同心五十人を領し、町奉行は幕命によって交代するが、与力同心は居付きでしかも御抱席である。倅が跡を継ぐ時は、親某願いの通り御暇下さる、倅某番代申し付くるという申渡しで、表向は一代限であるから、内実は世襲でも、御譜代席とは格式が違う。与力は高二百石、現米に換算して八十石、同心は十石三人扶持を賜わり、屋敷地として与力は一人五百坪、同心は一人二百坪を天満及び川崎に与えられ、……大塩の家は天満橋筋長柄《ナガラ》町を東へ入って角から二軒目の南側で、いわゆる四軒屋敷の一であった。」（幸田成友『大塩平八郎』）

その家系は、今川氏の一族であり、今川滅亡後家康に仕え、後尾州徳川に属し、嫡子がこれをつぎ、季子は大阪に出て町奉行組与力となった。これが大阪大塩氏の初代であるという（幸田、同上）。かくて、大塩は、大阪居付の与力——下級武士であった。

彼の学問的閲歴は、佐藤一斎への手紙の中に簡潔に記されている。それによれば、大塩は、父母ともに没して祖父の職をつぎ天満与力となってのち、日常囚人と府吏胥徒《しょと》と接することになった。そこでの聞見はもっぱら「栄利銭穀の談、号泣愁冤の事」であった。「功名気節」をもって祖先の志を継がんとしていたものの、こうした状態ではままならず、いきおい「欺罔・非僻・驕謾・放肆の病」を発した。ひそかに自らの心に問うてみるに、「罪を理に獲る」ことおびただしく、獄中の囚人とほとんどえらぶところないように思われた。そこで儒に就いて学問に志したのであるが、その時の志は、なお「襲取外求の功」というにあって、結局、外形を飾る結果に終り、内面的には忌憚するところなく、病はかえって以前より深まったように思われた。これでは事志とたがうことになり、苦悩は名状しえないほどであった。さいわい陽明学に触れ、恍然として覚る所があったように思う。日本陽明学は、藤樹蕃山及び三輪執斎の後関以西において学統がたえていたので、自分は、すたれていた執斎翻刻の古本大学及び伝習録を救いだし、功を心性に用い、また人にもこれを説いた。「是に於て夫の襲取外求の志又既に一変す。而して僕の志は遂に誠意を以て的と為し、良知を致すを以て工と為すにあり。爾来前を瞻て後を顧みず、直前勇往、只だ力を現在の吏務に尽すのみ。……意はざりき虚名州県に満たんとは。因て思へらく、未だ実得あらずして虚名此の如し、是れ乃ち造物者の忌む所と。故に決然として致仕帰休す。徒に人禍を恐るゝにあらざるなり。是時僕年三十又八。」（「寄二一斎佐藤氏一書」）

大塩の精神史についての引用がやや長くなったが、彼が、陽明学の基礎テキストたる古本大学に加える注釈——外形的には、伝統的陽明学とほとんどえらぶところのない——の中に、新たなる鋳直しの有無をしらべる手続きのひとつとして、彼の主観的動機を理解することが必要だからである。

与力たる大塩をとりまく雰囲気は、すでに藤樹の場合のそれでもなく、蕃山のそれでもない。社会底辺に沈澱する吏胥《りしょ》囚人の内的外的悲惨であった。この事態への批判意識も周辺には乏しい。朱子学は、すでに格套としても、人びとには迫っていない。それは訓詁・詩章でしかない（「夫れ儒の授くる所、訓詁にあらずんば必ず詩章なり。」）。こうして彼は、自ら追求するものを、内面における「誠意」・「良知」として見出すのである。彼もまた社会底辺と常に接触する与力として、ひとつの内的エートスにめざめたということができるであろう。要するに、思想的弛緩と社会の貧困窮乏の拡大。これを批判して、「人間」的に——「是非の心無くんば人に非ず」、「羞悪の心なくんば亦人に非ず」——生きんとする大塩は、しかしながら、一介の与力にすぎない。彼は、さしあたり、個別的に自己の内的主体性＝職務を追求するしかあるまい。『大学』に着目するのも、それが、まず、個別的な「修身」を重視するからである。と同時にそこには、それが、全体の「平天下」をもたらすという、あのオプティミズムの原型がある。個別的エートスの追求から発して、自ら全体の「平天下」へ到達する連続性こそ、後、大塩の直面する問題である。

内的エートスにめざめた大塩は、「只だ力を現在の吏務に尽すのみ。」とする。だがしかし、彼は、虚名がひろがるのを見て、致仕帰休するのである。この点からしても、彼の吏務尽力は、プロテスタント的なあの禁欲的な職業倫理であるよりは、陽明学の事上磨錬であると見るのが自然である。彼の陽明学到達のプロセスにしても、封建的な個別的内的エートスから近代的禁欲的エートスへの歴史的転換を示唆するものはなにひとつないと言ってよい。彼の注釈の古い外貌は、その思想の内実の古さの、そのままの表現と見るべきであろう。

彼の職務意識を占う上で、大塩の功績のうち顕著なものとされる「耶蘇教」弾圧事件は興味ぶかい。大塩が同僚与力瀬田藤四郎とともに、豊田貢らを禁制の邪教徒と認めて処罰したというのがこの事件の全てである。だが、この「耶蘇教」は、甚だあいまいなものであって、幕府さえ、大塩らの調書を、彼らをキリシタンと断ずるには、証拠不充分だとしている。「異術を以奇怪之儀を仕成、人之耳目を驚候は、必切支丹宗門に限候儀にも有レ之間敷。」だが、権力は無謬でなければならない。「評議の趣一応は尤なれど、今更吟味を仕直し、切支丹宗門にあらずの取扱を為さば、却って世上の疑念を増し、御制禁の弛廃にもなるべし。」（幸田、前出）かくして、彼らは極刑に処せられる。だが、この邪教徒なるものは、幸田氏の研究によっても、「天帝及びセンスマルハライソの二名称を除けば、耶蘇教臭き分子は皆無」の民間呪術というにすぎない。このキリシタン弾圧をもって、自らの三大功績のひとつとする大塩の中には、幕吏的権力的発想が濃厚に存在することを示していないだろうか。

近世初頭の羅山にあって耶蘇教は、権力的断罪の対象ではなく、必死の思想闘争の対象であった。また、近世初頭武力抗争の最後である島原の乱は、キリシタンの宗教闘争という形態をとるものの、その内実は、藤樹学の基盤崩壊という事態と関連している。すなわち、それは、自己の存立基盤を失っていく、中世的名主の系譜をひく、在地郷士格豪農の武装蜂起であった。キリシタンと日本陽明学とは、思想的連携を有するのである。だが、大塩には、そうしたキリスト教観は見当らない。大塩にとって耶蘇教は、否定肯定いずれの意味においても思想の問題ではない。思想的緊張の衰退は、この点では大塩にも及んでいると言うべきであろう。そして、こうした状況は、すべて、大塩における価値転換、禁欲的職業倫理形成の不在を物語っている。

だが、大塩は激情の人であった。不正に怒りを発して硬骨魚金頭の骨をバリバリと噛みくだいたというエピソードは、彼の激情の一端を示している。この激情は、中国陽明学派の人びとに顕著な性格である。陽明その人が自ら「狂を病む」と称したことも著名な事実であり、「素王」を称した布衣王心斎も、自ら道を天下に宣布せんとして古礼の衣服に身を固めて王都に旅せんとする激情者であった。

大塩の思想的出発は、十五歳の時家譜を読んで「慨然として功名気節を以て祖先の志を継がんと欲した」というにある。そして、与力職について以降は、思想的弛緩と貧困拡大の中に遍在する「不正」――「罪を理に獲るもの蓋し夥し」――を自ら如何ともしがたい内攻した怒りが、大塩の思想と行動の根底にある。

大塩とその門人とを結びつけるものは、おそらく、この遍在する不正への強い怒りの一点であるように見える。大塩の門人の構成は単純ではない。まず、武士のうちにも若干の上士が含まれている。多数は、与力・同心クラスである。農民の中にも、「百姓兼質屋渡世」、高五十石を数える庄屋クラス、醸造業がある。そして、これと並んで、摂津・河内百姓（村年寄・百姓代を含む）が名を連ねている。

武士における上士・下士についてはいわないとしても、百姓における質屋・庄屋層とその他との間の歴史的対抗は、戸谷氏の摂津型を俟《ま》たずとも明らかであろう。質屋が旧い体質を有するもの、新たな生産力をとらえて、商品農業を展開するものとおよそ対立的方向にあるものであることはいうまでもない。庄屋については、新旧いずれに進むかの分岐点を見るべきであろう。そして、それ以下の摂津・河内の百姓は、自営化しつつあるもの、おそらくは自作農上層部分と推定されうるであろう。彼らには、すくなくとも、大塩門人として、いくばくかの謝礼を支払う余裕があるのだから。

武士、質屋等、旧い性格にある層が大塩門人となるのは、大塩の思想の質からすればナチュラルである。では、自作農上層、新たなる生産力的性格を有し、その本来的な性格が思想化されるならば、明らかに大塩のそれと対立するはずの部分が、何故に大塩の門に入るのであろうか。彼らの間にある共感は、さきに見たあの遍在する諸々の不正への怒りという一点である。大塩にとっての不正は、理＝封建的秩序に照らしての不正である。百姓にとっての不正は、つきつめていけば、彼らの経営の発展を阻む封建権力そのものということになるはずである。しかしここでは、問題は、そこまでいっていない。物価政策——都市近郊の百姓はその影響を直接に受ける——における当局の無能や、それに絡むお定まりの腐敗現象、役人の私利私欲追求やが、さしあたっての不正であり、この限度においては、大塩と門人全体にとってそれは、共通した憤激の対象なのだろう。

一介の与力たる大塩は、藩老としての責任を果たさねばならぬ蕃山と異なって、その生得の気質もあってのことであろうが、リアルな判断の持ち主ではない。使命感過剰の激情者であり憤激者である。リアリスト蕃山において万人が学んで聖人となるなどということは無理なことであると考えられたし、個人個人の徳の実現によって平天下が達成されるなどとも考えられなかった。「みちびく人」によって左右されるものだという仕方で、ひとつの政治の発見があった。

大塩は、ひとしく個別的内実の主体的エートスの追求者でありながら、この点で対比して見るならば、その対極に立つ人物である。リアルで冷静な判断とは正反対の狂気と行動の人物であろう。ここでは、個人の修身が全体の平天下に連続するという、すでに人びとの信じなくなったオプティミズムが、個的エートスの高揚に支えられて、まさに激情と行動に支えられて復活するのであろう。だが、大塩挙兵の構成を見ると、与力同心が中心を占めており、新たな生産力的性格を担うべき百姓は従たる位置を占めるにすぎない。ここには、武を武士の手中に独占せんとする大塩の武士的な体質が姿をのぞかせているように見える。

第三節　封建的論理の純化と武範疇――古学＝山鹿素行

朱子学・陽明学に並んで、日本の近世初頭に成立するいまひとつの思想潮流は、いわゆる古学派である。山鹿素行・伊藤仁斎・荻生徂徠らが、その主要な思想家である。ここでは、素行を中心にとりあげ、徂徠については節をあらためて見ることとする。

山鹿素行について、まず彼の自伝的書物『配所残筆』から、その略歴を探ってみよう。そこには、まず、素行の早熟と異能とが述べられている。「学被レ為レ仕候へ共、不器用に候て漸八歳之比迄に、四書五経・七書・詩文之書、大方よみ覚候。」九歳で林家に弟子入りし、「無点之唐本」を訓じ、十一歳、詩を作り、一字改められるだけで賞讃され、十四歳、即興の詩を作って応酬し、某大納言の「御感不レ浅」であり、十五歳、大学・論語・孟子などの講釈をおこなって好評を博し、多くの大名の知遇を得た――等々。

ここには、素行の並々ならぬ才能がうかがわれるのであるが、素行には、また、権力への強い接近志向がある。右の幼少時の早熟ぶりにつづいて、浪人素行が、浅野家に仕官するまでのプロセスが語られている。まず、十一歳、出雲松江城主堀尾山城守から二百石をもって召しかかえるという話を辞退する。ついで、紀伊大納言に七十人扶持で出仕する準備中、阿部豊後守（老中）から仕官要請があり、結局、二つとも不首尾に終ることがのべられる。さらに加賀松平筑前守（前田利常）からの招請に対して、「知行千石不レ被レ下候ては罷出候事無用」として、辞退する旨が記されている。

いずれも不首尾におわるエピソードであるが、そこには、ひとつのはっきりした志向がうかがわれるように思われる。外様である堀尾・前田については、知行の多寡をあげて辞退する反面、御三家のひとつ、紀伊に対しては、わずか七十人扶持でも承諾するのであり、老中阿部の要望にも心を動かしている。徳川権力のヒエラルヒー――幕府を頂点として、親藩・譜代・外様に至る――を念頭におきつつ、できるかぎり、権力中枢を目指すという志向が、ここにははっきりと示されている。

こうした不首尾の後、素行自ら積極的に、大奥まで動かして、三代将軍家光に仕えようと試みる。しかし、この試みは、家光の死によって水泡に帰し、結局、浅野内匠頭に千石で召抱えられることになるのである。しかし不満があってのことか、九年で致仕している。

素行は、浅野を致仕して以後、浅野因州が彼に語ったという言葉を誇らしげに伝えている。「因州公被㆑仰候は、其方儀以来は一万石にて無㆑之候ば、何方へも奉公仕間敷候由兼て申候。一段尤に被㆓思召㆒候。古来戦国には陪臣に高知行取申候者数多候。……扨近代我等存候ても、寺沢志摩守殿へ、天野源右衛門を八千石にて被㆑抱㆑之候。御一所松平越中守殿へ、吉村又右衛門を一万石にて被㆑抱㆑之候。此者共、名高場所一両度有㆑之者候。……度々武功場数も有㆑之、殊に一騎寄之役儀より、大勢之指引を心懸候者に候。……然に其方事、戦国に生候はゞ、武功の段は右之者共におとり申間敷候。……第一博学多才、……聖学之筋目発明仕候事、異朝にさえ無㆑之候間、古今其方一人に候。……其方影故、兵学之筋初て能得心、……兵法之儀無双之様に被㆑存候。如㆑此上は、五万石望候共似合不㆑申候様には我等は不㆑存候。」

素行には、戦国時代への憧憬がある。戦国の世にあって、武士は文字通り槍一筋をもって君主に仕える。武士は君主をえらんで仕え、君主の側も、武士の武的能力によってこれを評価し、しかるべく処遇した。素行は、戦国をこのようなものと捉えている。この世界への憧憬が、彼を兵学研究へ向かわせた動機のひとつとなっているように思われる（儒教的思考と兵学的思考との結合――後述）。素行は十五歳から、甲州流兵学者尾畑勘兵衛、北条流兵学者北条安房守について、兵学を学んで、後一家をなす。松平越中守をはじめとする多数の大名を弟子とする山鹿流兵学は、一世を風靡するに至るのである。

「自由」なる戦国への回想と憧憬は、元和偃武《げんなえんぶ》（元和元年の大坂夏の陣を最後に、戦乱がやみ太平になったこと）後の、武士的自由を窒息させる家産官僚化状況の所産である。現実の閉塞に対する一種の代償として、武士の「自由」、武士の主体性を実現させうべき「兵学」が興隆する。素行が兵学者として身を立てようとしたについては、素行の浪人としての関心状況が大きくあずかっている。浪人たるかぎり、彼のなんらかの地位を保証約束するものがあるとすれば、それは、彼個人の能力才幹だけであろう。『配所残筆』に見える誇大とも思える自信、自己宣伝も、たんに彼の自己顕示欲というだけではないかもしれない。

　戦国の世はすでに遠い。しかし、浪人とは一種「自由」の身分である。戦国武士の「自由」をあこがれ、自ら「自由」の境涯にある浪人素行にとって、家産制化の閉塞状況は、彼に対してある違和感を抱かせる。この違和感が、素行に対して、ある体制批判の眼を附与する。この体制批判は、徳川権力を透視し、またその家産制化の必然を洞察させる端緒でもあろう。だが、素行にとって、現世の権力は、批判、拒絶の対象ではない。拒絶どころか、この権力の頂点・中枢にむけて接近せんとする衝動は、これまた素行に一貫するところである。体制批判は貫徹できない。家産制化の必然性もまた意識化されることはできない。

　素行は、体制の現状に対して一定の批判を有しはするものの、体制それ自体は肯定される。彼の思考において、封建支配体制は、家産制化の現状から、「自由」なる戦国的なるそれとして蘇生されうるのである。ここに素行の限界がある、と同時に、彼の悲劇もここに胚胎する。

「寛文六年午十月三日未上刻」にはじまる条から、『配所残筆』の雰囲気は一変する。「博学多識、古今唯一、兵学無双」とまで自己喧伝を書きつらねる調子から、一挙にそれは、「不ㇾ入書物作候故、浅野内匠頭所へ御預被成」る顛末を伝える重苦しい雰囲気に転換する。家産制化する権力は、浪人の「自由」をも圧封する。

「不ㇾ入書物」とは、寛文五年（一六六五）に成った『聖教要録』であり、素行の赤穂流謫は、ここで展開されている朱子学批判に起因するといわれている。当時幕府の実権は、山崎闇斎流の朱子学を奉ずる保科正之の手中にあり、朱子学を正統とする彼の立場からすれば、素行の朱子学批判は容認することができない、そのため素行の往年の師林家を説いて、これを処分したのだ、というのである。

だが、この解釈は説得的でない。朱子学に対する批判は、すでに藤樹にあり、蕃山・仁斎にもある。やや後には徂徠にもある。朱子学を批判した廉で処分されるというのであれば、それは素行ひとりにとどまらないはずである。しかし、流謫に処せられるのは素行にかぎられている。素行処分の真の理由は、別のところにあると見るべきであろう。

ここで、ひとつの推測を述べるのが許されるとすれば、それはつぎのとおりである。素行は山鹿流兵学者として多数の大名を門弟として擁した。戦国の「自由」を回顧し、武士の主体性を回復せんとする兵学を考求する多数の大名を含んだグループの形成。それは、家産官僚制下に諸大名を制縛しようとする幕府の基本方針に真向から対立する陰然たる一勢力を結集することになりはしないか。幕府の要路は、厄いを未然に防いだのである。『聖教要録』の朱子学批判は、危険を萌芽のうちにつみとるための、たんなる口実だったのではないだろうか。

山鹿素行の閲歴は以上である。並々ならぬ自負心と「自由」への憧れ、にもかかわらず、浪士素行にとって運命は苛酷であった。このとき彼は、自己と自己をとりまく徳川社会との、ある距離を意識化せずにはおれないはずである。このとき、それは、彼にとって、自己対象化のチャンスが訪れたとも言える。彼の自己対象化の内容は何であったろうか。彼の朱子学批判をはじめとして、日本主義と中華主義との相剋の顕在、そして、兵学＝武の範疇化も、実は、素行のこうした知識人状況——しかも、ある自己対象化のチャンスをも含んだ——と密接に関連しているように思われる。以下、この点をも念頭におきつつ素行の思想内容に立ち入ってみよう。

まず素行の儒教思想であるが、それはなによりも、朱子学批判を通じて形成された。朱子学とは、すでに見たように、封建的性格をそなえた思想であった。そして日本において、朱子学＝羅山学が、官許の学としてイデオロギー首座を占めたこと、そして、徳川封建支配の家産官僚制化とともに、朱子学の格套＝規範主義化が進行することもすでに見たとおりである。そして、「自由」なる浪人素行の眼が、体制批判を生みつつもその権力志向がこれを貫徹させないことも、すでにその略歴の中に示しておいた。素行の朱子学批判なるものも、実はこのような内容のものである。この点をやや具体的に見てみよう。

「程朱の学を仕候ては持敬静座の工夫に陥候て、人品沈黙に罷成候様に覚候。朱子学よりは、老荘禅之作略は活達自由に候……然共今日日用事物之上においては、更に合点不ㇾ参候云々。」の一文は、朱子学と素行との位置関係を、いわば象徴的に、また集約的に表現している。

素行は老荘・禅の中に、「活達自由」（！）を見る。まず、禅について考えてみよう。禅には、大きく二つの系統、天台系の禅と華厳系の禅とがある。第四章に示したように、天台は一念＝理による全体の統括を構想する本体論的思考をとる。他方、華厳は、個々の現象＝事の重々縁起する関係そのものに真なるものを見ようとする、いわば現象論的機能論的思考である。そして、それぞれの禅は、それぞれ、そうした教理の性格を受けついでいる。天台の禅は本体＝理を窮めんとするスタティックな禅であり、華厳の禅は、個々の現象の相関関係に即《っ》かんとするものであって、日常の生活（＝事）そのものの場での修業を重んずるダイナミックな禅である。

素行が「自由活達」を認める禅が、この華厳系の禅であることはいうまでもあるまい。素行はこの華厳禅に比して、程朱の学は、さらにスタティック（人品沈黙）であり、また、日常生活から遊離した「持敬静座」に陥ったものだとするのである。だが、すでに見たように、朱子学は、仏教批判を通して自らを樹立するものであった。素行は、このことからすれば、朱子学を大きく誤認しているといわねばならない。

ただし、天台と華厳と、朱子学との関係というレヴェルで言えば、素行の判断に、一面拡大であるとはいえ、まったく理由がないわけではない。朱子は、自らの思想形成に当り、華厳＝大慧禅批判という課題に当面して、理気論を樹立したのであるが、この理気論の論理形式は天台的な本体論＝理事無礙論のそれを用いている。もちろん、その内容において、仏教の現実否定から現実肯定への転換が果たされていることは、いうまでもない。にもかかわらず、論理形式における本体論的性格が、その現実的工夫の具体的なあり方に、ひとつの制約を付する。すなわち、その工夫は、現実日用の場に即したそれであるよりは、本体＝理を体認するための、なにほどか日用生活そのものから遊離した「持敬静座」、「読書」に傾くのである。素行の学問論における朱子学批判は、ことごとく、この点に集中しているといってよい。素行にとっての学問とは、「ただ古の訓《おしえ》を学んで、その知を致《きわ》め、而も日用に施す」ことであり、素行の朱子学学問論への批判がまさにその点からなされることはいうまでもない。

朱子が格闘した大慧禅は、さきに見たように、世俗日常の中での工夫を説いた。しかし、それは、現世的秩序に至るのでなく、現世外に悟りを求めた。朱子はこれを批判して「五倫之道」を樹て、君臣の分を基軸とする上下的秩序を確立しようとした。この上下的秩序＝理を窮めることが朱子学学問論の中心課題である。そして、朱子学形成期の南宋は、いまだ封建的なるものの形成は弱く、封建化を追求せんとするもの自体が、精緻をきわめる仏教理論にともすれば足をすくわれがちな状況があった。宋学の樹立者とされるいくたの宋儒たちの陥っている仏教的偏向を想起すれば思い半ばに過ぎるものがあろう。

こうした現実的・思想的状況に制約されて、朱子の学問方法論が、なによりも、一種理論闘争、理論偏重に傾くのは、むしろ当然であろう。朱子が重視するのは、確かに「読書」であり、「持敬静座」である。そこでは、日用の工夫が、「読書」「静座」ほどには熱っぽく説かれていない。

素行にとっては、事情が異なる。封建体制は、すでに勝利を収めている。そしてその体制をさらに安定化せんがための家産制化が進行しつつある。この家産制化に抗して、人が自らの主体性を、自己自身に能うかぎり内在して確保しよう、こうした地点に素行は立っているのである。素行が朱子の学問方法論を「書を読み事に泥《なず》む」ものとして批判するのは、こうした関連からすれば必然の事態である。

以上のような観点から、素行は、華厳の禅に着目する。華厳はもちろん、現実の肯定に至っているものではない。しかし、事事、現象と現象との関係に即さんとするものであるがために、華厳系の禅、江西禅・荷沢禅のごときは、世俗的日常生活そのものの中での修業を重んずるのである。この点だけを一面的に拡大してみれば、程朱の学は、華厳の禅よりも、現実から遊離した、また、日用の場をおいてはあるはずのない人間の活動を束縛するものと映ずるかもしれない。素行の眼が、こうして、天台禅から華厳禅へとうつされるにともなって、「理」の性格にひとつの転換が発生する。朱子は、華厳禅との格闘をかちぬくため天台教理を鋳直して、自らの思想を樹立した。このとき、天台における「理」の本体論的性格が受けつがれたことは、いま見たとおりである。素行が、華厳に目をむけるとき、これにともなって、素行の理は、その本体論的性格をぬぐい去られていくのである。

素行の「理」は本体論的な理ではない。日用＝経済諸活動の合理的遂行＝活動そのものが、素行にとっての理なのである。それは条理——活動のすじめ——としての理である。

だが、こうした一連の事態に眼を奪われて、素行学が朱子学に決定的に対立するものと見たならば、それは大きな誤りであろう。日用の活動の中で、個々人は、確かに、自己の能力等を発揮する「自由活達」を得るかもしれない。そして、その諸活動は、それぞれに固有な条理を有しているはずである。だが、素行は、個々人それぞれが、この条理の中で自由活達に活動することが自ら秩序を実現すると見ているわけではない。

「人、教へざれば道を知らず、道を知らざれば、乃ち禽獣より害あり。」といわれるように、そこでは、日用における工夫とは異なった「教学」が要求されている。朱子学を規範主義としてしりぞける素行もまた、ひとつの規範＝教学を追求するのである。

すでに見たように、素行もまた仏教を批判するのであり、もちろん、華厳にも満足しているわけではない。華厳が事事、日常生活に即して、活達自由でかりにあったとしても、それは、現実の関係そのものを、主観内において、そのままに、無差別平等と思いこむというだけのことでしかない。その活達自由は、ありとあらゆるアナーキーを、そのまま盲目的に容認してしまうことに終るほかあるまい。素行が、「更に合点不」参」とするのも当然である。

現実を、現実的に肯定する場合、これを秩序あらしめる規範が問題とされざるを得ないのである。朱子学における規範、「五倫之道」はまさしくその課題に応えるものであった。だがいまや、その規範は、人間の主体性、活達自由を窒息させてしまう格套と化し了っている。素行は、人間の主体性、活達自由を回復しようと企てる。そうした観点から、禅の活達自由が着目された。異端たる老荘にも、この観点から着目されるのであろう。だが、それは、自然と自由をもとめるものではあっても、ただ自然の中に没入するというだけのものであって、人間の主体性、活達自由を保証する秩序＝規範の問題を提出するには至っていない。素行がこれに満足しないのは当然のことである。

素行は、人間の主体性・活達自由を確保・保証する秩序＝規範を追求する。彼は、これを、いわば分業論＝職分論の樹立によって解決しようとするのである。換言すれば、スタティックで超越的な朱子の「五倫之道」を、人間の日常的な、また「自由」な活動の場たる職業活動のレヴェルへと組み替えようとしているのである。

素行によれば、人間は、生きる上で飲食を欠き得ず、食料を獲得するため経済活動をおこなうのであるが、そのほんらいの性格からして、それは、自ら分業関係としておこなわれる。この分業関係の形成から、自然的に農工商の三民が出現する。

民は天地の気を得、其の理を受けて生々するの所、先づ口を養ひて飲食をなすの用あり。此の養一日かくるときは疲労してつひに死に至るがゆゑに、農耕の儀自ら出来す。農耕只だ手足を以て致すまでにてはならざるがゆゑに、木竹を以て是れをなすといへども、其の制不レ宜《シカラ》。ここにおいて木竹に制法を定め、金鉄をとらかして其の耕農の具あらしむ。是れ農耕ありといへども百工あらざれば其の用具たらざる所也。衣服居宅用具の制各々如《シ》レ此《ノ》。ここに百工自ら営みて自ら是れをあきなひするといへども、遠方遠国に交易せしめ難きを以て、其の間に中次《なかつぎ》をいたして其の労役を以て養を得る、是れを商賈と号す。以上三民の起るゆゑん也。（山鹿語類）

さて、素行は経済諸過程に眼を注ぐこととなるのであるが、封建社会の生産過程の中心が農業であることから、もちろん「天下の事農より重きあらず」（同前）として、周礼大宰を引いて農業生産の諸相を述べる。

一《ニ》曰《ハク》、三農《ハ》生《ズ》二九穀《ヲ》一と云へり。三農は山沢平地の三地によつて九穀をうゑしむること也。九穀は黍稷稲粱秫菰麻麦豆を云へり。二《ニ》曰《ハク》、園圃《ハ》毓《ウ》二草木《ヲ》一と云へり。園圃は樹木をうゑ、野菜を時々にこやし、瓜茄子等を沢散ならしむるの民職也。三《ニ》曰《ハク》、虞衡《ぐこうハ》作《ル》二山沢之材《ヲ》一と云へり。虞衡《ぐこう》は山沢を掌るの官也。山沢については林木杣取等の事幷に薪木用の事多ければ、是れに因りて世業をなすことある也。四《ニ》曰《ハク》、藪牧《ハ》養二蕃《ス》鳥獣《ヲ》一と云へり。藪は無《キ》レ水の地にして草野原広き所也、牧は馬を可《キ》レ畜《フ》の地なり。如《キ》レ此《ノ》の地には鳥獣をやしなひ、或は鳥獣を取りて是れを利とするあり。（同前）

素行の経済過程論が、儒教の古典を典拠として展開されるのは、もとより素行が儒者として、すなわち儒教的思考の枠内で宋学を批判し、儒教の正統に帰ろうとしたことにも由るのであるが、そのことは、素行が封建的思惟＝宋学からアジア的思惟としての原始儒教に逆転したことを意味してはいない。素行における朱子学への批判が、天地生々の儀則に則った聖人の作為した道＝古典に向かわせたのであるから、素行には、また現実の農業過程への着目がある。

もちろん、彼は市井の儒者であり、朱子のように農村官僚として直接農村に臨んだわけでもなく、したがって朱子におけるような農業技術論があるわけではない。しかし、素行は、当時における商品経済の農村への浸透が、農業生産力を停滞せしめかねない現実を知っており、たとえば、その新田開発論などを展開している。

素行の分秩序論は、経済過程にまでおりて、三民、すなわち農工商の存在理由《レーゾン・デートル》を彼らの日常的な経済活動＝職業に求める。素行によれば、彼らは職業としての日常の経済的行為につとめ、生産力を高め、生々息むことのない天地の大徳の流行に参加しなければならない。では、彼らが生産力を高めるには、どのようにしたらよいか。われわれからするならば、たとえば農業生産力を上昇させるためには、水利等のそれをも含む農業技術の発展向上の必要もさることながら、いわゆる経済外的強制＝封建的武力によって保証されている土地所有関係を撤廃することである。封建的土地所有の撤廃が、自由な小農を成立せしめ、それが生産力の飛躍的発展をもたらすことはいうまでもない。

だが、ここで、素行の思考は逆転するのである。素行によれば、三民は経済過程の部門間の分業が必然として生み出すのであるが、三民の起こったときには、彼らは、「己れが欲を専らにして、農は業に怠りて養を全くせんことを欲し、或は弱をしのぎ少を侮り、百工は器を疎にして利の高からんことを欲し、商賈は利をほしいままにして奸曲をかまふ。これ皆己れが欲をほしいままにして其の節を不ㇾ知」というのである。農が業を怠り、百工が器を疎にし、商賈が利をほしいままにするのは、われわれにとっては、土地所有（封建的）の結果であるが、素行にとっては原因なのである。

朱子学を批判する素行においても、人間の性が、本然の性と気質との二重において捉えられている。本然の性は倫理的善であり、気質＝情欲は、もちろん存在として肯定されるし、またその適切な充足は肯定されている。しかし、情欲をほしいままにすることは許さるべきことではない。情欲充足の適切なる規準は、学問によってのみ知られうる。だが、日々経済活動に従事するほかない三民には、当然、学問のチャンスはない。無知蒙昧のうちにある三民は、自然に放置されるならば、必ず情欲を放恣にして、アナーキーに陥るほかない、というのである。

三民の無知放縦無秩序という、素行にとっての根本問題そのものの中に、彼は、自ら経済活動することなく、三民の労働の上に座食する武士の存在理由《レーゾン・デートル》を抽きだす。

凡そ天地の開け始めし時は、君と云ふも臣と云ふもなく、唯だ人物皆天地の気を得て生々するまでの事也。其の万物の間に、人は天地の正気を得て智徳万物に過超す。故に倮《はだか》なる身に衣服をきる事をなし、米穀を以て食とし、魚鳥を取りて飢を救ひ、竹木金石を以て百工をなし、住宅をかまへ用具をなし、互に交易利潤して事たらしむ。民は我が家職をつとむるに暇なく、常の産業多きを以て我が徳を正すべき間《ひま》なし。唯だ欲を逞しうして強きを以て弱きをしのぎ、衆を以て寡をしへたぐ。鳥獣の相戦ふにことならず。玆に天地の正気を得、智徳を兼ねたる人あり。是れを聖人とも至人とも神人とも云へり。此の人たま〳〵世に出で、人のおのづから不レ得《ル》レ已《ムヲ》所を考へ、其の天地の徳に比せん事を思ふ。さるによつて陰陽の形を相具して男女と号し、陰陽婚姻せるを夫婦と云ひ、生育するを父子と云ひ、生るるに先後あるを兄弟と云ひ、我れにひとしき人のあるを朋友と云ふ。其の億兆の中より、器の天地に並べる人を上げて君と定め、耕して食を奉り、桑をとりて衣を奉り、工商居をかまへ用を足らしむ。是れは賤がいとまなくて其の天徳をしらざれば、三民是れを貴み君として此の聖人を師とし、物のわかちを習ひ知らんとの事也。君又是れを教戒し五倫のついでを定め、五常の教其の正しき処を示し、治教自ら化する如くならしむる、是れ君の為《ル》レ君処なり。」(同前)

天地の間生々無《ク》レ息《ム》して、其の生々皆民也。而して民に其の品を定むること、唯だ不レ得《ル》レ止《ムヲ》のゆゑんにして、身心理気相因るに同じき也。衣食家宅用具は民の所レ制《スル》にして、其の制法を正し其の宜義を教ふるは君の所レ為《ス》也。

君《ハ》不《レバ》レ因《ラ》レ民《ニ》則ち身体を養ふことを不レ全《クセ》、民《ハ》不《レバ》レ戴《カ》レ君《ヲ》則ち其の生々を遂げて其の全きことを不レ得。身体四支に因りて心の融通を得、身体四支の心に因りて其の宜に叶ひ、理の気にしたがひ気の理に因るが如し。其の品に高下前後あるが如しといへども、本一致にして更に不《ル》レ別《ナラ》也。而して其の別《わか》てるゆゑんは、是れ不《ル》レ得レ止《ムヲ》の処にあり。

(同前)

かくて、人君の政道は、「其の志仁慈に出」るだけでは不充分とされ、日常の職業に寧日なく、聖人の道を知らずに業を怠り、奸曲を犯しかねない三民を、天地の流行に参加させ、社会の総生産力を高めるのが、君主の、また士たるものの職分である。そのために、君主並びに士は、たんに仁義を説き、三民の本性が善であると楽観してはならない。三民を天地の秩序＝制度に鞏固に組み入れ、彼らの情欲の惑いを取り去って、禁欲的に日常の経済活動に従事させなければならない。

だが、ここにみられる日常の合理的且つ禁欲的な経済倫理は、かのピューリタンの経済倫理にみられるような、直接生産者自身の蓄積とそれに伴う経営の拡大とを結果した、個別的・合理的なそれではない。ピューリタニズムにおいては、人間の個別的な日常的職業営為活動の完全に合理的な、倫理的根拠づけがおこなわれるのであるが、素行における人間の日常的経済活動は、その活動自体の中に個別的・合理的な倫理的基礎づけを求めるという点において不完全であり、結局は、外側からの、すなわち、素行によって前提されている天地の徳＝秩序からの根拠づけである。素行の致知格物による一物一理の合理的な個別性の認識は、人間の最も日常的合理的な営為を要求する経済過程にまで及び、農工商という経済過程の分業の必然性＝合理性を捉えることができたのであるが、彼が合理的な経済過程とは無縁な、三民をコントロールする君主によって、その経済過程の発展を考えたことは、彼にとっての合理的認識であったとしても、われわれにとっての非合理性であり、超越性である。

われわれは、こうした素行の論理の逆転そのものの中に、彼の思想の性格がまぎれもなくフューダルな質をそなえたものであることを知ることができるであろう。また、素行の朱子学批判の意味がどこにあるかをも知ることができるであろう。朱子学が封建的思惟の一般性をそなえていることは、すでに見たとおりであったが、そこには、これを生んだ中国南宋社会の現実による制約がつきまとっていた。君臣の大を基軸に据えつつも、父子兄弟を随伴し、またこれから反射されて、社会過程は、自然過程との切断を充分明白にしていない。個の主体性は、ともすれば、血縁＝自然にひきもどされるのである。朱子学の規範主義化の思想内的根拠は、ここにある。血縁＝自然に埋没することのない自由な活動を求める素行は、まさに、朱子学を、封建的思惟として、成熟＝純化させようとしているのである。朱子学「五倫之道」の超越性とその規範主義をのりこえて、人間の主体性・活達自由を追求した素行は、右の職分論の構築によって、「五倫之道」を超越的な、自然的所与的関係としてでなく、すぐれて、社会的契約的なものとして捉えることとなる。

素行の五倫は、天地已むを得ざる道なのであるが、君臣の倫は直接的に血縁的倫に引きつけられるのではなく、むしろ逆に君臣の分が定まることによって、臣下は禄を得ることができ、それによって父子・兄弟・夫婦という血縁的＝自然的な倫を保つことができるとされるのである。君臣という社会的分が、父子・兄弟・夫婦という血縁的分＝序列を媒介しているのである。ここまでは、朱子とひとしいと言ってよい。しかし、素行においては、「君臣の間は他人と他人の出合にして、其の本に愛恵すべきゆゑん」はないという、君臣関係の冷徹な社会関係としての把握があり、したがって君臣関係成立の根拠が、臣下の主体性を前提として、すなわち「分」として説かれることとなるのである。君臣の分＝上下の関係は無条件的な上下ではなく、「一時の約束一旦の思入《おもいいり》」による封建的双務的な契約であり、したがって臣下は、「其れ相当の君恩を昼夜心に不《レ》レ思《ハ》ば、可《キ》レ勤《ム》奉公をつとめざる事可《キ》レ有《ル》レ之也」なのである。

素行にとって、五倫は天地の儀則であるけれども、内の大倫たる父子の道も、外の大倫、君臣の分が立たなければ喪われることとなる。すなわち、君臣の分という社会的関係の成立によって、臣下は父母妻子を養うことができ、それによって内の大倫、血縁的自然としての父子の道を全うすることができる。ここには、朱子に比して一段と進んだ自然過程と社会過程との分裂がある。もちろん、素行において、この分裂は明確に意識化されているわけではなく、外の大倫も内の大倫も、ともに天地の儀則であるという安定した状況にある。しかし、素行におけるこの分裂の一層の進展が、内外の大倫を自然に強く引き付けた朱子とは異なって、聖人が自然に則って作為した道であるとさせるのである。

朱子においては、すべての人間が、「学んで」聖人に至りうるものとされている。すべての人間があの五倫を実現しうるとされることが、朱子の仏教批判を貫徹させるポイントであり、またそのことによって朱子学的世界を安定することができる。しかし、素行は、封建社会を、父子等の血縁＝自然から断ち切った、個人と個人との社会関係＝分業関係として捉えた。このことは、必然に個々人の能力才幹を抽きださずにはおかないであろうし、それはまた、この四民間の分業関係そのものをも揺がすことになりはしないか。民が聖人となって、自ら秩序を達成しうるとすれば、教学のうちに存在理由《レーゾン・デートル》を見出した士は、その位置を失うほかあるまい。素行は、朱子聖人論に対置してつぎのごくいう。

聖人とは、「知ること至りて心正し、天地の間通ぜずといふことなし。その行や篤うして条理あり、その応接や従容として礼に中る。その治国平天下や、事物おのおのその処を得。」という存在であり、宇宙の根本則に合致した状態の実現者であるとともに、そうした「道」の作為者なのである。「古の聖人は、……天地をのりと立て、人物の情、事の変に通じて、而後天下に皇極を建つ。」「聖々相続して道を立て玉ふ」（『謫居童問』）。素行は、聖人を古代の存在に限定するのである。しかも、素行にとっては、聖人の道の実現たる宇宙の根本則は、さきに見たあの分業的世界のうちに自然なるものとして現実に実在する。したがって人は、自己の日用＝職分を尽すことによって、この聖人の道を自ら作制することはできないとしても、これに参与することができるのである。素行においては、個人の才幹能力が、この聖人の道の大枠を揺がす事態は、予想されていない。素行にとっては、それが自然的なるもの（自然法的秩序の世界）として前提されるという安定状態にある。だが、この聖人の道＝分業的世界には、直接生産者の蓄積可能性が潜在しているのであって、この素行の前提はくずれるほかあるまい。旅宿の境界の拡大を目前にする徂徠には、四民の均衡的な分業関係を見出しえないのである。その萌しが顕われるならば、この世界は、もはや自然的なるものではありえず、人が無条件にしたがうべきことを要求する超越性が表面化されずにはいないはずである。素行の聖人は、いまだここまでの超越性を有してはいないけれども、以上の意味で、徂徠的超越的聖人への方向が、すでにそこには孕まれているのである。

素行における封建的世界の純化は、かえって、その崩壊の必然性を、論理的に用意させるのであり、それにもかかわらず、その世界が固執されるならば、この世界を無条件的に肯定する超越性が、顕在化するのである。それはまた、別の仕方でも姿をあらわす。朱子学においては、人間的世界としての社会は、天子を頂点として、諸侯・卿・士・庶に至る上下的序列的世界として、他方、宇宙＝自然は、天を頂点として、人間・夷狄・禽獣・植物・無機物・地に至る上下的序列的世界として総括されていた。学＝理の追求は、窮極には、こうした自然と社会との統一的把握に至るべきことをその内容としていたのである。朱子学のこの二側面が、客観的自然に関する「理学」と、社会＝人間の内面に関する「心学」とに分けて呼ばれることがあるが、素行は、「心学・理学は心を甘んじ性を嗜む、その蔽過ぐ。書を読み事に泥む、その蔽及ばず。共に学の蔽なり。」として、これを一括して批判する。

彼が「理学」を批判ししりぞけた時、そこには、朱子学にあった自然と社会との統一の崩壊、自然像の欠落が帰結されるのである。素行の分業的世界は、さきにも見たように、自然法的秩序の世界であった。しかし、この世界へ人が参入し、自然的調和的世界を実現するためには、そこにかえって、超越的なる武士の教学が不可欠であった。自然を実現するための、非自然的作為が必要だと言うのである。朱子学的自然法はまた自然法則であった。だが素行の自然法は、すでに作為＝教学によって支えられねばならない。この作為的自然法は、もはや自然法則ではありえない。人間の作為を籍《か》らぬ客観的自然そのものは、作為的なる社会＝自然法とは、内容を異にせざるをえないからである。素行の思想において、自然像が欠落するのは、きわめて当然の帰結なのである。作為が全面化する徂徠において、この欠落が決定的となることもいうまでもあるまい。素行の思想は、封建的世界像解体の一ステップなのである。

さて以上のように、素行の思想の根底に存するものが、あの分業論的世界であり、素行の朱子学批判なるものの内容も、実にこの職分論に立脚するものであることが知られたであろう。

この職分論において、士と三民との関係は、全体の中の政治的役割を担う士——士は教化と武力という方法で恣意＝アナーキーに陥る三民を秩序化するのであるから——と、経済過程を担う三民という、政治と経済との分業的関係にある。もし、士と三民との関係をこのように社会における分業としてだけ考えるとすれば、士と三民との間には支配と被支配との関係はないということもできる。素行の分業論的思考にとって、士と三民とは、君と臣とは、支配＝被支配の関係ではないのである。

素行の経済過程の分業論が君臣間の、また士と三民間の現実の支配＝被支配関係を、すなわち政治的世界を描き出しながら、政治と経済との分業論がまたそれを非政治的世界に還元する。素行の分業論は、封建的な支配関係を、経済と政治との分業関係に置き換え、これを非支配の関係に切換える最も合理的なイデオロギーである。素行によれば、君臣の上下（＝支配）有る所以は、「凡そ下あつまりて上あり、臣敬ひて君と称す。下あらざれば上なく、臣あらざれば君といふべきなし。ここを以て云ふ時は、君と臣とは根本枝葉、本一体のもの也。譬へば心は身の主人にして、骨髄皮膚六根四肢は臣にして下也」とされて、有機体論による支配の正当化がおこなわれるのである。

素行における士は、全体＝天地の中の部分としての役割＝職分をもつのであるが、彼の職分は、全体＝天地の徳を与えるために三民を教化するのであるから、士は三民よりは全体＝天地の徳に近いもの、または近づき得るもの、すなわち、三民よりも優れたものとして予定されているのである。全体＝社会において個別の部分としての役割＝主体性が与えられ、その個別の間に上下の序列ができるとすれば、それは、繰り返し述べたように、典型としての封建社会である。そしてこの上下の関係において、下の者の主体性が存在しているために、上の者は、下の者の支配の完全のために、超越者を求める。支配者の権力の相対性＝被制約性が自己の権力を保証する非現実の超越者を作り上げる。ヨーロッパ封建社会の代表的理論であるトマスの自然法は、有機体論としての分業論をもち、人間の序列を描き、それを根拠づけるために神を見出した。素行の天地は、ほぼトマスの神に等しい。両者において、人間は全体の中の分の完成を通じて、天地の大徳に、神の理性に参加できる。だが天地は、天地を創造した人格神ではなく、聖人は予言者ではない。このトマスの神と素行の天地との相異が、実は封建的思惟としての素行の思想に、特殊東洋的な、さらに日本的な性格を与えることとなる。素行のほぼ純粋に封建的な政治過程論が超越者を求めたとき、その超越者はかえってまた、血縁的色彩を復活することとなる

素行の最高の神は天地であり、彼においても、原始儒教と形をひとしくする神々のヒエラルヒーがある。素行にとっても「天子不《レ》レ祭《ラ》二天地《ヲ》一ば、人の父祖を不《ル》レ祭《ラ》に不レ異《ナラ》」（『謫居童問』）とされ、また「天地は陰陽五行の根元なれば、人物の父母」（同前）といわれるように、天（地）は、人間の自然的所与である直接的な血縁的序列＝ヒエラルヒーに相応する、自然的・血縁的な神的ヒエラルヒーの頂点であるかにもみえる。しかし、素行の天（地）は、また神々のヒエラルヒーは、原始儒教のそれと、まったく同じではない。素行の神的世界はこれと異なる。ここでは、匹夫匹婦といえども、直接に「天地の遠大」を動かすことができるのである。「世のいやしき匹夫匹婦と云へども、一念の誠ある時は、目にみえぬ鬼神をも感じ、天地の遠大なるをも動かすべし。」（同前）

素行の秩序＝ヒエラルヒーには、すでに下の者の分としての主体性があった。ただ、この主体性の限界が、「凡そ下あつまりて上あり」といわれるように、上の者を生みだし、遂に最高の存在＝天地を導き出したのであり、したがって彼のヒエラルヒーは、原始儒教のそれと方向を逆にしており、たとい彼の神的ヒエラルヒーが血縁的なそれとして表現されたとしても、それはアジア的な神的世界ではない。いずれにせよ、素行の神的ヒエラルヒーは、原始儒教のそれと近似しながら、実はその方向を逆にしており、また構造を異にしている。したがって、原始儒教において、天地・山川・五祀・祖霊というヒエラルヒー外の個別的諸霊が、「怪力乱神を語らず」とされて放置されたのに対して、素行は、怪力・乱神を語り、それを積極的にしりぞけ、統制するのである。個別の主体性が、分としての制約をもつとはいえ、分の合理的な活動——三民の分は、人間活動の合理的領域である経済における営為であった！——を意味したとき、M・ウェーバーのいわゆる「魔術の園」は、人間の日常的活動の領域からは、自覚的にしりぞけられる。もちろん、封建的限界のゆえに、完全に否定されるわけではないが。

素行の神は、人間によって媒介されており（神因レ人顕二其功一）、人間が聖人の教えた分を守って日常的な職業としての経済活動に励むならば、非合理的な呪霊となって人間を支配することはない（其人正則悪鬼不レ得レ為レ怪）。素行の神がヒエラルヒーをなし、個別的な呪霊を悪として積極的にしりぞけたとしても、彼の最高の超越者＝神としての天地は、未だ半ば自然＝血縁的であり、ヒエラルヒーに参加する限り他の神は否定されることがない。素行の天（地）は、他の一切の神を否定するクリスト教の唯一の人格神ではない。こうして、素行の神が、はじめ儒教的思考の中で求められたとしても、素行はまた日本の正統の（自然的・血縁的なヒエラルヒーを構成している）神々を視野の中に容れざるを得ない。もとより、素行の儒教的思考の優越が、日本の神を聖教に引きつけはするが。

本朝往古之道《ハ》、天子以《テ》レ之《ヲ》身を修め人を治め、人臣以《テ》レ之《ヲ》輔《ケ》レ君《ヲ》政《マツリゴツ》レ国《ヲ》、乃ち神代の遺勅まさしく天照大神至誠の神道也。

往古の神勅と云へること、天照大神高皇産霊尊、崇《アガメ》二養《テ》皇孫《スメミマヲ》一、欲《オボシテ》三降《アマクダシテ》以為《テ》二豊葦原中国主《ノナカツクニノアルジト》一、即勅《シテ》曰《ノタマハク》、吾児視《ワガミコミマサンコト》二此宝鏡《ノ》一当《ニ》レ猶《ホ》レ視《ルガ》レ吾《ヲ》、〈頭書　当猶視吾四字、聖聖宝祚受授伝法也〉可《シ》三与同《ニ》レ床《ウシユカヲ》共《ヒトツニシテ》レ殿《ミアラカ》以《ヲテ》為《ス》二斎鏡《イハヒノト》一と。これまことに万代宝祚をふましめ玉ふ帝王受授伝法唯一の神道なるべし。宝祚をあたへ玉ふときの当レ猶《シ》レ視《クス》レ吾の四字は、孝子順孫不《ル》レ改《メ》二父祖之道《ノヲ》一の誠にして、乃ち大学の教在《リ》レ明《ニスルニ》二明徳《ヲ》一の四字、堯・舜・禹相伝へ玉ふ允《マコトニ》執《レ》二厥中《ソノヲ》一の四字にことなるべからず。是れ聖人の大教也。ここを以て案ずるに、本朝は東方の君子国にして、異国の聖々相続にことなることあらず。（同前）

素行が日本の神々を視野に入れたとき、彼の思考の封建的な質が、記紀を中心としてあらわれる正統の、「遺勅の神道」を承認することとなったのであるが、この皇統の連続を描く「遺勅の神道」、いわば日本主義も、素行においては、「不レ以二聖人之道一、難二信用一也」とされて、儒教に引きつけられている。だが、素行におけるこの儒教と神道との関係が、彼の思想の中に、ある対立をもたらすこととなる。

素行の見出した「遺勅の神道」が、記紀を中心とする古典において展開される、神々の世界並びに天皇家の支配世界であることはいうまでもない。ここでは、最高の神＝アマテラスを頂点とする神々の血縁的・自然的ヒエラルヒーとともに、またそれに対応する天皇（家）を頂点とする血縁的な政治的ヒエラルヒーが描かれ、政治的頂点としての天皇家が、アマテラスの血縁的後継として、「遺勅」によって皇統＝支配の継続を保持することが正統とされている。したがって、この遺勅の神道的世界は、日本におけるアジア的支配を正当化しているのであるが、この神道のアジア的性格が先に述べた儒教のそれとオーバーラップされ、神道的世界は儒教思想による補強を受ける。記紀の神道が「遺勅」による天皇家支配の継続を安定させようとしたとき、儒教思想のうち、とくにその血縁的序列の倫理が採り入れられた。それは、古代日本の天皇家の内部において、血縁的序列とは裏腹の、父子間の、兄弟間の、等々の政権を繞る抗争が、天皇政権の継続にも拘らず、常に繰り返されていたからに他ならない。

だが神道が儒教による補強をおこなったとき、イデオロギーとしての神道は、逆に儒教からの制約を内に孕むこととなる。儒教は聖人による天の徳治を理想としており、特定の神の無条件的な支配を、またその後継者の継続した支配を主張してはいないからである。記紀の神道と古代儒教とは、アジア的イデオロギーとしての歴史的性格を等しくしており、それが両者の結合を可能にするのであるが、そのときかえって両者はまた対立＝矛盾をもつこととなる。だが、この対立は具体的な権力の担当者が、特定の天皇でなければならないかどうかという、相対的対立である。アジア的段階における古代日本においては、神道を主導とする儒教というイデオロギー的状況は天皇権力の前提を崩してはいないが、そこには右の対立を実質的内容とする日本主義対中華主義という思想的対立が孕まれていたのである。

神道対儒教という思想的対立は、両者の位置を逆転させた形で、素行の生きた徳川期封建社会に引き継がれる。幕藩体制の成立は、天皇家の存在を否定しなかったし、また宗教的対象としての神社が存在していたし、さらに、幕府権力の正当性が天皇権力の授権（征夷大将軍）にさえ求められたからである。儒教＝朱子学が幕府イデオロギーとなり得たのは、朱子学が封建的支配を弁証し得る思想であったからではあるが、天皇の支配の永続性の主張を核とする神道との距離を保つためでもあったように思われる。儒教における聖人の徳治を優先させることによって、それが可能であると考えられたのかもしれないのである。しかし、この儒教の優先は、中国＝中華主義の日本主義への優越を惹き出すであろうし、そのときには逆に、日本の封建権力＝幕府権力の相対化を招かざるを得ない。中華主義と日本主義とのバランスをとり、しかもその日本主義の宗源たる神道の中から、幕府権力の正当性を引き出すことは、幕府イデオロギーとしての儒教にとっての課題であったのである。素行が、封建的支配の論理の完成を目指したとき、彼はこの日本における封建的権力の正当な担当者は誰かという問題に直面するのである。『中朝事実』及び『武家事紀』

が、ここに成立する。

恒に蒼海の窮りなきを観る者は、その大なるを知らず。常に原野の畦《かぎり》なきに居る者は、その広きを識らず。是れ久しうして狃《な》るればなり。豈唯だ海野のみならんや。愚《われ》中華（日本のこと）文明の土《くに》に生れて、未だその美なるを知らず。専ら外朝（中国のこと）の経典を嗜み、嘐々《こうこう》としてその人物を慕ふ。何ぞその心を放にせるや。何ぞその志を喪へるや。抑も奇を好むか、将《はたま》た異を尚ぶか。

夫れ中国の水土は万邦に卓爾として、人物は八紘に精秀たり。故に神明の洋々たる、聖治の緜々たる、煥乎たる文物、赫乎たる武徳、以て天壌に比すべきなり。

今歳謹んで皇統と武家の実事を紀《しる》さんと欲すれども、睡課の煩しく、繙閲の乏しきを奈《いかん》せん。冬十一月小寒の後八日、先づ皇統の小冊を編み、児童をしてこれを誦みてその本を忘れざらしむ。武家の実紀はその成ること癸《いず》れの日に在るやを知らず。

寛文第九己酉《つちのととりのとし》除《おおみそか》日の前二、播陽の謫所に於て筆を渉《と》る。（『中朝事実』自序）

右にみるように、素行はその謫居の時に当って『中朝事実』の筆をとった。素行が幕府権力、またそのイデオロギーとしての朱子学の忌憚に触れたとき、彼は神道的世界へ一歩踏み込んだのかもしれない。『中朝事実』は、皇統の展開を、彼の天地の流行に擬してたどり、上代天皇の治績を聖人の徳治になぞらえ、就中、朝廷の武徳を賞揚する。このとき素行は、日本における封建権力の正当の担当者を天皇としかねないのである。

夫れ外朝は姓を易ふること殆ど三十姓にして、戎狄入りて王たる者数世なり。春秋二百四十余年にして臣子その国君を弑する者二十又五なり。況やその先後の乱臣賊子は枚挙すべからず。朝鮮は箕子受命以後姓を易ふること四氏なり。その国を滅して或は郡県と為し、或は高氏滅絶すること凡そ二世、彼の李氏二十八年の間に王を弑すること四たびなり。況やその先後の乱逆は禽獣の相残《そこな》ふに異ならず。唯り中国は、開闢より人皇に至るまで二百万歳に垂《なんなん》として、人皇より今日に迄るまで二千三百歳を過ぐ。而して天神《あまつかみ》の皇統竟に違はず、その間弑逆の乱は指を屈してこれを数ふべからず、況や外国の賊竟に吾が辺藩を窺ふことを得ざるをや。後白河帝の後、武家権を執りて既に五百有余年なり。その間未だ嘗て利嘴《ときくちばし》・長距《ながきけづめ》以て場《にわ》を擅《ほしいまま》にすることを得、冠猴《かんこう》・封豕《ほうし》の火を秋蓬に縦《はな》つの類《たぐい》なくんばあらず。而して猶ほ王室を貴び君臣の義を存す。是れ天神人皇の知徳、県象著名にして世を没《おわ》るまで忘るべからざるなり。その過化の功、綱紀の分、然《しか》く悠久に然く無窮なる者は、至誠に流出すればなり。三綱既に立つときは条目の著はるるは治政の極致に在り。凡そ八紘の大、外国の汎《はん》たるも、中州皇綱の化と文武の功に如《し》くことなし。その至徳豈大ならずや。

以上皇統の無窮を論ず。謹みて按ずるに、天下は神器にして、人君は人物の命を繫く。その与授の間、豈一人の私を存せんや。皇統の初、天神以て授け天孫以て受く。然らば乃ちその知徳天地に愧ぢずして而して後に神器の与授を謂ひつべし。凡そ天言《ものい》はず、人代つて言ふと。天下の人仰帰すれば、天これに命ずるなり。天下の帰仰するところ更に他ならず、唯だ天祖眷々の命に在るのみ。(『中朝事実』)

素行が「遺勅の神道」において、日本における皇統＝天皇権力の連続性を、中国における政権の交替という歴史的事実と対比したとき、「中州及び外朝のみ天地の中を得」たとして、未だ中華主義と日本主義とはその対立を露わにしてはいないのであるが、そこにはすでに神道による儒教批判、さらには幕府権力に替わるべき天皇権力の正当化への、徳川中後期以降、明治にさえ至る思想史的展開を用意する思想的対立が孕まれていたといってよい。「遺勅の神道」としての近世国学が、後、本居宣長に至ってほぼ完成をみたとき、素行と等しい事実認識が、ここでは真向からの儒教批判をおこなわせるのである。もちろん、宣長においては、未だ直接に幕府権力の否定と、天皇権力の正当化を打ち出したわけではないが。

素行が、中朝の事実と外朝のそれとを対比したとき、右の儒教と神道との、また現実の日本の封建権力＝幕府権力と現実にはイデーとしてしか存在していない天皇権力との対立が生じかねないのであるが、すでに述べた素行のフューダルな現実的思考が、その両者を結びつける論理を用意するのである。素行が、『中朝事実』に自序を付したとき、彼は、「皇統と武家の実事を紀《しる》さんと欲」したのである。天皇権力としては成立していない日本の（現実の封建社会の）支配権力のレーゾン・デートルが、「武」に求められる。

天祖天照大神の遺勅に因って、代々の天子三種ノ神宝を以て帝王の聖徳を表し、宝鏡を以て神常に在《いま》すが如き戒となし、聡明睿智の天徳をただし玉ふ。是れ乃ち天子の道也。世久しく泰平に属し、往古の神勅も形ばかり残り、朝廷の礼義も威儀の節を事とし、楽の和は管絃の事になり、つひに好色の道幽玄の儀のみ朝廷の有識とするになれり。……このゆゑに政道日々におこたりまし〳〵、君臣皆逸楽を事として天下の苦楽つひに不レ通《ぜ》、故に武臣これを受けて、億兆の民を安んじ四海を静謐せしむ。されば詠曲管絃のあやまちにあらず、これを用ふるに道を失へばなり。武臣上をなみして世を政するに非ず、上に君道不《ル》レ明《ナラ》がゆゑに武臣これを承けて天下を安んずる也。保元よりこのかた建武の乱に至るまで、朝廷の礼楽政道正しきに武臣已れが私をほしいままに致す事あらず、全く天下困窮するがゆえに、武臣日々に盛にして是れを静謐せしむる也。されば平清盛ごときなる我ままをなせし武臣たりといへども、猶ほ朝廷を立て命を重んずる事、是れ併しながら天神地祇の神霊万世の後まで相のこりて、君君たらざれども臣以て臣の道を守るのゆゑなれば、難《キ》レ有本朝の風俗也。（『武家事紀』）

素行によれば、武家が天下の権を握っているのは、臣の道を守っているからであり、臣の道とは、君を佐《たす》けて三民を天地の流行に参加させるために、三民を教化し治乱に備える「武」に勤めることである。素行が、封建的支配の論理の完成を求めて、中朝の事実に目を注いだとき、「武」の意義が強調されるのである。もちろん、武は「武徳」といわれて、未だ完全に徳＝道徳から独立しているわけではない。イデオローグとしての素行にとっては、武は未だ手段であり、徳が武を媒介している。だが、武は徳治を完成するために必要不可欠な条件であり、武によってこそ徳治が完成できるとすれば、素行の主観と離れて、ここでは武が文を媒介しているのである。さきに、われわれは、アジア的支配の世界において、その支配を正当化する論理における道徳と権力との未分化（現実の支配は、もちろん力＝武そのものを本質としている）を指摘したのであるが、封建的段階においては、武を、すなわち権力の暴力的本質を、右の限度内において、権力者自ら自覚せざるを得ないのである。素行が、その経済過程論から政治過程論への転轍《てんてつ》を果たし、権力の非権力的弁証を追求したとき、そこに結果したものは、われわれにとっての権力の即自的・直接的形態である「武」だったのである。素行が、聖人の徳治を説いたとき、本来平和主義的傾向をもった儒教の聖人概念が、文武をともに完成させた理想的人間として描かれたのは当然のことなのである。平和主義的儒教によって異端とされた孫・呉等の兵家が、素行において異端でなかったのも、また、同断である。

謹みて按ずるに、五行に金あり、七情に怒あり、陰陽相対し、好悪相並ぶ。是れ乃ち武の用また大ならずや。然してこれを用ふるにその道を以てせざるときは、害人物に及びて而も終に自ら焼く。聖人以て興り乱人以て廃る所以なり。豈これ兵の罪ならんや。……君子以て内《うち》宮禁の衛を備へ、外《そと》国郡の護を固め四辺の藩《さかい》を密にし、士卒を練り、兵器を利し、将帥を撰び、陣営を制し、戦策を審にし、常に盗賊の機を戒め、威武の厳を奮ふ。是れ不虞を警《いまし》め文徳を昭《あきらか》にする所以なり。夫れ征はその不正を正すなり。彼れ正しからざれば輙《すなわ》ち師を興してこれを侵伐す。士卒罪なくして死地に入る、故に征伐は人君の大権なり。……乃ち武乃ち文は堯の徳を賛《ほ》むるなり。聖武を以て湯を称へ、武功を以て文王を歌ひ、神武不殺を以て周易を賛し、礼楽・征伐並び言《のたま》ふは孔夫子の聖戒なり。国家は常に武備と文教とを以て並び行はる。……故に中華の武は、四海の広き、宇内の区《まちまち》なる、終にこれを議すべからず。武の徳惟れ神にして、文の教惟れ聖なり。（『中朝事実』）

素行の封建的支配を弁証しようとする思考が「武」を見出したとき、武は武徳とされて、彼の思考内においては、未だ武は徳＝文に媒介されていた。だが、この武の制約性が権力の相対化を拡大するとすれば、かえって武は徳を媒介し、権力の権力的拡大を目指しかねない。権力＝武と道徳との分裂の拡大は、「徳と力」とのバランスの上に立った封建的支配の矛盾＝対立の拡大であるとすれば、そこに示される方向は、絶対主義への一歩であろう。素行における聖人の「文武」が、また「天地の儀則」として半ば自然的でありながら、聖人の「作為」した道であったことは、素行の思想のほぼ典型的な封建的性格を示すといってよい。後、徂徠において聖人の作為が拡大したとき、対極に宣長における国学的自然の登場したことは、すでに素行において用意されていた封建的な矛盾＝対立の拡大なのである。

素行が、文と武との、自然と作為との、封建的支配に本来的に存在する対立＝矛盾を、儒教と神道との結合によって包み得たことは、素行の思想が、徳川期封建社会の典型をほぼ総括し得たことを示している。そして、素行に、この総括を可能ならしめたものこそ、彼の「封建的」な主体性そのものに他ならない。幼にして林家の門に入って聖教を学び、また兵学によって武を知った穎異《えいい》の浪士の、権力からの距離（流謫！）と、三民からの距離との自覚が、君主に対しては被支配者であり、三民に対しては支配者である、封建的支配の結節点たる「士」に、素行自身の主体性を托することとなる。元和偃武以来の幕藩制社会の家産制的傾斜の進行がそれを促進する。士は、上下からの制約によって、「分」としての自己を自覚すればするほど、また自己をも含む上下の全体を透視することができる。もちろん、この「分」の自覚は、素行にとって日常の営為＝文武の鍛錬にこそある。士がこの禁欲的な職業倫理を、「士道」として自覚したとき、彼の主体性の確立であり、思想の現実的完成である。そして、それを支えるものは、彼の主観における善意＝誠である。日本における封建的思惟が、現実の権力との或る距離を保ち得たとき完成をみるに至ったこと、同時にそこに、明治へ至る、いわゆる日本主義を胚胎せしめたこと、これこそが、素行の思想の、徳川思想史的特質に他ならないのである。

第八章　封建的思惟の解体

日本における封建的思惟の確立は朱子学の導入をまっておこなわれた。だが、すでに朱子学の輸入者林羅山にも、日本封建制の特質が影を落しているのであり、藤樹・素行、とりわけ素行の朱子学批判の中で、封建的思惟としての純化と、日本的特質の刻印とが、ほぼ決定的となった。素行学は、日本における最も純粋にフューダルな思想であったと称することができる。

こうした日本近世初頭における朱子学の、いわば日本化と封建的思惟としての純化の過程はまた、朱子学のもつ封建的な歴史的矛盾に対する補強の過程として見ることができる。朱子学は、すでに見たように、自然と社会とを、したがってまた自然像と社会像とを統一的に捉える一大思想体系＝封建的世界像であった。しかし、朱子において、自然と社会、自然像と社会像とは、矛盾なき、いわば原自然的な一致の中にあったのでは決してない。朱子にとっての基本的社会関係＝五倫は、社会的関係たる君臣関係を、「君臣之大」として基軸に据え、父子・兄弟・夫婦の自然的血縁的関係をも、社会的関係としての君臣関係を基本に据えてとらえようとする（もちろん、朱子には、この君臣関係が血縁的関係にともすればひきつけられるという傾きが存在するのではあるが）。社会、社会像は、ともかく、父子というような直接に自然的なものではない、人為的な、人間の手によって作り出された関係を主軸としている。

社会＝人間関係が、父子・兄弟というような、それ自体自然の関係を軸として捉えられているのであれば、社会＝

人間関係も、結局は、自然過程の一齣なのであるから、自然像と社会像とは、矛盾なく連続すると言うことができるであろう。だが、自立的生産主体を基礎におく社会は、すでに、なにほどか自然からは独立した人為的な所産である。しかりとすれば、朱子の主観内において、自然像と社会像とが統一されていたとしても、そこには、ある切断がかくされて存在しているにちがいない。

この朱子学の中にかくされている矛盾＝切断は、さまざまな事情の中で顕在化する。歴史の発展においてはもとより、これによって眺める封建的世界が、中国から日本へとうつしかえられる場合にも、この世界を見る思想家の視点の差異（知識人状況の差異）によっても、また、自然把握の進展によっても、顕在化する。なぜなら、この切断＝矛盾の表面上の消失は、中国封建社会のイデオローグ＝官僚朱子による、社会像の一定の自然化、自然像の一定の社会化によってもたらされるのであるから。

切断＝矛盾が顕在化すれば、そこには、朱子学批判が発生する。そして、この批判は、二つの方向から発生するであろう。朱子学自然像への批判、朱子学社会像への批判の二つの方向である。朱子学自然像は、社会像にひきつけられて構成されている。したがって、自然のそれ自体として合理的な認識の展開がすすむならば、その自然像は維持され難くなるからである。また逆に、社会像もまた自然像にひきつけられているのであるから、封建社会の人為的性格が強く意識にのぼされるならば、朱子学社会像は、維持され難くなるはずだからである。

ヨーロッパの封建的＝トマス的世界像の崩壊、そして市民的世界像の形成は、つぎの如くにして果される。トマス的世界像もまた自然像と社会像とを統一的に捉える。ここでは、封建的社会像が、自然との切断をより明確化する形で樹立されたがため、自然像の社会像への従属は、よりあらわな形をとっており、また、経験的な自然把握の蓄積が現実において進んでいた。そして、クリスト教的思考において、自然は神の被造物であり、したがって、自然それ自身の中に、そのいかなる断片の中にさえ、神の意思が内在している。自然の探求は、したがって、神の意思を探求することである。

自然は、そこに秘められた神の意思は、トマス的解釈――自然と社会とのピラミッド構成――の中に閉じこめられている。だが自然、そこに秘められた神の意思は果してトマスの解釈したようなものであろうか。自然の探求は、その進展とともに、こうした懐疑を噴出させ、この懐疑は「隠れたる神」の意思をひきださずにはおかない。

ヨーロッパ近世の自然科学史が陰鬱な宗教裁判によって彩られることのイデオロギー的意味はまさにここにある。自然把握が、自然に内在した合理的科学的なるものとして、トマス的イデオロギー的前提から解放されて独立するとき、それはまたひるがえって、社会の内在的把握に向かい、ここにトマス的世界像は崩壊し、市民的世界像が生まれる。

だが、日本において、自然の探求、自然像からする朱子学批判の方向は、実を結ぶことができなかった。本書第一章以来、日本における自然観が、日本的自然の特質のゆえに、情緒的感覚的なるものであったことは、くり返し述べてきたところである。朱子学的自然像への批判は、結局洋学の導入にまつほかなかった。だが、江戸時代のわが国における洋学＝蘭学は、なによりも医学を中心とする実用学であった。それは、ヨーロッパ近世の自然科学が有した科学的な懐疑＝方法意識と神の隠された意思を尋ねあてて新たなる世界像を構築せんとするひとつのエートスとを欠如していた。

洋学の受容者は、たとえば山片蟠桃のようにいわば前期的商人資本であった。商人としての貨幣計算の一定の合理性とまた一定の経済的余裕とが、その受容を可能にしたのであった。幕末開国論もまたこうした「合理的」な商人資本によって唱えられる場合が多い。しかし、彼らの前期性のゆえに、この「合理的」自然観が、ひるがえって、市民的社会像樹立への原動力へと転ずるのを阻止してしまうのである。

他方、朱子学的社会像への批判は、日本社会の内部から発生する。朱子学は、すでに述べたように、聖人学んで至るべしとなして、万人に聖人たるの可能性を約束する。この可能性は、当然に、聖人ならざる君主が聖人たる庶民を支配するというケースを包含することになる。しかし、この事態は、有徳君主を旨とする儒教思想の根本に矛盾する。だが、天地人の上下的自然的世界像にひきつけて社会を見る朱子にとっては、こうした事態は、めったに起ることのない、自然の秩序的運行にとっての一時的攪乱現象にも等しいものと考えられたのであろう。個の主体性の肯定のコロラリーとして、個＝万人に聖人到達可能性を約束することが、それほど深刻なイデオロギー的矛盾としてあらわれるなどとは、朱子の夢想だにしなかったところであろう。

だが、現実の君主は、朱子学の自然法が予想するように、聖人であるのではない。暗愚の君はしばしばあらわれる。こうした観点から見るならば、君臣関係＝忠を父子＝孝の関係として捉えなおし、君主を自然的無条件的存在へと超越化させる陽明学＝藤樹学もまた、実は、こうした朱子学の露呈しきたる矛盾に対するひとつの補強としての意味をもつものと見ることができる。

また、徳のヒエラルヒーと社会的な支配＝被支配のヒエラルヒーとを結合させて考える考え方を排し、社会をもって、共通の目的に向かって、それぞれの職分をつくす、平等な共同体的有機的結合と見る考え方も、この朱子学的矛盾に対するひとつの解決策であろう。三民の職分をそれぞれの生業に求め、士のそれをなかんずく武に求める山鹿素行、徳に求める伊藤仁斎の思想は、こうしたものと見ることができる。また、工・商のエートスを説く石田梅岩の思想も、この観点からすれば、同一の思想系列のうちに数えることができよう。なおこれらの場合、この四民間の分業は、一面では、聖人の作為と捉えられながら、いまだ自然生的なものと考えられていることは、すでに見た通りである。自然と社会との分離切断が、聖人の作為として社会＝職分を考えるところに示されるように、朱子学に比して一段と進められているのであるが、なお、両者は対立的相貌を呈しているわけではない。

だが、元禄から享保にかけて、徳川社会はひとつの転換を迎える。藤樹における仏教的諦観がシンボリックに予告しているように、幕藩支配の末端たる、あの中世的名主の系譜に立つ村役人層は、幕藩権力の本百姓自立化策と農民の向上の趨勢とに挟撃されて、もはや往時の擬制家父長制的な力を振いえないものとなっていく。そして、これに代わる新たな在地勢力、すなわち村方三役と必ずしも直結することのない商人・地主層が、生産諸力の展開とともに台頭してくる。農村には、新たなる分解現象が発生する。すなわちこれら新興勢力とその対極に生み落される遊民たち。遊民は、生計のチャンスを求めて都市へ流入する。素行の補強である三民間の分業という想定それ自体が、現実には妥当しないものとなってしまう。朱子学的世界像がもはや維持され難いものと映ずるのも必然の流れであった。

朱子学的社会像への批判は噴出しはじめる。朱子学的社会像は、解体の道をたどりはじめる。そうした思想の流れの、最も顕著なものとして、われわれは、徂徠学をあげることができる。そこには、朱子学的自然法に対して「政治の発見」が語られている。徂徠学における朱子学的世界像の解体がいかなるものであったか、以下にこれを検討しよう。

第一節　「太平策」講義――荻生徂徠

凡そ儒学の流まちまちになり、末が末に至りては、仏老の教に染みて、心を治め性を明にするなど云へる、おかしげなることを第一の要務と思ひ、聖人は天子也、天子は天下国家を治るわざを己が職分となし玉へる故に、聖人の道と云ふは天下国家を治むる道也と云ふ本意をば、いつのまにか忘れ果たるやうなり。

徂徠は「聖人は天子也」と明言する。これは、朱子学の聖人学んで至るべしへの明らかな拒絶である。朱子学のこの命題に、封建イデオロギーにとってのいかなる矛盾が隠されているかは、先に見たとおりである。この朱子学批判の意味の確定が、結局は徂徠学の意味を解明することになるのであり、本節の主眼点もそこにおかれている。

ただ、ここでまず、批判の意味自体に立ち入る前に、徂徠の朱子学批判につきまとう、朱子学の矮小化について一瞥しておこう。「聖人は天子」なることが忘れられたのは、徂徠によれば、「仏老の教に染み」たがためであるという。「聖人学んで至るべし」などという命題が唱えられるのは、儒学の流が、仏教の成仏論に泥《なず》んだがためだ、と言うのであろう。

また徂徠はこうも言う。「又儒者の誤り少なからず。その故は宋儒の第一義とする、心を治め性を明にする説は、もと仏法より出たること……仏法は出」家出」世の道にて、妻子眷族もなければ、家国天下もなし。……只心身の安楽を得るを究竟とす。」と。だが、われわれが述べきたったように、朱子学はなによりも仏教批判を通して形成されたものであった。朱子が、聖人学んで至るべしと説くのは、さきにも述べたように、なによりも、個の主体性の現実的肯定を、仏教的否定の論理に抗して貫かんがためであった。また、仏教についてすら、これをたんに「心身の安楽」のためのものとするのは不当な矮小化である。いわんや、朱子学をこれと同様に論ずるのは、当らざるもはなはだしい、と言わねばならない。*

*こうした、徂徠の、朱子学批判・仏教批判の中に、われわれはある種の本質還元論、きわめて性急な本質還元論を見ることができる。ひとしく、朱子学を仏教にひきつけて批判する素行には、個人レヴェルの救済論として、仏教をそのかぎりで肯定する思考があり、かつまた、朱子学と仏教の差別、朱子学のもつ意味の評価がなお存在した。こうした素行のふくらみのある態度に対比するとき、徂徠の性急な本質還元論——治術か否か、治術ならざるものは、ひとしなみに無意味と見るという——は、異彩を放っている。この性急さの中に、われわれは、徂徠の切迫した危機を見取るべきかもしれない。

ちなみに、われわれもまた一種の本質還元論である。しかし、われわれの本質還元は、個々の思想、思想家のもつ個性的意味を発見するための最初の必須の手続きとしてある。本質をとらえ、その個性的意味を発見することは、われわれが、過去の思想を、単に自らの対立物として否定し去るために思想史研究をおこなうのでなく、過去の思想的遺産を正当に摂取せんがために、——換言すれば、自己対象化に資せんがために、これをおこなうからである。われわれにとっての実践的課題意識と展望とが、そのような思想史研究を追求させるのである。

徂徠には、朱子学における個の主体性の樹立、そして、その政治的思考（ただし、道徳と結合した）を不当に矮小化、というより無視して捉えるところがある。もしも徂徠にしたがって、仏教・朱子学をそのようなものとして捉える場合には、仏教・朱子学の意味を誤解するばかりでなく、徂徠自身の思想の意味をも誤解することになるであろう。

確かに、朱子学は、個人における道徳の完成を政治的秩序の完成と連続させて捉える――ただし、即自・無媒介的連続というわけではない――。この連続への確信と聖人学んで至るべしとの確信とは、同一の思考系列に属する。万人が道徳を実現してそこに自ら秩序が実現されるという、オプティミズム、政治が道徳に解消されているかに見えるオプティミズムがある。

これに対して、君主が暗愚で臣下が聖人という、政治的序列と道徳的序列が逆転するケース、政治と道徳との分裂を意識にのぼせ、この幸福な結合を予定する朱子学を批判することは、朱子学の中の隠された矛盾を衝いて正当である。しかし、だからと言って、朱子学における個の主体性の現実的肯定の不在、そしてその政治的思考の不在まで語るとしたら、それは、朱子学に対するあまりにはなはだしい矮小化だ、というのである。徂徠の朱子学批判の正当性と不当性をまず銘記しておきたい。

徂徠の朱子学の不当な矮小化を見る中で、われわれはすでに、その批判が、朱子学におけるオプティミズム、政治と道徳の連続という点に向けられていることを知った。徂徠においては、政治と道徳との分裂が強烈に意識化されている。聖人は天子なり、との断定がまたそのことを雄弁に、ややペシミスティクに物語っている。中国古代において、聖人が天子として民に臨んだ場合にだけ、道徳と政治とのうるわしい一致がある。その後、両者はむしろ、結合しないのが通例なのだと。「王公大人など当務多き人の、かくの如く（儒者が、それの職務＝家業として、聖人の道＝天下国家を治むる道を学ぶ如く）に学ぶことかたかるべし。」

道徳と政治とは、かくして、徂徠において切断せしめられた。理想の政治をおこないうるのは、聖人だけである。

政治主体が、聖人一個に限定されたかに見える。「天下国家を治むる道は、広大深遠なることにて、元浅智の及ぶべきに非」ざるのである。だが、この徂徠の政治＝聖人（天子）の世界は、古典儒教に言う「帝力何ぞ我に有らんや」の世界なのであろうか。確かにここでは、主体は広大なる権力（帝力）であり、民たるわれは、ただそれを享受するだけの客体である。あるいはまた、君主ひとりだけが、自由な人格としてあらわれるといわれる絶対主義の場合なのだろうか。

徂徠は、右の引用につづけて言う。

天下国家を治むる道は、広大深遠なることにて、元浅智の及ぶべきに非れども、幼き時より其道を家業とし学たる身也。今下問に逢て謙退せんは、但に家業を疎にせんに似たるのみに非ず。古の聖人の此道を立玉へる御心、御身没し玉へる後も、たとひ凡人なりとも、其道を伝へたらんには、其功聖人に殊ならず、黄帝三百年とかや云へる故事のごとく、世に永くましますに露替らすまじく思玉ふて立玉へる、深き御心ばへなるを、身一つのことに思とりて答奉らず、聖人の御心を空くなしはてんは、可畏も恐れ多きことなり。

たしかに理想の政治をおこなったのは、聖人＝天子だけであった。だが徂徠において、そのことをもって、個々人が、政治の主体でないとされてしまうわけでは決してないのである。国家を治める道は深遠広大で常人の及ぶところでない、だが、たとい凡人であっても、その道を伝えるならば、「其功聖人に殊なら」ない、まして、その道を伝えるのを「家業」としている徂徠にあっては、聖人ならざる凡人の身であっても、治国の道を論ぜざるを得ない、凡人がそうした仕方で政治に参加することこそが聖人の意志なのだ、徂徠はこう言っているのである。

たしかに、徂徠においては、朱子学にあった、道徳と政治のオプティミスティクな結合は断ちきられた。だが、それは、通常理解されているように、政治主体を聖人一個に限ったのではない。凡俗の個人——ただし、ここでの個人は、「家業」にしたがうものとして析出されていることに注意。封建的個は、経済整体としての家族なのである。このことはまた、徂徠が不当にも朱子学から抹殺した封建的個別主義に徂徠自身が立脚していることをも示している——も政治に参加すべき主体なのである。聖人の「深き御心ばへ」は、決して被治者をたんに客体としてだけ捉えているのではない。

では、徂徠において、個人の聖人への道が杜《とざ》され、聖人（だけ）が天子であるとされたことの真の意味はどこにあるのだろうか。結論をあらかじめ述べるならば、それは、聖人のイデー化であり、個人をこのイデー実現のための主体となした、ということに他ならない。

徂徠において、天下国家を治める聖人の道は、「広大深遠」であり「浅智の及ぶべきにあらざる」ことがらであり、「聖人は又上代の人」であった。上代の聖人の「広大深遠」なる聖智に対置されるのは、後世の「世俗の過」、「習俗の誤」である。このことによって、「聖」は、現世・世俗から遠く離れたものと捉えられていることがわかる。要するに、聖の非世俗化、換言すれば、聖のイデー化がはたされているということができる。

では、このイデーとしての聖は、もっぱら聖人のみが実現しうるもの（「天子は天下国家を治るわざを己が職分となし玉」ふ）であって、常人にとっては、たんなるユートピアにすぎないのか。そうではない。イデーとしての聖人の道、天子の治国は、かつて上代における具体的な事実であった。過去における輝かしい治績は現実のものなのである。もしも後世の凡俗なる常人といえども、この聖人の治績に学ぶならば、後世においても、この聖代を現実のものとしうる。かくして、聖人の道＝イデーは、現実の治国＝政治の是非を判定するための現実批判の基準であり、現実の未だ聖ならざる政治を、それへ向けて推し進めていくべき、最も現実的具体的な目標なのである。この批判基準＝目標を与えられることにより、「元浅智」なる凡俗も、聖人の道に参加できるのである。

ただし、聖人の道が、非世俗化され、イデー化されるとき、聖人の道なるものの超越化が随伴することが見落されてはならない。「聖人を信仰仕候」という、著明な態度はもとより、「神道はなきことなれども、鬼神は崇むべし。まして吾国に生れては、吾国の神を敬ふこと、聖人の道の意也。努々《ゆめゆめ》疎にすまじきこと也。」のうちにも、徂徠における超越性の拡大はあきらかである。朱子学においては、鬼神の論理的解釈の努力があったが、徂徠にはその片鱗もない。ロゴスの喪失。

ただし、ここでの政治参加の主体＝凡俗なる個人は、いまだ、「家業」を通じてこれに参加するとされるのであり、「家」からも自立した市民としての個人ではない。

かくして、徂徠においてあらわれる政治＝権力と道徳とのある切断、したがって、ある「政治の発見」は、時として理解されるように、近代的な、政治＝権力の道徳からの自立、近代的な政治の発見なのではない。彼はなお封建的世界の中にある。ただ彼においては、封建的＝朱子学的な権力と道徳との無矛盾的な結合の確信、世界の自然法的な秩序の存在の確信が失われているのである。そうした事態は、聖人の上代にだけあった真実である。聖ならざる後世の凡俗が、自らにでなく、意識的なる作為を通じてのみ、これに到達できるというのである。だが、作為の主体は、未だ「家業」から自立してはいない。

徂徠にとって、聖人の道とは、イデーとしての治国平天下の道であった。では、その具体的な内容は何であるのか。後世の凡俗は、具体的に何を規準として現実を批判し、何にむけていかに努力を傾注するのか。その内容は、徂徠の場合、大きくわけて、完全善美なる制度と制度化のための方法＝治術の二つである。以下、便宜上、治術の方から見ていこう。

徂徠の治術は、武・徳に対する両面批判、両者への文＝治術の対置という仕方で展開される。

又武士道と云は、大形は戦国の風俗也。馬上にて天下を得とも、馬上にては治むべからずと、古人も云へる也。……只戦の物語、切合の仕組を覚ゑ、或は匹夫の先途とする武芸をのみ、武士の道と心得、それさへ其芸術の師、皆治世の人にて、治世にてこしらへたることなるとはしらぬやうなる、是皆文学なくて、今の習俗の内より目を見出したる過也。

殊に儒者の輩、聖人の道は天下国家を治る道なりと云ことをば、第二にして、天理・人欲・理気・陰陽五行などいへる、高妙の説を先とし、持敬・主静・格物・致知・誠意・正心などいへる、坊主らしきことを誠のことと思ひ、務て人の及がたきことを教て、聖人に成らんことを求め、変化もならぬ気質を変化せんと云ひ、……是非の弁きびしく、人を咎むること甚し。……理窟斗にてわざなき教也と云て、軽んずるもあり。……総じて聖人の教は、わざを以て教へて、道理を説かず、偶に道理を説けども、かたはしを云て、其人の自得するを待つことなり。

いうまでもなく、封建的支配の根幹は経済外強制＝武力である。もちろん、この支配の安定化、「権力の経済」のためには、封建支配を内面化するイデオロギー＝道徳が必須である。この武と徳との成立は、いうなれば封建社会形成にとっての必須の経過点である。そしてこのイデオロギー的整備は、近世初頭以降のあの家産官僚制化の流れになにがしか抗する山鹿素行、伊藤仁斎らの思想的営為において経過されたのであった。

この武と徳とが、すでに述べた日本古代の特質に由来する、日本的な古代的「文」に対する思想的克服であることはいうまでもない。「文弱」に表現される日本古代の情緒的・感覚的「文」――詩歌管絃――に対して、ここには明白な「武」の意識化――被支配層の主体性の意識化――、朱子学的な個の主体性に立脚する「誠」＝徳の意識化が果されているのである。だが、徳川支配の家産官僚制化の完成者柳沢吉保に仕える徂徠の眼には、その意味が正当に捉えられることができない。

もちろん、家産官僚制的支配のもとにおいては、武の直接的発動などではなくて、官僚の手による文官的統治が重視されるであろう。ここに視点を置いて見れば、武はたんに匹夫の武芸にすぎず、徂徠は、これに文学を対置するのである。だが、ここでの官僚統治は、すでに徳と治国との連続する統治ではない——朱子においては、徳を体得した士大夫が科挙試験をへて官僚に登用され、その徳治によって、治国平天下が実現されるものとされた。ここでの統治は、もはやたんなる徳治でなく、徳治＝イデーを実現するための統治の術が必須なのである。かくて、文はたんなる徳ではなくて、なんらか現実的具体的技術でなければならない。徂徠が、徳に対して「わざ」を対置する所以である。家産官僚制化が、徳実現のための「わざ」＝技術を意識化させ、ここに「文」範疇を樹立させた、ということができよう。さらに言えば、家産官僚制化が、「武」・「徳」・「文」という仕方での、儒者の機能分担を結果した、とも言うことができる。

では、徂徠における「わざ」とは何であろうか。徂徠は言う。「制度を立かへると云は、風俗をなをさん為なり。風俗は世界一まいなる故、大海を手にてふせぐが如く、力わざにて直しがたし。これを直すに術あり、是を聖人の大道術と云ふ。後世理学の輩は、道理を人々にとき聞せて、人々に合点させて、其人々の心より直さんとす。米を臼へ入てつかずして、一粒づゝしらげんとするに同じ。正真の小刀細工也。……風俗はならはしなり。学問の道も習し也。善に習るゝを善人とし、悪になるゝを悪人とす。学問の道は、習はし熟してくせにしなすことなり。……故に聖人の道は習はしを第一とし、聖人の治めは風俗を第一とす。されば只今までの風俗を移すことは、世界の人を新にうみ直すが如くなるゆへ、是に過たる大儀はなきなり。故に大道術ならでは、是を直すことはならぬなり。其大道術と云は、観念にも非ず、まぢなひにも非ず、神道にも非ず、奇特にも非ず、わざなり。」「聖人の道は、長養の道なり。造化にしたがふて養ひそだて、物のなりゆきを能知て、かくすれば先にてかくなると云所を合点して、わざの仕かけを以て直すときは、目前には迂遠なるやうなれども、先きへゆきて自然と心まゝになる也。」

要するに徂徠の「わざ」とは、人間行動を徐々に一定の方向に習慣づけていくひとつの長期的段階的な政策、制度を意味するのであろう。このような政策＝わざのしかけによって、よき風俗としての制度を実現すること、これこそが、徂徠にとっての聖人の治術なのである。

たしかに、人の気づかぬ徐々の、「迂遠」なまでの「ならわし」づくりに、人はその意味を悟ることなく、一定の方向に習慣づけられていくかもしれない。だが、この風俗の立直しが実現され、新たなる制度が、人びとの中に樹立されたとき、その制度の意味は人びとの前に明白にならざるを得ない。この時、人びとはこの新たなる制度に惰性的に服従するであろうか。あしき風俗瀰漫が、実は、その社会の矛盾対立の必然の所産であったとするならば、この制度＝風俗の立直しは、それが、矛盾対立を克服する体制転換でないかぎり、そこには、矛盾対立が形を変えて再出する他ないであろうから、あらかじめ、挫折を約束されているのではないだろうか。徂徠が真に政治＝対立を発見したのだとしたら、そして、彼の「わざ」が、なんらか体制変革を含まぬのであるとしたら、この「わざ」は、あまりにも、彼が批判してやまぬ朱子学に比してさえも、オプティミスティクにすぎるのではないか。ここからも、徂徠における「政治の発見」が、大きな時代の制約の中にあることが知られるであろう。

徂徠によれば、「わざのしかけ」によって、風俗の立直しがおこなわれる。しかしながら、そもそも、風俗が衰退し悪しき時代がおとずれるのは何故であるのか。この治と乱とのサイクル＝法則を知らねば、真の風俗のたて直しはありえない、徂徠はこう考えて、治乱の根本原因＝法則を探ろうとする。

大抵国家の治めは、医者の療治の如し。聖人の道は、最上至極のことにて、神医の療治の如し。第二等を云ば、老子の道也。是は療治をせぬことなり。……後世の儒者の経済を論ずるは、皆さし当ることの上にて、……遠大の見識なし。……下手医者の療治なり。……上手の医者は、洞《ほがらか》に病源を見て、様々の症あれども、病の根本或は疝気なりと見て、疝気を治し、或は虚なりと見て補へば、諸症一々に治するに不レ及、おのづから愈るなり。……吾国は記録なければ、詳なることを知がたし。異国の歴史を見んに、先づ聖人の道をよく呑こんで、……病の生ずる次第、変症の生ずる子細を考るに、古も今も、盛衰の勢、治乱の道は、符節を合たるが如し。何れの世とても風俗壊れ、奢侈長ずれば、上下共に困窮し、財用尽るゆへ、姦宄《かんき》繁く、盗賊起り、乱世になること、万古一轍也。総じて治乱の道、治極りて乱れ、乱極りて又治る。天運の循環なれども、全く人事によるなり。

ここに確かに、政治の治と乱とについての法則的把握の方向が萌しているかに見える。だが、一治一乱を天運の循環と見る見方は、政治のサイクルの法則的把握に見えるが、実は、たんに中国的な時間意識を踏襲しただけにすぎない。日本的時間意識が単線的永遠的であるのに対して、中国のそれが複線的循環であること、そしてその理由については、すでに第二章第三節に述べた通りである。「天運の循環」＝一治一乱を生ずるものは、徂徠によれば「人事」だと言うのであるが、中国的な時間意識によれば、やはり、「人事」を超えた「天命」のレヴェルの問題である。自然の大災害をよくコントロールするだけの主体＝「人事」は、なおいまだ成立しえていないのだから。

だが、徂徠は、これを「全く人事による」と断定する。徂徠は、果してそのような主体を発見したのだろうか。だが、天運の循環＝一治一乱を叙述する徂徠を追跡していくならば、彼の「全く人事」との断定にもかかわらず、それが自然のなりゆきとして処理されているのを見出すであろう。「されども礼楽制度一たび定まれば、数百年の後には、聖人の制作にても、必弊生じて、この弊より世は乱るゝことなり。」

徂徠において、一治一乱が、「全く人事」と断定されながら、しかも自然必然のなりゆきとして叙述される矛盾は、いかに解したらよいであろうか。この点は、徂徠の前提としている世界が、封建的なそれであることを想起すれば、ただちに解決する。徂徠は言う。

何れの代にても、国初には質素にて大量の人多し。大量の人を、賢才とは称するなり。太平久しきほど、風俗奢侈になりて、人の心細になり、物を揃ゆることを好む。……久しく治まれば、文華になること自然の勢にて、抑ゆることなりがたきことを、聖人はよく知て、礼楽制度を立て丶、初より文にするなり。……世豊になるに随ふて、開国の時の事ども田舎らしく覚へ、民の心ま丶に仕替るによりて、次第に奢侈になりゆくこと、必然の理也。奢侈になるに随ふて、貴賤の分も、国初よりは段々に厳になりゆく。……何れの世とても、太平久しければ、かくなりゆきて、世終に乱る丶ゆへ、治極りて又乱る丶とは云なり。

すでに述べたように、封建社会は、自立的生産主体を基礎においている。彼らの自立的な日常的営為の中に、生産力上昇の基盤がある。こうした意味からすれば、封建社会は、その初発から単純商品生産を孕んでいると言ってよい。そしてまた、それは小商品生産をも展望していると言ってよい。徂徠は、こうした封建社会を見て、彼の一治一乱のサイクルを描いているのである。国初、質素であった社会は、自然に「豊かに」なる。

封建社会が、単純商品生産を孕み、小商品生産をも展望しているのであれば、事態はまさにそのとおりであろう。徂徠は、確かにリアルな眼の持ち主である。だが、徂徠にとって、その「豊」かさは、「奢侈」であり、風俗を衰退させ、治を乱へ転じていくものでしかない。われわれにとって、この「豊」かさを生みだす生産力の発展は、封建社会を越えて近代社会をはるかに展望する歴史発展の原動力である。

徂徠にとって、これが「奢侈」であり「乱」世への萌しであるのは、徂徠が、封建の枠を前提とし、この枠の中だけで考えていることを物語っている。徂徠のリアリズムには限界がある。

だが、それにしても、「豊」かさが「奢侈」を生み、これが「貴賤の分」をより「厳に」していく、というのはなにを意味しているのであろうか。ヨーロッパ封建制の解体もまた、農村における生産力の上昇を基礎としている。そこには、次第に農村市場が形成され、市民社会への方向が生まれはじめる。封建領主の側は、農民の手元に蓄えられていく剰余を奪い取ろうとする。だが、それにもかかわらず、この農村市場の中から富農が生まれ、マニュファクチュア、農村工業が展開していくのである。

日本の場合には、領主＝武士がその所領から離れて城下町＝消費都市を形成する。この奢侈になりゆく消費生活を賄うために、武士は、農民からたんに剰余だけではなく、必要労働部分に喰い込む収奪をあえてしなければならない。この強収奪は、開始しはじめていた農民的商品経済にもとづく農民層分解を激化させ、農村の解体傾向を促進する。離農した農民は、生活のチャンスを求めて都市に入り込んでくるであろうが、この都市は消費都市であるから、彼らの労働力を吸収しえず、ここに「遊民」が発生する。徂徠が眼前にするところがかくの如くであったとすれば、「豊」→「奢侈」→「貴賤の分、厳」という経過は自然必然であるにちがいない。貴賤の分が厳しくなれば、当然に「上と下との間」は「はなれ遠く」なって、乱世に至るであろう。

徂徠にとって、「豊」は「奢侈」であった。われわれにとって、生産力の上昇――ただし、自然と人間とのバランスのとれた――と、それによってもたらされる生活の豊かさは、人間の追求すべき最も主体的な「人事」である。徂徠にとっては、質素を捨てて奢侈にはしることは、奢侈を求めて上下の懸隔を激化する――強収奪――と同様に、放置すれば、人間が必ず陥る悪しき性情であり、人欲であった。徂徠にとっての「人事」とは、なんら歴史における人間の主体的行為ではなかつた。自然に放置すれば必ず発生する悪としての人欲なのである。*

＊こうした人間観が、朱子学の思考と軌を一にするものであることは、あらためて指摘するまでもあるまい。天理人欲という対置を常套とする宋学＝朱子学の、基本的発想はまさにそこにある。朱子学に人欲をおさえようとするリゴリズムの存在する所以である。だが、徂徠は、この朱子学を目

して、治国に有害な迂遠の論となす。ここにも、徂徠の朱子学矮小化が見出される。

そして、かかる人欲としての「人事」を処理するために、徂徠は制度を建てようとする。かくしてわれわれは、ようやくにして、徂徠「政治学」の核心たる「制度」を検討する地点に到達した。「其病源をよく知りて、源より療治を施すための根本的方策が、「聖人の道を以て、今の世を治めんには、制度礼楽を建立するにしくはなし。」といわれて、制度に求められている。だが、以上見てきたように、徂徠には、封建の大枠は、前提されている。われわれにとって、徂徠の当面している「病源」は、封建制（強収奪）そのものである。「根本」からの「療治」は、封建制の廃棄以外にない。だが、徂徠にとって、この枠は、疑いを容れぬ大前提である。とすれば、彼の制度の建て直しは、根本療治の呼号にもかかわらず、旧いものの再生産以外ではありえないのではないか。以下、具体的に検討しよう。

徂徠において、万人が聖人となることによって秩序＝治国が達成されるというオプティミズムは消えている。一定の治術と制度＝「政治」なしには、治国は実現できないという、ある「政治」の発見がある。しかし、その「政治」は、職分としての政治であり、家業としての政治であった。いうところの権力と道徳との分離も、ここではいまだ十全ではない。徂徠は、制度の立替え（＝政治の核心）を遂行するに際して、「在安民在知人」が重要であるとする。「安民」とは「仁」であり、「知人」とは「智の徳」である。

もと儒教において、「仁」と「智」とは、つぎのような連関にあった。すでに述べたように、中国において、治水が一貫した社会的課題であり、この課題に応えるため、血縁的小共同体間の結合を緊密にし労働力の一元化を図った。一元化は、事務遂行機関たる官僚制を擁した政治的集中＝君主権力の樹立によって果された。この君主において、要請されるところは、多数の血縁的小共同体の一元的結合を実現するための、「広く衆を愛」する普遍化された家父長制的愛であり、この愛＝仁によって、民を安んずる（小共同体の結合を円滑に実現する）ことであろう。と同時に、多数の人材を官僚として、実務を効果的に達成するためには、人を知る智が要求されるであろう。そして、ある君主の治下、自然災害や社会的混乱が発生しないとき、この君主には、仁智の徳あるものと結果的に推定されるのである。大規模な降雨があって、河流が氾濫するならば、仁あり智ある君主といえども、彼の有徳は推定されることがなく、また、その権力の正統性も承認されることができない。儒教的思考においても、権力と道徳とは、あるひとつの分裂を孕んでいる。逆に、制度の立替えに際して、純粋に治術によるのでなく、徳を重視する徂徠において、政治＝権力は、いまだ道徳から充分に分離してはいないのである。

徂徠における「政治」の内容がこのようなものであるとき、徂徠が、立替えるべき制度の具体的内容として、きわめて復古的な、倹約を基調とする「井田法」を提示したとしても、なんら怪しむにはあたらないであろう。

制度を立かゆると云は、聖人井田の法なり。愚妄の儒者は、井田と云へば、田地を碁盤格子のやうにわることばかり思ふなり。井田の法は、万民を土着せしめ、郷党の法を以て、民の恩義を厚くし、風俗をなをす術なり。……先づ御城下の町人を択んで、田舎より十年以前に来りし人ばかりを留をきて、永く御城下の民とすべきことなり。十年以来の人をば、其故郷々の領主に申付て、人返しをすべし。

徂徠の「井田の法」とは、要するに「人返し」である。遊民発生の次第は、徂徠の治乱論に関説して触れたとおりであるが、この遊民を帰村させ、「郷党」＝共同体を再編成し、「民の恩義を厚くする」など、すなわち共同体的諸規制を強めて、ふたたび離農しないようにする、というのであろう。

だが、さきに見たように、「豊」──→「奢侈」──→上下貴賤懸隔拡大──→遊民という、徂徠の当面する問題は、封建社会の矛盾の露呈そのものであった。商品＝貨幣の発生は農村そのものの中に必然的に孕まれている。「右の如くの制度にて、御城下の人数少くなりなば、物価自ら賤くなり、商人の勢大きに衰ふべきなり。」という徂徠の予測は、まったく事態の根拠に盲いた希望的観測そのものでしかない。いかに武士と農民とが共に土着して近接して生きたとしても、農民の剰余を武士が収奪するかぎり、上下の共同性は、ついに実を結ぶことはないのではないだろうか。農民の日常的経済活動の中から生みだされる生産力の上昇、豊かな生活への欲求を、ついにおしとどめることはできないのではないだろうか。封建の枠組みが無批判的に、疑いを容れぬ前提として予定されてしまうならば、そこに強い普遍化志向があったとしても、その普遍化は、ある限度内にとどめられざるを得ない、と思う。

徂徠の井田法＝人返しは、同時に武士土着論である。武士土着論が、すでに熊沢蕃山によって説かれたことは、さきに示したところである。武士の城居化と貨幣経済の進展とが、武士の武士たる所以を解体していくがために、武士的エートスを涵養確保せんがために、武士の土着化が語られたのであった。徂徠の眼前には、危機は一層深刻の度を増して展開している。

　其上、出替りの者を使ふゆへ、小身者は真の家来をもたず、肝心の時に至ては、千石取も徒も同前ならんこと、慮るべきの甚しきなり。出かわり者を使ふ時は、主従共に、主従の道を知らず、主人も従者を苦にすることをしらず、下人も十方檀那の心なり。

従者は「出替り」となり、十方檀那の心――「世間いたるところ主人がおり、誰に仕えてもよいという心理をいう」――が遍在して、代々の主従関係が失われるという事態に立ち至り、「肝心の時」武士としての働きが不可能になっているというのである。

いうまでもなく、封建的主従関係の基軸は契約――「君臣は他人と他人との出会い」――にある。ただしこの契約は上下の契約であり、伝統化されてはじめて安定を得る。だが、蕃山の場合にも、そして素行の場合にも、上下の契約における上位者たる武士の内的エートスが意識化され、上位者たるに適わしい行動が自らに課されることになる。素行は、武士の職分として、「武」の日常的継続的鍛錬——ベトリープ！——を説くのである。武士たる蕃山・素行の主体性がそこに表現されていると見ることができる。

たしかに、蕃山・素行段階に比して、徂徠段階においては、武士的なるものの衰退が格段に進んでいるのではあろう。しかし、徂徠が着目するのは、「出かわりもの」、「十方檀那の心」、すなわち封建契約を補強する伝統主義の衰退についてである。ここでは、蕃山・素行的な、武的エートスについての意識化は、むしろ後退しているというべきではないだろうか。医家出身の幕府イデオローグたる儒者徂徠は、士分扱いとはいうものの武士にして武士にあらざる存在である。ここに武的エートスが後退するのも、ひとつの自然の流れかもしれない。

田舎にては衣食住の三つを買調ることはなきなり。筋骨も丈夫になり、弓馬も学ばずして自ら用に立つべし。

エートス論欠如の素朴唯物論とも言うべきであろうか。

徂徠における「政治」は、「職分」としての、「家業」としての「政治」であった。統治技術への萌芽的な意識化があるとはいえ、それはいまだ、矛盾＝対立としての「政治」を意識にのぼせたものではなかった。そして、その「政治」改革＝制度論の内実も現実の「危機」のよってきたる「根源」を知ることのない、復古的なアナクロニズムであり、伝統主義への傾向を有するものであった。

ただ、徂徠には、注目すべき学問論がある。

かかるゆへ学問の道は、学問は平生のこととは各別の事と立をきて、今の世に立べきと思ふことをも又用に立まじきと思ふことをも、疑はしきことをも、又まことしやかなることをも、択びなく我腹中にとり入れて、積たくわへをくべきなり。年久しく熟すれば、後には用に立まじきと思ひしことも、疑はしきと思ひしことも、皆一つになりて、吾心あわひ昔とかわり行き、智恵の働きおのづからに、聖人の道に叶ふなり。

朱子学の学問は、こうした徂徠の一種ふくらみある学問論とは、かなり趣きを異にしている。一路「窮理」にむけられた学問は、同時にまた「科挙の学」であり、学問によって窮められた「義理」こそが、政治遂行の準則である。学問論はまた政治論であった。徂徠の学問論は、こうした政治と結合した学問のあり方に対する明白な批判である。こうした、一種の学問の「自立化」傾向もまた、武士にして武士に非ざる儒者、柳沢失脚後は市井に学を講ずる一介の儒者としての立場から由来するかもしれない。

古文辞学その他の、いわゆる考証学的実証的研究に認められるある種の科学性合理性は、こうした学問論によって保証されたものと見ることができよう。だが彼の学問は、あくまでも、聖人の道に向けられていた。基準としての聖人の道に照らしてみるならば、現実は批判さるべき衰乱の世である。ではひるがえって、聖人の上古には、果して真に完全善美な政治がおこなわれていたのであろうか。この疑問に、実証主義的にこたえようとしたのが、徂徠における古文辞学である。

だが、この実証主義的合理性は、過去へむけての合理性である。朱子学的な学問＝政治の状況から、徂徠は、ある点で、一歩ぬけでたのかもしれない。しかし、彼の学問は、過去の聖人へ向けて遡及する学問であった。現実の社会は、批判の対象として視野に入りえても、現実＝自然は、彼の学問的視野の中に入ってくることがない。徂徠においては、聖人の作為＝「政治」が強く意識されたことの代償として、自然把握の方向を、ほぼ完全なまでにドロップさせてしまった。

朱子学において、学問は政治であった。しかし、それは、社会像と自然像とを統一した義・理の学である。もちろん、その自然像は、社会像に従属したものであることを免れてはいない。だが、この社会と自然とを統一する包括性が、ともあれ、洋学の流入に対して、一定の対応を可能にする。徂徠学における自然の欠落は、洋学と対話すべき言葉を喪っているのである。徂徠の学が、上古の聖人の学、過去へむけての学たることの意味は、この点に照らして考えるならば、通常理解されている以上に深刻であるのかもしれない。

徂徠には、現状を冷静に洞察するリアルな眼がある。だが、それにもかかわらず、彼が現状の危機をのりこえんとして構想する制度改革は、きわめて復古的な「人返し」であり、一個のアナクロニズムたるの譏《そしり》を免れるものでなかった。

徂徠の弟子太宰春台（一六八〇―一七四七、延宝八―延享四）においては、現状のリアルな把握は、危機の深化とも絡んで、一層進められるといえる。このとき、春台において、いかなる制度改革が構想されるか。春台の制度改革の内容を検討して、徂徠学の帰結点を見てみよう。

凡天下を治むるを経済と云、世を経め民を済ふと云ふ義也、……凡経済を論ずる者、知るべきこと四つあり、一つには時を知るべし、二つには理を知るべし、三つには勢を知るべし、四つには人情を知るべし（『経済録』巻一）

「時」とは歴史、「理」とは物理、「勢」とは社会問題、「人情」とは人間の意識感情を意味する。この四つを知悉して「経済」をおこなうというのであれば、徂徠の制度改革の軸心たる「人返し」は、もはや現実的でないということにならざるを得ないであろう。春台においては、「遊民」を出身地に返してこれを「良民」とすることは不可能であり、

「人返し」は断念されている。春台は、「遊民」になんらかの生業を与えて、これを「雑戸」とせよ、とするのである。

凡民は、農工商賈の正業をなすを良民といふ、其他を雑戸といふ、……然るに二人の性に正業を好む者あり、正業を好まずして、雑戸不正の業を好む者あり、不正の業を好むは、皆無頼の徒也、此無頼の徒を教化して良民となすことは、堯舜も及び玉はず、されば帝都王城には種々の雑戸を立置て、彼無頼の徒の生産とす、戯場、娼家、粉頭店、私科子等の如き是也、（『経済録』巻九）

春台は、「無頼」＝遊民に、戯場・娼家その他の「歓楽」の場を設けることの利益を三つあげる。即ち、これによって「都下繁華」が達成され、無頼の徒が生業を得て「盗賊放火の悪事」から遠ざかり、そして、「民間富家の金銭」が世に流行し、貨幣の退蔵＝貨幣不足を免れることができる、というのである。

春台における「生産」とは、「戯場・娼家・粉頭店・私科子等」であって、いわば「歓楽」のための施設であり、徂徠的な流通主義から脱却するには至っていない。そこでは、社会の基本的な生産力をいかにして上昇させるかは、問題になっていないのである。にもかかわらず、ここには、貨幣の流通を否定しようとする復古主義ではなく、むしろ、その退蔵を回避して、その円滑な展開を追求するという立場が明白に表現されている。

だが、このことは、春台が、徂徠制度論の根幹たる「土着」を放棄したことを意味しているのであろうか。答えは否である。春台が、時・理・勢・人情に即して現実的に発想するとき、確かに彼は、金銀通用の立場に立つ。しかし、彼が自らの経済思想をその根本から展開するとき、彼の立場は完全に土着論のそれである。

民を治むる道は、土着を本とす、土着とは、天下の人を皆土に着る也、又地着とも云ふ、異国は勿論なり、吾国も古は民皆土着也、当代に及で、土着する者は農人ばかりにて、其他は皆土を離れ、旅客の如くなる者也、是に因て亡命の者世に多くなりて、姦悪をなす者絶ることなし、天下には戸籍なくしては叶はざること、前篇に云るが如し、戸籍を立るも、先海内の人民を悉土に着けざれば、戸籍を立べき様なし、是国を治る一大策也（『経済録』巻九）

農民漸々に減少すれば、米穀乏くなる、工商多くなれば、種々の貨物出生し、四方よりも聚る故に、人の奢侈の心を引起し、金銀を重宝する風俗に成て、国用漸々に匱くなり、上下貧乏の端となる、国家の大なる害也、（『経済録』巻六）

こうして、春台においては、現実的な議論とその根本思想（イデーとしての聖人の道）との間には、決定的とも言える矛盾が存在する。そして、この矛盾は、彼が、その『経済録』に『経済録拾遺』を拾遺して、藩営商業論を展開するとき、ひとつの頂点に達する。春台は「諸侯として市価の利を求むるは、国家を治むる上策にはあらねど、当時の急を救ふ一術なり」（『経済録拾遺』）として、藩営による商業の励行を説くのである。この春台の議論が、本多利明にひきつがれ、かつまた質的転化をとげて、全国を規模とする国君商業論・専売論として展開されるに至るのである。

だが、春台にとっては、その根本思想はいまだ儒教的農本主義イデーの枠の中にある。にもかかわらず、現実の危機の深化と春台のリアルな眼とが、このイデーと対立する金銀流通論＝藩営商業論を説くのを余儀なくさせる。この自家撞着は、なによりも、儒教的経世論の終焉を物語っている。〝リアルな眼〟がたんに〝リアルな眼〟にとどまって、現実の矛盾を真に克服するような、イデーの転換と結びつかないとき、その〝リアル〟さは、思想史的には、それ自体として無意味であることを、これほど冷厳に示す実例も稀であろう。〝リアル〟な眼と非リアルな〝イデー〟とのこうした乖離を用意したのは、いうまでもなく徂徠学の中にある。

徂徠・春台にはリアルな眼があったし、徂徠の古文辞学には、一定の実証的合理性とも称すべきものがあった。しかし、その合理性は過去へ向けてのそれであり、その制度改革構想の内容は、一個のアナクロニズムたるを免れていなかった。一定の学問的合理性が芽生えながら、それがついに貫徹されえないのは、そこに一つの体制（封建制）が予定され、その矛盾の把握に至り得ないがためであった。

こうした事態は、近世末期の時代に共通する学問状況であると云える。たとえば、新井白石の歴史論を見ると、そこには、明確な文献学的＝言語学的手続きが認められる。

わが国の上古のことを記した書物を読むさいには、そこに書かれてあることの意味をことばのあいだに求め、記されている文字にこだわるべきではない。上古の世には、いまの文字（漢字）というものはなかった。先の世から言いつぎ語りついだことを、のちの人もまた、言いつぎ語りついだだけである。……こういうわけで、上古のことを書き記したものを見るさいには、そこに記録されている文字にこだわるべきではなく、またその意味をことばのあいだに求むべきであるというのである。（『古史通』、『日本の名著第一五巻』）

こうした観点から、白石は、「高天原《たかあまのはら》」について、つぎのごとく言う。「わが国の上古のならわしでは、海のことを阿麻《あま》といい、「天をさして阿毎《あめ》という。阿毎はまた転じて阿麻ともいう。」こうしてもともと「海」を意味していた「あま」が、中国の「天」に当てられ、「高天原」は「海のほとりの地」でなく「上天」を指すようになってしまった。「これらは仮りに用いている字が疑似するのにわざわいされているからである。」

これが白石の言語学的手続きである。ここには、白石の神代史に対する乾いた合理的な理解の方法が示されているといってよい。しかし、ここでも、このかわいた合理的批判的方法は、白石自らが身をおく幕藩体制そのものに対してむけられることはなかった。合理主義者白石は、依然として旧い非合理な世界像の中に身を置いている。

合理的な学問的手続きは仏教論の領域においても発展してくる。もともと仏教についての学問的な手続きを介しての研究はあるはずもなかった。仏教に接近するものは、宗団に所属する僧侶＝知識人であり、仏教教典は、彼らにとって、無条件的な信仰の対象である。のみならず、日蓮の場合に顕著なように、経典は、彼らの特定宗派の絶対的正統性の権威的源泉そのものであり、これからのなんらかの離反は、ただちに糾弾の原因となるのである。こうした状況のもとで、仏教教理に対する学問的な検討がおこなわれるはずがなかった。

近世以降、仏教がイデオロギーとして後退し、現世の権力との結合も、教団中枢を別とすれば、従前に比してはなはだしくゆるやかな面が生まれてくる。仏教諸派のうち、中枢から遠い部分では、仏教に対する学問的アプローチが発生しうる。富永仲基『出定後語』などは、そうしたものの好例であろう。

仲基は、仏教をひとつの歴史的思想史的発展においてとらえようとする。すなわち、彼は、仏教を、原始仏教――→小乗仏教――→大乗仏教という、ひとつの「発展」の所産と捉える。ここに、仲基の「発展」の内容は、彼のいう「加上」である。ある説がある現象を説明するのに不充分になった場合、それにある説を加えて、この現象を説明しようとする。ここに、新しい説が形成されることになる、というのである。これが、仲基のいわゆる加上なのである。

ここには明らかに、それぞれの仏典をもって、時空をこえた絶対的無条件的な永遠の真理そのものとなす教派的な教典主義は影をひそめている。そこには、なにがしか、これを歴史的に相対化してとらえようとする学問的合理的思考の端緒がある、と言うことができよう。だが、仲基の加上説は、たしかに、旧説に新説の附加されるのを説くのであるけれども、旧説と新説との間に、なんらかの質的な差異を見るというのでなく、新説を加上して形成される第二の説は、単純に旧説＝第一の説の自己拡大というにすぎない。

だが、われわれによれば、思想の発展においては、同一の歴史的性格を有する思想圏内のものであったとしても、通常、旧説＝第一説の解体・再編をへてはじめて新説の附加が可能となり、ここにはじめて第二説が誕生する、という経過がたどられるのである。もちろん、第一説と第二説との間には、通常、思想の構成要素の同一性という点での連続面がある。と同時に、そこには、解体・再編という断絶面がある。だからこれを発展と称しうるのである。

旧説＝第一説の解体（↓再編）の思想内的根拠は、旧説に内在する矛盾＝対立そのものである。この矛盾＝対立の根底に当該思想のイデオロギー性があることはいうまでもない。現実の矛盾＝対立の進展が、イデオロギー性に由来する思想の矛盾＝対立を顕在化させずにはおかない。ここに、旧説の解体──↓再編──↓新説附加という経過が辿られるのである。

仲基には、こうした、思想の矛盾＝対立に由来する、第一説と第二説との間の切断が見えない。この限界は、仏教という同一思考圏内での思想発展を描く場合には、さまで問題は表面化しないかもしれない。だが、仏教から朱子学へというような思想の歴史的転換を、かりに仲基の加上説で処理しようとしたならば、この限界は、ただちに姿をあらわすであろう。

仲基の加上説は、仏教をなんらか歴史的に相対化させるかに見えて、かえって、思想の矛盾＝対立、すなわちイデオロギーを見落すことによって、仏教のもつ客観的意味を見失わせてしまうのである。だが、さきに見たように、林羅山は、仏教諸説の展開の過程を捉えるものではなかったが、それが人間＝個の主体性を現実において、否定するものであることを鋭く見抜いている。羅山は、学問的手続きを踏んで仏教にアプローチしたわけではない。しかし、仏教のイデオロギー性は、みごとに衝いている。仏教の客観的意味を捉える点で、羅山は仲基に抜きんでているのである。

ここにも、合理的学問的方法の進展が、自らのよって立つ前提――仲基は、商人であり、仏教者であった――、そのイデオロギー性の対象化へと向かうのでなく、かえってこれに埋没するという、パラドキシカルな思想状況がある。こうした、江戸中期以降の学問思想状況に照してみるとき、本居宣長は、どのようにとらえられるであろうか。こうした学問思想状況の収斂点であるのか、それとも、そこには、新たな学問の大いなる出発があるのか。本居宣長の古事記・日本書紀等の古典に対する厖大な研究が、文献学的・言語学的な方法的手続きにおいてなされたことは周知のところである。すなわち自己の主観（さかしら）を排して、古典に描かれている精神（意＝こころ）と事実（事＝わざ）を対象に即してとらえる、その方法として、過去の言語（言＝ことば）のほんらいの意味を解読するという手続きをふむ、というのである。こうした宣長の学問的達成は、今日に至るまで、非常に高い声価を博している。確かにそれは、日本学問史上の一大偉観と称するに値いするであろう。

宣長の学問は、国学と称せられるように、儒教批判をその中心内容としてもっている。まず、宣長の儒教批判から見ていこう。

宣長の儒教批判は、それが「おのづから」なるものに反する「さかしら」であるということに集約される。「神道《ノ》に随ふとは、天下《ノ》治《ヲサ》め賜ふ御《ミ》しわざは、……いさゝかもさかしらを加《クハ》へ給ふことなきをいふ、」「からくににして道といふ物も、其旨をきはむれば、たゞ人の国をうばはむがためと、人に奪はるまじきかまへとの二《ツ》にはすぎずなもある。」「大かた漢国の説《コト》は、かの陰陽乾坤などをはじめ諸《モロモロ》皆、もと聖人どもの己が智《サトリ》をもて、おしはかりに作りかまへたる物なれば、うち聞《ク》には、ことわり深《フカ》げにきこゆめれども、彼《カレ》が垣内《カキツ》を離《ハナ》れて、外よりよく見れば、何《ナニ》ばかりのこともなく、中々に浅はかなることどもなりかし、」「また易《ヤク》などいふ物をさへ作りて、いともこゝろふかげにいひなして、天地の理《コトワリ》をきはめつくしたりと思ふよ、これはた世人をなつけ治めむための、たばかり事ぞ、そも〳〵天地のことわりはしも、すべて神の御所為《ミシワザ》にして、いとも〳〵妙《タヘ》に奇《クス》しく、霊《アヤ》しき物にしあれば、さらに人のかぎりある智《サト》りもては、測《ハカ》りがたきわざなるを、いかでかよくきはめつくして知ることのあらむ、」（「直毘霊」）

宣長は、儒教の道＝徳治とともに、その自然観を、さかしら＝作為として批判し、これに対して、記紀とくに古事記のうちに示される社会と自然とに対する「おのづからなる道」こそ、真に自然的なるものだとして対置するのである。だが、われわれは、すでに第二章、第三章において見たように、儒教も記紀＝神道もいずれもアジア的思惟に属するものであった。もちろん、そこには、中国的特質と日本的特質があった。そして、神道は、空間形式＝上下序列の整備を、儒教思想の導入にまたねばならなかった。

また、その自然観についても、中国にあっては、その巨大な猛威によって社会全体を危機におとし入れるという自然の特質によって、自然の法則的認識（要素論と変動論との両方向からする）の萌芽が認められることを指摘した。他方、日本にあっては、あのアシカビヒコジに象徴される土地の生産力高い小自然のゆえに、かえって、情緒的感覚的な自然観が永く支配してきたことも、くり返し指摘してきたところである。社会把握にあっても、自然把握にあっても、日本の中国に対する、思想的後進性は、これを否定することができない。

だが、宣長は、中国のそれをもって「さかしら」としてしりぞけ、日本のそれを真に「おのづから」なるものだと言うのである。こうした宣長の評価は、われわれの眼からするならば、きわめて不当という他ない。宣長が儒教の自然観と有徳君主思想を「さかしら」の作為となし、古事記の世界を真に「おのづから」なる自然とする論拠もまた、われわれからすれば、きわめて不当といわねばならない。よく知られているように、宣長が中国を非とし、日本を高く評価する理由は、中国が定まれる君のない王朝交替の国であるのに対して、日本は、一貫した天皇支配の存続する国だ、という点にある。

異国《アダシクニ》は、天照大御神の御国にあらざるが故に、定まれる主《キミ》なくして、狭蠅《サバヘ》なす神ところを得て、あらぶるによりて、人心あしく、ならはしみだりがはしくして、国をし取《トリ》つれば、賤しき奴《ヤツコ》も、たちまちに君ともなれば、上《カミ》とある人は、下なる人に奪はれじとかまへ、下なるは、上《カミ》のひまをうかゞひて、うばゝむとはかりて、かたみに仇《アダ》みつゝ、古《ヘ》より国治まりがたくなも有《リ》ける、其《ソ》が中に、威力《イキホヒ》あり智《サト》り深くて、人をなつけ、人の国を奪《ウバ》ひ取て、又人にうばゝるまじき事量《バカリ》をよくして、しばし国をよく治めて、後の法《ノリ》ともなしたる人を、もろこしには聖人とぞ云なる、……そも〳〵人の国を奪ひ取《ラ》むとはかるには、よろづに心をくだき、身をくるしめつゝ、善《ヨキ》ことのかぎりをして、諸人《モロビト》をなつけたる故に、聖人はまことに善人《ヨキヒト》めきて聞え、又そのつくりおきつる道のさまも、うるはしくよろづにたらひて、めでたくは見ゆめれども、まづ己《オノレ》からその道に背《ソム》きて、君をほろぼし、国をうばへるものにしあれば、みないつはりにて、まことはよき人にあらず、いとも〳〵悪《アシ》き人なりけり、……さて其道といふ物のさまは、いかなるぞといへば、仁義礼譲孝悌忠信などいふ、こちたき名どもを、くさ〴〵作り設て、人をきびしく教へおもむけむとぞすなる、さるは後の世の法律を、先王の道にそむけりとて、儒老はそしれども、先王の道も、古《ヘ》の法律なるものをや、（同上）

すべて何《ナニ》わざも、大《オイ》らかにして事足《タリ》ぬることは、さてあるこそよけれ、故《カレ》皇国の古《ヘ》は、さる言痛《コチタ》き教《ヘ》も何《ナニ》もなかりしかど、下が下までみだるゝことなく、天下《ノ》は穏《オダヒ》に治まりて、天津日嗣いや遠長《トホナガ》に伝はり来坐《キマセ》り、さればかの異国の名にならひていはば、是《レ》ぞ上《ウヘ》もなき優《スグレ》たる大《オホ》き道にして、実《マコト》は道あるが故に道てふ言《コト》なく、道てふことなけれど、道ありしなりけり、（同上）

この宣長の所説は、つきつめて言えば、不変は真であり自然である、逆に変化は真ならざる作為だ、ということに帰着する。記紀の世界の真＝自然は、ただ一点、天津日嗣＝天皇家の支配の永遠性があることによって保証されている。こうした宣長の日本・中国論がきわめて不当で一面的なものであることはくり返すまでもないが、宣長が、こうした仕方で捉えている、宣長にとって、真に自然な古事記的＝日本的世界の内容にさらに立ち入ってみよう。

宣長の描く日本的世界の自然像は、いわばアニミズム的な神々の世界であるが、まったくアナーキーな世界というのではなく、頂点にアマテラスを戴いたひとつの合理化過程を経過した世界である。個々の神々は、たとえば、産霊神＝生成力の神というように、一つひとつの現象に応じた名称を有している。これらの神々の中には、善き神も悪しき神も共に含まれており、そこには、善と悪とのダイナミズムがある。だが、頂点には、日の神アマテラスが君臨して、終局には、善なるものが大勢を占めることになる。これが、日本的自然の空間構造である。この世界、終局には善なる世界は、アマテラスの系譜が連続することに示されるように、時間的に永続する。これが、時間的構造である。この時間構造が、アマテラスの系譜の存続によって現在に至るまで永続していることによって、宣長は、日本的自然の真なる自然性を推定するのである。（アマテラスの系譜の連続、天皇家の存続は、上代人にとって予定されたものであるが、宣長にとってもまた予定であることは、ここにあらためて指摘するまでもないであろう。宣長にとって真なる日本的自然もひとつのイデオロギーなのである。）

これに対して、中国的自然の構造は、様相を異にしている。その空間的構造は、善神・悪神が「自由に」活躍する日本のダイナミックなあり方とはまさに対極的に、スタティックな規則性を有している。天地山川祖霊の規則的な序列的編成である。この規則的序列編成は、時折の障害――洪水等――によって破壊されるが、ふたたび、この規則的序列は回復される。スタティックな規則性をもつ空間構造は不断に再生される。ここでの時間的構造は、単線的永続ではなくて、規則的循環性を特色とする。ここでは、空間構造の再生が問題の焦点であって、時間構造は、その一時的中断という程度の意味しかもたない。時間構造は、空間構造に吸収される、時間意識は空間意識に吸収される、こういうことができるであろう。

日本の場合には、スタティックな空間構造がない。空間構造は、善神・悪神がおのがじし活動するダイナミズムとしてあり、その特定のあり方は、それ自体としてありえない。問題の焦点は、自然の善性を推定させる、アマテラスとその血縁系譜の存続という点にしぼられる。ここでは、中国とは逆に、空間構造・空間意識が、時間構造・時間意識に吸収されるであろう。こうした時間意識を基礎にした自然観からするならば、中国的な空間意識を基礎にした自然観は、きわめて非自然なものと映ずるであろう。スタティックな規則性の中にある〝自然〟などというものは、〝自然〟という言葉の濫用である、と。

だが、われわれによれば、以上の両自然観は、ともに、アジア的家父長制的世界の所産である。中国のアジア的世界は、巨大な自然の猛威に対処すべく、家父長制的一元化を極点にまでおし進めたものであり、この自然の猛威に対処し得る君主の徳が強調され、直接的な血縁系譜、自然生的血縁そのものはむしろ後景にしりぞけられている。にもかかわらず、それによって維持・再生されるべきものは、血縁的＝アジア的世界そのものである。

これに対して、日本の自然は小自然であり、母系制的遺制が残存する。家父長制的一元化が、ともかくも果たされるとはいえ、その質は、中国の有徳君主による巨大で徹底したそれとは到底対比すべくもない。父権制はたえず、母系制的アニミズムの世界に牽引される。父権制権力が、自然のすみずみまで規則的に統轄するなどということはあるはずもない。善なるものも悪なるものも、「自由」に活動する。この世界は、角度を変えて見れば、善悪を超えた世界として映ずるであろう。宣長は、これをこそ真の自然と見たのである。

われわれからするならば、宣長のこの理解は、日本のアジア的世界の原始性をもって、真の自然と見るということにほかならない。古事記的世界といえども、この原始性を克服するための努力をくり返している。天皇制の永続そのもののためにも、空間構造の秩序を追求しなければならず、この目的を果たすため、儒教的空間構造の導入が試みられているのである。宣長の眼には、ついで見るように、それは無用の混乱を招来し、日本的自然を汚染するさかしらとしか映じない。こうした普遍史的位置づけを欠如したままの日本的個性を無批判的に強調する文化パターン論は、今日なお広くおこなわれている。こうした場合、日本的パターン＝日本的個性の追求をもって、日本人にとって最も主体的なあり方とする一種の問題のすりかえがしばしばおこなわれている。

だが、それにもかかわらず、宣長が儒教的作為に日本的自然を対置したとき、それがひとつの錯誤を含むものだったとしても、彼は、ある「自由」な世界を自然としてとらえているのである。この宣長の「自由」な、ダイナミックな世界は、従来の儒教的世界をなにがしか超える新たな展望を含んでいるのかもしれない。われわれは、宣長の「自由」でダイナミックな世界の内容をさらに追求してみなければならない。そこには、何らか新たなる展望が含まれているかもしれないのだから。

宣長の思想をきわだたせているものは、彼の主情主義である。儒教思想＝からごころの不細工で粗野な導入が、真の自然性たる日本的自然をそこなってしまった。このからごころを排した「情」の回復が、宣長の主眼点である。日本的自然＝情を回復した人間によって構成される「自由」でダイナミックな社会内容は何であったのであろう。

中国的自然観は、秩序的な自然観であり、これがまた社会観に投影されて、人間＝社会的秩序が構想される。人はこの秩序にしたがわなくてはならない。ここに規範主義、リゴリズムが成立する。この規範主義のもとで、人間のゆれ動く情念、秩序と対立するかもしれない情念が、ともすれば抑圧否定の対象となることは確かである。宣長が、中国的自然観＝社会観＝儒教を非自然となすのは、確かに、儒教のイデオロギー性を、一面では衝いているのである。

儒教の道学的な規範主義の重圧をおしのけて、もののあわれを知る情念の世界の意味を主張する宣長の思想が、いかにも清新なものと思われ、いまも思われていることに、まったく理由がないわけではない。だが、儒教をもって、情念の世界をまったく無視抑圧するものとなす宣長の一方的断罪には、きわめて大きな問題がある。くりかえし述べたように、朱子学のライト・モティーフは自然の復権であった。そしてまた、これまで見てきたように、儒教自身の思想運動としても、規範主義批判と「人情」の重視が追求されてきた（藤樹・蕃山・素行・仁斎）。作為＝制度改革を重視する徂徠においてさえ、これを単純に自然に対立するものと考えられてはいない。自然そのものへ帰ることの不可能を見たうえで、なおかつ彼は、自然の方向を追求しているのである。

宣長は、秩序＝規範をさかしらとしてしりぞけ、情のままなる自然を強調する。だが、人間ひとりひとりが、己の情――朱子学的意味での――のおもむくままに、一切の規範を離れて行動するならば、そこには、ひとつのアナーキーが結果されないだろうか。宣長が情念の世界を高唱したとき、アナーキーをもって、彼の理想としているのであろうか。もちろん否である。

もしも、アナーキーをそもそも目標とするのであれば、その対象が学問の領域にむけられたとしても、学問的手続きを厳密に組織だてること自体が無意味化されるであろう。確かに、宣長が秩序＝治国について言及するのは、その厖大な著述の中のごく「例外」的部分にかぎられている。しかし、そのことは、宣長の思考の中でも、それが例外的偶発事であったことを意味するのでは決してあるまいと思う。

人が情のままに行動し、なお、そこに秩序が実現されるのはいかにしてなのだろうか。宣長における情―秩序の連関が検討されねばならない。ここにこそ、宣長の自然的情的人間によって構成される社会の内容があるはずだからである。

問題を鮮明にするため、あえて言えば朱子学的情であるならば、人がこの情のままに行動するならば、そこにはアナーキーしか結果されないだろう。だが、もし、この情が、ロック・スミス的なモラル・センチメントだったとしたら、人は、情＝自然（権）を行使してなおかつ、平和的秩序のうちにあるのである。宣長における情―秩序の構造連関はなんであろうか。

こうした観点から、宣長にとっての秩序の内容を追跡してみると、われわれは意外にも、宣長の宋学＝朱子学肯定に遭遇する。

国を治むる人の、がくもんし給はんとならば、をさまれる世には、宋学のかた、物どほけれど、全くそこなひなし、近き世の古文辞家の学問は、ようせずば、いみしきあやまちを引いづべし、（『玉勝間』、十四の巻）

宣長は、平和時における治国の学は宋学＝朱子学がよいのであって、古文辞学＝徂徠学は不適当としりぞけるのである。だがこのことをもって、宣長の中に、情＝自然と秩序＝社会とを朱子学的統一性において捉える思考があると見たら、それは大きな誤りである。宣長は、このように朱子学を是とし、徂徠学を非としながら、自然と社会との分裂を見る点では、徂徠学とまったく一致している。

抑吉凶《ヨシアシ》き万《ヅ》の事を、……漢《カラ》の道々には天命といひて、天のなすわざと思へり、これらみなひがことなり、……抑天命といふことは、彼《ノ》国にて古《へ》に、君を滅《ホロボ》し国を奪《ウバ》ひし聖人の、己《オノ》が罪をのがれむために、かまへ出《イデ》たる託言《コトツケゴト》なり、まことには、天地は心ある物にあらざれば、命あるべくもあらず、もしまことに天に心あり、理《コトワリ》もありて、善人《ヨキヒト》に国を与《アタ》へて、よく治めしめむとならば、周の代のはてかたにも、必ず又聖人は出ぬべきを、さもあらざりしはいかにぞ、（「直毘霊」）

凡て此《ノ》世《ノ》中の事は、春秋のゆきかはり、雨ふり風ふくたぐひ、又国のうへ人のうへの、吉凶《ヨキアシ》きの万《ノ》事、みなことごとに神の御所為なり、さて神には、善《ヨキ》もあり悪《アシ》きも有《リ》て、所行《シワザ》もそれにしたがふなれば、大かた尋常《ヨノツネ》のことわりを以ては、測りがたきわざなりかし、（同上）

天は、たゞ神のましますにこそあれ、心も、行ひも、道も、何も、ある物にはあらず、いはゆる天命、天道などといふは、みな神のなし給ふ事にこそあれ、（『玉勝間』、十四の巻）*

＊宣長の天命説批判について、少し補っておこう。天に心なし、と断言する宣長の思考は、天＝自然と心＝人間（社会）との切断を果しえず、神＝天の自然神的性格を払拭することを得ないアジア的自然観、アジア的神概念への明白な拒絶を意味している。宣長にとっての神は、意志し決断する人格神であるかにも見える。だが、ここでも、宣長の、中国の天と日本の神の理解は、不当である。中国の天は、アジア的社会の一元化を極限的に遂行した中国社会を総括する、普遍化＝合理化された特定名辞（姓）をもたない神である。ここでも、もちろん、自然神的性格を拭い去ってはいないけれども、一つの全体的な「合理」的世界像から、人間の行為を意味づけ、処断する人格神的契機は、天の中に深く浸透している。他方、日本の神々は、その普遍化＝合理化過程の弱さの故に、特定名辞を固着させている。アマテラスは、日神＝太陽神なのである。日本の神々には、自然神的契機がより濃厚なのである。だが、外見的には、名辞なき天はより自然的に、名辞を固着したアマテラスは、より人間的＝人格的に見えるかもしれない。天に心なしとして自然神的にとらえ、アマテラス＝太陽に、人智をこえた「御所為」＝人格的意志を見る宣長は、この外見にまどわされる素朴な未熟さを脱却していない。それは、なによりも、宣長における人格神概念——自然の切断——の素朴未熟を表現しているのであろう。だが、ともあれ、ここには、神の人格神化へのひとつの動きがある。その素朴未熟にもかかわらず、この方向を推進するのであるのか、それとも、その萌芽にもかかわらず、古い日本的原始性へ回帰してしまうのか、ここに、宣長問題の一論点がある。

朱子学を是とし徂徠学を非としつつ、他方では、徂徠学派とひとしく、自然＝天と社会＝作為とを切断する宣長の思考のブレは、果たしてなにを意味するであろうか。さらに言えば、あれまで主情主義を説く宣長が、朱子学を以て治国の学として、「全くそこなひなし」と称する思考のブレは果たしてなにを意味するであろうか。自然＝主情主義を作為＝儒教に対置し強調する宣長には、反中国＝日本主義があったにちがいない。反中国意識が情を拡大させたともいえるのである。他方、朱子学を是とする宣長には、反徂徠学意識があった。反徂徠意識が、朱子学を「全くそこなひなき」ものと評価させたのであろう。宣長の秩序観を、根底的に動機づけるものとして、反中国、反徂徠学という二つの契機があることを、われわれは知らねばならない。この二つの契機によって動機づけられる宣長の特殊なる秩序観は何であったろうか。

まず、宣長の反中国＝日本主義から考えてみよう。近世初頭以来、徳川政治思想史の根底的なイッシューとして、日本主義と中華主義との対立があることは、これまで見てきたとおりである。封建社会とは、いうまでもなく、領主と農奴との対抗関係を軸とする社会である。農奴とは自立的な生産主体である。したがって領主＝農奴の対抗は、日常的な緊張関係たらざるを得ず、領主側は、これに対抗して、領主連合を形成する。日本でそれが幕藩体制として形成されたことはいうまでもない。この場合、注意すべき点は、封建的な生産が、特定大地への働きかけである農業を基軸とする自然経済基調において遂行される点である。社会の基底は、地域地域の地縁的——と同時に「言語・血統・風俗・習慣等」の共同関係を秘めた——結合がある。日本の場合、これらの結合の中心に、土俗的な神々、すなわち、日本的な神々が存在することはいうまでもない。

武家たる徳川氏が、幕藩体制という形態において領主連合を樹立しながら、日本的神々の頂点たるアマテラスの直系＝天皇家の征夷大将軍としての形態のもとに、これを実現したのは、実に、この土着的な結合（＝封建的ナショナリズム）を、全国統一に際して、無視しえなかったからである。

このことが、羅山学の中に、中華主義と日本主義との相剋を孕ませ、蕃山・素行において、この相剋緊張が露出してきたことは、以上に見た。では、宣長において、「国」＝日本意識は、いかにして形成されたのであろうか。そしてまたそれは、羅山における倭＝日本意識といかなる関係にたつのか。反徂徠学という契機に支えられて、宣長は、「自由」なる「情」を解放しつつ、ひとつの秩序を構想する。そしてこの秩序的世界は、あるナショナルな志向の覚醒と結合している。この宣長の構想＝展望は何であるのか。

さて、ここで、当時の日本社会における政治的・思想的問題状況が何であったか、概観しておこう。宣長もいうように、当時の問題の焦点は、百姓一揆であった。「近年は年々所々にこれ（百姓一揆）有て、めずらしからぬ」ほどの頻発ぶりであり、その規模は「村々一致」の程度に至っている。一揆のかかげる要求は、もとよりさまざまであるが、その中心点は年貢の過重である。では、当時の年貢をめぐる問題状況は何であったか。

幕藩体制下の年貢徴収方法に、検見制と定免制とがあることはいうまでもない。検見制は、年毎の作柄に応じて年貢額を定める方法であり、領主の恣意によって左右されやすい。農業生産力が安定するにしたがって、年貢額が一定してくる。これが定免制である。この場合には、農民の手元に剰余が残る可能性、すなわち蓄積可能性が生ずる。先進地帯ではある程度の商品農業が展開しはじめる。たとえば、畿内の棉花栽培など。ここでは、経営活動がかなり自由におこなわれることができ、経営の合理化志向もでてくる。この場合には、彼らの経営の自由な活動を最終的に阻む年貢——封建制そのものへの批判さえも発生しかかる。先に見た大塩中斎の反乱も、ある意味では、ここに連関する。すなわち、大塩門下には、畿内の小経営層が含まれているのであり、大塩の思想自体は、旧い体質を越えてはいないが、彼の時政批判と、小経営層の年貢廃棄の要求とが、現状批判というかぎりで一致しているのである。

大塩の乱のあっけない潰滅は、しかしながら、こうした自由な小経営への道が、きわめて困難であることをさし示している。農民の中に発生した蓄積可能性は、もちろん、農民個々のさまざまな事情によって、それぞれ異なるがため、農民の間に不均等発展をよびおこし、農民層は分解しはじめるのであるが、ここでは、小ブルジョア経営の順調な発展は、容易に進んでいかないのである。経営を拡大していく農民は、ある水準にまで達すると、商品生産をさらに拡大するか、むしろ土地を小作に出す寄生地主となって、農民の手元に形成されている剰余を中間搾取するかの分岐点を迎えることになる。

日本では、商品生産を拡大するブルジョア化の傾向よりも、地主化＝中間搾取化の方向が圧倒的に強い。そして、この時期にまた検見制が復活してくる。農民の手元に剰余が発生しかかっており、これを、領主権力と農民の間に立つ、民間の地主が略取するという事態が発生するとき、領主権力——参勤交代等によって、貨幣経済にひきこまれ、財政逼迫のさ中にある――がこれを見逃すはずがないからである。こうして、百姓一揆が頻発する。一揆には、自由な小経営の樹立をもとめて、年貢そのものの廃棄を要求する方向にあるものと、定免制から検見制への逆転・年貢過重によっておいつめられた農民の絶望的なそれとの両極があるであろう。大塩の乱は、前者に触れる面を有したけれども、彼の思想は、その正当なる代弁ではなかった。前者の要求を普遍的世界像の中に概括し、絶望的困窮農民とも連携を果しつつ、封建社会をトータルに廃棄し、市民社会を展望する政治思想の出現こそ、この時代がなににもまして待望したところだったのである。

さて、わが宣長学に見出される、あるナショナルな覚醒をともなった、「自由」なる情の解放の上に立脚する秩序観は、この時代の待望といかなる関連にあるのだろうか。

『秘本玉くしげ』は、宣長が五十八歳（一七八七＝天明七年）に先代紀伊侯徳川治貞の諮問に答えて、すでに書かれていた『玉くしげ』とともに呈出した宣長の政策論である。理念と現実との距離を測定するものが学問であり、この距離を克服する方法の発見が政策論であるとすれば、政策論の分析を通じて政策立案者の理念＝秩序を、もっとも具体的に知ることができるであろう。こうした観点から、宣長の『秘本玉くしげ』を検討してみよう。この『秘本玉くしげ』を、儒教的経済論にもとづくさまざまな政策論から、特徴的に区別づける点は、それが、農民の困窮を年貢の過重に見ている点である。

近来百姓は、殊に困窮の甚しき者のみ多し、これに二つの故あり、一つには地頭へ上る年貢甚多きが故也、二つには世上一同の奢につれて、百姓もおのづから身分のおごりもつきたる故也、

宣長によれば、「百姓」の「困窮」は、「年貢甚多き」ことと、「おごり」とである。「上古」では「廿分の一ほど」で

あった年貢は「後に段々多くなり」、特に「戦国の時」になると「年貢をも過分に取らでは足らぬやうになりて、年々に増取《シル》ことになり」、「其分にて今に至れる也、」「されば今の世の年貢は、かの戦国の比のまゝなれば、至て多きこと也、」。だが宣長によれば、「年貢も今更俄に減ずることは、決してなりがたき御事」なのであるから、結論として、「有来る定まりの年貢のうへを、いさゝかも増さぬやうに、すこしにても百姓の辛苦のやすまるべきやうにと、心がけ給ふべき事、」を要求する。宣長の年貢に対する主張は、要するに現状維持——定免制維持という一点に収斂している。

年貢は有来りたる定まりのほどは、やむ事を得ず、其通りなり共、せめては其うへをいさゝかも増ぬやうにあらまほしきに、……百姓手前より出す物、年々に多くなりゆく故に、百姓は困窮年々につのり、……或は困窮にたへかねては、農業をすてて江戸大坂城下〳〵などへ移りて、……田地荒れ郷中次第に衰微す、これに因て法度を立て、百姓の兄弟子供などを外へ出す事を、きびしく禁ぜらるゝ国々あれども、それは源を濁して、流れの末を清くせんとするが如くなる物なる故に、其禁制もとかくに立がたく、又今の世は、たゞ当座の事をのみはかりて、始終の所を考へざるならひなれば、さしたりてまづ其年の上納だにとゝのへば、宜しき事にして、百姓の痛むをばかへり見ず、百姓いためば、ゆく〳〵上の大なる御損失なることをも思はず、漸々に農民のおとろへゆく事は、かへす〴〵も歎かはしき事の至り也、

年貢の過重、増徴による農民の分解＝離農を目前にしつつ、「禁制」（制度！）による分解阻止は徒労におわるほかあるまいとだけ言って、なんら対策を述べようとしない。あくまでも、年貢現状維持を固執し、もし増徴すれば、農村解体は必至だとつき放してしまう態度の中にその年貢論が、定免制維持にあることが示されている。この点は、宣

長の儒者批判からも知られる。儒教のいう「聖人の道」は「まことの道を知らざるもの」であり、さればこそ「唐土の代々に、久しく治平のつゞけることはな」い――定まれる君なし！――、「代々にいろ〳〵の新法をば立る」ゆえに「改むる度ごとに害多く」なる。「惣じて古へより唐土の国俗として、何事によらず、旧きに依ることを尚ばず」。この宣長の儒教批判は、儒教の伝統主義を見逃すものであるが、彼の主張、定免制伝統化の志向は、明確であろう。

　宣長の年貢論が定免制伝統化の一点に収斂するものであることは疑いない。では、宣長は、いかにして、これを実現しようとするのか。一揆などの直接行動が、宣長にとって論外であることは、以上の行論からしても、すでに推測に難くない。宣長は、一揆がもし発生した場合には、これを速やかに処断することをすすめている。そして、そもそも一揆が生ずることのないよう「本を正」せというのであり、「本を正」すとは、百姓に対してあわれみの態度をもって接することであり、その具体的内容は、年貢増額をさけることに帰着する。「然れば此事はとにかくに、その因て起る本をつゝしむ事肝要たるべし、」「その本を直すといふは、非理のはからひをやめて、民をいたはる是なり」。要するに、宣長が、定免制維持を達成する方法は、領主に「民をいたはる」仁政を要求することに他ならなかった。民をいたわる態度で接すれば、百姓は困窮にたえる。「たとひいかほど困窮しても、上のはからひだによろしければ、此事〔一揆〕は起る物にあらず、」。こうした態度が失われるとき、世の乱れ＝一揆が発生する、というのである。この宣長の発想は、結局、儒教の有徳君主思想に帰着するのではないだろうか。儒教の有徳君主思想は、すでにのべたように、君主＝天子は仁慈をもって仁政をおこない、下のものは、恭順をもってこれに応えるという思想である。その際、騒乱が発生すれば、それは天子の失政であり、天子は責任をとって地位を追われるのであるが、この天子に天命を下した天自らは責任を問われることなく、王朝の交替が生じても、体制そのものは不変である。これに対して、宣長の場合には、「下の非あらば、その張本のともがらを重く刑し給ふべきは勿論の事、又上に非あらば、その非を行へる役人を重く罰し給ふべき也」と言われて、領主の責任は問われない。宣長にあっては、領主的体制が維持されることとなる。

責任追及がどこまで及ぶかという点で、儒教と宣長との間には差異がある。しかし、仁政を要求し、失政あった場合には、ある範囲内で責任を問う、という発想の点では、両者は全く軌を一にしている。宣長は「上より民を救ひ給ふ御仁政」を明らかに要求している。仁慈たれとの要求こそ、一切の儒教的規範の源泉ではなかっただろうか。

宣長には、激しい儒教批判があった。しかし、現実の政治の場にふみこんで政策論を展開するとき、彼は、自ら批判してやまぬ儒教的規範主義を採り入れる他ないのである。治国の学として、宣長が朱子学を「そこなひ」なきものと見た意味はもはや明白であろう。

そもそも一揆などの発生することのないように「本を正」すべき治国の学は、儒教的朱子学的仁政論である。だが、すでに一揆は、現実のものである。宣長は、平時の学としての朱子学とともに乱れたる世に対する対処の仕方をも考察しなければならない。そして、その具体的方策は、「手強きときは、やむを得ず、少々人を損じてなりとも、まづ早く静むるやうにはからはんこと、もとより然るべきこと也、又後来を恐れしめんためにも、一旦は武威を以て、きびしく押へ静むるも権道也」。

失政の領主は、その責任を上なる役人と下なる張本人に求めて、自らは、「武威」を以って、騒乱を秩序に返すのである。平時における仁政、乱世における武、これが、宣長にとっての秩序保証の要件である。自らなる性情は、宣長において、必ずしも秩序には至らない。秩序は仁政＝規範によって維持され、「武威」によって回復されねばならないのである。時代の待望する政治思想としてありうべき、モラル・センチメントは、宣長の情ではなかった。「武威」もまた、ひとつの作為であろう。宣長が徂徠学を非（宣長の伝統主義が、徂徠の制度改革論と対立する）としつつも、自然＝天と社会＝作為とを切断する点で、徂徠と思考をひとしくすることの意味は、これによって明らかであろう。

宣長は、儒教をさかしらとし、作為として、自然なる性情をこれに対置した。しかし、宣長が、現実的な場に立って思考するとき、彼は、一方で完全に仁政論＝規範主義の立場に立つとともに、他方では、武を承認する。この点において、宣長は、日本近世儒教の立場とまったく同一なのである。別のレヴェルでも、同じことが言える。彼は、領主財政の窮乏の根拠を奢りに求め、その解決を、結局は、倹約に求める——ただし、たんなる倹約でなく、分相応に消費するのがよいというのが、彼の最終断案なのであるが——点でも、儒教経済論——ただし、それはすでに見たように、宣長ほど事柄を単純化しているのではないが——と軌を一にしている。もし、彼をこれと分かつものがあるとすれば、定免制伝統化志向ただ一点であろう。にもかかわらず、彼は、主情主義を儒教的さかしらに対置する。彼の定免制伝統化志向と主情主義とは果して何を意味するのか。そしてまた、それは、相互になんらかの連関を有するのであろうか。

ここでわれわれは、宣長の視点の基底にあるものを探るべき地点に到達した。これを探るために、われわれは、宣長の知識人状況＝身分状況を考察しなければならない。宣長は、周知のように、伊勢松坂の商人である。しかし、彼は、封建貢租たる米を、領主から購入し、他方、領主に奢侈品等を販売するという、直接に領主と結合した商人ではなく、徳川中期以降の、商品的農業の展開を踏えたそれであるように思われる。

この点は、宣長の伊勢＝松坂論からうかがうことができる。松坂は、参勤交代路の要衝である。と同時に、この伊勢街道は、高見峠経由の河内・摂津方面からの木綿運搬の主要路でもある。交通は、直接領主的なるものと、新たな生産力展開＝摂津型に立脚するものとの二重性を帯びるに至っている。宣長は、こうした相対的な意味での新しい商業が、松坂の地に文物を導入することを可能にしたと謳歌しつつ、松坂の欠点として、道路の、商品運搬路としての不備、交通網の拠点としての商品搬出港の不備、この二つを挙げるのである。

この伊勢＝松坂論は、宣長が、旧い領主＝消費経済に直接する商業でなく、新たな生産力展開に立脚する相対的に新しい経営の上に乗った商業を展望していることを、間接的ながら、われわれに窺知させてくれるのである。

ここでの商人資本にはおそらく、二つの選択がありうるであろう。ひとつは、新たに展開しつつある商品生産のために活動する、すなわちその完成形態を予測していえば、産業資本に奉仕する近代的な商業資本の方向であり、いまひとつは、ともあれ、領主制を前提し、これに寄生する、前期的商業資本の方向であろう。この場合、前期的商業資本から、近代的なそれへの転身を意味する第一の方向がえらびとられるためには、思想史的問題として言えば、商品生産＝価値生産の意味が把握されねばならないであろう。流通過程から利潤をとらえるかぎり、生産のもつ意味は、理解されるはずがないからである。だが、さきに見たように、宣長は、領主財政の危機、農民の困窮の原因を「奢侈」にもとめている。このことは、宣長の眼が生産過程に向けられていないことを暗示している。

かりに消費が拡大したとしても、問題をやや単純化して言えば、この消費の拡大に応ずるだけの生産力の上昇がともなえば、財政危機は生じないであろうし、また倹約の必要もないはずである。こうした、いわば発想の転換のためには、生産力の問題、なかんずく労働の生産性の問題が視野に入ってこなければならない。宣長が奢侈＝倹約論の中にあることは、ここでそうした発想の転換が生じていないことを示しているし、彼の眼が、生産過程に至るものでなかったことを語っている。また宣長は、町人について、「面々の先祖、又は己己が働きにて得たる金銀」という。このとき宣長は、前期的商業利潤が、農民的生産的労働の成果の収奪よりなることに、まったく盲目なのである。たしかに、日本的自然のもとにあっては、生産力上昇は、土地の生産性の問題として捉えられやすいであろう。ここでは、労働価値論は容易には形成されないのである。

だが、宣長（一七三〇―一八〇一）とほぼ同時代に生きたアダム・スミス（一七二三―一七九〇）は、「たしかに、身分や地位の高い人たちの法外な贅沢にくらべると、労働者たちの暮しぶりは、疑いもなく大いに単純で手軽に見えるにちがいないが、それでも、おそらく次のことは真実であろう。すなわち、勤勉で倹約な農夫一人の暮しぶりは、一万人もの裸の野蛮人の生命と自由の絶対的支配者であるアフリカの多数の王侯の暮しぶりを凌ぐこと万々である。この差にくらべるならば、ヨーロッパの王侯の暮しぶりの農民のそれに対する優越などはいうに足りない、ということである。」（『国富論』第一篇）という。そして、こうした事態を生んだのは、実に、「勤勉で倹約な農夫」の小経営を基礎とする社会的分業、これのもたらす高い生産力であることを明らかにするのである。

日本国内においても、三浦梅園には、かすかながら、労働価値説への予感がある。あの摂津型商品農業に近接する地域にあって、時代の先進的待望がまさにそこにあるとき、宣長は、しかし、これに応じない。

第一の方向は、かくして宣長によってえらばれることはできない。宣長の選択は、結果的に見て、第二の方向であった。商人＝前期的商業資本は、いずれにせよ、封建的領主経済に寄生している。そこには守旧的態度がまつわりつくであろう。彼らは、豊かな財力を有し、なかには、学問に関心をもつものもある。だが、士農工商の身分序列のもとでは、その豊かな財力にもかかわらず、被支配者の最下層に位置づけられ、政治からはまったく排除された存在である。財力と身分状況とのきわだったアンバランスは、彼らの内面に不満を欝積させる。そこからは、体制への批判と被支配層への共感とが、ある限度内で生まれうる。しかし、彼らの寄生的性格のゆえに、この批判と共感とは、せいぜいその主観内のことがらであって、かりに体制批判の激しい言動があったとしても、それが現実的に貫徹されるなどということは、まったくありそうもないことなのである。

「年貢甚だ多」きことに宣長が着目するのは、被支配層最下層たる身分状況からする農民への被支配層としての共感にもとづくのであろう。だが、その寄生的性格が、その年貢減少論への展開をも阻んでしまう。封建権力に寄生し、その視点から事態を見るならば、いかに「年貢甚だ多」しと見たとしても、年貢減少の、それでなくとも逼迫した領主経済への悪影響は、否定的に判断される他ないからである。彼の被支配層への共感も、商人資本の利害と一致する限度に完全にとどめられるのである。彼は、定免制のもとにおいて形成される農民の商品生産に立脚する商人資本であった。宣長の年貢率現状維持＝定免制伝統化は、まさに、宣長の立脚点の、もっとも直接的な表現だったのである。

彼は、権力から相対的に距離をおいた、しかし、結局は、これに寄生する前期的商人であった。権力からの一定の距離が、定免制伝統化を主張させたのであったし、また、これに対してつき放した態度をもとらせるのである。そして、通常は、彼らは政治権力から排除された町人であり（「我々如き下賤の者の、御国政のすぢなどを、かりそめにもとやかく申奉らむことは、いとも〳〵おふけなく、恐れ多き御事」）、政治は彼らの関心対象からは遠いであろう。彼らは、非政治的な諸領域において、「身分相応」（＝財力相応）に、優雅で洗練された生活を享受する。そこでは、儒教的規範は、わずらわしいさかしらと言うほかはない。彼が主情主義を唱えるのもむべなるかなである。

また彼は先に見た伊勢＝松坂論に示されるように、領主直結の全国市場とは、なにほどか異なった、新たな商品生産に立脚――ただし領主権力前提の――した全国市場を展望している。藩権力に直結した旧い前期的商人資本においては、かりに全国的市場が展望されたとしても、そこから、藩をこえた日本というひとつの「国民」的意識は形成され難い。だが、ともかく、領主権力からは相対的に自立的な商品生産の上に形成される商業であるとしたら、それがなお、領主的全国的市場圏＝交通網に依存するとはいえ、そこには、なにほどか、従来の領主＝藩権力から独自な結合が意識にのぼるのではないだろうか。

もちろん、宣長は、事態を商人として見ているのであって、いまだその生産の内部にまで立入っているわけではない。ここでの新たな結合＝日本意識は、いまだ、たんに流通過程の上から発生する日本＝「国民」意識にすぎないであろうが、ここから、宣長の国学・反中国・反儒教意識が発生する。

そして、ここに、羅山の前期的「国家」意識＝封建ナショナリズムと宣長のそれとの共通性と差異とが示されている。両者の「国家」意識は、ともにフューダルな枠内にあるという点で共通している。しかし、羅山のそれは、政治的統合の必要から意識された、種族的結合のひきつぎとしての血縁的共同性ということになるであろうし、宣長のそれは、たとい、流通過程の上からのものであれ、ともあれ、一定の経済的結合の進展によってよび醒された「国民」的共同意識なのである。中華主義＝儒教に対して、日本主義＝国学を提唱する気運は、こうした仕方で用意されていたのであった。

宣長の日本主義が、こうした相対的に新たな商業を介して覚醒されたものであったことによって、それは、一定の開明性をもっているし、旧いそれにつきまとう粗野で窮屈な雰囲気から脱した優雅さがある。そこに、宣長学の魅力がある。だが、この新しさは相対的なものでしかない。領主権力からなにほどか独立したとしても、なおそれは、これに寄生するものでしかない。旧いナショナリズムの猥雑な土着性から、それが遂に絶縁しえないのは偶然ではない。それが、古事記的な日本におけるアジア的思惟の原始性に回帰するのも、事態の自然な帰結である。

宣長学は、一定の新しさをもつとはいえ、前期的商業資本としての寄生性をついに脱却するものではない。彼の相対的な新しさ、権力への距離が、日本主義を拡大し、個人の内面の情の世界を拡大させたとしても、ひとたび問われて、国政を語り、秩序を問題にしはじめるや、彼は、寄生性＝前期性を遺憾なく発揮する。仁政＝規範と武威とが、ともに承認されるのである。

宣長における、ある「自由」なる「情」とそこに予想されうる秩序の内容を、その儒教理解・古事記理解の不当性にもかかわらず、探ってみた。そこにわれわれが見出したものは、権力から相対的に独自な、また相対的に新しい、しかし、結局、寄生的な前期的商人資本の守旧的な秩序意識であった。あるいは、宣長の情と秩序の世界を、前期的商人資本の論理が制約している、というべきであろう。＊

＊宣長学の後継篤胤学について、触れておこう。篤胤学の基盤は、富裕で相対的に新しい宣長の基盤＝商人層と異なって、中仙道・飯田街道のような、参勤交代路、商品運搬路の通じる山間僻地の、豪農層である。生産力的に低位なこれらの諸地域が、貨幣経済の浸透とともに、窮迫化することはいうまでもないが、これらの諸地域のリーダー層たる豪農の、経営たて直し運動の思想的支柱として、篤胤学が形成されるのである。国学が、こうした生産的基盤のたて直しという課題に直面するとき、それは、もともと生産力論を欠如しているのであるから、一方では、産土信仰を拡大強化

するほかないであろうし、また、他方では、宣長学においては、「例外的」位置にとどまっていた、規範意識を拡大せざるを得ない。豪農層を頂点とする家父長制的共同体的関係を軸とする生産回復活動が推進されるとすれば、それは必然的な事態であろう。またここでは、宣長段階に比して、国際的危機状況が格段に進んでおり、かつまた、通商路に面することからする情報の伝達により、この危機状況が迅速に伝えられる。また、ここには、流通過程よりする全国市場の展望がある。この二つが結合するとき、日本主義はまた格段に強化される。規範は、孝と忠とを核とする世俗的な実践道徳として結晶するであろう。もちろん、ここには、産霊信仰を中軸とする、宣長的な、原始性への回帰がひきつがれている。この、世俗的道徳と産霊信仰との結合体が、危機感にかられて、行動化するとき、狂信的な国家主義へ収斂することは、見易いところであろう。

宣長の学問について言えば、確かに、その方法には、一定の合理性がある。しかし、この合理的なる学問は、古事記の世界を絶対視するという学問であった。原始性をとどめたアジア的世界を、原始性の切断をより進めている儒教を徹底的に貶《おとし》めつつ、絶対視するのである。宣長の学問は、非合理なる対象を合理化するという「合理的」なる学問方法であった。

「合理的」なる学問方法が、いかにして対象の非合理性を肯定するという逆転に連るか。この連続を果す環は、王朝交替を非とし、血縁系譜の存在をもって絶対とする彼の論理そのものである。現実の政治に眼をむけるとき、彼の把握は、日本近世儒教におけるそれと大筋において一致している。秩序観もまたほぼ相等しい。現実が、理念的秩序とあいへだたっているとの理解は、両者においてほとんど差がないのである。にもかかわらず、儒教とそれを生んだ中国は、まさに批判さるべき不合理のきわみである。だが、古事記の国日本は、彼にとって絶対的世界として肯定される。その論拠は、血縁系譜の永続と否とのただ一点なのである。他の矛盾を見て自らの矛盾を見ないというのが、宣長の「合理的」なる学問方法の核なのであった。

われわれの追求すべき真に合理的なる学問とは、自己の矛盾＝限界を対象化することを通して、他のそれを検討するという自己対象化＝自己批判の方法ではないであろうか。

編者あとがき

『日本思想史』上・中・下三巻の完成は、ともあれ、よろこぶべきことと考えてよいであろう。下巻の刊行を前にして、やはり、ある感慨を禁じえないが、ここでは、ただ、「編集」作業の内容を明らかにするにとどめたい。

中巻については、守本先生の講義テープ——これは、目下、田中収、雀部幸隆ほかの手で文章化され、若干の整理を加えられたものが、『科学と思想』誌上に連載されている——の整理縮約が、「編集」作業の中心である。その後の研究の進展を睨んで、叙述のバランスに変更を加えたり、思いきったパラフレイズを行なったりした場合も、ままある。このことによって、守本先生の真意が損われたことはあるまいと編者は確信しているが、その判断は読者に委ねる他ない。

中巻に比べると下巻の作業は、やや複雑であり、より困難であった。羅山・藤樹の部分は、先生の完成稿（新日本出版社刊『日本思想史の課題と方法』所収）を、『日本思想史』の文脈に移しかえつつ、縮約・簡易化することであった。

蕃山・中斎の部分は、テープが現存するので、作業内容は、中巻の場合に相等しい。素行以下については、テープが現存しない。この部分については、当時の受講生——森藤一史、横井徹、川田稔——のノートを素材として、先生の所説を復元するというのが、「編集」作業の中心内容である。

ただし、素行については、先生の完成稿（岩波書店刊『日本思想大系　山鹿素行』所収の解説）の縮約と、講義ノートからの復原部分との結合が図られている。

こうした作業のあり方からして、下巻の方が、先生の真意が充分伝えられていないおそれがより高い。中巻についても、もちろんそうであるが、不備な点は全て編者の責に帰せられるべきものである。

新日本出版社の五十嵐茂さんの、並々ならぬ熱意が、下巻を刊行させ、日本思想史を完結させたかげの力であることをつけ加えて、この小文の結びとする。

一九八二年七月三十日

岩間一雄

＊この「編者あとがき」は『日本思想史』下巻（新日本新書、一九八二年）に収録されたものを転載しました。（編集部注）。

一向一揆年表

場所	北陸 加賀	越前	能登	越中	越前
年代	文明六・七年(一四七四・七五) → 長享二年(一四八八)	加賀門徒領国の拡大	延徳二年(一四九〇)	延徳 → 永正	永正元年(一五〇四) 永正三年(一五〇六)
期間					五月
一揆の相手	加賀守護 富樫政親 専修寺派 政親自殺 門徒領国成立	守護 朝倉氏 ‖ 一揆の拡大	守護 畠山義統 失敗に帰す	守護 畠山尚順 被官 神保長誠 遊左 土肥 椎名 援軍 長尾能景(越後の守護)	朝倉貞景 専修寺派と結合 一揆側敗退
一揆の指導者	洲崎慶覚坊兵庫 河合藤左ェ門 笠間兵衛尉家次 山本円正入道 高橋新左エ門 (木越)光徳寺 (磯辺)勝願寺 (鳥越)弘願寺 (山田)光教寺 (野々市)大乗寺 富樫泰高を将とする (蓮如)	加賀の門徒群 越中の勝興寺 同 瑞泉寺 (蓮如)	能登の門徒 (蓮如)	門徒群 (実如)	朝倉元景 (藤島)超勝寺 吉崎道場 加・越の門徒群 (実如)
勢動力員	20万――10万(国人、名主、百姓)				

	越前	加賀	加賀
年	永正三年（一五〇六）	享禄四年（一五三一）	享禄四年（一五三一）
月	十月	五月	七・八月
一方の側	朝倉貞景（旧仏教）雄豊原寺 朝倉氏	加賀門徒領国の事実上の支配者 加賀三ヶ寺：若松の本泉寺、波佐谷の松岡寺、山田の光教寺 四郡の長衆：河合、洲崎、山本、河原 現状維持派＝小一揆側 【優勢】	小一揆側 援軍：越前の朝倉氏、能登の畠山家俊、富樫一族、越中軍（遊左、神保、温井）
結果	【一揆側敗北】 【抗争続く】		【大一揆側の勝利――超勝寺・本覚寺加賀門徒領国を支配】
他方の側	（和田）本覚寺 （藤島）超勝寺 加・越の門徒群 加・越の坊主・国人門徒	下間兄弟：下間頼秀、下間頼盛 和田の本覚寺 藤島の超勝寺（実顕） 加賀の坊主・門徒 現状打破派＝大一揆側 （証如）	大一揆側 援軍：本願寺、三河の坊主・門徒群 （証如）

その後 ←

天文三年（一五三四）・天文六年（一五三七）：天文の内紛＝大一揆・小一揆間に内紛あり

地域	年代		支配者側	一揆側
三河 三河	永禄六年（一五六三）→永禄七年（一五六四）		松平武士団 徳川家康 桑子の妙源寺（専修寺派） 大樹寺（松平の菩提寺） 菅生の満性寺	三河の三ヶ寺 佐々木の上宮寺 野寺の本証寺 針崎の勝鬘寺 土呂の本宗寺 今川の残存勢力 現地武士団 吉良義諦 荒川甲斐守 松平七郎昌久 一揆側降服 （顕　如）
飛騨 白川	文明七年（一四七五）		内嶋一族（白川郷の支配者在地領主）	照蓮寺（明教） 三島教信（明教の兄） 市村太郎右衛門（照蓮寺の下人） 照蓮寺の門徒
	文亀元年（一五〇一）		内嶋＝＝照蓮寺血縁関係を結んで妥協	門徒側敗退
飛騨	天正十四年（一五八六）		飛騨領主＝近世大名 金森長近（秀吉の命により飛騨進駐）	中世武士団＝現地武士 江馬 広瀬 鍋山 聞名寺系の門徒農民 （顕　如）
	天正十五年（一五八七）		金森＝照蓮寺の妥協	
近畿 河内	享禄四年（一五三一）		畠山義宣 義宣自殺	○木沢長政（畠山の被官） 細川晴元 本願寺証如 畿内門徒　二万人 （証　如）

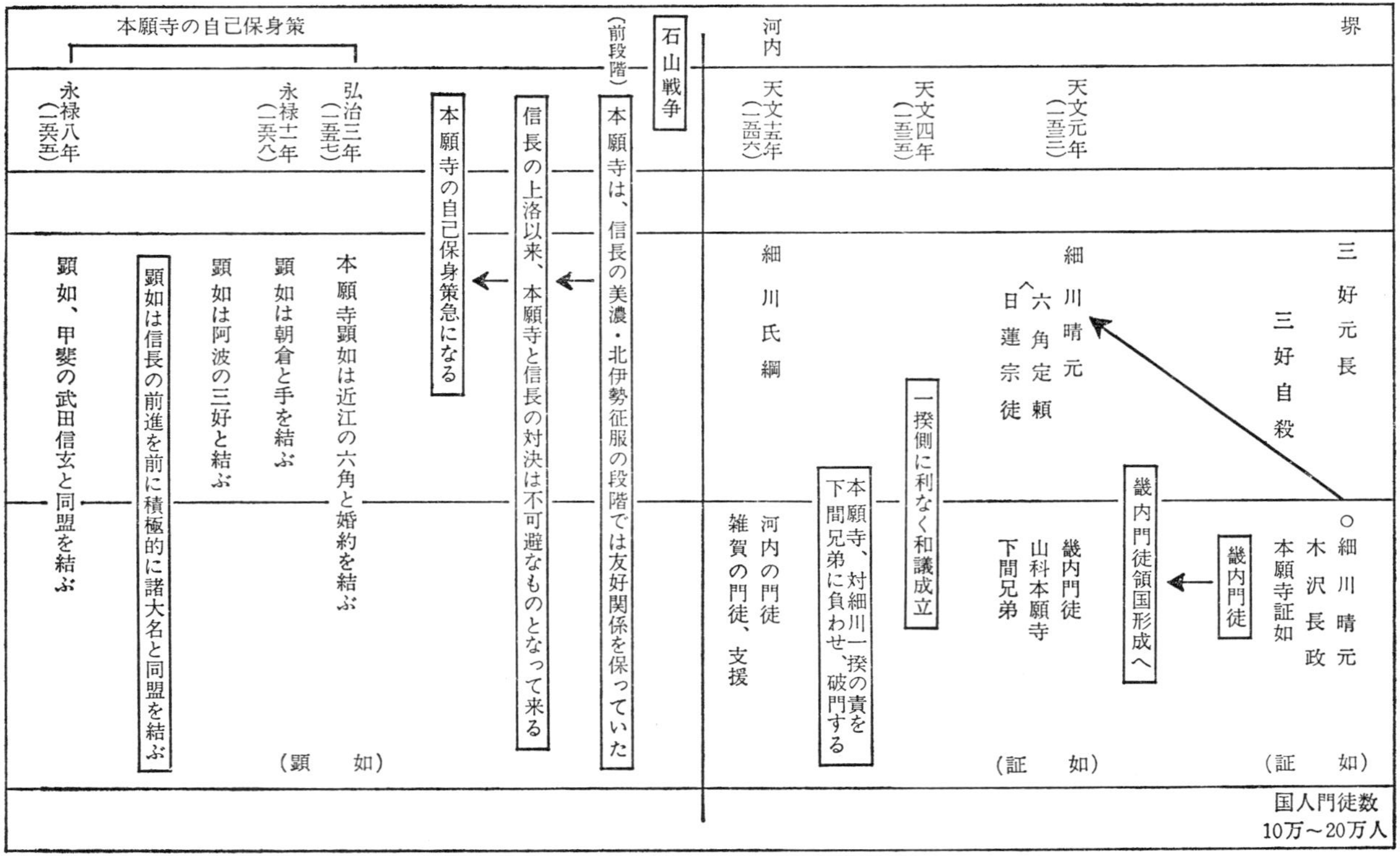
堺
三好元長
三好自殺
○細川晴元
木沢長政
本願寺証如
（証　如）
畿内門徒
畿内門徒領国形成へ
国人門徒数
10万～20万人
天文元年（一五三二）
細川晴元
六角定頼
日蓮宗徒
畿内門徒
山科本願寺
下間兄弟
（証　如）
天文四年（一五三五）
一揆側に利なく和議成立
本願寺、対細川一揆の責を下間兄弟に負わせ、破門する
河内
天文十五年（一五四六）
細川氏綱
河内の門徒
雑賀の門徒、支援
石山戦争
（前段階）
本願寺は、信長の美濃・北伊勢征服の段階では友好関係を保っていた
信長の上洛以来、本願寺と信長の対決は不可避なものとなって来る
本願寺の自己保身策急になる
本願寺の自己保身策
弘治三年（一五五七）
本願寺顕如は近江の六角と婚約を結ぶ
永禄十一年（一五六八）
顕如は朝倉と手を結ぶ
顕如は阿波の三好と結ぶ
（顕　如）
顕如は信長の前進を前に積極的に諸大名と同盟を結ぶ
永禄八年（一五六五）
顕如、甲斐の武田信玄と同盟を結ぶ

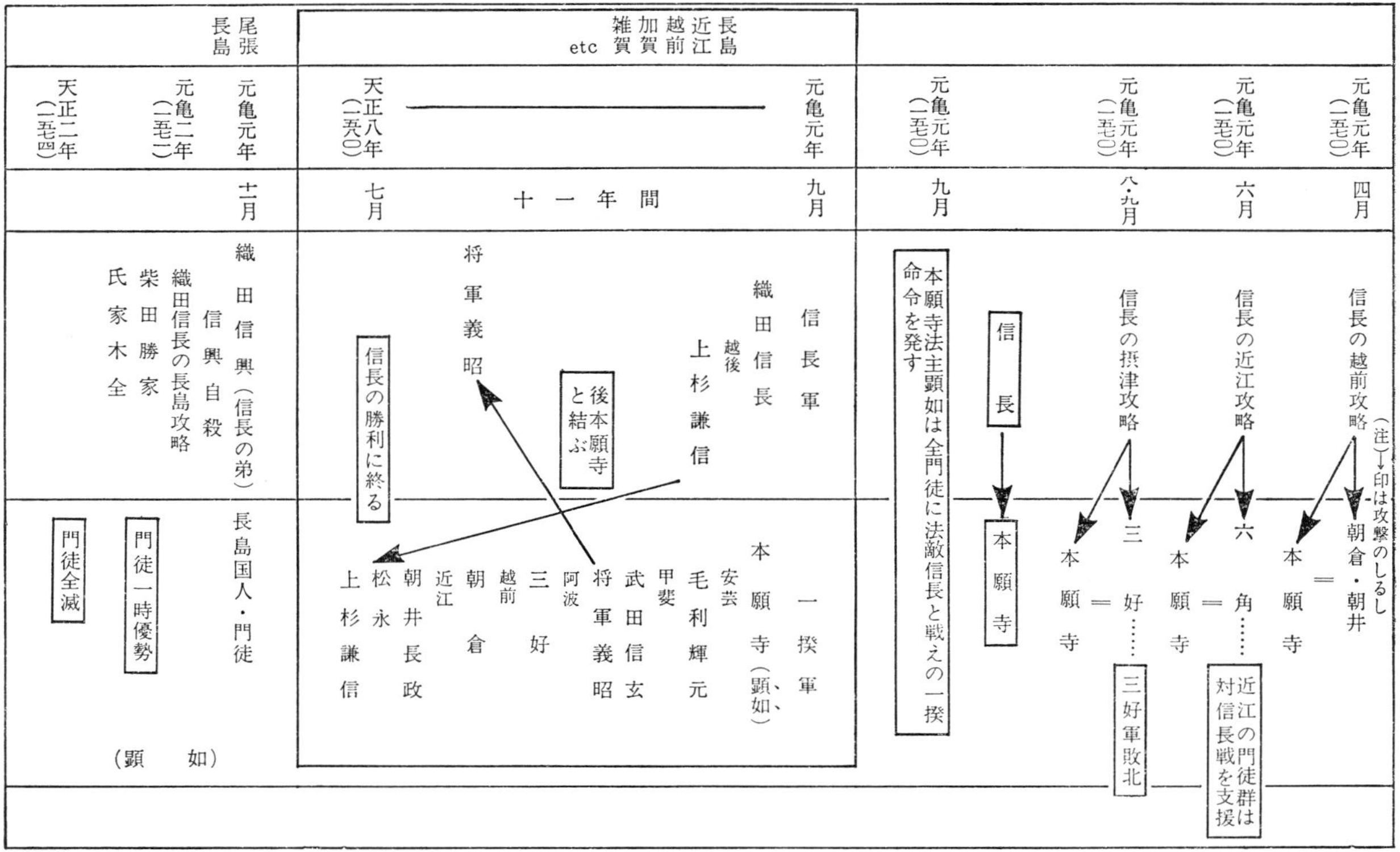
元亀元年（一五七〇）
四月
信長の越前攻略
（注）↓印は攻撃のしるし
朝倉・朝井
＝
本願寺
元亀元年（一五七〇）
六月
信長の近江攻略
六角……
＝
本願寺
近江の門徒群は対信長戦を支援
元亀元年（一五七〇）
八・九月
信長の摂津攻略
三好……
＝
本願寺
三好軍敗北
元亀元年（一五七〇）
九月
本願寺法主顕如は全門徒に法敵信長と戦えの一揆命令を発す
信長
本願寺
長島 近江 越前 加賀 雑賀 etc
元亀元年
九月
十一年間
天正八年（一五八〇）
七月
信長軍
織田信長
越後 上杉謙信
将軍義昭
後本願寺と結ぶ
信長の勝利に終る
一揆軍
本願寺（顕如、顕如）
安芸 毛利輝元
甲斐 武田信玄
将軍義昭
阿波 三好
越前 朝倉
近江 朝井長政
松永
上杉謙信
尾張 長島
元亀元年
十一月
織田信興（信長の弟）
信興自殺
長島国人・門徒
元亀二年（一五七一）
織田信長の長島攻略
柴田勝家
氏家木全
門徒一時優勢
天正二年（一五七四）
門徒全滅
（顕　如）

越前　天正元年（一五七三）

織田信長
朝倉景鏡
前波長俊（朝倉の被官）
木下助左ヱ門
明智光秀
富田長秀

織田側越前の支配権握る

朝倉義景
浅井長政

義景自殺 長政も倒る

（顕　如）

越前　天正二年（一五七四）

→ 富田長秀（越前の支配者）
朝倉景鏡

長秀倒る 景鏡倒る

本願寺顕如
加賀の本覚寺
越前の門徒
下間頼清
杉浦玄任
若林長門守
下門和泉守

越前の門徒領国成る
↓
門徒領国内部に門徒と支配者との抗争起る
↓
（顕　如）

天正三年　八月

織田信長〈上杉謙信〉連合軍門徒領国の内部対立の間隙を衝いて越前の一揆を潰滅
→ **上杉、織田より離反して本願寺側に加勢**

加賀　天正三年（一五七五）

織田の軍勢
奥近江守政尭
松任城主鏑木頼信

本願寺
加賀の門徒群
雑賀門徒の支援
天正六年末、上杉謙信

天正七年（一五七九）

柴田勝家
羽柴秀吉

上杉は本願寺支援を前にして死亡

本願寺側の敗北

（顕　如）

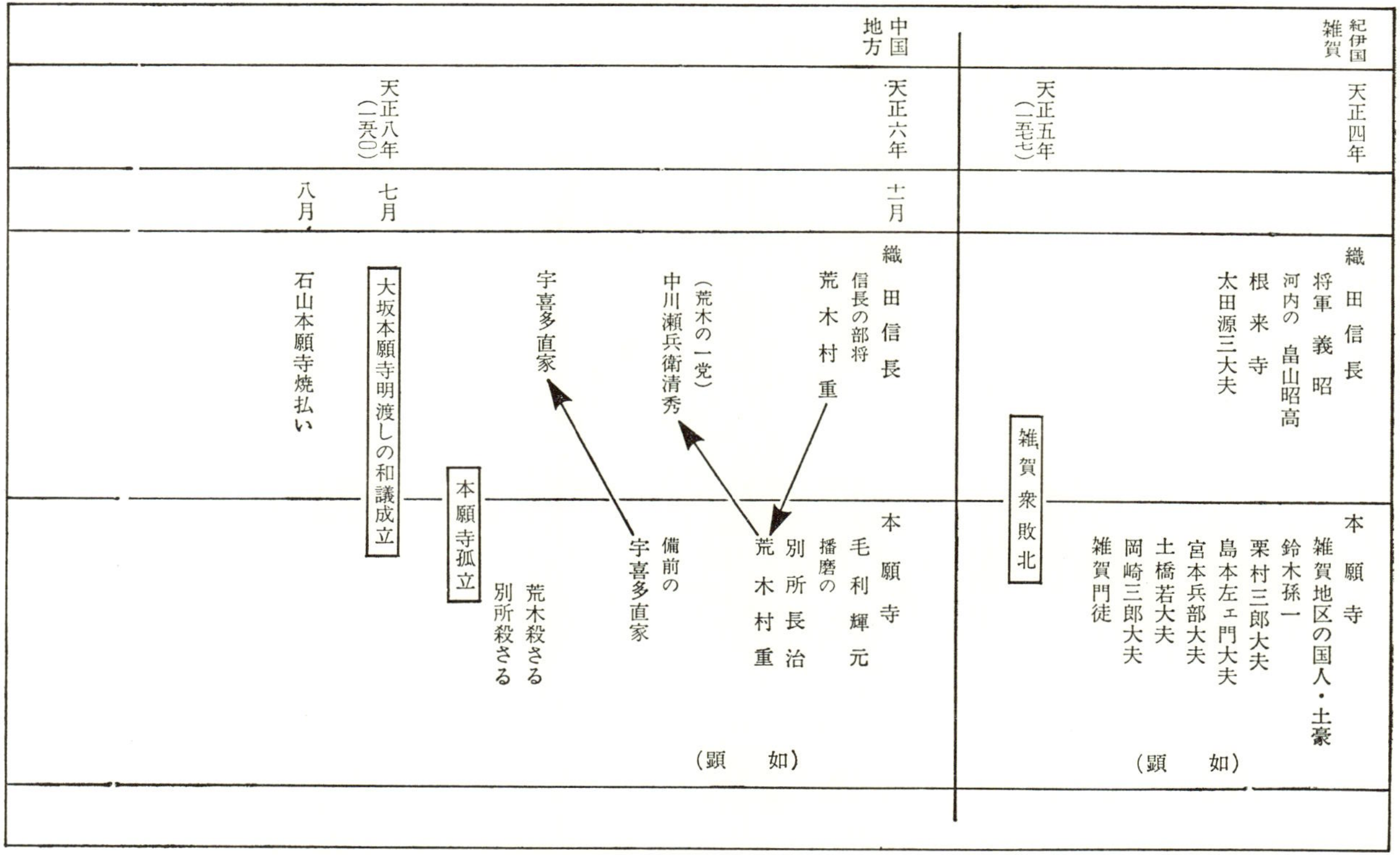
紀伊国 雑賀
天正四年
織田信長
将軍 義昭
河内の 畠山昭高
根来寺
太田源三大夫
雑賀衆敗北
本願寺
雑賀地区の国人・土豪
鈴木孫一
栗村三郎大夫
島本左ェ門大夫
宮本兵部大夫
土橋若大夫
岡崎三郎大夫
雑賀門徒
（顕如）
天正五年（一五七七）
中国地方
天正六年
十一月
織田信長
信長の部将 荒木村重
（荒木の一党）中川瀬兵衛清秀
宇喜多直家
本願寺
毛利輝元
播磨の 別所長治
荒木村重
備前の 宇喜多直家
（顕如）
天正八年（一五八〇）
七月
八月
大坂本願寺明渡しの和議成立
本願寺孤立
荒木殺さる
別所殺さる
石山本願寺焼払い

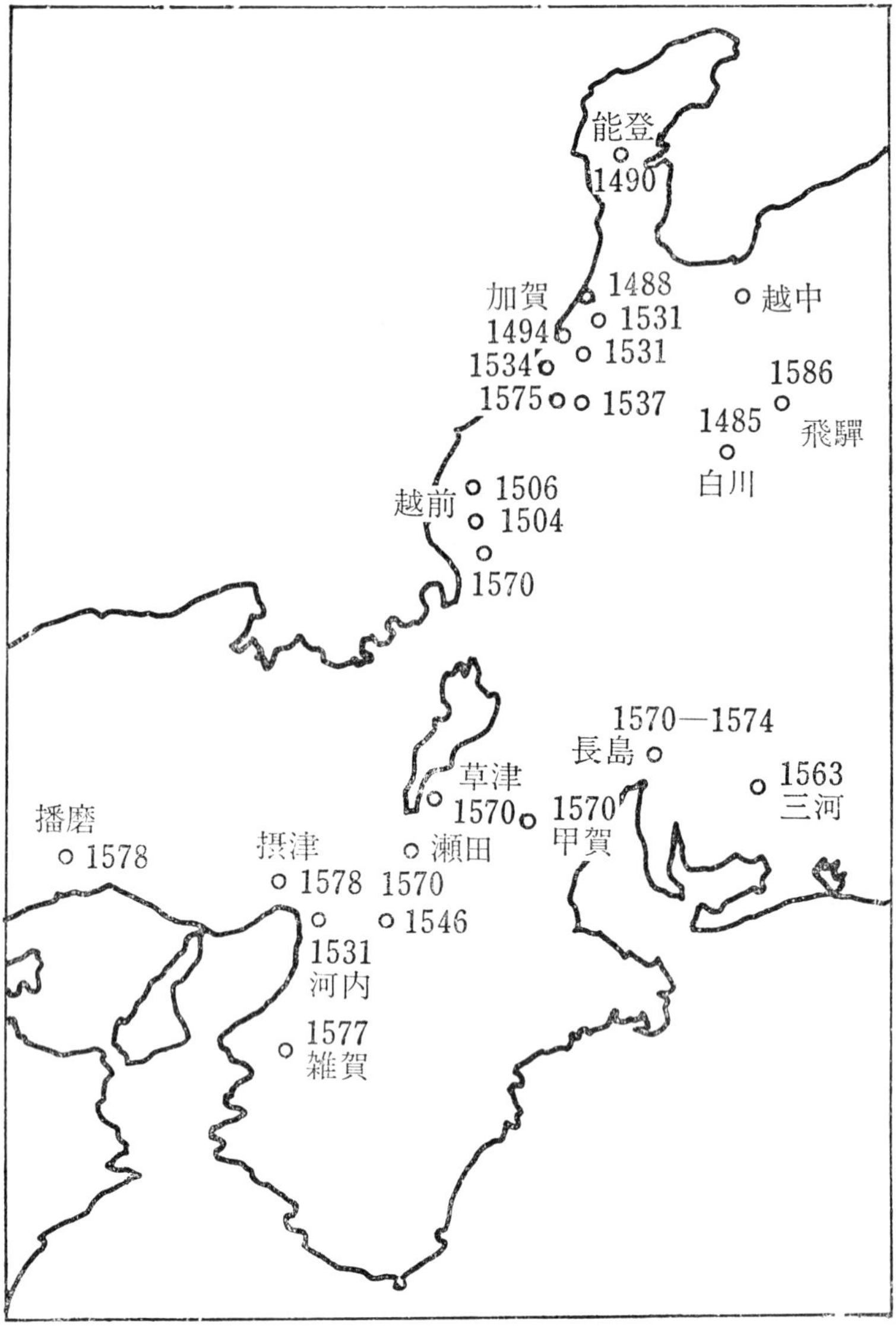
能登
1490
加賀
1488
1531
1494
1531
1534
1575
1537
越中
1586
1485
飛騨
白川
越前
1506
1504
1570
1570—1574
長島
1563
三河
草津
1570
1570
甲賀
播磨
1578
摂津
瀬田
1578
1570
1546
1531
河内
1577
雑賀

一向一揆発生地略図

著者略歴
守本順一郎（もりもと・じゅんいちろう）
1922年　東京に生まれる
1950年　東京大学経済学部卒業
1955年　名古屋大学法学部講師
1962年　名古屋大学法学部教授、東洋政治思想史担当
1977年　逝去
著　書『東洋政治思想史研究』（1967）
『アジア宗教への序章』（1980）
『徳川政治思想史研究』（1981）
『徳川時代の遊民論』（1985）
『日本経済史』（1987）
『日本思想史の課題と方法』（2008、復刊）

日本思想史〔改訂新版〕
発行――二〇〇九年三月二十五日　初版第一刷発行
定価――（本体六八〇〇円＋税）
著者――守本順一郎
発行者――西谷能英
発行所――株式会社　未來社
〒112-0002東京都文京区小石川三―七―二
振替00170-3-87385
電話・代表03-3814-5521
http://www.miraisha.co.jp/
Email:info@miraisha.co.jp
印刷――精興社
製本――榎本製本
ISBN 978-4-624-30107-1 C 0031

❖守本順一郎著作❖

（消費税別）

日本思想史の課題と方法

本居宣長・津田左右吉・川島武宜の批判的分析を端緒とし、マルクス・ウェーバーの方法論を縦横に駆使して儒教—仏教—神道の思想的交錯をときほぐす日本思想史研究の一大成果。 五八〇〇円

東洋政治思想史研究

東洋における「近代主義」精神の歴史的先行者たる封建的思惟を、中国朱子学の論理構造と政治的機能より検討し、「近代主義」の発生根拠を解明するとともにその超克を展望する。 四八〇〇円

アジア宗教への序章

〔神道・儒教・仏教〕アジア的思惟の諸形態としてのアジア諸宗教の一般性と特殊性を明らかにしつつ、日本におけるその特質を、記紀のイデオロギー分析を中心に鋭く剔抉する。 一〇〇〇円

徳川政治思想史研究

文と武、自然と作為との、封建的支配に本来的に存在する対立＝矛盾を、儒教と神道との結合によって総括しえた山鹿素行の思想を犀利に分析した論文を中心に、八篇を収録する。 一二〇〇円

日本経済史

原始時代から幕藩体制の崩壊にいたるコンパクトな日本経済史。その底流には教授の生涯の課題であった「日本的なるもの」の解明への姿勢があり、教授の学問の一原点といえる。 一四〇〇円

徳川時代の遊民論

徳川時代に大量に発生した浪人、僧侶、離農遊民に関する経済史的・思想史的研究。第一部は遊民の全体的研究。第二部は素行から象山に至る個別研究。 三二〇〇円